THE ANTITRUST LAW

王晓晔
论反垄断法
（2011~2018）

Wang XiaoYe
on the Antitrust Law

王晓晔　著

社会科学文献出版社
SOCIAL SCIENCES ACADEMIC PRESS (CHINA)

序　言

　　1999 年我在中国法制出版社出版了《竞争法研究》；2010 年在社会科学文献出版社出版了《王晓晔论反垄断法》；2014 年应邀并得到国家社科基金中华学术外译项目的资助，在英国 Edward Elgar 出版了 *The Evolution of China's Anti-Monopoly Law*（《中国反垄断法的演进》）。这三部论文集的主要内容是倡导竞争政策，比较研究美国、德国以及欧盟等发达国家和地区的反垄断法，呼吁我国尽早颁布和实施反垄断法。

　　本书是我的第四部论文自选集，收集了 2011 年以来发表的论文和杂文 40 多篇，内容分为三个部分。

　　第一部分是中国反垄断法实施的评析。收录的 14 篇论文包括对华为诉 IDC 案、中国电信中国联通案、茅台 / 五粮液案等重大案件的评析，也包括对经营者集中控制、反垄断法域外适用、国际卡特尔以及 RPM 等某些反垄断执法领域的评析，此外还包括对中国反垄断执法 10 年的评析。

　　第二部分是对竞争政策和反垄断法某些理论问题的探讨。收录的 15 篇论文涉及竞争政策在国家经济政策中的地位、公平竞争审查、权力寻租等问题；探讨了"相对优势地位"法律规制、反垄断法在被监管行业的适用、反不正当竞争法与相邻法的关系、标准必要专利与反垄断法等我国竞争立法和执法中的热点问题；此外还收录了我主持国家社科基金重大项目时发表的两篇涉及相关市场界定的论文以及为这个课题结项撰写的序言。

第三部分是杂文。这里收录了我的几部个人专著的序言、为外国朋友的竞争法专著撰写的序言、几篇短文和几个"感言"。

从 1988 年 4 月赴德国留学起算，我在竞争法领域已经耕耘 30 多年。为了全面地回顾自己的学术生涯，总结学术成果，本书附录了《我的反垄断法研究之路》和我的科研成果。

这部论文集的出版至少有以下几个动力。

一是学术界的鼓励。我的博士生和博士后们 2018 年 9 月出版了《中国〈反垄断法〉实施十年回顾与前瞻》，作为我的七十纪念文集。学术界同行和朋友们也送来亲切的问候和祝福。这些给我带来了欢乐和幸福感，也更是对我在反垄断法研究之路上继续前行的鞭策。

二是导师的言传身教。Ernst-J. Mestmäcker 教授作为欧洲竞争法泰斗，他不仅是我走上反垄断法研究之路的带路人，他的孜孜不倦追求真理和笔耕不辍的精神更激励着我。2017 年我到德国访学 3 个月，他送我一本他 90 岁高龄时出版的 *Europäische Prüfsteine der Herrschaft und des Rechts*（《欧洲治理与法律的试金石》，NOMOS 2016）。这部 651 页的论文集汇集了他在 80 岁之后发表的 28 篇论文。与导师相比，我还是一位年轻学者，还有很长的路要走。

三是湖南大学对我学术研究的热诚鼓励和大力支持。从 2012 年 7 月起，我在湖南大学法学院任特聘教授，这个岗位给了我继续从事法学研究和教学的机会和动力。这部论文集作为对 2011 年以来学术研究工作的回顾，绝大部分论文是我在湖南大学工作期间发表的科研成果。

　　科学研究永无穷期。这本论文集是我对前一段学术研究的总结和回顾，也是下一步研究工作的起点。我将牢记各方对我的希望、鞭策和鼓励，为推进中国反垄断事业和发展中国社会科学，做出自己不懈的努力。

2019 年 2 月 15 日

目　录

第一编

中国反垄断执法评析

中国反垄断执法三年和依法治国 *

随着中国经济体制改革，中国法制建设也取得了巨大成就，特别是 2007 年颁布了反垄断法，这就使中国的经济体制基本确立了市场经济的三大基本原则：合同自由、保护所有权和竞争自由。反垄断法作为市场经济国家典型的法律制度，它体现了国家是以市场机制作为配置资源和调节供求的根本手段，因此，反垄断法的颁布和实施是中国经济体制改革的里程碑。中国反垄断法的三年实施已经取得了引人注目的成就。然而，由于中国目前仍处于经济体制转型的阶段，体制性的障碍仍然存在，反垄断初期执法不可避免地面临着严峻挑战。

一　中国反垄断初期执法的成就

中国反垄断法自 2008 年 8 月生效，它的执行受到了世人的广泛关注。特别是在经营者集中领域，由于很多大跨国公司在中国落户，涉及这些跨国公司的并购不仅要向欧盟和美国反托拉斯执法机关进行申报，而且也得向中国反垄断执法机关进行申报，中国反垄断法与美国反托拉斯法和欧盟竞争法一样，成为全球最具影响的反垄断法之一。

＊　本文发表在《第八届东亚法哲学研讨会论文集：后继受时代的东亚法文化》，元照出版社，2012。

（一）商务部

中国反垄断法经营者集中控制的执法机构是商务部。2008 年 9 月，商务部成立了反垄断局，负责经营者集中的申报和审查。反垄断法生效以来，除国务院发布的《关于经营者集中申报标准的规定》和国务院反垄断委员会发布的《关于相关市场界定的指南》，商务部反垄断局在经营者集中的申报和审查方面也做了大量的配套立法，发布了《金融业经营者集中申报营业额计算办法》《经营者集中申报办法》《经营者集中审查办法》《关于实施经营者集中资产或业务剥离的暂行规定》《关于评估经营者集中竞争影响的暂行规定》等。[①]

反垄断法生效至 2011 年 6 月底，商务部反垄断局审结了 275 件经营者集中的申报，其中禁止 1 件，附条件批准 7 件[②]，无条件批准 267 件，无条件批准的占审结总数的 97% 以上。2011 年下半年，商务部附条件批准了佩内洛普收购萨维奥，批准了通用电气和中国神华设立合营企业，在 12 月还批准了希捷科技收购三星的硬盘驱动器业务。[③] 这些附条件的批准说明，即便于市场竞争有严重不利影响的合并，只要当事人能够提出消除不利影响的方案，它们仍有可能得到批准。

商务部 2009 年禁止可口可乐并购汇源的决定在国内外引起了强烈反响。有人说，商务部的这一决定不是出于竞争，而是出于产业政策，是保护民族品牌，保护本国中小企业。我的观点是，作为一个反垄断初期执法的案件，尽管商务部的公告存在透明度不够的问题，例如没有界定相关市场，没有说明相关企业的市场份额，但这个决定是出于市场竞争的考虑，也是正确的。

---

① 以上法规见商务部反垄断局网站，http://fldj.mofcom.gov.cn/ztxx/ztxx.html。

② 这 7 个附条件批准经营者集中包括英博收购 AB、三菱丽阳收购璐彩特、通用汽车收购德尔福、辉瑞收购惠氏、松下收购三洋、诺华收购爱尔康、乌钾收购谢钾。见商务部网站，http://fldj.mofcom.gov.cn/ztxx/ztxx.html。

③ 见商务部网站，http://fldj.mofcom.gov.cn/ztxx/ztxx.html。

主要理由是：（1）可口可乐在果汁饮料市场有产品，它和汇源有竞争，这个并购基本是横向的；（2）可口可乐和汇源都是中国软饮料市场的大企业，可口可乐在碳酸饮料市场占 60% 以上的份额，汇源在纯度和中度果汁饮料市场占 42% 以上的份额，并购后的可口可乐有可能凭借其市场势力，在果汁饮料市场取得支配地位；（3）合并后的可口可乐有可能凭借其市场势力，将其碳酸饮料与果汁饮料捆绑销售，排除和限制竞争。① 澳大利亚竞争和消费者委员会（ACCC）2003 年禁止的可口可乐并购 Berri 案是一个与可口可乐并购汇源极为相似的案件。ACCC 认为，并购后的可口可乐可能凭借其市场势力将 Berri 与可口可乐饮料捆绑销售，且零售商出于经济利益也愿意 Berri 与可口可乐的产品捆绑销售，这个并购从而会减少消费者的选择，最终抬高产品的价格。② 商务部反垄断局在反垄断执法初期能借鉴国外经验，处理可口可乐并购汇源这样复杂的案件，这说明了商务部反垄断执法的能力和潜力。

（二）国家发展和改革委员会

国家发展和改革委员会负责处理与价格相关的限制竞争案件，包括价格垄断协议、涉及价格的滥用行为和行政垄断行为。国家发展和改革委员会负责反垄断执法的机构是价格监督检查与反垄断局。2011 年，该机构增加了 18 名反垄断执法人员，这可以看出国家发展和改革委员会对反垄断执法是相当重视的。反垄断法生效以来，国家发展和改革委员会发布了《反价格垄断规定》和《反价格垄断行政执法程序规定》，这些法规是对反垄断法的重要发展。

在执法方面，国家发改委价格监督检查与反垄断局配合省、区、市的价格监管机构，处理了 10 多起价格垄断案件，包括江苏和湖北查处的盐业公

---

① 王晓晔：《反垄断法应平等适用于国内企业》，《21 世纪经济导报》2009 年 3 月 24 日。

② "ACCC Opposes Coca Cola's Proposed Fruit Juice Acquisition", http://www.accc.gov.au/content/index.phtml/itemId/407482/fromItemId/378016.

司滥用市场支配地位搭售案、广西查处的南宁和柳州部分米粉厂家串通涨价案、浙江查处的富阳市造纸行业协会的价格垄断行为等。[①] 由于反垄断初期执法经验不足，上述案件的查处大多依据《价格法》。2011年11月，国家发改委价格监督检查与反垄断局依据反垄断法对山东潍坊两家制药企业作出了重罚，没收违法所得并处罚款分别为687.7万元和15.26万元，理由是两家企业通过限制性协议，控制并大幅抬高了复方利血平的原材料价格，导致很多制药企业被迫停产，严重损害了消费者的利益。[②] 11月9日，央视《新闻30分》报道，国家发展和改革委员会对中国电信和中国联通的宽带入网市场的滥用行为展开调查。如果此案证据确凿，反垄断法执法机关可依据《反垄断法》第47条的规定，对违法者处以数亿元至数十亿元的罚款。毫无疑问，国家发展和改革委员会的最近两起大案大大提高了反垄断执法的威望，特别是中国电信和中国联通一案在国内外的影响非常大。这个案子不管如何结案，它都可以说明，中国反垄断法对国有垄断企业来说不是一只没有牙齿的老虎；如果这些企业凭借其市场势力排除限制竞争，损害消费者的利益，它们会受到反垄断法的惩罚。

（三）国家工商行政管理总局

根据国务院的安排，国家工商行政管理总局（简称"国家工商总局"）负责商务部和国家发展和改革委员会执法权限之外的案件，即不涉及价格的垄断协议、滥用行为和行政垄断行为案件。国家工商总局负责反垄断执法的机构是反垄断与反不正当竞争执法局。由于价格行为和非价格行为有时难以界定，人们普遍担忧，国家发展和改革委员会和国家工商总局的反垄断执法有时会存在管辖权的冲突。据悉，这两个机构达成了协议，即双方只要一方受

---

① 见报道《发改委价检司召开反价格垄断工作研讨会》，http://finance.jrj.com.cn/2010/12/07 14358728278.shtml。

② 见网站 http://finance.people.com.cn/GB/16243945.html。

理了投诉，另一方即应拒绝相同的投诉。

反垄断法生效以来，国家工商行政管理总局在反垄断配套立法方面也做了大量工作，发布了《工商行政管理机关查处垄断协议、滥用市场支配地位案件程序规定》《工商行政管理机关制止滥用行政权力排除、限制竞争行为程序规定》《工商行政管理机关禁止垄断协议行为的规定》《工商行政管理机关禁止滥用市场支配地位行为的规定》《工商行政管理机关制止滥用行政权力排除、限制竞争行为的规定》。2011 年初，在国家工商总局的指导下，江苏工商局查处了连云港市建筑材料和建筑机械行业协会混凝土委员会组织的垄断协议，这是全国第一起工商系统审结的反垄断案件，违法者被没收违法所得 14 万元，罚款 73 万元。①

（四）人民法院

我国《反垄断法》第 50 条规定："经营者实施垄断行为，给他人造成损失的，依法承担民事责任。"反垄断法生效以来，人民法院依据这一条款受理的反垄断民事诉讼有 40 多起②，包括唐山人人诉百度案、周泽诉中国移动案、北京书生诉上海盛大案等。在周泽诉中国移动一案中，周泽指控中国移动强行收取手机的"月租费"，要求法院认定中国移动是滥用市场支配地位，违反反垄断法。经法院调解，被告中国移动以"感谢"之名补偿了周泽 1000 元的损失。③ 反垄断法生效后短短三年时间，人民法院受理的反垄断私人诉讼超过 40件，这说明了私人反垄断诉讼在中国的重要意义。鉴于私人诉讼的原告普遍存在举证难的问题，最高人民法院知识产权庭起草了《关于审理垄断民事纠纷案

---

① 见报道《工商机关第一起予以行政处罚垄断案件结案》，http://www.saic.gov.cn/ywdt/gsyw/dfdt/xxb/201101/t20110126_103772.html。

② 孔祥俊：《中国反垄断民事诉讼若干问题》，中国社会科学院法学所第七届竞争法与竞争政策国际研讨会，2011 年 6 月 3~4 日。

③ 见报道《中国移动被诉垄断案原被告和解》，http://blog.sina.com.cn/s/blog_4bdb1fa00100g27j.htm。

件适用法律若干问题的规定（征求意见稿）》，并于 2011 年 4 月向社会征求意见。

二　中国反垄断初期执法的主要问题

中国反垄断初期执法的成果是显著的。然而，下面几个案例说明，中国反垄断初期执法也存在很多问题。

（一）国家质检总局的行政垄断案

反垄断法生效之日，北京 4 家防伪企业向北京市第一中级人民法院提起诉讼，指控国家质量监督检验检疫总局（简称"国家质检总局"）强制推行中信国检信息技术有限公司（简称"中信国检"）"中国产品质量电子监管网"的服务是利用行政权力排除限制竞争，违反反垄断法。[①] 然而，原告递交诉状后一个月，法院驳回原告起诉，理由是该诉讼超过了法定起诉期限。[②] 法院驳回原告的理由是不充分的，因为国家质检总局于 2007 年 11 月底还发布了实施产品质量电子监管的通知 [③]，要求企业加入中信国检的电子监管网并赋码上市。这个案子是一个信号，即人民法院受理行政垄断案件存在法律障碍。

（二）中国联通与中国网通并购案

根据国务院发布的《关于经营者集中申报标准的规定》第 3 条，达到下列标准的经营者集中应事先向国务院商务主管部门进行申报：参与集中的所有经营者上一会计年度在中国境内的营业额合计超过 20 亿元人民币，并且其中至少两个经营者上一会计年度在中国境内的营业额均超过 4 亿元人民币。

[①] 见《反垄断法》第 8 条、第 32 条和第 37 条。

[②] 见报道《法院不受理 4 家防伪企业状告质检总局反垄断案》，http://news.xinhuanet.com/legal/2008-09/05/content_9773194.htm。

[③] 见国质检质联〔2007〕582 号《关于贯彻〈国务院关于加强食品等产品安全监督管理的特别规定〉实施产品质量电子监管的通知》，http://www.shzj.gov.cn/art/2008/2/4/art_2949_61.htm。

根据反垄断法第48条，经营者违反本法规定实施集中的，国务院反垄断执法机构应责令停止实施集中、限期处分股份或者资产、限期转让营业以及采取其他必要措施恢复到集中前的状态，并且可处50万元以下的罚款。然而，中国联通和中国网通在反垄断法生效后实施的经营者集中却没有履行事前向商务部申报的义务。据悉，中国联通2007年的营业额为1004.7亿元，中国网通为869.2亿元，即该案达到了国务院关于经营者集中申报的标准。不仅如此，据悉还有多起涉及央企的并购和重组没有依照反垄断法的规定事先申报。[1] 这些案件说明，反垄断法在涉及国有大企业时实施尚存在阻力。

（三）中航信案

2009年4月20日，国际、东航和南航等几家通过中国民航信息网络股份有限公司（简称"中航信"）销售机票的大航空公司同时向社会公告，它们要采取新的票价体系。[2] 因为这个新票价体系抬高了票价，也抬高了机票最低折扣价的底线，如新基准价的1折机票其实是过去票价的3折，媒体纷纷谴责这些公司之间存在价格共谋，违反了反垄断法。这个案件的违法性非常明显，因为这些公司之间如果没有共谋，它们不可能从同一时间起采用一个复杂的新票价体系。据说相关反垄断执法机关对这个案件进行了调查，而且它向社会表示了对价格卡特尔采取"零容忍"的态度，但令人遗憾的是，消费者没有看到这个价格卡特尔受到处罚。

中国联通和中国网通的并购没有向反垄断执法机关进行申报，国有大航空公司参与的"中航信事件"没有受到反垄断法的处罚。这种情况下，人

---

[1] 《商务部官员证实联通网通合并涉嫌违法》，http://finance.ifeng.com/news/industry/20090430/609480.shtml。

[2] 新票价体系规定：（1）机票打折幅度以"0.4"作为最低折扣律浮动的基准；（2）打折部分仅以国家规定的0.75元每人每公里的基准价为对象，国家允许的不超过基准价25%的上浮价不适用折扣率；（3）机票不显示打折幅度。见《中航信：新一轮机票涨价的始作俑者？》，http://www.legaldaily.com.cn/zmbm/content/2009-04/23/content_1081564.htm。

们就有理由怀疑，中国反垄断执法是否偏袒国有大企业。反垄断法作为市场竞争规则，它理应对参与竞争的所有企业予以平等的待遇，而不管它们是国有企业还是民营企业，也不管它们是本国企业还是跨国公司。这就像在一个赛场上，如果裁判员对刘翔和李翔适用不同的比赛规则，那这个比赛是不公平的。

三　改善中国反垄断执法的前景

中国反垄断法实施三年来，尽管三家行政执法机关在各自执法领域都取得了一定成就，特别是国家发展和改革委员会 2011 年对中国电信和中国联通一案的调查大大提高了反垄断执法的威望，人们都认识到反垄断法对国有大企业不是一只没有牙齿的老虎，但是对中国反垄断法的有效实施仍然信心不足。这是因为反垄断法能否真正有效实施，真正成为反垄断和保护竞争的法律武器，取决于很多因素，包括国家的经济体制、政治体制、执法机关的执法能力、相关配套制度、国家的竞争文化，等等。目前来说，为了提高中国反垄断法的效力，国家应当至少在以下宏观方面和微观方面作出努力。

（一）提高全社会的竞争理念

提高全社会的竞争理念，就是要提高人们对竞争政策重要性的认识。推动竞争政策，这不仅包括反垄断立法和反垄断执法，还包括改革和废除所有现行不合理限制竞争的法律制度以及不合理的国家垄断。提高全社会对竞争政策的认识，不仅要提高企业和老百姓对竞争政策的认识，而且还要提高政府官员和国有企业对竞争政策的认识，尤其是决策者和立法者应当认识竞争政策对国家经济发展的重要意义，坚定不移地坚持经济体制改革的市场化方向。在政府与市场的关系上，国家应强化政府职能的转变，要使市场竞争和市场机制在资源配置中真正发挥基础性的作用，而不是强化政府对经济的直接控制，使政府在市场上既当运动员又当裁判员。国家的经济体制改革是否能够坚定不移地沿着市场化的方向走下去，不仅关系国家的经济体制改革和政治体制改革，也关系反垄断法的实施。无论如何，在行政垄断普遍存在的社会环境下，在国有企业可以随意寻求政府"保护"或者"寻租"的情况下，反垄断法是难以得到有效实施的。最近受到国家发展和改革委员会调查的中国电信和中国联通一案之所以引人瞩目，主要是该案涉及国有垄断企业。可以想见，如果国有企业的并购重组活动可以不向反垄断执法机关申报，如果国有企业的卡特尔行为或者滥用行为可以不受反垄断法的惩罚，反垄断法就不是保护市场竞争的规则。

（二）提高反垄断执法能力

提高中国反垄断执法能力，至少应当考虑以下三个问题：一是增加执法资源；二是提高执法机关的独立性和权威；三是完善反垄断法。

1.增加执法资源

徒法不足以自行。一部法律再好，如果没有有效的执法机关，法律会徒有其名。执法机关的效力相当程度上取决于它的办案人员和经费。因此，国家应当为反垄断执法机关配置适当数量的执法人员和财力。反垄断执法必须有适当数量的执法资源，这不仅因为反垄断法有着广泛的适用范围，它几乎可适用于所有的行业和所有的企业；而且也是因为中国十分辽阔的市场。从理论上讲，中国反垄断执法机关的资源不应当少于其他国家和地区的反垄断执法机关。

为了说明中国反垄断执法资源短缺的情况，这里比较几个其他反垄断执法机关2006年的人员和财政预算情况：美国司法部反托拉斯局，工作人员779名，其中法学家、经济学家以及其他专业人员565名，财政预算为1.4445亿美元；美国联邦贸易委员会，工作人员1095名，其中法学家560名，经济学家77名，财政预算2.03亿美元；日本公平交易委员会，工作人员737名，财政预算6950万美元；韩国公平交易委员会，工作人员486名，财政预算

4200 万美元。①

　　与上述反垄断执法机关相比，中国反垄断执法资源短缺的情况可见一斑。目前，中国反垄断执法资源最多的机构是商务部反垄断局，它设有 6 个处，执法人员约 30 名。执法资源最少的是国家工商行政管理总局下设的反垄断与反不正当竞争执法局，它有两个反垄断执法处，人员编制不足 10 人。2011 年，国家发展和改革委员会的价格监督检查与反垄断局增加了 20 个人的编制，这与过去只有一个处的情况相比，执法资源有了改善，但仍然存在执法人员严重不足的问题。当然，执法资源的改善是一个渐进的过程，不可能一蹴而就，但它需要各级领导的重视。

　　2. 提高反垄断执法的独立性和权威

　　反垄断执法的独立性是指执法机关能够独立执行反垄断法和竞争政策，即执法中不必受到其他政府部门的干扰。反垄断执法应当有独立性，这是由反垄断法的特殊任务决定的。反垄断法禁止严重限制竞争的垄断协议，禁止滥用市场支配地位和控制过大规模的企业合并。实践中，反垄断执法机关调查的案件一般影响很大，甚至涉及整个市场或者整个行业。滥用市场支配地位的行为还往往涉及国有大企业或者大跨国公司。这种情况下，如果执法机关没有足够强的独立性，没有足够高的权威，它的审案工作会受到其他政府机关或者与案件相关的其他机构的影响。出于反垄断执法应高度独立的考虑，世界银行 2002 年的报告建议，反垄断执法机关的主席最好由国家议会任命，有其独立的财政预算。根据该报告对 50 个发达国家的调查，63% 的国家有独立的反垄断执法机构，即该机构不属于任何政府部门。②

　　就中国的体制而言，建立不隶属于政府部门的反垄断执法机构是不可

---

① The 2007 Handbook of Competition Enforcement Agencies，*Global Competition Review.*

② *World Bank World Development Report 2002：Building Institutions for Markets*, Oxford University Press, p. 142.

能的。然而，也不是没有提高反垄断执法独立性的措施。我认为，最重要
的措施就是我多年呼吁的，将三家反垄断执法机构合并为一个统一的机构。
2006 年国务院法制办主任曹康泰向全国人大常委会提交反垄断法草案时指
出，"反垄断法关于我国反垄断机构设置的规定既要考虑现实可行性，维持
有关部门分别执法的现有格局，保证反垄断法公布后的实施；又要具有一定
的前瞻性，为今后机构改革和职能调整留有余地"。这说明，从长远的观点
看，中国反垄断执法机构完全可能成为一个统一的机构。反垄断的多头执法
是人们不愿意看到的安排。这不仅因为一部法律设置多个执法机构与设置单
一机构相比，执法成本高而效率低，而且这些机构之间不可避免地会产生管
辖权的冲突，特别是国家发展和改革委员会和国家工商总局之间。三足鼎立
的行政执法的一个致命的弱点是，它们均隶属于国务院的部委，真正执行反
垄断法的机构级别不够高，权威不大。而且，由于主管部门例如国家发展和
改革委员会是制定和执行国家宏观经济政策的重要机构，其下属的反垄断执
法有时可能难以独立。因此，为发挥反垄断法应有的效力，国务院应早下决
心，尽早将三个反垄断行政执法机构整合为一个统一的机构。

　　3. 完善反垄断法

　　作为一部刚刚实施了三年的法律，中国反垄断法的执行肯定还面临法律
本身不完善的问题。中国反垄断法的规定比较原则，如第 55 条规定："经营
者滥用知识产权，排除、限制竞争的行为，适用本法。"然而，何谓滥用知识
产权排除、限制竞争的行为？这就需要法律解释。从当前执法的需求看，无
论垄断协议、滥用市场支配地位还是经营者集中的申报和审查，它们都有
很多问题需要释义性的配套法规。可以想见，中国反垄断立法仍然是任重而
道远。

四 结束语

中国反垄断法实施三年取得了伟大成就。但是，在行政垄断和行业垄断仍然到处可见的情况下，反垄断执法仍有很多不尽如人意之处。因此，国家还应当努力，通过各种法律的和政策上的措施，努力为企业营造一个公平和自由的竞争环境。从长远的观点看问题，仅当政府在市场竞争中处于一个"中立"的"管理者"的地位，即提供"公共服务"，而不是既当裁判员又当运动员时，市场机制才能真正发挥其优化配置资源的基础性作用。另外，反垄断法作为反对垄断和保护竞争的法律制度，它必须有权威，有地位，对违法行为有威慑力，这就需要国家在其执法人力、财力以及执法机关的组织建设方面予以大力支持。可以说，仅当反垄断法能够平等适用于市场上所有的企业，即既不考虑它们的所有制，也不考虑它们的国籍时，我们才可以说，中国反垄断法是中国市场竞争秩序的守护神；而且也只是在这样的条件下，消费者才能够从市场竞争中得到实惠。

反垄断法是维护公平自由竞争的利器 *

新年伊始，国家发展和改革委员会价格监督检查与反垄断局亮出了利剑，对韩国的三星、LG 和中国台湾地区的 4 家企业开出了共计 3.53 亿元人民币的罚单。理由是 2001~2006 年，这些企业相互串通，操纵电脑和电视机液晶面板的价格，严重损害了市场竞争，损害了消费者的利益。由于这个违法行为发生在中国反垄断法生效之前，反垄断执法机关对这个案件适用了 1998 年 5 月 1 日生效的《价格法》①，而没有适用 2008 年 8 月生效的《反垄断法》②。但是，反垄断执法机关对这个案件中的反竞争行为毕竟开出了创纪录的罚单，它的影响很大，意义深远。本案最重要的意义是，它通过对违法企业的大额罚单，用事实证明了反垄断法不是没有牙齿的老虎，而是敢打老虎！因此，它提高了中国反垄断法的效力，提高了中国反垄断执法的威慑力，也扩大了中国反垄断法在世界的影响。毫无疑问，这个案件也向全社会、向国内外企业和消费者传递了以下几个信号。

---

* 本文发表在《价格理论与实践》2013 年第 2 期。

① 《价格法》第 14 条规定，经营者不得"相互串通，操纵市场价格，损害其他经营者或者消费者的合法权益"。《价格法》第 40 条规定，经营者有上述行为的，得被"责令改正，没收违法所得，可以并处违法所得五倍以下的罚款……"

② 《反垄断法》第 46 条规定，经营者违法"达成并实施垄断协议的，由反垄断执法机构责令停止违法行为，没收违法所得，并处上一年度销售额百分之一以上百分之十以下的罚款……"

第一，价格卡特尔是反垄断执法的重中之重。亚当·斯密在其名著《国民财富的性质和原因的研究》中指出，"同业中人甚至为了娱乐和消遣也很少聚集在一起。但是他们一旦聚集在一起，交谈的内容便是商讨如何对付消费者，或以某些提价的花招为结局"。竞争者之间商定价格的行为就是价格卡特尔。因为卡特尔排除、限制竞争，而市场竞争可以给消费者带来最低的价格、最好的质量和最大的物质进步，并有助于建立一个公平和民主的社会环境，反垄断法就必须反对卡特尔，特别是反对价格卡特尔。中国反垄断法生效以来的罚款几乎都是针对卡特尔，特别是针对价格卡特尔，包括2013年1月4日针对6家跨国公司开出的大额罚单，这说明价格卡特尔是反垄断执法的重中之重。

第二，反垄断法对国际卡特尔有域外效力。国家发改委2013年1月4日开出的罚单是针对6家跨国公司的，即被罚款的企业在全球开展经营活动。这种情况下，这些企业间的价格共谋很可能发生在中国境外。尽管《价格法》第2条规定，"在中华人民共和国境内发生的价格行为，适用本法"，但它不排除对本案的管辖权，因为这里的"价格行为地"除了价格共谋之地，还包括价格共谋的后果之地，即价格卡特尔"实施地"。与《价格法》相比，2008年生效的《反垄断法》明确了域外管辖权，即它不仅适用于中国境内的垄断行为，还适用于境外发生但对境内市场竞争产生了排除、限制竞争影响的垄断行为。各国反垄断法一般都有域外适用的效力，这就使国际卡特尔处于"过街老鼠，人人喊打"的境地，即在一个国家的共谋行为可能导致被很多反垄断执法机关征收巨额罚款的情况。

第三，中国反垄断法对各类企业有着一体适用的效力。国家发改委2013年1月4日开出的罚单是针对跨国公司的，此前反垄断执法机关针对国内企业的卡特尔行为或其他违法行为也开过罚单，国家发改委还通过2011年11月9日的央视《新闻30分》向社会公告了对中国电信和中国联通开展的反垄断调查。尽管由于体制的问题，中国反垄断初期执法肯定存在这样或者那样的问题，但是反垄断法对各类企业一体适用的态度或者趋势已经很明朗，即中国反垄断法的实施将会顺应国际潮流，它既不考虑企业的国籍，也不考虑企业的所有制，而是市场公平自由竞争的维护者。

当然，因为反垄断法主要适用于企业，本案对国内外的企业甚至对行业协会来说都是一部重要的教科书。它告诫企业，在市场经营活动中必须遵守法律，依法开展竞争。特别是在寡头垄断的市场上，企业间的信息交流非常可能出现违反反垄断法的情况，企业对此必须高度警惕。作为反垄断初期执法的大案，本案对执法机关和执法官员来说是一次重要的"练兵"机会，这不仅有助于他们提高执行反垄断法的能力，而且也有助于发现中国反垄断法在实施中存在的问题，从而有助于推动中国反垄断法的发展和完善。

茅台／五粮液案的几个法律问题 *

一　茅台／五粮液被处罚的法律依据是什么

国家发展和改革委员会价格监督检查与反垄断局对茅台、五粮液两家企业进行罚款的主要法律依据是《反垄断法》第14条和第46条。《反垄断法》第14条禁止经营者与交易相对人达成下列垄断协议：（一）固定向第三人转售商品的价格；（二）限定向第三人转售商品的最低价格；（三）国务院反垄断执法机构认定的其他垄断协议。毫无疑问，反垄断执法机关认定茅台、五粮液违反反垄断法的事实是它们对其经销商规定了最低销售价格。据悉，茅台要求一瓶53度飞天茅台酒的终端零售价不低于1519元，团购价不低于1400元。为贯彻执行其限价协议，茅台还对3家低价销售和串货的经销商开出了罚单，停止供货，扣除销售商20%的保证金，还提出了警告。

我认为，《反垄断法》第14条不是适用"本法违法"的原则，即它并不认为经营者与交易相对人所达成的维护转售价格的协议都是违法的，因为《反垄断法》第15条规定，"经营者能够证明所达成的协议属于下列情形之一的，不适用本法第十三条、第十四条的规定：（一）为改进技术、研究开发

＊　本文为国家发改委对茅台／五粮液作出罚款决定后2013年2月为接受《中国经济导报》采访准备的稿件。

新产品的;(二)为提高产品质量、降低成本、增进效率,统一产品规格、标准或者实行专业化分工的;(三)为提高中小经营者经营效率,增强中小经营者竞争力的;(四)为实现节约能源、保护环境、救灾救助等社会公共利益的;(五)因经济不景气,为缓解销售量严重下降或者生产明显过剩的;(六)为保障对外贸易和对外经济合作中的正当利益的;(七)法律和国务院规定的其他情形。属于前款第一项至第五项情形,不适用本法第十三条、第十四条规定的,经营者还应当证明所达成的协议不会严重限制相关市场的竞争,并且能够使消费者分享由此产生的利益。"

在本案,茅台和五粮液极有可能依据上述规定申辩说,它们的纵向限价是因经济不景气而采取的经营策略,目的是缓解销售量严重下降和生产明显过剩。然而,根据上述规定,即便茅台、五粮液的纵向限价是因经济不景气而采取的经营策略,但是考虑到下面的两个因素,它们难以证明与销售商达成的限价协议"不会严重限制相关市场的竞争,并且能够使消费者分享由此产生的利益"。第一,茅台、五粮液在中国高端白酒市场占市场支配地位。尽管人们笼统地说,中国白酒行业竞争充分,但在这个具体案件中,人们不会认为1000多元甚至2000多元一瓶的茅台、五粮液与几十元或者几百元一瓶的普通白酒存在竞争关系。也就是说,茅台、五粮液与一般白酒不属同一档次,价格差异大,它们作为高端白酒与普通白酒不属于同一相关市场,而在高端白酒这一相关市场上,茅台、五粮液显然有着市场势力,占市场支配地位。第二,因为茅台、五粮液在中国高端白酒市场占支配地位,它们与其销售商订立的固定转售价格的协议对市场竞争就会有严重的不利影响,即这种限制一方面导致茅台、五粮液的销售商之间形成了事实上的价格卡特尔,损害了销售商的定价自主权;另一方面,这种限价显然抬高了产品的零售价,会损害最终消费者的利益。需要说明的是,纵向固定价格的协议对消费者都会有不同程度的损害。如果协议当事人在市场上不占支配地位,最终消费者在市场上就有选择权。因为茅台、五粮液在中国高端白酒市场占支配地位，最终消费者的选择非常有限，这种纵向限价协议对消费者有更大的不利影响。

　　这里还需要指出的是，茅台、五粮液的纵向限价不是因经济不景气而采取的经营策略，而是凭借其市场地位长期实施的经营策略，目的是剥削消费者，扩大垄断利润。因此，有人说，国家发改委的决定有助于"挤出白酒行业的价格泡沫，促使行业进行深度调整"。

二　"限价令"损害了谁的利益

　　茅台、五粮液的纵向限价行为首先会损害最终消费者的利益。可以想见，如果没有这种限价，茅台酒的销售商之间和五粮液的销售商之间都会存在价格竞争。比如说，茅台酒的出厂价是 1000 元一瓶，如果第一销售商的价格是 2000 元，第二销售商的价格就会低于 2000 元，第三销售商的价格还会低于第二销售商的价格，其结果就是消费者通过销售商之间的价格竞争买到比较便宜的产品。如果茅台对其销售商规定最低销售价格 2000 元或者固定销售价格 2000 元，销售商之间就没有竞争，消费者的购买价格就是 2000 元，这显然对消费者不利。

　　茅台、五粮液的纵向限价当然也会损害销售商的利益。我们在本案看到，茅台对其实施低价销售或者存在串货行为的经销商采取了惩罚性措施，包括开罚单、停止供货、扣除保证金、提出警告等等。其实，当茅台、五粮液把其产品出售给销售商之后，因为销售商不是其销售代理商，茅台、五粮液作为卖方与这些被售出的产品就失去了联系，它们就不应当继续控制这些产品，限制销售商的销售价格，损害其经营自主权。在市场上，销售商有很多种降价的动机，例如销售商之间因为存在竞争，一些效益好、实力比较强的销售商希望通过降价扩大销售，扩大市场份额；有些销售商则希望通过降价来减少积压和库存，也即通过降价提高经济效率。这种情况下，茅台、五粮液作为生产商不容许销售商降低价格，显然会损害销售商的利益。

三 茅台/五粮液共计罚款 4.49 亿元是否适当

国家发展和改革委员会价格监督检查与反垄断局对茅台、五粮液罚款的依据是《反垄断法》第 46 条。它规定，"经营者违反本法规定，达成并实施垄断协议的，由反垄断执法机构责令停止违法行为，没收违法所得，并处上一年度销售额百分之一以上百分之十以下的罚款；尚未实施所达成的垄断协议的，可以处五十万元以下的罚款"。《反垄断法》与《反不正当竞争法》和《价格法》相比，行政罚款的力度有了很大提高，这有助于提高反垄断法的威慑力。依据上述规定，反垄断执法机关对违法企业进行罚款的基数是其上一营业年度的市场销售额，而不是上一营业年度的净收益。

反垄断执法机关的行政罚款直接关系涉案企业的利益。因此，企业界和律师界非常关注罚款的标准。根据《反垄断法》第 49 条，"反垄断执法机构确定具体罚款数额时，应当考虑违法行为的性质、程度和持续的时间等因素"。这即是说，罚款的金额要与案件的严重程度成正比，而在考虑案件的严重程度时，要考虑违法的具体情况、相关企业的规模以及企业在违法活动中应承担的责任。反垄断执法还应当考虑公平原则，即对相同情况下的企业进行罚款时，无论它们属同一案件的企业还是不同案件的企业，不应当存在歧视性的待遇。此外，反垄断行政罚款也会受到其他因素的影响。例如，本案中的罚款幅度是 1%，这是反垄断法规定的最低标准。我认为，反垄断执法机关在这个案件中对茅台和五粮液实施了最低的罚款标准，是因为我国反垄断执法的时间还不长，企业对这个法律制度和相关政策的了解还可能不够，这种情况下的罚款力度可以轻一点。相反，如果企业违反反垄断法是明知故犯，其理应受到更严厉的惩罚。

四 我国近年打击价格垄断行为的力度如何

我国反垄断法实施以来，国家发展和改革委员会价格监督检查与反垄断局配合省级价格监管机构，处理了近20起价格垄断案件，包括江苏和湖北查处的盐业公司滥用市场支配地位的搭售行为案、广西查处的南宁和柳州部分米粉厂家的串通涨价案、浙江查处的富阳市造纸业协会的价格垄断行为案等。由于反垄断初期执法经验不足，上述案件大多依据《价格法》作出了处理。2011年11月，国家发改委价格监督检查与反垄断局依据反垄断法对山东潍坊两家制药企业做出重罚，没收违法所得并处罚款各700多万元。11月9日，央视《新闻30分》报道，国家发展和改革委员会对中国电信和中国联通在宽带入网市场的滥用行为展开调查。如果此案证据确凿，执法机关可依据《反垄断法》第47条，对违法者处数亿元至数十亿元的罚款。2013年初，反垄断执法机关还亮出利剑，依据《价格法》对韩国的三星、LG和中国台湾地区的4家企业开出共计3.53亿元人民币的罚单，理由是它们曾在2001~2006年有过串通液晶面板价格的行为，这个行为严重损害了市场竞争，损害了消费者的利益。反垄断执法机关现在又在茅台/五粮液一案中开出了创纪录的罚单。

这些案件说明，我国打击垄断行为的力度越来越大，这不仅提高了反垄断执法机关的权威，而且也提高了我国反垄断法的权威。这些案件还说明，反垄断法的实施毫无疑问地会对我国市场上的企业产生直接和重大的影响，即市场经济条件下的企业即便享有合同自由，享有经营自主权，它们也没有随意排除、限制市场竞争的权利，特别是没有权利通过共谋来固定商品或者服务的价格、限制数量或者分割市场，也没有权利随意通过并购的方式消灭竞争对手。可以想见，随着反垄断法的实施，我国市场上的企业可以在更大程度上感受市场竞争的压力，这种压力同时也是企业不断适应市场和不断完善自己的动力，因此反垄断法是提高企业竞争力和国家竞争力的一个重要法律武器。

五　茅台/五粮液一案的意义

与国家发改委 2013 年初处罚 6 家跨国公司串通固定液晶面板价格的案件不同，国家发改委这次处罚茅台、五粮液是因为它们的限制转售价格行为。这是反垄断执法机关首次适用《反垄断法》第 14 条的案件，这对推动和完善中国反垄断法的实施有极其重要的意义。

与涉及横向协议的第 13 条一样，我国《反垄断法》第 14 条也没有明确纵向价格约束适用"本身违法"的原则。鉴于《反垄断法》第 15 条规定了符合下面两个条件的垄断协议可以得到豁免：一是协议不会严重限制相关市场的竞争；二是协议能够使消费者分享由此产生的利益。可以认为我国反垄断法在纵向协议方面除了考虑同一品牌销售商之间的竞争，同时也会考虑不同品牌之间的竞争。但是总的来说，我国《反垄断法》第 14 条是一个禁止性规定，即所列的行为基本上可以认定为违法，除非被告或者被调查人自己能够举证证明其满足了第 15 条规定的可以使垄断协议得到豁免的两个前提条件。

在茅台/五粮液一案中，因为两个被罚款的企业都是国有企业，这个案件对推动我国反垄断法的有效实施也有极其重大的意义。国内有人认为，反垄断法是专门针对外国企业或者跨国公司制定的，它不能适用于国有企业。还有人认为，反垄断法即便可以适用于国有企业，反垄断执法机关对违法的国有企业也得"从轻发落"，即设法保护它们。然这随之就产生这样一个问题：如果反垄断法保护国有企业，姑息国有企业的限制竞争行为，那它如何应对其他类型和其他所有制企业的限制竞争？反垄断法是一个市场竞争规则，如果这个规则只是适用于非国有企业，何谈国家的市场竞争秩序？何谈依法治国？中国政府如何在国际社会督促其他国家承认中国的市场经济地位？现在，国家发展和改革委员会通过自己的执法活动对反垄断法进行了诠释，说明反垄断法对国有企业有着一体适用的效力，说明反垄断法对国有企业不是一只没有牙齿的老虎，这不仅提升了国家发展和改革委员会反垄断执法机关的地位，而且也大大提升了反垄断执法的公信力。

实施反垄断法重在整合执法机构和资源 *

2013 年 8 月 1 日是我国反垄断法生效五周年的日子。反垄断法执法机关、学术团体包括法学界和经济学界都在回顾反垄断执法的成果，展望它未来的发展。毫无疑问，我国反垄断初期执法取得了巨大的成就。商务部、国家发改委、国家工商总局和人民法院在各自权限范围内都有一些在国内外有重大影响的案件，如可口可乐并购汇源案、中国电信中国联通案、液晶面板国际卡特尔案、茅台／五粮液纵向协议案以及最近的婴儿奶粉纵向协议案等。广东省高院关于奇虎诉腾讯的判决以及上海市高院对锐邦诉强生的判决，也展示了人民法院在反垄断执法中的重要地位。总体上说，反垄断法不仅在国内受到了广泛关注，而且因为几乎任何一个具全球影响的经营者集中都需要向中国商务部进行申报，我国反垄断法也成为最具全球影响的反垄断法之一。反垄断法的实施维护了我国的市场竞争秩序，提高了全社会特别是企业的反垄断意识和竞争意识，而且也丰富了国家的竞争文化。

然而，另一方面，因为任何事物都有生命期，反垄断法作为我国的一个全新的法律制度，特别是作为一个与国家经济体制有着密切关联的法律制度，再加上我国体制转型过程中还存在一些顽瘴痼疾和利益固化的藩篱，反垄断初期执法必然面临一系列严峻的挑战。

---

* 本文发表在 2013 年 8 月 28 日的《中国社会科学报》。

一　行政垄断缺乏有效监管

反垄断法实施五年来，尽管在行政垄断方面也有一些案件，如国家新闻出版广电总局电影局的内部征求意见稿和广东某市政府对 GPS 运营商的强制交易案，但这些案件与我国普遍存在的行政垄断问题相比，它们的影响还显得微不足道。北京 4 家防伪企业状告国家质检总局一案被法院驳回，更说明了我国目前规制行政垄断的难度。当然，打破行政垄断，不是一部反垄断法就能够奏效的。这不仅需要深化经济体制改革，包括改革和废除现有不合理限制竞争的政策、法律以及不合理的国家垄断；还需要提高全社会的竞争理念，提高企业特别是国有企业对竞争的认识；更需要国家顶层设计者提高对竞争政策的认识，坚定不移地坚持经济体制改革的市场化方向。在政府与市场的关系上，国家应强化政府职能的转变，使市场竞争和市场机制在资源配置中真正发挥基础性作用，而不是强化政府对经济的直接控制力，使政府在市场上既当运动员又当裁判员。无论如何，在行政垄断普遍存在的社会环境下，在国有企业可随意寻求政府"保护"或者"寻租"的情况下，反垄断法是难以得到有效实施的。总之，国家必须通过立法，将政府行为真正装进制度的笼子里，如此我国才能有效制止和预防行政垄断。

二　执法独立性不足

反垄断执法必须有独立性，因为它查处的案件一般在社会上的影响很大，甚至涉及整个市场或者整个行业。滥用市场支配地位的行为还往往涉及国有大企业或者大跨国公司。这种情况下，如果执法机关没有足够强的独立性，没有足够高的权威，它的审案工作就不可避免地会受其上级政府部门或者与案件相关的其他政府机构的影响。我国反垄断初期执法的实践表明，在涉及国有大企业的案件中，反垄断执法机关存在独立性不够的问题，例如中国电信中国联通一案没有下文，这无疑是国家发改委的反垄断执法活动受到了其他政府部门的干扰。涉及央企的其他反垄断案件也受到了社会质疑，如中国联通和中国网通在反垄断法生效后实施的并购没有向商务部进行申报，中航信案件没有得到认真的查处。笔者一向认为，反垄断执法机关的独立性和权威固然取决于国家的竞争政策，但我国现行三足鼎立的反垄断行政执法也存在致命的弱点，即因为它们均隶属于国务院部委，真正执行反垄断法的机构级别不够高、权威不大，有些机构是制定和执行国家宏观经济政策的重要机构，其下属的反垄断执法机关有时更难以维护其独立性。为了发挥反垄断法应有的效力，为了更好地规范市场竞争秩序，国务院应尽早将三家行政执法机构整合为一个统一的机构。

三　执法资源严重不足

反垄断执法机关的效力相当程度上取决于执法资源，因此，国家应当为反垄断执法配置适当数量的人员和财力。我国反垄断法需要相当的执法资源，这不仅因为这部法律几乎适用于所有的行业和所有的企业，而且因为我国疆域辽阔，有着世界上最广阔的市场，理论上说，我国反垄断执法资源不应少于其他国家和地区的反垄断执法机关。然而，我国反垄断执法资源的匮乏有目共睹。因为执法资源严重不足，经营者集中方面有很多应在第一审查阶段做出的决定不得不被推迟到第二阶段。国家发改委和国家工商总局依据反垄断法的规定，授权省一级政府的相应机构执行反垄断法。但省级反垄断执法机构理论上只能调查和审理其影响限于本辖区的案件，且其执法活动尚需中央政府反垄断执法机构提供指导。这即是说，地方机构的参与不能完全解决中央政府反垄断资源贫乏的问题。当然，反垄断执法资源的改善不可能一蹴而就，但这需要国家的重视，因为执法资源的改善不是执法机关本身能够解决的问题。

四 反垄断法本身亟待完善

反垄断法五年的实施也说明这部法律本身还存在很多问题。例如，取得控制权是经营者集中的核心内容，但我国反垄断制度缺乏一个关于控制权的说明。经营者集中的审查因素包括市场集中度。商务部发布的《关于评估经营者集中竞争影响的暂行规定》也明确提出，市场集中度可用赫芬达尔—赫希曼指数即 HHI 指数或者行业前几家企业共同的市场份额即 CRn 指数来衡量。但是，我国至今在这方面还没有量化标准来指导反垄断执法活动。《反垄断法》第 48 条规定，对于违法实施的经营者集中，可处 50 万元以下的罚款。因为违法的经营者集中很难通过"拆分"方式予以救济，50 万元的罚款就显得违法成本太低，不具法律的威慑力。在垄断协议和滥用市场支配地位等方面，反垄断法也有很多值得改进之处。例如，经营者实施垄断协议和滥用市场支配地位的，可处上一年度销售额 1% 以上和 10% 以下的罚款。因为最低罚款的标准是上一年度销售额的 1%，这个规定肯定会束缚执法者的自由裁量权。

几百年的市场经济包括我国改革开放 30 多年来的经验证明，绝大多数的垄断包括企业垄断和行政垄断都是不合理的现象，其本质不过是限制价格机制调节社会生产和优化配置资源的功能。短期看，垄断会导致价格上涨和质量下降，损害消费者的利益；长期看，垄断会导致企业效率低下和国家经济短缺。因此，推动竞争政策，建立一个统一、开放、竞争、有序的市场体系，构建一个高效和权威的反垄断执法机关，不仅是深化我国以市场为导向的经济体制改革的迫切需要，更是社会、企业和广大人民的殷切期盼。

中国电信、中国联通涉嫌垄断案的再思考 *

据 2011 年 11 月 9 日央视《新闻 30 分》的报道，国家发展和改革委员会的价格监督检查与反垄断局针对中国电信和中国联通涉嫌在中国宽带入网市场的垄断行为进行调查。① 反垄断执法机关对这个案件的基本看法是，两个被调查企业利用其在宽带入网市场的支配地位，对竞争对手收取高额的入网费，严重影响了宽带入网市场的公平竞争。反垄断执法机关还提出，如果证据确凿，事实成立，此案将依据《反垄断法》第 47 条对违法企业处以上一年度营业额 1%~10% 的罚款，即这两个企业可能被处以数亿元至数十亿元的罚款。② 这一新闻报道已经过去三年多了。这期间除被调查企业向国家发改委递交过中止调查的申请并承诺进行整改外，案件迄今尚无重大进展。③ 目前最新的动态是，国家发改委反垄断执法官员 2014 年 2 月 19 日表示，他们正根据《反垄断法》对中国电信和中国联通是否完全履行承诺、相关整改措施是否消除了涉嫌垄断行为的后果进行评估，并且将根据评估结果，依法作

---

* 本文发表在《交大法学》2013 年第 2 期。

① 见 2011 年 11 月 9 日 12:28 CCTV《新闻 30 分》视频：发改委调查中国电信和联通宽带垄断问题，http://www.sina.com.cn/。

② 见 2011 年 11 月 9 日 12:28 CCTV《新闻 30 分》视频：发改委调查中国电信和联通宽带垄断问题，http://www.sina.com.cn/。

③ 中国电信承诺，五年内公众用户上网单位带宽价格下降 35% 左右；中国联通承诺，积极配合其他骨干网运营商，进一步提升互联网互联互通质量，进一步下调公众用户上网单位带宽资费水平。见 http://ccnews.people.com.cn/GB/17403802.html。

出处理决定。[①] 这说明，这个案子以接受被调查企业承诺的方式结案已经明朗。本案是中国反垄断法实施以来第一个接受承诺的案件，且是第一个针对国有大企业滥用市场支配地位的案件，因而引起了国内外竞争法学界的广泛关注。本文主要探讨以下几个问题：第一，中国电信和中国联通是否在中国宽带入网市场占支配地位；第二，如果占市场支配地位，它们在宽带入网市场的价格行为是否构成滥用；第三，如果违反反垄断法，它们应当承担什么样的法律责任；第四，尽管本案以接受被调查企业的承诺作为结案方式，本文仍将讨论以接受承诺作为本案的结案方式是否合理；第五，鉴于中国反垄断法关于承诺的规定有很多不明确之处，本文探讨完善这一条款的前景。最后是本文的结论。本文强调，本案的最大引人注目之处是，它不仅检验了中国反垄断法对国有大企业的效力，而且也提出了中国反垄断执法机关面临的最大挑战。

一　中国电信、中国联通是否在宽带入网市场占支配地位

认定企业是否占市场支配地位，前提条件是界定相关市场。本案中相关商品市场无疑是提供宽带入网服务，或者被称为互联网接入服务（Internet Service Provider，以下简称 ISP）的市场。因为提供入网宽带的企业是在提供一种基础设施，即提供与线路相关的电信设施，提供互联网接入服务的企业具有自然垄断性，且相关地域市场是全国性的。中国电信和中国联通是否在 ISP 市场占支配地位，人们有不同的观点。一种观点是，中国有很多 ISP，即除了涉案的两家企业，还有宽带骨干网中其他经营企业包括中国移动、中国铁通以及中国教育和科研计算机网网络中心等，此外还有转租的增值电信企

---

① 见 2014 年 2 月 19 日中国新闻网报道《发改委：电信联通垄断案将根据评估作出处理决定》，http://www.chinanews.com/gn/2014/02-19/5855627.shtml。

业如长城宽带、歌华等。因为有众多企业开展竞争，中国电信和中国联通不占市场支配地位。[①] 另一观点是，中国宽带入网市场尽管有众多ISP开展竞争，但它们之间的竞争不在同一水平上。中国电信和中国联通是强势ISP，因为其他ISP通过批发中国电信和中国联通的宽带才能进入互联网，进而向其用户提供互联网服务，因此，中国电信和中国联通在中国的宽带入网市场占支配地位。

其实，中国电信和中国联通在本案中相关市场所占的支配地位毋庸置疑。根据反垄断执法机关所掌握的数据，中国95%的互联网国际出口宽带、90%的宽带互联网接入用户和99%的互联网内容服务经营者都是从中国电信和中国联通进行宽带接入的，即中国电信和中国联通在中国ISP市场上是双寡头垄断。不仅如此，考虑到中国电信和中国联通各自在中国南部和北部提供宽带入网服务，它们的宽带基础设施基本相互独立，互联互通程度不高，它们在各自地域范围内还都是一个垄断性企业。据2011年11月9日央视《新闻30分》报道，中国电信和中国联通之间的直连宽带为261.5 G，这是两公司所拥有的国际出口宽带1078 G的24.3%；从互联的质量看，两公司在2011年1~9月的互联时延为87.7~131.3ms，丢包率为0.2%~1.9%，这些数据均不符合原信息产业部发布的《互联网骨干网间互联服务暂行规定》中时延不得高于85ms、丢包率不得超过1%的要求。[②] 这说明，中国电信和中国联通两个电信巨头之间尚未实现充分的互联互通。因此，本案中的相关市场相当程度上是区域性的，即两家电信企业在各自相关地域市场几乎占100%的份额，从而可被视为两个垄断企业。

---

① 见2011年11月11日《人民邮电报》驳央视对中国电信中国联通涉嫌价格垄断的报道，参见中国信息产业网，http://www.sina.com.cn。

② 据2011年11月9日12:28 CCTV《新闻30分》的报道，这些数据来自工业和信息化部。

二 中国电信、中国联通是否存在滥用行为

2011 年 11 月 9 日央视《新闻 30 分》报道，国家发改委反垄断执法机关基本查明，被调查企业涉嫌违反反垄断法的行为主要是价格歧视。[①] 本人认为，本案中涉嫌垄断的行为除了价格歧视，另一个滥用行为是价格挤压。

（一）价格歧视

反垄断执法机关认为，中国电信和中国联通针对与它们存在竞争和不存在竞争的 ISP 给出了不同的宽带入网价，即与之有竞争关系的中国移动、中国铁通等大型 ISP 的价格条件是 100 万元 /（G·月），而且它们的接入必须得经过集团的审批，且只能在位于北京、上海和广州的指定地点进行接入；相反，对于与它们没有竞争关系的中小型 ISP，其价格条件是 20 万~30 万元 /（G·月），且这些交易不需要集团的审批，宽带接入也没有指定地点的限制。

针对反垄断执法机关的这一指控，有人用 100 平方米房子的价格在北京和上海可以相差 40 万元作类比。他们说，不同的价格是因为受到了市场调节，所以合理合法。还有学者提出，企业的价格行为必须得考虑机会成本，即必须考虑其所得的利润，因此这两个企业的价格行为是合法的。然而，鉴于中国电信和中国联通在中国宽带入网市场的垄断地位，这里除了得考虑企业的自由定价权，更重要的是得考虑市场的公平竞争秩序等问题。

在市场经济条件下，企业一般都有自由定价的权利。然而，如果企业占市场支配地位，它们的市场行为包括某些情况下的价格行为就必须受反垄断

[①] 见 2011 年 11 月 9 日 12:28 CCTV《新闻 30 分》视频：发改委调查中国电信和中国联通宽带垄断问题。视频中的信息是，"在互联网接入这个市场上，中国电信和中国联通合在一起占有三分之二以上的市场份额，肯定是具有市场支配地位的。在这种情况下，它们就是利用这种市场支配地位，对于跟自己有竞争关系的竞争对手，它们给出高价，而对于没有竞争关系的企业，它们给出的价格就要优惠一些，这个在反垄断法上叫作价格歧视。"http://www.sina.com.cn/。

法的管制。这是因为当企业占市场支配地位时，它们一方面容易凭借其市场势力剥削消费者，另一方面也容易凭借其市场势力排除限制竞争，妨碍其他企业进入市场。这即是说，当企业占市场支配地位时，也即在其交易对手在市场上没有选择权的情况下，它们的市场交易行为不能一概适用合同自由的原则，从而也不能一味地考虑机会成本。因此，中国《反垄断法》第三章针对占市场支配地位的企业做出了很多禁止性的规定，其他国家和地区的反垄断法也有类似规定，如《欧盟运行条约》第102条的规定。欧盟委员会曾在2004年认定微软公司滥用其市场支配地位，[①] 2009年认定英特尔公司滥用其市场支配地位，[②] 并对这些企业的违法行为做出了相应的处罚。

当然，占市场支配地位的企业有权为其各种限制竞争行为作辩护。本案中，中国电信和中国联通可以对针对其在宽带入网市场存在"批量大价高和批量小价低"的指控，通过举证说明其正当性。然而，因为占市场支配地位的企业的价格歧视会严重损害市场竞争，它们所要证明的合理性和正当性必须是重大的，且有实质性的意义。如果有证据证明，这两个被调查的企业是为了维护自己在互联网接入市场的支配地位和竞争优势而对竞争对手采取了不利的价格条件，排除限制竞争的意图就十分明显，这个价格歧视就可被认定为滥用行为。

据悉，国家发改委反垄断执法机关曾对北京光环新网数字技术有限公司、北京首信网创网络信息服务有限责任公司、北京电信通电信工程有限公司、北京互联通网络科技有限公司和北京中电飞华电力线通信技术有限公司5家ISP进行过调查，这些企业都在多个城市有中国电信、中国联通和中国教育网的网络接入点，是宽带接入市场的二级运营商，其中最大的企业是北京电信通电信工程有限公司。据该企业提供的信息，该企业从中国联通获得

---

① 　http://ec.europa.eu/competition/sectors/ICT/microsoft/index.html.

② 　http://ec.europa.eu/competition/sectors/ICT/intel.html.

的宽带批发价是 150 万元／（G·月），这个价格远远高于中国联通与其他公司的交易价格——20 万~30 万元／（G·月）。还有一个问题是，即便北京电信通电信工程有限公司从中国联通批发宽带的价格是一般企业的 5 倍之多，它也不能从中国联通多得几个 G 的宽带容量，被告知的理由就是它与北京联通存在竞争。[①] 这说明，中国联通针对竞争对手收取高价的行为不是出于经济核算或者经济效益，而是出于限制竞争的目的。

（二）价格挤压

在本案中，即便中国电信和中国联通的宽带批发采取了统一价格，这个价格仍可能违反反垄断法。因为在中国电信和中国联通既做宽带批发又做宽带零售的情况下，即当它们可以为自己的互联网内容服务商直接提供宽带服务时，如果其宽带批发价大大高于零售价，通过批发宽带而提供互联网服务的 ISP 就完全没有利润空间，其结果就是退出市场竞争。本案中，中国电信和中国联通给其自己的互联网内容服务商（ICP）的接入价一般是 10 万元／（G·月），有些低至 3 万~5 万元／（G·月）；而对那些与其有竞争关系的 ISP 的价格则一般是 20 万~30 万元／（G·月），有些甚至高达 150 万元／（G·月），其结果就是绝大多数的 ISP 被迫退出市场，导致中国电信在中国南部和中国联通在中国北部各自形成对 ISP 最终用户独家垄断的局面，消费者没有选择互联网服务商的权利。北京邮电大学阚凯力教授曾指出中国电信和中国联通在作为宽带骨干网运营商的同时又发展自己的宽带用户所存在的问题。他说，中国电信和中国联通给自己的大客户如银行的宽带"零售价"是一些中小型 ISP 的宽带"批发价"的几分之一，这就使得宽带批发价高于零售价；迫于成本压力，一些二级运营商无法通过降价与中国电信和中

---

① 钟晶晶：《发改委否认宽带垄断案和解，称已获得核心证据》，《新京报》2011 年 11 月 22 日。

国联通展开竞争,其结果就是两家骨干网运营商可以垄断市场。[①]

在竞争法中,如果占市场支配地位的企业通过批发和零售同时在上下游两个市场开展经营活动,其高批发价和低零售价挤压了下游市场与其相竞争企业的利润空间,排除限制竞争,这样的行为被称为"价格挤压"(Margin Squeeze)。2003 年 5 月,欧盟委员会对德国电信(DT)作出决定,认定 DT 的价格挤压行为是滥用市场支配地位行为,违反了欧共体条约第 82 条。这也是一个涉及宽带入网价的案件,其背景是 DT 作为德国电信网络基础设施的垄断者,同时参与电信下游市场的竞争,向最终消费者提供模拟电话、ISDN、ADSL 以及其他各种电信服务。在这个案件中,尽管 DT 也对竞争对手开放宽带网络,但其宽带批发价大大高于零售价,即高于对其直接用户收取的价格,其结果就是宽带批发商在与 DT 竞争的下游市场不能抵消成本。这即是说,由于宽带批发商一方面从其客户收取的费用不高于 DT 向自己直接客户收取的零售价,另一方面这个费用还得再减去向 DT 支付的宽带批发价,这种情况下,其所得肯定是个负数,DT 从而被指控存在价格挤压行为。[②]

DT 向欧洲初审法院申诉,要求法院推翻欧盟委员会的决定,理由是它作为被监管的企业,不能避免其批发价和零售价之间存在价格挤压。法院的观点是,尽管 DT 的宽带批发和宽带零售存在政府监管,但在宽带零售方面,政府只规定了最高限价。这也即是说,DT 在遵守政府价格监管的同时,它在宽带零售价方面有一定的自主权。法院认为,在该案中,DT 完全可以通过提高零售价的方式避免价格挤压,但它偏偏滥用自己的定价权,制定了一个大大低于最高限价的零售价,其结果就是导致对宽带批发商的"价格挤

---

① 钟晶晶:《发改委否认宽带垄断案和解,称已获得核心证据》,《新京报》2011 年 11 月 22 日。

② Commission Decision of 21 May 2003 relating to a proceeding under Article 82 of the EC Treaty (Case COMP/C-1/37.451, 37.578, 37.579 — Deutsche Telekom) OJ 2003, L 263/9.

压"。法院明确指出，价格挤压是排除竞争行为，而且排除竞争的意图非常明显，以至于欧盟委员会不需要举证证明。[①]

上述德国电信案与中国电信和中国联通在中国宽带入网市场涉嫌垄断的案情非常相似。两个案件的不同之处是，DT 的宽带批发价是德国电信监管机构规定的，DT 与其直接客户交易的零售价是由德国电信监管机构规定了最高限价；而中国的电信监管机构对中国电信和中国联通只是规定了宽带批发的最高限价。这即是说，与德国电信案相比，中国电信和中国联通在宽带入网定价方面比德国电信案的 DT 有更大的自主权。欧洲法院的判决指出，德国电信的宽带批发和宽带零售受到政府监管的事实不能解除它必须遵守欧共体条约第 82 条的义务。这即是说，尽管 DT 的宽带定价依据监管机构的规定是合法的，即批发价是一个固定价格，零售价没有超过最高限价，但是由于其价格行为严重地排除限制竞争，这个行为可以被视为违反欧共体的竞争法。法院的判决还指出，如果监管机构要求企业限制竞争，企业对其限制竞争的行为就没有责任；然而，如果法律赋予被监管企业一定的自由裁量权，即它们在一定程度上可自主决策，自主定价，这些被监管的企业就不能从竞争法中得到豁免。在该案中，DT 本来可以通过提高宽带上网（ADSL）的零售价来避免价格挤压，但它没有这样做。这种情况下，DT 违反欧共体竞争法的行为就不能以"国家行为"或者"政府监管"为由而得到豁免。[②]

三　涉嫌违法的企业可能承担的法律后果

宽带是互联网服务市场竞争的平台，宽带进入已成为竞争法中的一个热点问题。中国电信和中国联通一案能否在反垄断法领域成为一个具里程碑意义的案件，取决于执法机关的最后决定。如果执法机关经过调查，没有发现

[①]　Case T-271/03, Deutsche Telecom v.Commission, Judgment of 10 April 2008.

[②]　Case T-271/03, Deutsche Telecom v.Commission, Judgment of 10 April 2008.

被调查企业的违法证据，这个案件当然会不了了之。然而，如果执法机关查明中国电信和中国联通有违反反垄断法的确凿证据，这个案件就不应当不了了之。道理很简单，作为中国反垄断法实施以来针对国有大企业滥用其市场支配地位的第一案，这个案件必然对中国市场上开展经营活动的各类企业有很大的影响，对国有大企业尤其有很大的影响。

根据《反垄断法》第47条的规定，如果反垄断执法机关经过调查，认定中国电信和中国联通在宽带入网市场上存在不合理地排除限制竞争的行为，它有权责令这两个企业停止违法行为，没收违法所得，并处上一营业年度市场销售额1%以上和10%以下的罚款。根据《反垄断法》第49条，执法机构确定具体的罚款数额时，应当考虑违法行为的性质、程度和持续的时间等各种因素。一般来说，执法机关罚款的金额应当与案件的违法程度成正比，而在考虑违法程度时，应当考虑违法的具体情况、企业的规模、企业在违法活动中的责任以及它们与反垄断执法机关合作的态度等很多方面。此外，执法机关在决定罚款金额时，还应当考虑当前的罚款对今后案件的影响。例如，世界上很多国家或者地区的反垄断法规定了对违法者可处上一营业年度市场销售额10%以下的罚款，但事实上没有任何国家或地区的反垄断执法机构对违法企业的罚款金额达到了10%的标准，因为它必须得考虑今后可能出现的更为严重的违法情况。当然，反垄断执法机构也应考虑各种可能减轻处罚的情况。按照中国《行政处罚法》第27条，当事人有下列情形之一的，应当依法从轻或者减轻行政处罚：主动消除或者减轻违法行为危害后果的；受他人胁迫有违法行为的；配合行政机关查处违法行为有立功表现的；其他依法从轻或者减轻行政处罚的。这一条还规定，违法行为轻微并及时纠正，没有造成危害后果的，不予行政处罚。

然而，本案中涉嫌违反反垄断法的行为在性质上无论如何都不能算作"轻微"，也不是"没有造成危害后果"，因为据媒体报道，中国电信和中国联通2010年8月进行的所谓"清理违规宽带接入"行为①，曾导致中国铁通、广电等很多用户正在使用中的宽带被断网，广东一地就曾有七八家公司被断网。而这起"清理违规宽带接入"事件的导火线是中国电信和中国联通与中国铁通、广电等骨干网之间结算的费用远高于它们发展自己宽带客户的费用，这种情况下，一些地方性的网络运营商就找出变通的办法，即通过第三方公司转购中国电信和中国联通的带宽流量，从而出现了所谓的"穿透接入"。此外，中国电信和中国联通涉嫌违法行为的时间也不算短，即便从中国铁通、广电这些中国电信和中国联通的主要客户和主要竞争对手在2010年8月遭致"断网"起算，这个历经的时间也有一年多。综合上述各种因素，本案的违法事实很清楚，而且证据确凿，从而是一个应依据《反垄断法》第47条作出决定的案件。根据反垄断执法机关掌握的信息，中国电信在宽带接入方面的收入一年大约500亿元，中国联通大约300亿元，② 两个企业被罚款的金额共计应在8亿元和80亿元之间。

　　谈到行政罚款，我认为本案中两个被调查企业有理由要求从轻处罚。一方面，本案涉及的电信业是一个被监管的行业，即中国电信和中国联通的宽带接入价受到了政府的监管。因为存在价格监管，被监管的企业很容易产生误解，以为其价格行为只要不违反行业监管就是合法的。欧盟委员会在德国电信案也考虑到了DT的宽带批发价和宽带零售价受到了德国政府监管的事实，从而将政府监管作为一个减轻责任的条件，对DT的罚款金额减少了10%，即从原来收取的1400万欧元减至1260万欧元。另一方面，考虑到中国颁布和实施反垄断法的时间还不长，国内企业尤其是国有大企业的反垄断意

---

① 见报道《电信清理违规宽带接入，铁通广电用户将被断网》，http://biz.ppsj.com.cn/2010-9-6/2873341542.html。

② 见2011年11月9日12:28 CCTV《新闻30分》视频：发改委调查中国电信和中国联通宽带垄断问题，http://www.sina.com.cn/。

识不强，很多企业不了解甚至完全不知道中国有个反垄断法，这种情况下，它们应当有个学习和提高认识的过程，从而一定程度上可以减轻行政罚款。

然而，国内有些人认为，对国有企业罚款是没有必要的，而且也没有用，因为这无异于一个人把他的钱从左口袋取出放进右口袋。我认为这种观点是不正确的。诚然，中国的国有企业不是"现代企业制度"意义上的企业，因为它们与政府的关系和民营企业不一样，例如它们一般可以较民营企业从政府得到更多的优惠待遇，如财政补贴[1]；但是，当前处于体制改革中的国有企业和体制改革前的国有企业也不一样，因为它们一定程度上实现了"所有权"和"经营权"的分离，不能再被视为计划经济时代的"国家机关"或者"国家工厂"。例如，2008 年颁布的《企业国有资产法》规定，"国家出资企业对其动产、不动产和其他财产依照法律、行政法规以及企业章程享有占有、使用、收益和处分的权利。国家出资企业依法享有的经营自主权和其他合法权益受法律保护"。[2] 这就确认了国有企业的法人财产权。2007 年 12 月，财政部和国资委发布的《中央企业国有资本收益收取管理暂行办法》的第 9 条还规定了国有独资企业上交国家年度净利润的比例：资源型的国有企业上交 10%；一般竞争性的国有企业上交 5%；军工、转制科研院所国有企业暂缓 3 年上交或者免交。[3] 这不仅明确了国家股东有向国有企业收取利润的权利，而且也明确了国有企业的营利性，这有助于增强国有企业的活力和竞争力，有助于推动国有企业建立以市场为导向的"现代企业制度"。此外，根据国资委 2009 年底发布的《中央企业负责人经营业绩考核暂行办法》[4]，中

---

① 参见天则经济研究所报告《国有企业的性质、表现与改革》，http://www.china-review.com/eat.asp?id=27374。

② 2008 年《企业国有资产法》第 16 条。

③ 见 2007 年财政部和国资委发布的《中央企业国有资本收益收取管理暂行办法》第 9 条。

④ 见国务院国有资产监督管理委员会 2009 年 12 月 28 日发布的《中央企业负责人经营业绩考核暂行办法》，http://www.gov.cn/flfg/2010-01/22/content_1517096.htm。

央企业高管人员的薪酬与企业的经济增长值直接挂钩。上述这些法律法规说明，国有企业因其违法行为而被征收罚款，不是一个无所谓的问题，更不是一个把钱放在左口袋还是右口袋的简单问题。因为国有企业受到罚款处罚不仅会影响企业的形象，而且也会影响企业的利润，进而影响企业的收入包括企业高管和一般员工的收入，这会对企业起到"惩前毖后"的作用，对企业有威慑力。

当然，对违反反垄断法的企业处以行政罚款，不是反垄断执法的最终目的。就中国电信和中国联通一案来说，人们更为关心的是两个被调查企业如何改正或者消除它们的价格歧视和价格挤压行为，这即是《反垄断法》第47条规定的"停止违法行为"。即中国电信和中国联通必须采取措施，切实解决它们因"价格歧视"和"价格挤压"而产生的排除限制竞争问题。

四　本案是否应以接受承诺的方式结案

在国家发改委向社会公告了中国电信和中国联通涉嫌垄断一案后，就有学者和律师提出，该案可以通过接受被调查企业的承诺来解决，即适用《反垄断法》的第45条。[①] 该条规定："对反垄断执法机构调查的涉嫌垄断行为，被调查的经营者承诺在反垄断执法机构认可的期限内采取具体措施消除该行为后果的，反垄断执法机构可以决定中止调查。中止调查的决定应当载明被调查的经营者承诺的具体内容。反垄断执法机构决定中止调查的，应当对经营者履行承诺的情况进行监督。经营者履行承诺的，反垄断执法机构可以决定终止调查。有下列情形之一的，反垄断执法机构应当恢复调查：（1）经营者未履行承诺的；（2）作出中止调查决定所依据的事实发生重大变化的；（3）中止调查的决定是基于经营者提供的不完整或者不真实的信息作出的。"

---

① 见博客中国的报道《宽带反垄断观点大交锋》，http://zt.blogchina.com/2011zt/telecomyt/。

（一）中国电信和中国联通做出了"承诺"

可能是得到了学者或律师们的"点拨"，也可能是因为学习反垄断法而得到了启示，中国电信和中国联通两个企业一致于 2011 年 12 月初向国家发改委承诺进行整改并提出了"中止"反垄断调查的申请。中国电信在其官方网站发布的声明中指出，"中国电信集团公司高度重视并积极主动配合国家发展和改革委员会的调查工作，认真学习了《中华人民共和国反垄断法》等相关法律法规，并对有关价格行为进行了全面自查。通过自查，发现中国电信集团公司与其他骨干网运营商之间的互联互通质量未完全达到相关主管部门的要求，没有实现充分互联互通。同时，在向互联网服务提供商提供专线接入业务方面，价格管理不到位，价格差异较大"[①]。为此，中国电信向国家发改委提交的整改方案主要有以下四个内容：(1) 尽快与中国联通、中国铁通等骨干网运营商进行扩容；(2) 降低与中国铁通的直联价格，进一步提升互联互通质量，实现充分互联互通；(3) 进一步规范互联网专线接入资费管理，按照市场规则公平交易，并梳理现有协议，适当降低资费标准；(4) 大幅提升光纤接入普及率和宽带接入速率，五年内公众用户上网单位带宽价格下降 35% 左右，并立即着手实施。

据国家信息化专家咨询委员会发布的《信息化蓝皮书：中国信息化形势分析与预测的报告（2011）》，中国宽带入网在 2010 年底的平均速率位列全球第 71 位，不及经济合作与发展组织（OECD）成员方平均水平的 1/10；然而与此不相适应的是，中国宽带接入 1 兆 1 秒的平均费用是发达国家平均费用的 3~4 倍。[②] 考虑到这个宽带入网的速度和入网价格，社会各界对中国电信

---

① 见央视网报道《中国电信承认宽带专线接入价格差异大》，http://news.cntv.cn/2011 1204/106689.shtml。

② 转引自 2011 年 11 月 9 日 12:28 CCTV《新闻 30 分》视频：发改委调查中国电信和中国联通宽带垄断问题，http://www.sina.com.cn/。

和中国联通的整改方案持欢迎的态度，因为这对消费者来说无疑是大好消息。

（二）反垄断执法机关接受了中止调查的申请

据悉，中国电信和中国联通向国家发改委提出了整改方案和"中止"调查的申请后，国家发改委价格监督检查与反垄断局通过媒体向社会予以证实，并告知它将根据反垄断法相关规定，审查这两个企业关于中止调查的申请。① 2012年3月13日在国家工商总局消费者权益保护局召开的一个座谈会上，国家发改委价格监督检查与反垄断局的领导还披露信息说，中国电信与中国联通完成了100G的互联带宽扩容，② 且承诺进一步降低消费者的上网资费。此外，他还披露，中国联通承诺，至2012年底，4兆及4兆以上的速率带宽普及率要达到用户的50%以上。③ 2012年3月28日，国家发改委副主任彭森向媒体表示，针对中国电信和中国联通的反垄断调查是一次很好的反垄断宣传和教育，政府机关、国有企业和其他企业都要从中吸取经验教训，坚持守法经营，促进公平竞争。他还透露信息说，"这两家企业目前已经制定了整改方案，并且有所行动"④。此外，在2012年底国务院反垄断委员会专家咨询组召开的"中国竞争政策论坛"上，国家发改委价格监督检查与反垄断局负责人谈及此案时还说，"电信、联通两家提交了整改报告，并在互联互通

① 《发改委证实收到了电信联通整改方案与中止调查申请》，中国广播网，http://www.cnr.cn/jingji/dujia/201112/t20111202_508869822.shtml。

② 中国电信与中国联通完成100G的互联带宽扩容应属于整改方案的内容，因反垄断调查前，两公司原计划只扩容10G带宽。《电信联通承诺降低上网资费》，http://news.qq.com/a/20120316/001116.htm。据报道，截至2012年2月，北京电信宣布首批家庭宽带免费提速工程已全部完成，提速后北京电信家庭宽带速率全部达到2M及以上；从2012年2月起，北京联通开始全网宽带免费提速，用户宽带速率将至少提升一档。见相关报道《北京电信宣布完成首批家庭宽带免费翻倍提速》，http://tech.163.com/12/0219/22/7QLLGNOI000915BE.html。

③ 见报道《发改委回应电信联通垄断案希望公平竞争》，http://money.163.com/12/0329/00/7TNLGUHG00253B0H.html。

④ 见报道《彭森谈电信联通反垄断案》，财经网，http://money.163.com/12/0329/00/7TNLGUHG00253B0H.html。

方面取得了较大进步，但这不意味已经结案，发改委反垄断局前几天还给双方发去了函件，要求其继续保持"。他还说，国家发改委对这一案件的调查得到了国内外的高度肯定，国家发改委价格监督检查与反垄断局"不是杀鸡给猴看，而是打老虎、办大案，办案才是硬道理"。^① 这说明反垄断执法机关不想让这个案件轻而易举地不了了之。这个案件的最新动态就是本文前面指出的，国家发改委反垄断执法官员在 2014 年 2 月 19 日的表态，即他们正依据反垄断法，评估中国电信和中国联通是否履行承诺以及它们的整改措施是否消除了涉嫌垄断行为的后果，并将根据评估的结果，依法作出处理决定。^② 反垄断执法机关的表态是在告知社会，中国电信和中国联通一案适用了《反垄断法》第 45 条，即执法机关接受了被调查企业的承诺；另一方面，这些表态也在告知社会，中国电信和中国联通的整改方案处于按计划实施的过程中。

（三）本案是否应以"接受承诺"而结案

尽管国家发改委针对中国电信和中国联通一案明显是以接受被调查者"承诺"的方式来结案，但是中国反垄断法学界针对这个案件是否应接受承诺的讨论仍在热烈进行中。^③ 我曾于 2011 年 12 月撰文，对本案采用接受承诺的方式投了反对票。^④ 时隔三年，我仍然坚持这个观点，主要理由是这个案子性质上不适宜接受"承诺"。

中国《反垄断法》第 45 条关于承诺的规定，主要借鉴了欧盟竞争立法

---

① 《发改委称宽带反垄断案未结案：电信联通仍遭监督》，新浪科技网，http://tech.sina.com.cn/t/2012-12-11/01507873729.shtml。

② 《发改委：电信联通垄断案将根据评估作出处理决定》，中国新闻网，http://www.chinanews.com/gn/2014/02-19/5855627.shtml。

③ 如在 2014 年 11 月 8 日上海交通大学凯原法学院组织的上海市法学会竞争法研究会 2014 年年会的四个讨论内容中，其中一个内容就是反垄断承诺制度。

④ 王晓晔：《中国宽带入网市场竞争案的主要法律问题》，《价格理论与实践》2011 年第 12 期。

的经验。欧共体理事会 2003 年第 1 号条例第 9 条规定，"委员会打算做出制止违法行为的决定时，如果相关企业做出承诺可以解除委员会对之初步判断中所表明的担忧，委员会可做出决定使这些承诺对企业具有约束力。这个决定可适用于某个特定期间，其结论使委员会再没有理由对之采取行动"。这说明，接受承诺是反垄断执法机关和被调查人双方一致同意的解决反竞争问题的方式。即当反垄断执法机关启动反垄断调查时，如果相关企业同意校正自己的行为，承诺放弃某种行为，或者使市场结构恢复原状，如果反垄断执法机关认为企业的承诺可以消除它认为该企业的行为会给市场竞争带来损害的担忧，它就可以作出接受企业承诺的决定。反垄断执法机关接受承诺会导致两个法律后果：一是对被调查的企业来说，承诺具有法律的约束力；二是对执法机关来说，它得放弃以往这种情况下可能作出"违法行为"的认定，且不能再对这个行为进行制裁，包括做出罚款的决定。如果一个承诺发生在针对企业合并的审查中，执法机关可以对这个合并作出附条件批准的决定。

欧盟竞争法之所以规定"承诺"可以作为一种解决问题的方式，主要原因是有些反垄断案件花费的时间和执法资源巨大，然而案件的违法性却并不十分明显。如欧共体委员会 1991 年开始调查 Irish Ice Cream 一案，花费了 7 年时间才作出了违法的认定。然而被告还不服，1998 年到欧共体初审法院起诉，要求撤销委员会的决定。欧共体初审法院 2005 年作出了维持委员会决定的判决。[1] 这说明，反垄断执法需要一种快速解决问题的机制，即它不必要对某些案件进行详细调查，也不需要对这些案件进行准确定性，只是根据当事人的承诺就可以结束案件。这样的机制对反垄断执法机关和被调查企业来说都是好事：一是通过接受承诺可以迅速解决被调查企业涉嫌违反反垄断法的问题，恢复市场竞争秩序；二是可以节约调查案件的时间和精力，即节约

---

[1] Ice Cream Judgment-CFI Upholds Commission Decision，http://www.thefreelibrary.com/Ice+Cream+Judgment+-+CFI+Upholds+Commission+Decision.-a0121510408.

执法成本。"承诺"制度就应这种需求而生。然而，欧共体理事会第1/2003号条例第13个鉴于条款规定："承诺决定不适宜于委员会打算进行罚款的案件。"[①] 这即是提醒委员会，不能因为接受被调查企业的承诺而损害欧盟竞争法在制裁违法行为方面应起的作用。卡特尔案件一般不能接受承诺，严重的滥用市场支配地位的行为也不应当通过接受承诺的方式来解决，因为过度的承诺会损坏反垄断法的效力，损坏反垄断执法的威慑力。

就中国电信和中国联通一案来说，正如本文前面指出的，反垄断执法机关已经进行过调查，且掌握了被调查企业涉嫌违反反垄断法的确切证据；另一方面，鉴于中国电信和中国联通在中国宽带入网市场的垄断地位，它们的限制竞争不仅明显违反反垄断法，而且给市场竞争带来了严重的损害。[②] 概括地说，接受承诺对这个案件可能存在以下不合理之处。

第一，在本案基本查明的情况下，接受承诺不会降低执法机关对案件调查的成本和费用。

第二，在被调查企业排除限制竞争的问题十分严重的情况下，执法机关如果不对案件做出违法认定，将不能谴责违法行为，不能制裁违法者，其结果是会损害反垄断法的效力和权威。

第三，在执法机关不对案件做出违法认定的情况下，这势必将受害当事人置于不利的境地，因为他们不能将反垄断执法机关的决定作为证据，依据《反垄断法》第50条的规定到法院请求损害赔偿，其结果不仅对受害企业不公平，而且也不利于推进反垄断民事诉讼。

第四，即便执法机关接受被调查企业的承诺，承诺的内容也应当符合一

---

① See Whereas (13), Council Regulation(EC) No.1/2003 of 16 December 2002 on the implementation of the rules on competition laid down in Articles 81 and 82 of the Treaty.

② 见报道《电信清理违规宽带接入 铁通广电用户将被断网》，http://tech.qq.com/a/2010 0904/000064.htm。

定条件，即执法机关能够对承诺中的整改方案进行有效的监督和检查。本案中的"承诺"没有明确的整改措施，如中国电信 2011 年 12 月 2 日的整改声明中使用的措辞是"尽快与……扩容""降低与……直联价格""进一步提升互联互通质量""进一步规范……接入资费管理""适当降低资费标准"等等，这些承诺太粗糙，太不明确，从而也不利于执法机关和社会公众对承诺进行监督和检查。

除了上述法律问题，这个案子还应当从政策方面考虑接受承诺的后果。中国反垄断法自 2008 年 8 月 1 日生效以来，中国电信和中国联通案是涉及国有垄断企业的第一案。① 如果这个案子能够按照反垄断法的规定得到认真处理，不仅可以显示反垄断法的权威，显示反垄断执法机关的权威，而且还可以体现中国"依法治国"的进步。相反，如果这个案子不能按照反垄断法的规定认真予以解决，将会给国有大企业传递一个错误信号，即案件一旦涉及它们，反垄断执法机关会"从轻发落"，会保护它们；特别是在涉及滥用市场支配地位的案件中，执法机关会接受它们的承诺，从而不会认定它们的行为违法，不会对它们征收罚款，也不会要求它们对受害人承担损害赔偿责任，甚至案件还会不了了之。当然，这也会给社会传递一个错误信号，即国有企业特别是国有大企业与一般民营企业相比，在法律面前不平等。例如在这个案件中，就有律师质问反垄断执法机关：如果反垄断法严惩这两个国有大企业，它将来如何对待其他国有大企业；如果国有大企业被列入反垄断法惩罚名单，中国的国有经济何在？② 显然，按照这个观点，国有企业需要保

---

① 中国反垄断法实施以来，曾有几起涉及国有大企业的案件，但大多不了了之。如 2009 年中航信 (TravelSky, a SOE controlling the distribution of air tickets in the domestic market) 涉嫌操纵机票涨价的案件。见《涉操纵机票涨价，发改委调查中航信》，《经济观察报》，http://business.sohu.com/20090518/n264018486.shtml。

② See Joy Shaw, "Landmark China Antitrust Settlement Opposed by Adviser", *Financial Times*, http://www.ft.com/intl/cms/s/2/9faeda3e-37ce-11e1-9fb0-00144feabdc0.html#axzz2E9HsFvLE.

护，反垄断法对国有企业得给予特殊待遇。然而，由此带来的问题是，如果反垄断法对国有大企业采取特殊待遇，它如何应对其他所有制企业的限制竞争？反垄断法是一个市场竞争规则，如果这个规则只适用于非国有企业，国家的市场竞争秩序何在？国家如何依法治国？中国政府如何在国际社会督促其他国家承认中国的市场经济地位？

出于上述考虑，我不赞成中国反垄断法和反垄断执法机关对中国电信中国联通一案采取软约束。我很赞成国家发改委原副主任彭森先生的观点，即中国电信和中国联通的反垄断调查应当是一次反垄断法的宣传和教育，特别是使政府机关、国有企业和其他企业从中吸取经验教训，坚持守法经营，促进公平竞争。我也非常赞成国家发改委价格监督检查与反垄断局许昆林局长对反垄断执法的态度：反垄断执法要"打老虎，办大案，办案才是硬道理"。的确，没有严格的执法，反垄断法就不可能有效力、有权威，反垄断执法也不会有公信力。

五　完善反垄断法"承诺"制度的思考

可以想见，反垄断执法机关调查涉嫌违反反垄断法的案件时，被调查企业大多渴望通过反垄断执法机关接受"承诺"的方式来解决案件。因为这不仅可以快速解决某些事实的、经济评估的或者法律的争议，而且在执法机关不能认定涉案企业违法的情况下，这些企业不仅可以避免其形象受到损坏，而且因为它们也不会被征收罚款，受到损害的企业也不可能依据执法机关的违法认定到法院请求民事损害赔偿，这就可以使它们在经济上得到巨大的好处。这种情况下，人们必须考虑，反垄断执法机关在什么情况下可以接受被调查企业的承诺，什么情况下不能接受承诺。否则，如果本应被认定为严重违法的案件因执法机关接受了承诺而不受处罚，或者本应得到监督检查的承诺由于缺乏相关程序而不了了之，就会给反垄断执法增加很大的不确定性，影响反垄断法的权威和效力。简言之，反垄断法中的"承诺"是一个重要而且复杂的制度，它不仅应当有相关的实体法规定，还应当有适当的程序。随着反垄断案件越来越多，接受承诺也将成为我国反垄断执法的重要方面，这种情况下，完善这方面的条款非常必要。

（一）完善实体法

根据《反垄断法》第45条，执法机构在是否接受被调查企业的承诺方面有着充分的自由裁量权，即只要被调查企业承诺在执法机构认可的期限内采取具体措施消除该行为后果的，执法机关就有权作出中止调查的决定。然而，尽管反垄断执法机关有很大的自由裁量权，它作出判断的时候，也应当受到一种约束，即应当衡量几个方面的利益。一般来说，执法机关应当衡量，通过接受承诺而早日终止违法行为和节约执法资源等方面的好处是否大于因作出违法决定而产生的好处，如伸张法律正义、谴责违法行为、体现反垄断法的威慑力、要求违法者返还不当得利、制裁违法者、推进民事损害赔偿等等。因此，以承诺结案的方式一般只适用于一些对市场竞争损害不大的案件，或者换言之，它不宜适用于对市场竞争损害严重的案件，如欧共体理事会第1/2003号条例指出的，"接受承诺的决定不适宜于委员会打算处以罚款的案件"①。承诺不适宜于严重的违法案件，其道理很明显：如果执法机关对一些于市场竞争损害严重的案件接受承诺，既不认定它们的违法性，也不针对严重的违法行为进行罚款，其后果可能是损害反垄断法的效力，给反垄断执法带来太大的不确定性。

出于维护市场竞争秩序的目的，执法机关准备接受承诺时还应当考虑，它所接受的承诺能否切实解决被调查企业存在的反竞争问题。这即是说，接受的承诺也应当考虑比例原则，即一方面，被调查企业的承诺不应当走得太

---

① Whereas (13), Council Regulation (EC) No.1/2003 of 16 December 2002 on the implementation of the rules on competition laid down in Articles 81 and 82 of the Treaty.

远，即超过它应当承诺的程度；另一方面，承诺也不能不到位，即达不到解决反竞争问题的程度。为了准确评价被调查企业所作承诺的必要性和可行性，执法机关应当征求第三方以及原告的意见。

为使被调查企业所作出的承诺具有可行性，承诺的内容应当合理、明确，即能够达到企业自查自律的程度。中国电信中国联通一案的承诺使用了很多不确切的词语，如"尽快""进一步""适当"等等，这种承诺不利于执法机关对承诺人的监督和检查。实践证明，被调查企业所作的承诺越明确，执法机关接受承诺的决定就会越有效力。

接受承诺的决定一般都有时间的限制，即被调查企业仅在一定期间受到其承诺的约束。在中国电信中国联通一案中，由于执法机关没有向社会公告关于承诺的决定，人们不知道这两个企业受到限制的时间。一般来说，这个时间长短取决于案件的具体情形，特别是要考虑相关市场的情况、承诺的结构性救济或行为性救济所需要的时间和投资。然而，不管任何情况，承诺的时间长度应足以消除执法机关对案件中反竞争问题的担忧。如果执法机关认为承诺的时间过后仍会存在反竞争的问题，它可以延长这个时间。

（二）完善程序法

执法机关作出接受承诺的决定，一般至少需要以下步骤：（1）对一个行为启动程序；（2）根据初步调查，通告被调查企业存在涉嫌违反反垄断法的问题；（3）被调查企业提交一个初步承诺，目的是解决执法机关所担忧的反竞争问题；（4）执法机关和被调查企业讨论和修改承诺；（5）经过全面评估，最后以正式决定的方式公布接受承诺的决定。我国《反垄断法》第45条规定，"中止调查的决定应当载明被调查的经营者承诺的具体内容"。然而，对于被调查企业来说，决定中最重要的内容是根据其承诺，执法机关对其涉嫌垄断的行为不再进行调查。

接受承诺是执法机关的正式决定，这种决定应当与认定垄断行为的决定一样，向社会公告。我国《反垄断法》第 44 条规定，反垄断执法机构对涉嫌垄断行为调查核实后，认为构成垄断行为的，应当依法作出处理决定，并可以向社会公布。这一规定可能的后果是，执法机构对没有认定构成垄断行为的案件可以不向社会公布。然而，接受承诺的决定如果不向社会公告，这至少可能产生两个不利后果，一是不利于执法的透明度，二是不利于对被调查企业履行承诺的情况进行社会监督。

我国《反垄断法》第 45 条规定，"反垄断执法机构决定中止调查的，应当对经营者履行承诺的情况进行监督。经营者履行承诺的，反垄断执法机构可以决定终止调查"。与附条件批准的经营者集中一样，承诺的结构性救济或行为性救济应当受到监督，目的是保证这些救济措施得以落实，确保市场竞争状况得以改善。中国电信中国联通一案未能向社会提供执法机关监督检查被调查企业履行承诺的方式。在这个方面，欧盟竞争网络 2013 年发布的关于承诺的推荐意见值得我们借鉴。这个推荐意见提出的监管方式有：(1) 竞争执法机构本身的监管；(2) 第三方的投诉和信息；(3) 被调查企业就其履行承诺的定期汇报；(4) 与反垄断执法合作的行业监管以及其他政府监管；(5) 受托人的监管；以及 (6) 承诺决定中的监管条款提及的其他方式。① 为保证承诺得到切实履行，执法机关接受承诺的决定中还应当明确，被调查企业如果不履行承诺，它不仅可能被处以罚款，而且还可能被处以日罚款。不履行承诺的典型案例有微软公司案。2013 年 3 月，由于微软公司未能兑现其承诺，即在为个人电脑用户安装其视窗操作系统时提供选择互联网浏览器的机会，欧盟委员会对微软公司处以 5.61 亿欧元的罚款。欧盟竞争委员阿尔穆尼亚说，"不履行承诺是非常严重的违规行为，必须作出相应的制裁"。②

---

① ECN Recommendation on Commitment Procedures, http://ec.europa.eu/competition/ecn/ecn_recommendation_commitments_09122013_en.pdf.

② http://news.xinhuanet.com/cankao/2013-03/08/c_132219214.htm.

接受承诺作为恢复市场竞争秩序的一个重要措施，它必须保留反垄断执法机关对案件恢复调查的权力。我国《反垄断法》第45条规定，"有下列情形之一的，反垄断执法机构应当恢复调查：（1）经营者未履行承诺的；（2）作出中止调查决定所依据的事实发生重大变化的；（3）中止调查的决定是基于经营者提供的不完整或者不真实的信息作出的"。

六　结束语

中国电信中国联通一案最终的结案方式看来就是执法机关接受被调查企业的承诺。但我认为，这不是执法机关的本意，而是在当前体制下，执法机关承受了太多不该承受的压力。[①] 特别是中国反垄断执法机关的地位还不够高，独立性还不够强，权威还不够大，其执法工作就不可避免地会受到各种干扰，特别是来自上级部门和其他政府部门的干扰，甚至还会受到社会舆论的影响。中国反垄断执法当前不能对案件独立裁决的问题也是正常的，因为中国毕竟是一个从计划经济向市场经济转型的国家，国有企业还不同程度地受到政府的保护。另一方面，中国反垄断法实施刚刚6年，执法队伍非常年轻，加上反垄断法本身存在很多不完善的地方，如第45条没有明确规定，执法机关接受被调查企业承诺的条件，这就使案件产生了非常大的不确定性。

中国电信中国联通案是中国反垄断执法迄今对国有大企业涉嫌垄断行为进行认真调查的第一案。这个调查足以说明，中国反垄断法对国有大企业来说不是一只没有牙齿的老虎，从而大大提升了国家发展和改革委员会反垄

---

① 反垄断执法机关显然不愿意本案通过"承诺"来解决。2011年12月，国内媒体沸沸扬扬报道中国联通和中国电信的反垄断调查案可能中止的时候，国家发改委反垄断执法机关的有关负责人表示，反垄断局在加紧对案件进行调查，而且获得了详细证据，证明中国联通公司对与其有竞争关系的企业采取了价格歧视政策。见钟晶晶《发改委否认宽带垄断案和解，称已获得核心证据》，《新京报》2011年11月22日。

断执法机关的地位。这个调查事实上也富有成效，因为即便中国电信和中国联通向反垄断执法机关提出的整改方案尚未得到社会认可，它们以往那种肆无忌惮地排除限制竞争的行为有所收敛，宽带入网市场的竞争有了改善，消费者得到了一定好处。更重要的是，这个案件也给国际社会传递了一个信号：在不断深化以市场为导向的经济体制改革的进程中，中国反垄断执法的明天更美好。

我国反垄断法实施的成就与问题 *

反垄断法的目的是反对垄断和保护竞争，这部法律的颁布和实施无疑有助于推动我国经济体制的市场化，有助于建立一个公平自由的市场竞争秩序，从而在我国经济体制改革进程中是一部具有里程碑意义的法律。我国反垄断法自 2008 年 8 月 1 日起实施，已历经 6 年。6 年尽管在人类历史长河中只是一瞬间，我国反垄断执法却已经取得了可喜的成就，甚至出现了很多举世瞩目的案件。另外，由于我国当前仍处于经济体制转型的阶段，体制性障碍仍然存在，反垄断执法仍有很多值得完善之处。

一 反垄断法推动我国建立公平自由的市场秩序

反垄断法是针对企业市场竞争行为的一种法律制度，它的颁布和实施毫无疑问对企业的市场行为有着直接和重大的影响。6 年来，商务部、国家发展和改革委员会和国家工商行政管理总局在各自权限内进行了相关的反垄断执法，如国家发展和改革委员会最近在汽车行业的反垄断执法包括横向限制和纵向限制，对企业的影响非常大，甚至有很多企业开始竞相降价。这即是说，市场经济条件下的企业即便享有充分的自主权，它们也没有随意限制市场竞争的权利。反垄断法禁止企业以结成价格联盟、限制生产或者销售数

---

* 本文发表在《中国工商管理研究》2014 年第 9 期。

量或者以分割市场的方式排除、限制竞争，损害消费者的利益；不允许企业通过并购的方式消灭竞争对手，导致垄断性市场结构；也不允许那些通过各种方式例如国家授权或者凭借知识产权取得市场支配地位的企业滥用市场势力，随意盘剥消费者或者其他交易对手，或者妨碍竞争对手。可以想见，随着我国反垄断执法的纵深发展，我国市场上的企业，不管它们是国内企业还是跨国公司，是私人企业还是国有企业，都会在更大程度上感受到市场竞争的压力。这种压力同时也是企业不断适应市场和不断完善自己的动力，从而有助于提高企业的生产效率和竞争力。

　　谈到反垄断执法对企业的影响，这里有必要谈谈它对国有企业的影响。2008 年 10 月，中国联通和中国网通之间的并购虽然达到了国务院规定的经营者集中申报的标准，但这个并购没有向商务部进行申报，这一方面说明我国反垄断执法机关经验不足，另一方面也说明国有企业当时缺乏对反垄断法的认识。今天，经过一系列反垄断执法活动，特别是国家发展和改革委员会在 2011 年对中国电信和中国联通在宽带入网市场涉嫌垄断的行为进行了调查，2013 年对茅台和五粮液两家企业维护转售价格的行为处以 4.49 亿元的罚款，国有企业逐步认识到了反垄断法的威慑力。最近，中国移动、中国电信和中国联通三家电信企业共建电信塔的项目就向商务部进行了申报。这即是说，即便商务部以社会公共利益为由对这一合营企业的建立予以反垄断豁免，但这个申报至少说明国有企业已经建立了反垄断合规的内部审查制度，开始考虑其自身经营行为或者内部管理是否符合反垄断法的规定，改变了过去一些不合理或者不合法的做法。

　　因为反垄断法保护的市场竞争强迫企业不断向消费者降价让利，强迫它们在产品的质量、数量以及花色品种方面不断满足市场的需求，反垄断执法毫无疑问可以提高消费者的社会福利。再以国家发展和改革委员会在汽车行业的反垄断调查为例。随着这个反垄断执法活动的开展，被调查甚至没有被调查的企业竞相降低其产品的价格，这说明反垄断执法尽管不是直接规制产品或者服务的价格，但是因为市场竞争可以导致产品的低价，反垄断法对消费者的影响有目共睹。其实，我国经济体制改革 30 多年的实践已经证明，只有市场竞争才能使消费者真正成为"上帝"，只有市场竞争才能真正提高消费者的社会福利。因此，我们可以说，反垄断法是一部实实在在的消费者权益保护法。最近，一些消费者组织开始讨论通过公益诉讼让消费者在反垄断案件中获得公平补偿。这说明，消费者将会在反垄断调查和反垄断诉讼中发挥越来越大的作用。

反垄断执法不仅对企业和消费者有着重大的影响，而且对政府部门也有着重大的影响。这不仅因为有些政府部门是执行反垄断法的机构，更重要的是这个执法有助于厘清政府与企业、政府与市场的关系，提升政府对市场经济、市场机制和市场竞争的认识。记得 2009 年我在一次面向省部级领导干部的反垄断法讲座中，有些干部提出，我国反垄断法出台太早了，我国还不需要一部这样的法律。有人甚至认为，中国尚需进一步推动企业的垄断化，特别是国有企业需要进一步做强做大。国有企业做大做强没有错，但是否还需要垄断市场？国有企业做大做强没有错，但是否就不能允许民营企业参与公平竞争？反垄断执法 6 年来，经历过各种各样的反垄断案件，尤其是中国联通中国电信涉嫌垄断的案件之后，政府官员在一定程度上提高了他们对市场经济的认识，认识到市场经济需要有竞争，市场竞争需要有一个公平的竞争秩序。此外，反垄断法还禁止政府部门滥用行政权力限制竞争。2008 年 8 月 1 日，即在反垄断法生效之日，北京 4 家防伪企业状告国家质量监督检验检疫总局，指控它强制推行中信国检信息技术有限公司的"中国产品质量电子监管网"，指出这样的行为是滥用行政权力排除限制竞争，违反反垄断法。尽管原告在这个案件中没有胜诉，但这个行政诉讼无疑是对政府官员的一种教育，即该案有助于他们厘清政府与企业、政府与市场的关系。

二 反垄断执法应更多关注行政垄断

反垄断法实施 6 年来，企业受到了教育，百姓提高了竞争意识，即越来越多的人了解到国家有一部保护市场公平自由竞争的法律制度。这种情况下，一旦市场上出现了限制竞争，就会有人向反垄断执法机关投诉，反垄断案件自然会越来越多，反垄断执法的威慑力也会越来越大。然而，与针对企业的反垄断执法不相配的是，尽管我国反垄断法禁止政府滥用行政权力限制竞争，这方面的案件却寥寥无几。

2014 年 7 月，李克强总理和一些企业家进行了座谈，听取了他们关于市场经营环境的意见。很多企业家提出，他们不需要国家的财政补贴，也不需要政府产业政策的支持，当前他们最需要的是一个公平竞争的环境。有人还以政府在家电节能方面的财政补贴为例，指出尽管这个补贴政策的目的是引导家电行业在节能方面进行技术创新，推进产业的优化和升级，但是有些企业不把精力放在科技研发上，而是通过与政府搞关系，以寻租方式不公平地获取政府的财政补贴。这说明，国家在实施产业政策或者对企业给予财政补贴的同时，还要考虑竞争政策，要顾及市场的公平竞争。如果不从长远的观点看问题，如果不考虑市场需要一个公平竞争的环境，如果财政补贴缺乏一个公正和透明的程序，这些产业政策或财政补贴就会给企业正常的生产经营活动带来难题和困扰。实践证明，因财政补贴而引起的不公平和不公正，往往一方面源于企业的寻租行为，这些寻租实际上就是不正当竞争；另一方面源于政府部门滥用行政权力，即扶持与自己有关系的企业而对其他企业实施不公平的待遇，而且后面这个问题往往是企业家们抱怨的主要方面，因为这个问题涉及政府部门滥用行政权力排除限制竞争，这从而也是反垄断执法应当予以关注的问题。

党的十八届三中全会通过的《中共中央关于全面深化改革若干重大问题的决定》指出，要建设统一开放、竞争有序的市场体系，充分发挥市场在资源配置中的决定性作用，清除市场壁垒，保障公平竞争。国务院最近发布的《关于促进市场公平竞争维护市场正常秩序的若干意见》（简称《若干意见》）也提出，为充分发挥市场在资源配置中的决定性作用，政府应当把该放的权力放开、放到位，降低准入门槛，促进就业创业。《若干意见》还明确指出，各类市场主体要权利平等、机会平等、规则平等，政府监管要标准公开、程序公开、结果公开，要保障市场主体和社会公众的知情权、参与权、监督权。这些意见说明，要发挥市场在配置资源中的决定性作用，政府就不能滥用行政权力排除限制竞争，不能不合理地干预市场，也不能在市场上既当仲裁员又当运动员。这一方面需要国家建立相关的法律制度，保证政府这只"看得见的手"能够正确处理政府和市场的关系。例如在财政补贴方面，我国应借鉴欧盟的国家援助制度，在财政补贴方面建立一套标准，即什么情况下国家可以财政补贴，补贴给谁，如何补贴，补贴力度有多大等等，这一系列问题都应该有一个长效机制，而不能通过政策性文件甚至通过个别官员的喜好来决定国家的财政补贴。道理很简单，不合理的补贴不仅是国家资源的浪费和不合理使用，更重要的是它会对市场竞争和市场秩序带来严重的负面影响。

另一方面，国家还必须有一个监督政府这只"看得见的手"的机制，不能允许政府部门滥用行政权力排除限制竞争，即对政府部门的违法行为应当有一些救济的措施，如我国反垄断法制止行政垄断的专章规定。这里的问题是，我国反垄断法制止行政垄断，却没有把行政垄断案件的管辖权交给反垄断行政执法机关。《反垄断法》第51条规定，"行政机关和法律、法规授权的具有管理公共事务职能的组织滥用行政权力，实施排除、限制竞争行为的，由上级机关责令改正……"然而实践证明，滥用行政权力限制竞争的行为交给违法机关的上级机关来处理是不恰当的：第一，滥用行政权力限制竞争的行为实际上都是歧视行为，这些歧视行为的背后都存在保护地方企业或者保护个别企业的经济动机，这些动机使得上级机关在处理涉及其下级机关的争议中很难保持中立；第二，"上级机关"不是专门的机关，更不是专门的司法机关，因此"上级机关"的工作人员一般不会有很强的反垄断意识，而且也缺乏处理市场竞争案件的能力。正是因为存在这些问题，自我国反垄断法实施以来，尽管我国的行政垄断问题还很严重，但我们至今还没有发现一起重要的涉及行政垄断的案件。

其实，把政府滥用行政权力限制竞争的案件交给反垄断执法机构，是世界各国反垄断法的通行做法。例如，欧盟委员会不仅有权依据《欧盟运行条约》第 101 条和第 102 条处理垄断协议和滥用市场支配地位的案件，而且还有权依据条约第 106 条和第 107 条处理涉及国有企业和国家补贴的案件。俄罗斯的《关于竞争和在商品市场中限制垄断活动的法律》赋予了俄罗斯联邦反垄断委员会处理行政垄断案件的权力，明确规定政府滥用权力限制竞争包括抽象的行政行为，只要它们限制了经济主体的自主权，歧视或者偏袒个别企业，由此导致或者可能导致妨碍、限制或者排除竞争的后果，得被视为违法。[1] 匈牙利竞争局也有权处理行政垄断案件，特别是有权向法院对政府机构提起行政诉讼。[2] 我国应当考虑上述国家或地区的经验，把对政府部门滥用行政权力限制竞争案件的管辖权交给反垄断行政执法机关。实际上，不管现在、过去还是将来，对市场竞争影响最大的是政府的限制竞争。所以，我国反垄断执法必须高度重视行政垄断问题。当然，如果授权反垄断执法机关处理行政垄断案件，反垄断执法机关必须有更高的地位和更大的权威。

---

[1]　OECD, "Competition Law and Policy in Russia", *An OECD Peer Review*, 2004, p. 35.

[2]　OECD, Hungary −Report on competition Law and Institutions (2004), p.16.

三 提高反垄断执法机关的地位和权威

反垄断法是一部规范国家经济秩序和市场竞争秩序的基本法律制度，它几乎可以对所有的经济部门产生重要的影响，也几乎可以对所有企业的市场竞争行为和消费者产生重要的影响。然而，由于我国经济体制转型的任务尚未彻底完成，加上反垄断法本身存在这样或者那样的不完善之处，可以想见，反垄断初期执法会遇到各种各样的挑战，如法律本身还有一些不完善之处，特别是需要完善反垄断行政执法的程序法。当前，反垄断执法的一个迫切任务是提高行政执法机构的独立性和权威。

反垄断执法的独立性是指执法机关要能够独立地实施反垄断法，即其正常的执法活动不必受到其他政府部门的干扰。反垄断执法必须有独立性，因为它查处的案件一般在社会上影响很大，甚至涉及整个行业，如最近在汽车销售市场的反垄断执法活动，或者针对美国高通公司和微软公司展开的调查。此外，滥用市场支配地位的行为还往往涉及国有大企业，有些国有大企业甚至还带有部级或者副部级的行政级别。在这种情况下，如果执法机关没有足够大的独立性，没有足够高的权威，它的执法工作就会受到其他政府机构的影响。例如，中国电信和中国联通一案在开展调查之后久久没有下文。其他涉及央企的反垄断执法也受到了社会质疑。例如，中国联通2007年的营业额为1004.7亿元，中国网通为869.2亿元，这两个巨型企业在反垄断法生效后的并购没有依照国务院《关于经营者集中申报标准的规定》事前向商务部进行申报①。

世界银行2002年的报告建议，为了提高反垄断执法的独立性，这个执法机关的主席最好由国家议会任命，有其独立的财政预算。根据该报告对50

---

① 王毕强：《商务部官员证实联通网通合并涉嫌违法》，《经济观察报》2009年4月30日。

个发达国家的调查，63%的国家有其独立的反垄断执法机构，即该机构不属于任何政府部门。[①]　就我国体制而言，建立一个不隶属于政府部门的反垄断执法机构是不现实的，但这并不意味我国没有提高反垄断执法机构地位的措施。一个可行的措施就是社会上强烈呼吁的，将三家反垄断执法机构合并为一个统一的机构。[②] 2006 年国务院法制办主任曹康泰向全国人大常委会提交反垄断法草案时指出，"反垄断法关于我国反垄断机构设置的规定既要考虑现实可行性，维持有关部门分别执法的现有格局，保证反垄断法公布后的实施；又要具有一定的前瞻性，为今后机构改革和职能调整留有余地"。反垄断多头执法是人们不愿意看到的一种安排。这不仅因为一部法律设置多个执法机构与设置单一机构相比，执法成本高而效率低，而且这些机构之间还不可避免地存在各种矛盾或者管辖权的冲突。例如，当一个案件同时存在价格行为和非价格行为的时候，人们普遍担忧国家发展和改革委员会与国家工商行政管理总局在反垄断执法方面存在管辖权的冲突。三足鼎立的反垄断行政执法的致命弱点是，它们均隶属于国务院部委，即真正执行反垄断法的机构级别不够高、权威不大。由于主管部门例如国家发展和改革委员会是制定和执行国家宏观经济政策的重要机构，其下属的反垄断执法机关有时更加难以维护其独立性。因此，为了提高我国反垄断执法的效率，为了更好地规范市场竞争秩序，国务院应早下决心，尽早将三个反垄断行政执法机构整合为一个统一的机构。

此外，反垄断执法机构的执法效力在相当程度上取决于它的执法资源，因此，国家应当为反垄断执法配置适当数量的人员和财力。我国反垄断法需要配置相当的执法资源，这不仅因为这部法律的适用范围广，它几乎可适用于所有的行业和所有的企业，而且还因为我国的疆域辽阔，有着世界上最广

---

① World Bank World Development Report 2002, *Building Institutions for Markets*, p. 142.
② 王晓晔：《我国反垄断执法机构的几个问题》，《东岳论丛》2007 年第 1 期。

阔的市场。因此，理论上说，我国反垄断执法的资源至少不应当少于日本或者韩国反垄断执法机关的资源。根据 2007 年的统计资料，韩国公平交易委员会的财政预算是 4200 万美元，工作人员共计 486 名。[①] 而在我国，目前反垄断执法人力资源最多的是商务部反垄断局，工作人员有 30 多名。然而，考虑到它在近两年每年受理的经营者集中申报超过 200 件，其工作负荷和压力一目了然。执法资源最少的是国家工商行政管理总局下设的反垄断与反不正当竞争执法局，反垄断执法人员不足 10 人。国家发展和改革委员会下设的价格监督检查与反垄断局 2011 年增加了 20 个人员编制，执法力量较过去有了明显改善，但考虑到价格垄断行为的敏感度，考虑到我国广阔的大市场，它的执法资源也远远不能满足反垄断执法的需求。依据《反垄断法》第 10 条的规定，国家发展和改革委员会和国家工商行政管理总局已授权省一级政府相应机构执行反垄断法。但是，省级反垄断执法机构在理论上只能调查和审理在本辖区有影响的案件，且其执法活动还需要中央政府反垄断执法机构提供指导。这即是说，地方政府的参与不能完全解决中央政府反垄断资源贫乏的问题。当然，反垄断执法资源的改善不可能一蹴而就，但这需要国家的重视，因为改善执法资源不是执法机关本身能够解决的问题。

　　总的来说，要使市场在资源配置中起决定性作用，要从深度和广度上推进我国的市场化改革，国家就必须全方位地推动竞争政策，大力为企业营造一个公平自由的竞争环境。从宏观的角度看，这需要理顺政府和企业、政府和市场的关系，即政府应当在市场竞争中只是一个"中立"的"管理者"，提供"公共服务"。从微观的角度看，反垄断法作为反对垄断和保护竞争的法律制度，它必须有权威，有地位，对违法行为有威慑力，这从而需要国家不断地完善反垄断法，而且在反垄断执法资源包括人力、财力以及执法机构

[①] "The 2007 Handbook of Competition Enforcement Agencies", *Global Competition Review*, p. 160 .

的组织建设等方面予以大力支持。仅当我国反垄断法作为市场竞争规则能够平等地适用于市场上所有的企业时，我们才能说，我国已经建立起了社会主义的市场经济和正常的市场秩序。

华为诉 IDC 案的市场界定评析 *

2013 年 2 月 4 日，深圳市中级人民法院对华为技术有限公司（简称"华为公司"）诉交互数字技术公司（InterDigital Technology Corporation）、交互数字通信有限公司（InterDigital Communications, Inc.）、交互数字公司（Inter Digital, Inc.）（简称"IDC 公司"）一案作出判决，认定 IDC 公司在中国和美国的 3G 无线通信技术标准的必要专利许可市场占支配地位，IDC 公司对华为公司滥用其市场支配地位，IDC 公司必须停止其垄断行为，并赔偿华为公司 2000 万元的经济损失。作为竞争法学者，我支持法院的这个判决，理由是国家保护知识产权的目的只是推动创新和推动竞争，如果权利人滥用其知识产权，排除、限制和扭曲市场竞争，其滥用行为就应当受到反垄断法的制裁。本文主要是对 IDC 公司在相关商品市场的地位进行评析，这个问题是解决该案的第一步；因为仅当认定了 IDC 公司占市场支配地位，人们才能进而判断其是否滥用了其市场势力。

一　市场支配地位的概念

我国《反垄断法》第 17 条第 2 款规定，"本法所称市场支配地位，是指经营者在相关市场内具有能够控制商品价格、数量或者其他交易条件，或

＊　本文发表在《人民司法》2014 年第 4 期。

者能够阻碍、影响其他经营者进入相关市场能力的市场地位"。我国反垄断法的这一规定是借鉴了欧盟竞争法的经验。欧盟委员会在其 1972 年大陆罐（Continental Can）一案的决定中指出，"一个企业如果有能力独立地进行经济决策，即决策时不必考虑竞争者、买方和供货方的情况，它就是一个处于市场支配地位的企业。如果一个企业通过与市场份额相关的因素如技术秘密、取得原材料和资金的渠道以及其他重大优势如商标权，能够决定相关市场一个重大部分的价格，或者能够控制它们生产和销售，这就存在着市场支配地位。市场支配地位不是说这个势力必然剥夺市场上全体参与者的经营自由，而是强大到总体上可保证这个企业市场行为的独立性，即便这个势力对市场不同部分有着强度不同的影响"①。以上说明，市场支配地位反映了企业与市场竞争的关系，即拥有这种地位的企业可以不受竞争的制约。

市场支配地位企业对市场的支配权，主要表现为它们对产品的定价权。经济学的基本原理是，当企业在市场上占据过大份额的时候，它就有能力抬高产品的价格；而且为了维持产品的高价，它也会减少对市场的供给。美国司法部和联邦贸易委员会 1992 年的《横向合并指南》指出，当企业的市场份额达到 35%，它就有能力在对产品进行涨价的同时降低产量。因为在这种情况下，企业因减少市场销售而受到的损失可以通过对产品的涨价得到弥补②。这说明，垄断和竞争的最大区别是，在垄断或市场存在支配地位的情况下，产品的价格大大高于边际成本，这在经济学上是资源配置的无效率。当然，市场支配地位也会影响企业的创新。这是因为企业的创新必须得与竞争相联系。在市场不存在竞争或者没有实质性竞争的条件下，企业一方面不能感受市场竞争的压力，从而会失去为不断适应市场而开发新技术、改善产品质量、增加产品品种的积极性；另一方面，这些企业既然可以通过涨价和限制

---

① (1972) C.M.L.R.DII, para. Ⅱ.3.

② 美国司法部和联邦贸易委员会 1992 年《横向合并指南》第 2.22 节。

生产数量而轻易获取高额利润，它们也就失去了改善经营管理和降低生产成本的动力。除了上述两个方面，占市场支配地位的企业还非常可能滥用其市场势力，排除限制竞争，如不合理的强制交易、拒绝交易、搭售、对条件相同的交易相对人在交易价格等交易条件上实施差别待遇，等等。[①]

以上说明，即便企业是以合法的方式取得了市场支配地位，拥有这种地位的企业对市场竞争也存在潜在的威胁，即它们有可能实施某些在有效竞争市场条件下不可能实施的行为。因此，反垄断法的核心内容之一就是"禁止滥用市场支配地位"，其目的就是通过对占市场支配地位企业的监督来代替市场上缺少了的竞争机制。

二　IDC 公司占市场支配地位

我国《反垄断法》第 18 条规定，认定经营者具有市场支配地位，应当依据下列因素：(1) 该经营者在相关市场的市场份额，以及相关市场的竞争状况；(2) 该经营者控制销售市场或者原材料采购市场的能力；(3) 该经营者的财力和技术条件；(4) 其他经营者对该经营者在交易上的依赖程度；(5) 其他经营者进入相关市场的难易程度；(6) 与认定该经营者市场支配地位有关的其他因素。《反垄断法》第 19 条还规定，当一个经营者在相关市场的份额达到二分之一时，可以推定其具有市场支配地位，除非它能够举证证明自己不占市场支配地位。

要认定市场支配地位必须界定相关市场，本案中的相关市场必须考虑 IDC 公司所拥有的与 3G 无线通信标准相关的必要专利。我国现行 3G 无线通信设备有三种标准：CDMA2000、WCDMA 和 TD-SCDMA。它们都是工业和信息化部参照 3GPP 和 3GPP2 等国际标准而制定的国家行业标准。中

---

① 见我国《反垄断法》第 17 条。

国移动、中国联通、中国电信等电信运营商采购设备时都要求产品符合上述标准。美国的 3G 无线通信标准 CDMA2000 和 WCDMA 也是采用了 3GPP 和 3GPP2 的标准。这即是说，华为公司作为在中国销售和向美国出口 3G 无线通信设备的生产商，它的产品必须遵照 3GPP 和 3GPP2 国际标准，才能在中国和美国的市场上进行销售。众所周知，3GPP 和 3GPP2 无线通信国际标准的核心要素是标准必要专利，它们由多个专利权人分别持有，这些专利相互间不可替代，而且市场上也没有替代性的技术。这即是说，因为这些标准必要专利的功能具有差异性，无线设备生产商要生产符合标准的产品，就需要与不同的专利所有权人进行谈判，取得这些专利使用的许可。这种情况下，每一个标准必要专利都可以构成一个相关商品市场。因为本案的原告华为公司与被告 IDC 公司的争议源于 IDC 公司在 3GPP 和 3GPP2 国际标准中所拥有的必要专利，对华为公司来说，市场上不存在对 IDC 公司在 3GPP 和 3GPP2 国际标准上所拥有的必要专利的可替代的技术，本案的相关商品就是 IDC 公司在 3GPP 和 3GPP2 国际标准上所拥有的一件件必要专利。IDC 公司作为这些必要专利的所有权人，它毫无疑问在这些相关市场上占 100% 的份额，是一个垄断性的企业。IDC 公司自己也承认，"世界上每一个蜂窝无线通信设备都运用了本公司的技术"[1]，"2010 年，本公司从世界销售一半的 3G 设备中收取了许可费收入"[2]，IDC 公司的表白也说明了它在 3G 技术标准中的不可替代的重要地位。

　　这里还需要指出的一个问题是，一般来说，同类技术产品的生产商都会有一些必要专利，即它们为了减少专利纠纷和专利诉讼，降低产品成本，通常会相互达成合理的专利交叉许可。然而，本案中的 IDC 公司仅是以专利许可作为其经营模式，不从事实质性的生产活动，这种情况下它就可以不受其

---

① 见 InterDigital 公司 2010 年年报第 2 页。
② 见 InterDigital 公司 2010 年年报第 10 页。

他无线通信设备生产商的制约。这即是说，处于3GPP和3GPP2技术市场下游的无线通信设备生产商都得依赖IDC公司的单方许可，屈从它的单方定价和单方提出的交易条件，IDC公司则可以通过不公平的交易条件从中获取不合理的垄断利润。

三　关于"相关商品市场"的争议

IDC公司是否占市场支配地位的关键问题是如何界定相关市场。如果相关市场界定所涉及的产品数量和地域范围很大，涉案企业的市场份额就比较小；相反，如果相关市场的规模很小，涉案企业的市场份额就比较大。如上所说，相关市场的界定一般考虑两个因素，即相关商品市场和相关地域市场。考虑到对案件的重要性，本文仅分析该案相关商品市场的界定。

国务院反垄断委员会《关于相关市场界定的指南》指出，"相关商品市场，是根据商品的特性、用途及价格等因素，由需求者认为具有较为紧密替代关系的一组或一类商品所构成的市场。这些商品表现出较强的竞争关系，在反垄断执法中可以作为经营者进行竞争的商品范围"。这里的一个问题是，本案的"需求者"是谁？有人说，本案的"需求者"是电信终端设备的消费者，因此界定相关商品市场的时候应考虑终端消费者所需要的商品的功能。他们还说，电信终端设备是不能仅依靠某项必要专利的许可就可以生产出来的，因此，任何一项标准必要专利都不可能在电信终端产品市场获得垄断权。他们的结论是，深圳市中级人民法院的判决片面分析了标准必要专利的不可替代性，而没有考虑通信领域因持有不同标准必要专利而形成的相互制约和相互竞争的关系。然而，这些观点的错误是非常明显的，因为这种观点的持有者在界定相关市场的时候不是考虑华为公司作为无线设备制造商对IDC的标准必要专利的必不可少和不可替代的需求，而是把电信终端设备的最终消费者作为本案的需求者。因为"需求者"不同，他们界定的相关市场的范围与法院所界定的范围就有很大区别，其结果就是 IDC 公司在相关市场不占支配地位。事实上，尽管反垄断法的立法目的是保护消费者，但这并不意味着相关商品市场的界定必须考虑最终消费者的需求替代。其实，界定相关市场只是为了考虑与案件相关的竞争行为所处的环境。国务院反垄断法委员会《关于相关市场界定的指南》指出，"任何竞争行为（包括具有或可能具有排除、限制竞争效果的行为）均发生在一定的市场范围内。界定相关市场就是明确经营者竞争的市场范围。……科学合理地界定相关市场，对识别竞争者和潜在竞争者、判定经营者市场份额和市场集中度、认定经营者的市场地位、分析经营者的行为对市场竞争的影响、判断经营者行为是否违法以及在违法情况下需承担的法律责任等关键问题，具有重要的作用"。因为本案审理的是华为公司和 IDC 公司之间的争议，核心问题是 IDC 公司对其标准必要专利的许可行为是否严重损害了市场竞争，这个需求者就只能是华为公司。这种把电信终端设备的消费者视为本案的需求者是很奇怪的观点。因为人人都知道，电信设备的终端消费者与本案中相关市场的界定完全没有关系，他们作为电信设备的使用者，根本不需要从 IDC 公司的手里获得必要专利，更不可能就 IDC 公司的专利许可行为寻求法律救济。与此相关，那种以"单一专利许可无法制作终端"为由否认 IDC 公司不占市场支配地位的观点同样是很奇怪的，因为与案件相关的商品不是无线设备终端产品，而是 IDC 公司在 3GPP 和 3GPP2 等国际标准上所拥有的必要专利。因为 IDC 公司在这些标准中的必要专利没有可替代的专利和技术，它在这些专利的许可市场中就毫无疑问地占支配地位。

还有人在对本案的分析中指出，尽管华为公司至今还没有从 IDC 公司手中获得 3G 通信标准必要专利的许可，但这没有阻碍它不断地生产和销售通信设备，甚至从一家普通的中国通信企业进入了世界 500 强。他们就此推断，仅获得 IDC 公司的某项标准必要专利对被许可人没有实质性的意义，

IDC 公司因此不具备妨碍或限制华为公司市场竞争的能力。这种观点明显也是错误的。道理很简单，如果真像 IDC 公司所说的，被许可人能否获得 IDC 公司的标准必要专利对它没有实质性的意义，那么华为公司就应当可以免费而且无风险地使用这些必要专利，从而也不应该与 IDC 公司之间因这些标准必要专利的许可而产生法律纠纷。然而，事实不是这样的。这正如欧盟委员会在其关于谷歌并购摩托罗拉移动一案的决定中指出的，"标准必要专利的特殊性在于，要符合某一标准就必须实施这一标准下的必要专利，无法去进行设计规避。也就是说，标准必要专利的定义决定了每一个必要专利都没有替代物。因此，欧盟认定，每一标准必要专利都构成一个单独的相关技术市场"①。这个决定也说明了 IDC 公司的标准必要专利构成了本案的相关商品市场，因为华为公司如果不获得这些标准必要专利，它就不能生产无线通信设备。因为 IDC 公司是这些标准必要专利的所有权人，它在这些专利的许可市场中就毫无疑问地占支配地位。

四　结束语

技术标准化是一种实现社会公共利益和提高消费者社会福利的重要技术措施，目的是使一定产品在其性能、质量、安全或者其他方面达到一定的技术要求。技术标准一方面因为它在很大程度上是强制性要求，即达不到标准的产品或者服务不能进入市场，因此它是企业在市场竞争中的一个重要因素，甚至是决定性因素；另一方面，因为技术标准涉及专利和技术，即涉及私人的财产权，它从而就可能出现限制竞争的问题，例如妨碍技术创新、阻碍进入市场或者影响下游市场上企业之间的公平竞争。本案涉及 IDC 公司在 3G 无线通信技术标准方面的必要专利。因为这每一项必要专利对于生产

---

① Case No COMP/M.6381-Google/ Motorola Mobility, Commission decision of 13/02/2012, §54, 61.

符合标准的无线设备都是必不可少的，即具有不可替代性，它们都毫无疑问会独立地构成本案的相关商品市场。正是因为这每一项必要专利对相关产品的生产具有不可替代性，作为国际惯例和反垄断法的基本原则，专利权人就有义务按照"公平"、"合理"和"无歧视"（FRAND）的条件向被许可人许可其专利，否则就可能出现排除、限制竞争的问题。深圳市中级人民法院在认定 IDC 公司在其标准必要专利的许可市场占支配地位的基础上，分析了 IDC 公司对华为公司的不公平高价行为、不合理的价格歧视行为、不合理的捆绑交易行为、不合理的拒绝交易行为以及其他不合理的交易条件，指出这些行为违背了 IDC 公司同意将其专利纳入标准时所作的承诺，严重损害了无线通信设备生产市场的竞争，违反了中国《反垄断法》第 17 条和第 55 条的规定。这个判断有理有据，非常正确。

标准必要专利与 FRAND 许可费 *

技术标准一般指企业为进行一定产品生产或者为进入市场而在涉及产品质量或者安全等方面必须达到的一定技术要求。技术标准是一种强制性的技术要求，因为当一种产品或者服务实现了技术标准化的条件时，没有达到标准的产品或者服务就不可能进入市场，或即便进入了市场也不可能销售出去。标准化为消费者带来的好处有目共睹，例如不同厂家生产的同类产品可以实现相互兼容。标准化也可给生产企业带来巨大的好处，例如有助于企业扩大规模，降低价格，改善质量，提高企业竞争力。标准化也有助于推动企业的创新活动，从而有助于市场竞争，例如同一标准下的产品可以更好地开展质量竞争、价格竞争、服务竞争等。然而，在另一方面，技术的标准化也可能会产生违反反垄断法的问题，其主要原因是专利所有权人可能凭借其标准必要专利剥削交易对手，或者妨碍技术创新和新的市场进入。我国近年来也出现了这类案件，例如国家发改委 2013 年开始调查的美国高通公司案。这些案件说明，反垄断法是遏制滥用知识产权行为和维护市场公平秩序的重要法律武器。

---

* 本文发表在《经济参考报》2014 年 7 月 31 日，标题是"高通专利许可费违背公平合理承诺"。

一 专利劫持与 FRAND 承诺

当一个专利技术被纳入了标准，由此便会产生相应的"锁定效应"，即与这一专利技术相关的竞争被排除，相关产品的生产商必须得使用纳入标准的专利，这个专利由此被称为"标准必要专利"（SEPS）。SEPS 的所有权人因为事实上已经排除了相关领域的竞争，他必然在其 SEPS 许可的市场上占支配地位，由此其议价能力大增。深圳市中院和广东省高院在其华为诉 IDC 一案的判决中就是持这样的观点。深圳市中院的判决指出，"由于 SEPS 具有排他性，而无线通讯标准又具有强制性，被告有能力独立控制其所声称的必要专利的许可费以及许可条件。即使有来自被许可方的反对，被告也不会实质性地丧失业务或减少利润。同时，由于被告必要专利已进入相关标准，排除了实现同样功能的技术进入标准的可能。因此，被告在相关市场内也有阻碍或影响其他经营者进入相关市场的能力。由此，应当认定被告在其为专利权人的 3G 无线通讯标准中的必要专利许可市场中具有市场支配地位"。

为了防止权利人在其标准必要专利许可市场上滥用其市场势力，特别是收取不合理的许可费，标准化组织一般会在专利纳入标准之前，要求权利人承诺按照 FRAND 的条件将其必要专利许可给所有制造、使用或销售相关产品的人。权利人由此受到的约束是，他必须得将其专利以公平、合理和无歧视的条件进行授权，即不得无正当理由拒绝许可，不得无正当理由实施差别待遇，也不得无正当理由进行搭售或附加其他不合理的交易条件。FRAND 一方面是可以使权利人大大拓展其专利技术的市场，由此使他们有机会获得一个合理的收益；另一方面，FRAND 的承诺也对权利人有约束，即他们不得滥用其通过标准必要专利而获取的垄断势力。这正如美国第七巡回法院的法官波斯纳指出的，" FRAND 承诺的目的是将专利权人的许可费请求限制在专利本身所内含的价值范围，这种内含价值应当区别于专利成为标准必要专利后而产生的额外价值，即劫持了的价值"。[1]

在实践中，如果权利人违背其向标准化组织所作的 FRAND 承诺，例如出现了不合理的拒绝许可、歧视性定价、不公平定价以及搭售等行为，因为这些行为都是反垄断法禁止的行为，从而就会出现违反反垄断法的问题。例如，深圳市中院和广东省高院在华为诉 IDC 一案的判决中指出，IDC 作为标准必要专利所有权人，在其标准必要专利使用费的谈判中，违反公平、合理和无歧视的原则，实施了过高定价、歧视性定价和搭售等滥用市场支配地位的行为，违反了中国反垄断法，从而应当承担相应的民事侵权法律责任。韩国公平交易委员会曾在 2009 年对美国高通公司作出罚款 2600 亿韩元（约合人民币 13 亿元）的决定，主要理由也是高通公司凭借其在 CDMD 手机芯片市场的支配地位，在韩国收取不合理的技术许可费。

据媒体报道，国家发展和改革委员会当前调查高通公司在中国市场上涉嫌垄断的行为主要有以下方面：(1) 以整机作为计算许可费的基础；(2) 将标准必要专利与非标准必要专利捆绑许可；(3) 要求被许可人进行免费反许可；(4) 对过期专利继续收费；(5) 将专利许可与销售芯片进行捆绑；(6) 拒绝对芯片生产企业实施其标准必要专利的许可；(7) 在专利许可和芯片销售中附加不合理的交易条件。鉴于高通公司在全球无线通信设备技术市场的影响力，这个案件将不仅对中国的市场竞争和中国的无线通信设备企业产生重大影响，而且将对全球的无线通信设备技术市场和全球的反垄断执法产生重大的影响。

二 专利许可费的计算

实践中，标准必要专利的所有权人如果违反 FRAND 承诺，就会出现形

---

[1] Apple, Inc. v. Motorola, Inc., 869 F. Supp. 2d 901, 913 (N.D. Ⅱ. 22 June 2012), appeal pending, Nos. 2012-1548, 2012-1549 (Fed. Cir.).

形色色的滥用知识产权的问题，如国家发改委对高通公司进行调查的 7 种行为。这些行为大多涉及专利许可费，即标准必要专利权人通过各种不正当的方式，不合理地提高自己所收取的许可费。下面结合一个案例，主要讨论标准必要专利权人以最终产品作为计算许可费基础的方式，这也是人们在标准必要专利方面最关注的问题。

2013 年 4 月，美国西雅图华盛顿地区法院对微软诉摩托罗拉一案所作的判决，是涉及标准必要专利许可费的一个重要案例。在这个案件中，摩托罗拉拥有 Xbox 游戏机两项标准中的专利，一项是涉及 WiFi 的 802.11 标准，另一项是涉及视频编码的 H.264 标准。就 WiFi 标准来说，摩托罗拉在这个标准纳入的 3000 项必要专利中仅占 11 项。然而，摩托罗拉向微软公司许可这些标准必要专利的条件是，微软必须向其支付 Xbox 游戏机最终销售价的 2.25%。法院认为，这个许可费的标准太高了，不是一个公平合理的费用，从而应当大大降低微软公司作为被许可人向摩托罗拉支付的专利许可费。其结果是，这个判决之前，摩托罗拉向微软公司收取的 Xbox 游戏机专利许可费是 40 亿美元 / 年；这个判决则将这笔费用降至 180 万美元 / 年。如果以 Xbox 单机计算，微软在判决之前支付的许可费是每台 6~8 美元，判决后则改为收取 0.03471 美元 / 台。许可费金额在判决前后的巨大差别说明，法院认为，摩托罗拉向微软收取的专利许可费太高了，太不公平，从而构成一种滥用市场势力的行为。

尽管美国法院在上述案件中大大降低了必要专利许可费，但是也难以使人信服这就是一个"合理"的许可费。今天，人们对标准必要专利按照最终产品的比例收取许可费的收费模式充满了忧虑。例如，一台笔记本电脑可能会纳入 250 个标准，假定一个标准纳入大约 3000 项必要专利，每项必要专利收取终端产品一定比例的许可费，这些累计的许可费将在终端产品的价格中占相当大的比例。美国法院在微软诉摩托罗拉一案的判决中也指出，"至少有 92 家实体拥有 802.11 标准的必要专利。如果大家都和摩托罗拉一样要求那么高的许可费，即其许可费占到终端产品价格的 1.15%~1.73%，那么单实施 802.11 标准的许可费就会超过整个产品的价格。这说明，这个许可费不是一个合理的价格，因为它不可能实现 FRAND 承诺的目的，即通过公平合理和无歧视的许可而广泛地推行标准"。法院还指出，"如果这些权利人都和摩托罗拉一样，索取相同的价格，这个终端产品就会因为价格太高而不能在市场销售出去"。[①]

智能手机的标准必要专利许可同样也存在上述问题，且有过之而无不及。据业界专家报告，"假定一部智能手机的售价 400 美金，器件的成本大约占 120 美金，这里除了基带芯片，还包括显示器、NAND 闪存、应用程序处理器、DRAM、GPS、触摸控制器、电源等等。如果说蜂窝移动功能是由 10~15 美金的基带芯片实现的，提供蜂窝移动功能的必要专利所有权人却宣布其许可费高达 60 美金"。[②] 还有人指出，在 4G 手机领域，标准必要专利权人所索取的许可费率累计可能会达到手机销售价格的 25%~30%。[③]

其实，考虑到产品的最终销售和生产商应当获取的经济利益，一个占主导地位的观点是，一个产品的专利权人所收取的累计许可费率不应当超过该产品销售价格的 10%，否则是对生产商的巧取豪夺。1999 年，欧洲电信标准化协会（ETSI）的一个工作组发布过关于 3G 无线通信领域使用知识产权的报告。报告指出，3G 智能手机所纳入的标准必要专利的所有权利人所收取的最高累计许可费率（maximum cumulative royalty rate）应该是个位数，

---

① See Microsoft Corp. v. Motorola, Inc., 2013 U.S. Dist. LEXIS 60233 (W.D. Wash. 25 Apr. 2013).

② See Joseph J. Mueller, Timothy D. Syrett, "The Smartphone Royalty Stack: Surveying Royalty Demands for the Components Within Modern Smartphones", available at http://www.wilmerhale.com/pages/publicationsandnewsdetail.aspx?NewsPubId=17179872441.

③ Eric Stasik, "Royalty Rates And Licensing Strategies for Essential Patents on LTE (4G) Telecommunication Standards", *Les Nouvelles*, 119, Sept. 2010.

且很多被调查企业认为，5%已经是一个比较高的数字。[①] 爱立信、诺基亚、DOCOMO 等公司在 2002 年还达成协议，一致同意按照各自的标准必要专利在 WCDMA 标准中所占的数字比例收取许可费率，目的是使累计的许可费率控制在个位数的范围，并且努力控制在 5% 的范围内。[②]

人们特别关注高通公司就其标准必要专利收取的许可费率。高通收取的专利许可费有两种，一种是按照其许可的专利收取许可费（license fees），另一种是按照专利产品的最终销售价提成的许可费（royalties）。从按照产品销售价进行提成的专利许可费方面来说，高通明明知道人们关于无线通信必要专利许可费率的看法和主张，明明知道业内人士对必要专利最高累计许可费率的基本观点[③]，它仍一直坚持以大大高于其他专利权人的幅度收取其必要专利的许可费。据国内业界反映，在 WCDMA 产品上，高通一家收取国内终端厂商销售额的 5%；在 LTE 产品上，收取 4% 的销售额。前面已经谈到，智能手机纳入其必要专利的很多企业一致认为，必要专利权人对智能手机提取的最高累计许可费率应当是个个位数，且这个数字不应超过 5%。人们可以想见，鉴于高通公司一家企业就收取了 5% 的许可费率，如果其他必要专利的所有权人都像高通公司一样主张自己的专利许可费，这个终端产品售价的百分之几十就得被用于支付专利许可费。其结果就是，我国手机行业的生产企业多年来挣扎在盈亏线上。据称，2013 年，全国手机企业的平均利

[①] Industry Reflection Period Report of the UMTS IPR Working Group, Generation Mobile Communication：The Way Forward for IPR, 1999, p.5, p.10.

[②] See Press Releases，"Industry Leaders NTT DoCoMo, Ericsson, Nokia and Siemens, and Japanese Manufacturers Reach A Mutual Understanding to Support Modest Royalty Rates for the W-CDMA Technology Worldwide"，available at http:www.nttdocomo.com/pr/2002/000901.html.

[③] See Qualcomm Annual Report for the Period Ending 09/30/12, http://files.shareholder.com/downloads/QCOM/3353253955x0x618820/33BFFD14-191D-4081-A6F2-494D546F67CA/2012_form-10-K.pdf.

润不足 0.5%。

公平地说，标准必要专利一般只涉及与该标准相关的某些零配件，比如计算机或者手机的 WiFi，那么权利人就应当基于 WiFi 的价格收取专利许可费，而不应当基于作为最终产品的计算机或者手机的价格收取费用。因为在后一种情况下，标准必要权利人会侵占整机中其他零部件的价值，从而被视为对整机产品的"征税"。欧盟委员会曾在 Rambus 一案的决定中指出，许可费应按照单个售出的芯片而不是按照最终产品的价格来决定。即便这个芯片被用于其他产品，芯片的价格还是芯片的价格。美国联邦贸易委员会也曾表达过相同的观点，即如果扩大专利许可费的计算基数，这不可避免地会提高专利许可费，即权利人对整机产品中不涉及其专利的部分也收取许可费。[①]

三　结束语

尽管有些专利权人坚持认为，许可费应以含有使用了标准必要专利的零部件的整机产品的价格来计算，有人甚至说这是行业惯例，然而，如果我们从设立 FRAND 承诺的意图来分析，这种许可费的计算方式明显不公平、不合理，即权利人事实上违背了自己关于 FRAND 的承诺。另一方面，即便专利权人按照最终产品的一定比例收取许可费，基于自己的 FRAND 承诺，它不仅应当考虑其专利技术对标准贡献的大小，对最终产品贡献的大小，而且也应当考虑被许可人实施其专利后所获得的相关利润。这即是说，合理的专利许可使用费不仅应当考虑专利权人的合理收益，而且还得考虑生产商的经营活动应当获得一个合理的回报，考虑最高累计的专利许可费率应当在专利权人之间有一个合理的分配。

---

① Fed. Trade Comm'n, "The Evolving IP Marketplace: Aligning Patent Notice and Remedies With Competition", at 212 (Mar. 7, 2011) ("Evolving Marketplace Report"), available at http://www.ftc.gov/os/2011/03/110307patentreport.pdf.

如果专利权人凭借其标准必要专利一意孤行地收取不合理的许可费，而不考虑累加许可费的问题，也不考虑生产商能否获得合理利润的问题，这只能被视为将其必要专利作为杠杆在进行巧取豪夺，从而就违背了自己以公平合理条件许可其必要专利的承诺。当然，这种情况的发生如果是被许可人心甘情愿地接受这种不合理的许可协议，可以适用合同法。然而，如果有证据显示，不合理的条件是许可人凭借其标准必要专利而滥用市场支配地位，那就得依据反垄断法来禁止这样的行为。我国《反垄断法》第17条明确规定，禁止具有市场支配地位的经营者"以不公平的高价销售商品"。这即是说，当一个专利成为标准必要专利的情况下，权利人得在公平、合理和无歧视的条件下向所有潜在的市场进入者开放其技术；在权利人无正当理由拒绝许可或不以公平、合理的条件实施许可的情况下，专利权就可能被实施强制许可。

标准必要专利反垄断诉讼问题研究

——以华为诉 IDC 案为视角 *

内容提要 专利一旦成为广泛应用的标准必要专利，权利人一般得向标准化组织承诺以公平、合理和无歧视的（FRAND）条件实施许可。尽管 FRAND 许可条件是对专利权人的约束，但因这个承诺没有可操作性，现在有越来越多涉及标准必要专利的案件进入了反垄断执法机构和法院。华为诉 IDC 一案说明，标准必要专利与一般专利相比具有特殊性，必要专利权人在其专利许可市场占支配地位，权利人收取过高的专利许可费或者请求法院制止专利侵权的行为可能被视为滥用市场支配地位。涉及标准必要专利许可的案件凸显知识产权法和反垄断法交叉领域的很多热点问题，从而也带给了我们很多思考，例如我国反垄断法第 55 条第 1 句的规定是否具有合理性。

标准必要专利（Standard Essential Patents, SEPs）是指技术标准中包含的必不可少和不可替代的专利，也即为实施技术标准而不得不使用的专利。如果一个技术标准得到了广泛应用而成为行业标准或者国家强制性标准，达不到标准的产品或者服务就不能进入市场，这个技术标准对相关企业就是强制

---

 * 本文发表在《中国法学》2015 年第 6 期。

性的要求。在这种情况下，因为标准的开放性，与标准必要专利相关的技术许可就具有公共性，涉及社会公共利益。然而，另一方面，标准必要专利与一般专利一样，也是私人财产权。权利人出于追求经济利益的目的，可能会凭借其必要专利所产生的"锁定效应"而不合理地抬高其专利许可费，或者排除行业中的竞争对手。鉴于技术标准化不仅可以降低企业的生产成本，推动创新，增加消费者的选择，而且还可以减少因技术差异而产生的国际贸易障碍，因此其被视为"推动现代经济的火车头"。[①] 特别是在机械、电子、信息、通信以及其他涉及产品兼容或者互联互通的产业，技术标准化已经成为一个非常重要的问题。这种情况下，如何能够在维护标准必要专利权人正当权益的条件下，坚持技术标准的开放性和社会公共性，就成为反垄断法和知识产权法交叉的一个重要问题。

我国自反垄断法生效以来，已有多起涉及标准必要专利的案件。2015 年 2 月 9 日国家发展和改革委员会对美国高通公司作出罚款 60.88 亿元人民币的决定，创下了我国行政罚款的最高纪录，其主要原因就是高通公司对其标准必要专利收取不公平的高价许可费。[②] 商务部作为反垄断执法机关也审理过多起涉及标准必要专利的案件，如 2012 年 5 月 19 日对谷歌并购摩托罗拉移动 [③] 和 2014 年 4 月 8 日对微软并购诺基

---

① The U. S. Department of Justice and the Federal Trade Commission, "Antitrust Enforcement and Intellectual Property Rights: Promoting Innovation and Competition", Issued on April 2007, at 33, https://www.ftc.gov/sites/default/files/documents/reports/antitrust-enforcement-and-intellectual-property-rights-promoting-innovation-and-competition-report.s.department-justice-and-federal-trade-commission/p040101promotinginnovationandcompetitionrpt0704.pdf (Last visited on August 27, 2015).

② 参见《中华人民共和国国家发展和改革委员会行政处罚决定书》发改办价监处罚〔2015〕1 号，http://www.sdpc.gov.cn/gzdt/201503/t20150302_666209.html。

③ 商务部公告 2012 年第 25 号：《关于附加限制性条件批准谷歌收购摩托拉移动经营者集中反垄断审查决定的公告》，http://fldj.mofcom.gov.cn/article/ztxx/201205/20120508134324.shtml。

亚 [①] 两个案件所作的附条件批准。本文论述的中国华为技术有限公司（简称
"华为公司"）诉美国交互数字公司 [②]（简称"IDC"）是我国法院审理并做出
终审判决的第一个涉及标准必要专利的反垄断诉讼案件。原告华为公司是无
线通信设备生产商，被告 IDC 在无线通信技术领域拥有 2G、3G、4G 标准
下的大量必要专利。原告与被告从 2008 年 11 月开始就涉案必要专利许可进
行过多次谈判，但因被告索求的许可费大大高于它授权苹果和三星等企业的
许可费而未能达成协议。2011 年 7 月，IDC 将华为公司诉至美国国际贸易委
员会和联邦法院，请求发布禁令和停止侵权行为。2011 年 12 月 6 日，华为公
司向广东省深圳市中级人民法院提出两起诉讼，一起请求法院判令停止 IDC
滥用市场支配地位行为，并请求损害赔偿；另一起请求法院按照公平原则
判定 IDC 的专利许可费。2013 年 2 月深圳市中级人民法院作出一审判决 [③]，
2013 年 10 月广东省高级人民法院作出终审判决 [④]。

华为诉 IDC 案涉及与标准必要专利相关的诸多反垄断问题，加之华为
公司和 IDC 都是全球无线通信领域的大企业，这个判决在国内外引起了高度
关注，成为研究标准必要专利与中国反垄断法关系的经典案例。[⑤] 本文以这

[①] 商务部公告 2014 年第 24 号：《关于附加限制性条件批准微软收购诺基亚设备和服务业务案经营者集中垄断审查决定的公告》，http://fldj.mofcom.gov.cn/article/ztxx/201404/20140400542415.shtml。

[②] 本案被告有交互数字技术公司（InterDigital Technology Corporation）、交互数字通信有限公司（InterDigital Communication, Inc.）、交互数字公司（InterDigital, Inc.）和 IPR 许可公司（IPR Licensing, Inc.），它们均为交互数字公司（InterDigital Corporation, 简称 IDC）的全资子公司，对外统称交互数字集团（InterDigital Group），本案的法院判决将被告统一简称为交互数字公司（IDC）。

[③] （2011）深中法知民初字第 857 号和（2011）深中法民初字第 858 号。

[④] （2013）粤高法民三终字第 306 号和（2013）粤高法民三终字第 305 号。因本案初审判决和终审判决基本一致，本文论述中的中国法院不区分初审法院和终审法院，但注释中说明案号来源。

[⑤] See D. Daniel Sokol & Wentong Zheng , "FRAND in China", 21 *Tex. Intell. Prop. L.J.* 69(2014); Leon B. Gre-enfield, Hartmut Schneider and Thomas Mueller, "SEP United Enforcement Disputes Beyond the Water's Edge: A Survey of Recent Non-U.S. Decisions", *Antitrust*, Vol. 27, No. 3, Summer 2013, p.53.

个案件为视角，探讨标准必要专利反垄断诉讼中的几个主要问题。第一部分讨论标准必要专利权人是否占市场支配地位，这是华为公司指控 IDC 滥用市场支配地位的基础；第二部分讨论法院确定标准必要专利 FRAND 许可费的方式，这是华为诉 IDC 一案的核心问题；第三部分讨论标准必要专利权人的禁令请求权，这是知识产权法和反垄断法交叉的一个重要问题，也是我国反垄断执法中的新问题；第四部分是本案的几点启示与思考。

一　标准必要专利权人是否占市场支配地位

华为公司起诉的事由是 IDC 作为标准必要专利权人滥用其市场支配地位。然而，要判定一个企业是否滥用市场支配地位，执法机关一般先得认定该企业占市场支配地位。根据《反垄断法》第 17 条，市场支配地位是指"经营者在相关市场内具有能够控制商品价格、数量或者其他交易条件，或者能够阻碍、影响其他经营者进入相关市场能力的市场地位"。这说明，市场支配地位反映了企业与市场的关系，即拥有这种地位的企业不受竞争的制约，可以不必考虑竞争者或者交易对手的反应就可自由定价或者自由作出其他经营决策。本案涉及无线通信 2G、3G 以及 4G 的主流技术标准，特别是 3G 技术标准 ①，因这些标准涉及国际电信联盟（ITU）关于国际频谱资源的统一分配，需要各国政府之间的协调与合作，因此全球几乎所有的国家和地区都采用了这些标准。这种情况下，凡是涉及这些技术标准必要专利许可的市场，必要专利权人自然占市场支配地位。然而，在华为诉 IDC 一案中，尽管 IDC 在 2G、3G 和 4G 标准上拥有大量的必要专利，但它不承认自己占市场

---

① 2G、3G 和 4G 都是现代通信业的技术标准。2G 主要包括 GSM 和 CDMA 标准，3G 主要包括 WCDMA、CDMA2000 和 TD-SCDMA 标准，4G 主要指 LTE 标准，它们基本都是依据 3GPP（3rd Generation Partnership Project）和 3GPP2（3rd Generation Partnership Project 2）等国际标准化组织的规范制定的。中国通信标准化协会（CCSA）是 3GPP 和 3GPP2 的会员。

支配地位，进而否定其滥用市场支配地位。这种情况下，标准必要专利权人是否在其必要专利许可市场占支配地位，就成为该案审理中首先要解决的一个基础性问题。

（一）相关市场的界定

要认定一个企业是否占市场支配地位，首先应当科学和合理地界定相关市场。只有界定了相关市场，才能识别市场上的竞争者和潜在竞争者，判定相关企业的市场份额和市场集中度，进而认定企业的市场地位及其市场行为对竞争的影响。因此，界定相关市场在反垄断执法中通常是对一个竞争行为分析的起点。[①]　界定相关市场一般需要考虑案件所涉及的相关产品以及相关产品竞争所影响的地域范围，这在反垄断法上分别被称为"相关产品市场"和"相关地域市场"[②]。

就相关产品市场而言，应主要考虑消费者的需求替代。根据国务院反垄断委员会《关于相关市场界定的指南》第 3 条，"相关商品市场，是根据商品的特性、用途及价格等因素，由需求者认为具有较为紧密替代关系的一组或一类商品所构成的市场"。本案中，原告华为公司作为无线通信设备生产商，它需要取得 IDC 在 3GPP 和 3GPP2 等标准化国际组织制定并发布的 3G 无线通信标准必要专利的使用权。[③]　法院判决指出，技术标准是指对一个或几个生产技术设立的必须符合要求的条件以及能够达到此标准的实施技术。技术标准是一种统一的技术规范，目的是保障产品或服务的互换性、兼容性和通用性，技术标准对于生产企业来说从而具有强制性。[④]　由此可见，技术标准化一方面统一了技术规范，另一方面也消除了相关技术领域的竞争，即

---

① 参见国务院反垄断委员会《关于相关市场界定的指南》第 2 条。
② 王晓晔：《反垄断法》，法律出版社，2011，第 85~88 页。
③ （2013）粤高法民三终字第 306 号，第 40 页。
④ （2013）粤高法民三终字第 306 号，第 41~42 页。

在技术标准化条件下，市场上不会出现标准化之前或在没有标准化的情况下可能出现的技术竞争。[①] 技术标准产生的方式多种多样。有些标准是通过行业内的激烈竞争产生的，例如在赢者通吃的情况下产生的事实标准。大多数技术标准是通过行业内处于引领地位的企业协商一致并经公认的标准化组织批准而产生的，[②] 如本案涉及的 3G 无线通信技术标准就是该领域具引领地位的企业自愿协商并经 3GPP 和 3GPP2 制定和公布的国际技术标准。在标准化组织制定标准的过程中，政府机构可能出于行业监管或者产品采购的目的有一定程度的参与，但是标准所采纳的专利技术则是标准化组织依据自己的规则决定的。[③] 这说明，一个技术标准的必要专利会被多个专利权人所拥有，这些专利在功能上相互不可替代，且市场上也没有可替代它们的技术。鉴于一个标准中各个必要专利在功能上的差异，生产商如果要生产符合技术标准的产品，得与所有的标准必要专利权人进行谈判，分别取得这些必要专利的使用权。这种情况下，一个标准的各个必要专利在谈判中都可能构成一个相关产品市场。[④] 鉴于本案涉及 IDC 在 3GPP 和 3GPP2 无线通信技术标准方面的必要专利，市场上又没有替代它们的其他技术，本案的相关产品市场无疑就是 IDC 在 3GPP 和 3GPP2 技术标准中所拥有的一个个必要专利。这正如欧盟委员会在其关于三星公司标准必要专利案的决定中指出的，"该案的相关产品市场就是三星公司在 UMTS 标准所拥有必要专利的许可，因为欧洲经

---

① 尽管技术标准化一方面推动竞争，另一方面又消除竞争，但因它推动竞争的作用大大超过消除竞争的不利影响，世界各国一般都支持各个领域的技术标准化。

② See the Note by the United States, "Intellectual Property And Standard Setting," DAF/COMP/ WD(2014)116, December 17–18, 2014, at http://www.oecd.org/officialdocuments/publicdisplaydocume ntpdf/?cote=DAF/COMP/WD(2014)116&docLanguage=En (Last visited on Oct. 27, 2015).

③ Id.

④ 在一个必要专利权人拥有一个标准多项必要专利的情况下，这多项必要专利可被视为一组相关技术；在被许可人也拥有标准必要专利的情况下，许可人和被许可人之间可能达成交叉许可协议。

济区生产 UMTS 技术标准产品的企业在这个技术领域没有可以替代的技术，三星公司在这个标准拥有的每个必要专利都可以构成一个相关产品市场"。[1]

界定相关地域市场需要考虑相关产品所处的地域范围。原告华为公司一方面在我国市场上生产和销售无线通信设备，其产品必须得符合我国在 3G 无线通信领域实行的 CDMA2000、WCDMA 和 TD-SCDMA 三个标准，它们也是国家工业和信息化部参照 3GPP 和 3GPP2 国际标准而制定的国家行业标准，中国移动、中国联通和中国电信等电信运营企业采购的产品都得符合上述标准。另一方面，华为公司也向美国出口无线通信设备，美国在这个领域采用了依据 3GPP 和 3GPP2 国际标准制定的 CDMA2000 和 WCDMA 两个标准。这说明，如果华为公司不能从 IDC 获得其标准必要专利的许可，它的产品就不能在国内销售，也不能向美国出口。因此，尽管被告 IDC 是在全球范围许可其 3GPP 和 3GPP2 的标准必要专利，但因华为公司仅需要它在中国和美国地域范围内的许可，本案的相关地域市场就是中国和美国。综合上述分析，本案的相关市场为 IDC 在中国和美国 3G 无线通信技术标准中的一项项必要专利。鉴于这些必要专利的所有权人均为 IDC，这个案件的相关市场可以视为 IDC 在中国和美国 3G 无线通信技术标准中各项必要专利的集合。[2]

本案的问题是，被告 IDC 并不认可法院将其在 3G 技术标准中的一项项必要专利视为相关产品市场的观点，理由是"根据必要专利的特殊性，仅凭被告自身的必要专利涵盖的技术是不可能制造任何终端产品的"。[3] 这表明，IDC 是把 3G 标准覆盖的最终产品视为相关产品的，也即它认为本案的需求者不是华为公司，而是无线通信设备的最终消费者。IDC 的观点是站不住脚

---

[1] EU Commission, "Case At. 39939-Samsung Enforcement of UMTS Standard Essential Patents", April 29, 2014, para.41, 42, at http://ec.europa.eu/competition/antitrust/cases/dec_docs/39939/39939_1501_5.pdf (Last visited on Oct. 27, 2015).

[2] （2013）粤高法民三终字第 306 号，第 40~41 页。

[3] （2011）深中法知民初字第 858 号，第 13 页。

的。反垄断法保护消费者，但这并不意味着它只是抽象地保护最终消费者。一个案件的消费者是谁，取决于具体的案情，即应当考虑经济上与案件密切相关的当事人，他们可能是生活消费者，也可能是生产消费者。在涉及技术许可或者原材料、半成品采购的案件中，尽管案件也会影响最终消费者，但是为了解决市场竞争问题，案件中的需求者应考虑涉及相关技术的被许可人或者相关原材料和半成品的采购方。本案起因于华为公司要求 IDC 按照公平、合理和无歧视的条件许可其在 3G 无线通信技术标准中的必要专利，本案的需求者就是华为公司。IDC 把电信终端设备的最终消费者视为本案的需求者，这种观点有点奇怪，因为终端消费者与本案的相关市场界定完全没有关系，他们既不需要获得 IDC 必要专利的使用权，也不会就 IDC 的专利许可寻求法律救济。

上述分析说明，法院在华为诉 IDC 一案中界定相关市场的方法是清晰的，也是科学的。法院主要考虑的问题是，华为公司取得 IDC 在 3G 无线通信标准中的必要专利是其生产经营活动不可缺少的环节。这就是说，即便一部智能手机或者一台计算机有几百个标准，每个标准也许有几百甚至几千个必要专利，由于每个标准必要专利对潜在被许可人来说都具有不可替代性，它们在具体案件中都可能构成一个相关市场。这也正如欧盟委员会在谷歌并购摩托罗拉移动的决定中指出的，"标准必要专利的特殊性在于，符合标准的产品必须使用这一标准下的必要专利。标准必要专利的定义决定了每个必要专利都没有替代物，每个标准必要专利都会构成一个单独的相关技术市场"。[①]

（二）IDC 的市场地位

界定了相关市场，认定 IDC 在其 3G 无线通信标准必要专利的许可市场

---

① 　EU Commission, "Case No COMP/M.6381-Google/ Motorola Mobility", February 13, 2012, para.54, 61, at http://ec.europa.eu/competition/mergers/cases/decisions/m6381_20120213_20310_2277480_EN.pdf.

占支配地位就很容易。这正如法院判决指出的，"本案 IDC 拥有全球（包括中国和美国）3G 通信领域 WCDMA、CDMA2000、TD-SCDMA 标准中的必要专利，基于 3G 标准中每一个必要专利的唯一性和不可替代性，IDC 在其 3G 标准每个必要专利许可市场拥有完全的份额，IDC 在相关市场具有阻碍或影响其他经营者进入的能力"。[①] 这即是说，在标准必要专利许可的市场上，因为这些专利对潜在被许可人来说必不可少，没有可替代性，权利人自然在相关市场占支配地位，而且事实上是垄断地位。在国家发展和改革委员会处理的高通公司一案中，高通公司"未提出证据证明当事人在无线标准必要专利许可市场不具有市场支配地位"[②]。在德国法院审理的华为公司诉中兴公司一案中，双方当事人就标准必要专利权人的市场支配地位也完全没有争议。[③]

　　然而，在华为诉 IDC 一案中，IDC 却依据《反垄断法》第 19 条[④] 提出了相反的观点。它说，鉴于 2G、3G 以及 4G 无线通信标准纳入的必要专利数量很大，它自己拥有的必要专利数量远不及全部标准必要专利的一半，因此它不占市场支配地位。[⑤] IDC 还补充说，它虽然是必要专利权人，但因其行使权利势必会受到整个无线通信市场以及无线通信技术发展的影响，因此它不占市场支配地位，不具有排除限制竞争的能力。[⑥] IDC 的这个观点也是站不住脚的。道理很简单，本案的相关产品市场不是 3G 无线通信标准纳入

---

① （2013）粤高法民三终字第 306 号，第 43 页。
② 参见《中华人民共和国国家发展和改革委员会行政处罚决定书》发改办价监处罚〔2015〕1 号，http://www.sdpc.gov.cn/gzdt/201503/t20150302_666209.html。
③ Judgment of The Court (Fifth Chamber), Huawei Technologies Co. Ltd. v. ZTE Corp., ZTE Deutschland GmbH, 16 July 2015, para.43, at http://curia.europa.eu/juris/document/document_print.jsf?doclang=EN&docid=165911.
④ 《反垄断法》第 19 条规定，"一个经营者在相关市场的市场份额达到二分之一的"，可以推定该经营者具有市场支配地位。
⑤ （2011）深中法知民初字第 858 号，第 13 页。
⑥ （2011）深中法知民初字第 858 号，第 13 页。

的全部必要专利，仅仅是 IDC 拥有的标准必要专利；鉴于 IDC 的必要专利在相关市场没有可替代的技术，它在其必要专利的许可市场毫无疑问会占到 100% 的份额。正如欧盟委员会在三星公司案的决定中指出的，鉴于三星公司满足了以下两个条件：一是它在 UMTS 标准必要专利许可市场占 100% 的份额；二是根据欧洲议会和欧洲理事会第 183/1999 号条例，欧洲经济区成员国在 3G 无线通信领域都得采用经各国协调的 UMTS 标准。因此可以认定三星公司在 UMTS 标准必要专利许可市场占支配地位。[1]

需指出的是，法院认定 IDC 的市场支配地位时还考虑到一个特殊情况，即 IDC 是一个技术公司。一般来说，技术产品的生产商就其产品的技术标准一般多少都会有些必要专利。为了减少专利纠纷和诉讼，降低成本，这些生产商之间通常会达成交叉许可或者建立专利池。然而，本案中 IDC 仅是以专利许可作为经营模式，自己不从事生产活动，这种情况下它的专利许可就不会受到无线通信设备生产商的制约。这即是说，在 3GPP 和 3GPP2 技术市场的下游从事生产活动的企业都会依赖 IDC 的单方许可，这自然会加强 IDC 在其必要专利许可市场的支配地位。IDC 自己也承认，"世界上每一个蜂窝无线通信设备都运用了本公司的技术"[2]，这也进一步说明,IDC 凭借其在 2G、3G 以及 4G 无线通信标准中的必要专利，在这些专利的许可市场占支配地位。

二　必要专利的 FRAND 许可费

法院如果认定 IDC 在其必要专利许可市场上占支配地位，根据《反垄

---

[1] EU Commission, "Case At. 39939-Samsung Enforcement of UMTS Standard Essential Patents", April 29, 2014, para.41, 42, at http://ec.europa.eu/competition/antitrust/cases/dec_docs/39939/39939_1501_5.pdf (Last visited on Oct. 27, 2015), para. 45, 46.

[2] （2013）粤高法民三终字第 305 号，第 31 页。

断法》第 17 条，IDC 便不得滥用其市场支配地位，包括不得"以不公平的高价销售商品"，不得无正当理由"拒绝与交易相对人进行交易"、"搭售"、"交易时附加其他不合理的交易条件"以及"对条件相同的交易相对人在交易价格等交易条件上实行差别待遇"，等等。因为 IDC 作为必要专利权人曾向标准化组织作过 FRAND 承诺，即以"公平、合理和无歧视"条件向第三方实施许可，本案判决的核心问题便是确定 IDC 对华为公司的 FRAND 许可费。本案法院如何确定一个 FRAND 许可费？ FRAND 承诺与反垄断法是什么关系？ 确定 FRAND 许可费是一个合同法问题吗？ 这些是本部分讨论的内容。

（一）FRAND 许可费的确定

法院判决指出，FRAND 许可费的中心思想是专利权人收取许可费应遵循合理原则和无歧视原则，这两个原则的关键是许可费的合理性，这个合理性既表现为许可费本身的合理性，也表现为不同被许可人的许可费相互比较的合理性。[①]

法院分析 FRAND 许可费时考虑到很多因素。（1）许可费高低应考虑实施该专利或者类似专利所获的利润，以及该利润在被许可人相关产品销售利润或者销售收入中所占的比例。鉴于技术、资本、被许可人的经营劳动等各种因素共同创造一项产品的最后利润，专利许可费只能是产品利润的一部分而不应是其全部；而且，鉴于任何专利权人都不可能提供产品的全部技术，专利权人仅有权收取与其专利比例相对应的利润部分。（2）专利权人所作的贡献是其创新的技术，他仅能就其专利获取报酬，而不能因专利纳入标准而获得额外的利益。（3）标准必要专利权人应就技术标准中的必要专利收取许可费，要求被许可人就其非标准必要专利支付许可费是不合理的。（4）专利

---

① （2013）粤高法民三终字第 305 号，第 46 页。

许可费共计不应超过产品利润的一定比例，专利权人之间应就这一定比例的许可费进行合理的分配。[①] 然而，法院认识到，上述因素虽然有助于判断标准必要专利的许可是否公平合理，但是通过这些因素确定许可费可能是一种理想化的做法。因为现实中，一个高科技产品可能涉及很多技术标准，如一台电脑可能涉及上百个标准，一个标准可能涉及几千个必要专利，再加上缺乏评价这些必要专利的质量及其对最终产品贡献大小的实践经验，法院评估一个标准必要专利公平合理的许可费时就会遇到巨大的困难。[②]

在这种情况下，法院重点分析了 FRAND 承诺中的"无歧视"原则，即 IDC 作为必要专利权人，对条件相同的交易对手是否收取了基本相同的许可费或者许可费率。判决指出，"如果标准必要专利权人给予某一被许可人比较低的许可费率，而给予另一被许可人比较高的许可费率，后者通过对比就有理由认为其受到了歧视待遇，标准必要专利权人从而也就违反了无歧视许可的承诺"[③]。法院在本案中比较了 IDC 与 RIM、LG、英特尔、北京新岸线移动、HTC 等很多企业的交易情况。出于以下两个原因，法院主要比较了 IDC 授权苹果公司和三星公司的许可费：一是苹果公司和三星公司作为无线通信设备生产商，它们与华为公司一样，需要 IDC 的标准必要专利；二是苹果公司和三星公司的手机销量在全球名列前茅，排名远在华为公司之上，IDC 授权这两个企业的许可费率可以有力地说明华为公司应支付的许可费率。[④] 然而考虑到 IDC 授权苹果公司和授权三星公司也存在巨大差别，即 IDC 授权三星公司的许可费率是在法律诉讼背景下达成的，授权苹果公司的许可费率则是在双方平等、自愿和协商的条件下达成的，法院主要比

---

① （2013）粤高法民三终字第 305 号，第 46~47 页。
② 祝建军、陈文全：《标准必要专利使用费率纠纷具有可诉性》，《人民司法》2014 年第 4 期，第 9 页。
③ （2013）粤高法民三终字第 305 号，第 70 页。
④ （2013）粤高法民三终字第 305 号，第 72 页。

较了 IDC 与苹果公司之间的专利许可费。[①] 据悉，2007 年至 2014 年的 7 年间，IDC 对苹果公司的全球授权仅收取 5600 万美元的许可费，考虑到苹果公司在这 7 年间的销售收入至少为 3000 亿美元，法院推算 IDC 许可苹果公司的专利许可费率约为 0.0187%。[②] 然而，以 IDC 在 2012 年向华为公司的第四次报价为例，2009 年至 2016 年的 7 年间凡涉及 2G、3G 和 4G 的技术产品，IDC 均按照华为公司的销售额提成 2% 为许可费。[③] 考虑到一般工业品的利润率仅为 3%，如果华为公司接受 IDC 提出的许可条件，单就 IDC 的许可费就几乎可以掏空华为公司的全部利润，因此法院认为，IDC 向华为公司提出的许可费率太不公平，于是比较了 IDC 向苹果公司收取的许可费率，判定它向华为公司收取的许可费率不应超过 0.019%。[④]

IDC 提出，法院把 IDC 对苹果公司一次性收取的许可费折算为按照产品销售额提成的许可费率，以此确定它应向华为公司收取的许可费率，这种做法是错误的。[⑤] 法院指出，尽管一次性收取的许可费与按照产品销售额收取的提成费有不同，但在 IDC 拒绝披露其许可费信息的情况下，法院只能根据 IDC 的年报以及其他被许可人的销售收入和其他信息推算它们的许可费，并由此判断 IDC 应向华为公司收取的 FRAND 许可费。[⑥] 法院的做法和说法都是正确的。一方面，如果法院以 IDC 向苹果公司一次性收取的许可费来确定华为公司的许可费，前提条件应当是华为公司和苹果公司使用 IDC 标准必要专利生产的技术产品的销售额大致相同。然而事实上，它们的

---

① （2013）粤高法民三终字第 305 号，第 72~75 页。

② （2013）粤高法民三终字第 305 号，第 74 页。

③ 张玲、温锦资：《深圳发布〈知识产权保护状况白皮书〉华为诉 IDC 案成经典》，http://news.eastday.com/eastday/13news/auto/news/china/u7ai1314419_K4.html。

④ 台湾科技产业资讯室：《中国广东高院判决华为与 IDC 标准必要专利金 0.019%》，http://iknow.stpi.narl.org.tw/Post/Read.aspx?PostID=9585。

⑤ （2013）粤高法民三终字第 306 号，第 56 页。

⑥ （2013）粤高法民三终字第 306 号，第 70~71 页。

差距很大。另一方面，由于信息不对等，只有专利权人才掌握着它是否在被许可人之间存在价格歧视的深度信息。如果专利权人不向法院通告这方面的信息，法院只能尽其能力审查和解决这方面的问题。事实上，即便比较一次性收取的许可费，因为IDC从华为公司索取的许可费大大高于它向苹果公司授权的许可费，IDC也无法否认它向华为公司收取了过高许可费的结论。

法院基于IDC所作的FRAND承诺，还在以下两个方面分析了IDC对华为公司收取过高许可费的行为缺乏正当性。第一，IDC在其年报承认，由于专利许可费与产品定价相关，它在2009年至2011年收取的专利许可费呈逐年下降趋势。然而，与IDC早年与苹果公司和三星公司等企业订立的许可协议相比，IDC对华为公司的报价却大幅度上涨，不公平性显而易见。[①]第二，除了索取过高的必要专利许可费，IDC向华为公司的许可还捆绑了一个条件，即要求华为公司将其所有的专利免费许可IDC。[②]法院指出，交叉许可并不一定构成不合理的许可条件，但是IDC不仅向华为公司索取过高的专利许可费，还在华为公司的专利数量和质量远远高于IDC的情况下，要求华为公司对其免费许可自己所拥有的全部专利，这加剧了IDC的不公平定价行为。这些分析说明，法院在本案中充分考虑到了标准必要专利许可应坚持的公平、合理和无歧视原则，并由此确定了IDC许可华为公司的FRAND许可费。

（二）FRAND许可费与反垄断法

专利作为合法的专有权，一般可授予权利人两个基本权利：一是权利人有权阻止任何第三方取得或者使用其专利；二是他有权自主地设置许可条件。特别是作为其研发和创新的回报，权利人可以自主地确定专利许可

[①] （2013）粤高法民三终字第306号，第71页。
[②] （2013）粤高法民三终字第306号，第71~72页。

费。① 然而，在标准必要专利的情况下，如果标准得到了广泛应用，例如成为行业标准甚至国际技术标准，这些专利便会产生"锁定效应"，即因与专利相竞争的技术在标准覆盖的范围被排除，相关产品的生产必须得使用被纳入标准的必要专利，标准必要专利权人在其专利许可市场自然占支配地位，从而身价大涨。这种情况下，如果必要专利权人可随意选择被许可人，或者随意对某些交易对手实施不利的许可条件，例如索取过高的专利许可费，其不仅会严重影响交易对手的经营活动，而且还会严重限制甚至大幅度减少技术标准的商业利用，甚至导致消费者不能在市场上获得技术标准化的产品，这就严重背离技术标准化的目的和初衷。为了防止必要专利权人滥用市场势力，标准化组织一般要在必要专利纳入标准之前，要求权利人承诺以公平、合理和无歧视的条件将其必要专利许可给所有制造、使用或者销售相关产品的人，这种承诺也被称为 FRAND 承诺或者 RAND 承诺 (reasonable and non-discriminatory terms)。② 如欧洲电信标准协会 2008 年发布的知识产权政策规定，"一个与特定标准相关的必要知识产权纳入标准的时候，欧洲电信标准协会总干事会立即要求权利人在三个月内以书面方式作出一个不可撤销的承诺，即对其取得的知识产权要以公平、合理和无歧视的条件实施许可"。③

标准必要专利权人自愿作出 FRAND 承诺，这一方面固然可以给专利权人带来巨大的好处，例如对生产企业来说，这有助于增加产品的销售机会；

---

① 如我国《专利法》第 11 条规定："发明和实用新型专利权被授予后，除本法另有规定的以外，任何单位或者个人未经专利权人许可，都不得实施其专利，即不得为生产经营目的制造、使用、许诺销售、销售、进口其专利产品，或者使用其专利方法以及使用、许诺销售、销售、进口依照该专利方法直接获得的产品。"第 12 条规定："任何单位或者个人实施他人专利的，应当与专利权人订立实施许可合同，向专利权人支付专利使用费。"TRIPS 协议第 28 条也有相关规定。

② The U. S. Department of Justice & the Federal Trade Commission, supra note 1, at 36.

③ See ETSI Intellectual Property Rights Policy, § 6.1, at http://www.etsi.org/WebSite/document/Legal/ETSI_IPR-Policy.pdf.

对从事研发的企业来说，这可以增加专利许可的机会，这些都有助于必要权利人开拓其产品和技术市场，可以在其专有权的一定期限获取更大的经济收益。然而，另一方面，FRAND 承诺对专利权人也是一种约束，即他们不能随心所欲地对潜在被许可人索取过高的许可费，不得无正当理拒绝向他人许可，也不得在许可中实施不合理的差别待遇或者附加其他不合理的交易条件。总而言之，FRAND 承诺要求必要专利权人不得滥用因其专利被纳入标准而产生的市场势力，也不得凭借这个势力获取不正当的经济利益。这正如欧盟竞争总局前局长 Alexander Italianer 指出的："标准必要专利可以产生市场势力，因此，必要专利权人参与标准化协议时作出 FRAND 承诺就非常重要。它可以防止权利人在一个行业被锁定于标准之后，通过拒绝专利许可，或者索取过高的许可费，或者索取歧视性许可费，导致标准难以实施。"[①] 美国第七巡回法院波斯纳法官也说过，"FRAND 承诺的目的是将必要专利许可费限制在专利本身的价值范围，这个价值有别于专利成为标准必要专利后产生的额外价值，即劫持了的价值"。[②]

以上分析说明，FRAND 承诺虽然可被视为标准化组织与标准必要专利权人之间的协议，但其本质是在约束必要专利权人，即随着他们在其必要专利许可市场占支配地位，他们有可能滥用其市场势力，要挟、劫持潜在被许可人，从而成为市场竞争中被关注的对象。这个逻辑与反垄断法规制占市场支配地位的企业一样，即当一个企业仅在有限程度上受到竞争的制约或在完全不受竞争制约的情况下，它有可能实施有效竞争市场条件下不可能实施的行为。[③] 这也即是说，在竞争缺失的市场条件下，市场上需要一种对占市场

---

① Alexander Italianer, "Innovation and Competition", Sep. 21, 2012, at 6, http://ec.europa.eu/competition/speeches/text/sp2012_05_en.pdf.

② Apple, Inc. v. Motorola, Inc., 869 F. Supp. 2d 901, 913 (N.D. Ill. 2012), appeal pending, Nos. 2012-1548, 2012-1549 (Fed. Cir.).

③ 比较《反垄断法》第 17 条。

支配地位的企业进行监督的机制,目的是禁止它们滥用其市场支配地位。对标准化组织来说,它要求必要专利权人作出 FRAND 承诺,这一方面是出于社会责任,另一方面也是权衡标准化组织内部各种成员利益的结果。鉴于任何必要专利权人一般都不可能拥有一个标准的全部专利,标准化组织的成员既可能是必要专利的许可人,同时也可能是必要专利的被许可人,再加上需要不断地接受新的成员,这种情况下,标准化组织的知识产权政策势必同时反映许可人和被许可人两个方面的利益。即一方面,FRAND 承诺应保证必要专利权人就其专利技术得到公平合理的许可费,目的是维护他们创新和积极参与技术标准化的动力[①];另一方面,FRAND 承诺要求必要专利权人履行以公平、合理和无歧视条件实施许可的义务,目的是阻止他们实施专利劫持,即向被许可人索取过高的专利许可费。这也即是说,必要专利权人虽然原则上与一般专利权人一样,可以自由参与经济交往,可以自由订立合同,但是如果他们凭借其必要专利滥用市场势力,这些滥用行为得被予以制止。

由此看出,标准必要专利权人作出的 FRAND 承诺虽然对其构成一种约束,但这种约束不是决定性的。因为不管是否作出 FRAND 承诺,他们的市场交易行为都会受到反垄断法的约束。道理很简单:私法自由的前提条件是市场上有竞争。专利权人的拒绝交易或者索取过高许可费的行为在竞争性市场条件下是合法的,但在垄断或者存在市场势力的条件下却失去其合法性。这也即是说,只要是标准必要专利权人存在专利劫持,他们就可能被诉诸法院或者反垄断行政执法机关。在华为诉 IDC 一案中,法院通过比较 IDC 授权不同企业的专利许可费,认定它对华为公司实施了价格歧视行为,违反了《反垄断法》第 17 条。此外,反垄断行政执法机关还有权依据法律,通过投

---

① Rajendra K. Bera, "Standard-Essential Patents (SEPs) and 'Fair, Reasonable and Non-discriminatory' (FRAND) Licensing", at http://papers.ssrn.com/sol3/papers.cfm?abstract_id=2557390 (Last visited on August 3, 2015).

诉甚至主动调查这种案件，制止必要专利权人因缺少市场竞争而产生的滥用行为，例如国家发展和改革委员会处理的美国高通公司案。

（三）FRAND 许可费与合同法

如果标准必要专利权人存在过高定价、拒绝许可、歧视性定价、搭售以及附加其他不合理的交易条件，这些行为可被视为违反 FRAND 承诺。这种情况下，可能有人认为，既然 IDC 向标准化组织作出了 FRAND 承诺，既然 IDC 对华为公司负有以 FRAND 条件许可其必要专利的义务，那么法院应依据合同法来解决华为公司与 IDC 之间的争议。这种观点值得商榷。

不可否认，国际上的确有依据合同法判定 FRAND 许可费的案件，如美国西雅图华盛顿地区法院 2013 年 4 月判决的微软诉摩托罗拉案。[①] 该案起因是摩托罗拉认为微软公司侵犯了它在 H.264（视频压缩）和 802.11（WiFi）两个技术标准上的必要专利，要求微软按其产品 Windows 和 Xbox 市场销售额的 2.25% 交付必要专利许可费。微软公司认为，摩托罗拉向标准化组织作过 RAND 承诺，即按照合理和无歧视的条件向第三方实施许可，遂于 2010年 11 月向法院起诉，指控摩托罗拉违反 RAND 承诺，并提出自己是这个承诺的受益方。James L. Robart 法官主审这个案件。

Robart 法官参考了 20 世纪 70 年代 Georgia-Pacific 公司一案的经验[②]，假定被许可人和专利权人曾就专利许可费进行过双边谈判，谈判中就合理许可费的计算考虑过一系列因素，这些因素也被称为 Georgia-Pacific 因素。[③]

---

① Microsoft Corp. v. Motorola, Inc., No. C10-1823JLR, 2013 WL 2111217(W.D. Wash. Apr. 25, 2013).

② Georgia-Pacific Corp. v. United States Plywood Corp., 318 F. Supp. 1116, 1120 (S.D.N.Y. 1970), modified and aff'd, 446 F.2d 295 (2d Cir. 1971).

③ 为了确定专利侵权的合理赔偿，审理 Georgia-Pacific 一案的法院提出了"假若当事人之间事先有谈判"，他们可能会考虑以下 15 个因素：（1）专利权人就涉案专利收取过许可费；（2）被许可人使用类似专利所支付的许可费；（3）许可的性质和范围，如是否为排他性许可，或者是否存在地域限制；（4）专利许可是否设置了特殊条件以维（转下页注）

考虑到微软诉摩托罗拉不是涉及一般专利的许可费，而是涉及标准必要专利的 RAND 许可费，Robart 法官在本案审理中对传统的 Georgia-Pacific 因素做了很大改动，他尤其是考虑到以下方面的问题。

第一，技术标准化具有社会公共利益属性。鉴于技术标准化有利于扩大生产，推动价格竞争，造福整体经济，标准化组织应当积极推广技术标准，RAND 承诺就是一种推广的措施。[①] 这即是说，既然社会公共利益要求必要专利以 RAND 条件实施许可，这种许可便不能像一般专利那样仅是两个私人企业关起门来进行的谈判，而是应当从公共利益的角度实施许可。

第二，标准必要专利许可可能产生专利劫持和专利费叠加。鉴于计算机、智能手机等技术产品往往采用了很多技术标准，一个技术标准往往纳入很多必要专利，专利许可费叠加是一个重要的问题。即在一个标准的多个必要专利权人出于利润最大化的目的，都向标准实施人索取过高专利许可费的情况下，专利许可费的叠加必然导致标准实施人不堪重负，结果就是技术产品不能推向市场。考虑到 35 家美国企业在 H.264 标准上拥有 2500 个必要专利，其他 19 家企业还拥有这个标准数目未知的专利，而 802.11 则是一个

（接上页注③）护专利的垄断性；（5）专利权人与被许可人之间的商业关系，例如是否为同一地区同一行业的竞争者，或是否同为发明人或技术推广人；（6）专利对专利权人促销其他产品的作用，例如是否有助于促销其非专利产品以及这种衍生销售或传导销售的程度；（7）专利有效期及许可期限；（8）专利产品的赢利性以及市场上受欢迎的程度；（9）与旧款模式或设备相比，专利产品的适用性和优点；（10）专利发明的性能、专利的商业价值以及专利对用户的好处；（11）侵权人使用专利的情况及其非法获取专利价值的证据；（12）专利在特定交易或类似交易中可获得的利润或价格；（13）专利发明可实现的利润，但它应有别于来自非专利因素的利润如生产过程、商业风险以及侵权人所增加的重要性能或重要改进等；（14）专家意见；（15）如专利权人和被许可人已自愿地达成了合理的协议，侵权发生时他们可一致同意的许可费。See David Foster，"Here are the 15 Georgia-Pacific Factors Considered for Patent Infringement"，http://www.ipvalue-site.com/index.php/2010/09/15/here-are-the-15-georgia-pacific-factors-considered-for-patent-infringement/（Last visited on August 3, 2015）.

① Microsoft Corp. v. Motorola, Inc., 2013 U.S. Dist. LEXIS 60233, No. C10-11823 (W.D. Wash. Apr. 25, 2013), para.13.

由 1000 多家企业共同开发的技术标准，Robart 法官指出，"至少 92 家企业在 Xbox 游戏机的 802.11 标准上拥有必要专利。如果这些企业都像摩托罗拉那样，要求它们的专利许可费占整机价格的 1.15%~1.73 %，那么仅仅 802.11 标准必要专利的许可费就会超过整机的价格。这样的许可费不合理，违背权利人所作的 RAND 承诺"。①

第三，为避免产生专利劫持和专利费叠加，Robart 法官以可比较的专利池作为计算 802.11 和 H.264 两个标准的必要专利许可费的参数。计算 802.11 标准必要专利费时，他考虑到芯片生产商 Marvell 公司向 802.11 标准必要专利权人 ARM 支付的许可费是其芯片价格的 1%，微软为生产 Xbox 向 Marvell 购买一个芯片的价格是 3 美元，因此，Marvell 支付 802.11 标准的必要专利许可费是一个芯片 3 美分。② 此外他还考虑到 Via 802.11 专利池以及咨询公司 InteCap 的研究数据，考虑到摩托罗拉的标准必要专利的数量以及这些专利对标准的重要性等各种因素，最后确定摩托罗拉在 802.11 标准上的必要专利许可费的合理范围是每件产品 0.8~19.5 美分；就微软公司生产的 Xbox 来说，合理许可费应为每件产品 3.471 美分。Robart 法官还采用同样的方法，把摩托罗拉在 H.264 标准的必要专利许可费的合理范围确定为每件产品 0.555~16.389 美分；就微软生产的 Xbox 来说，合理费用是每件产品 0.555 美分。③ 通过这样的计算，Robart 法官大幅度降低了摩托罗拉向微软公司索取的 RAND 许可费。以年度计算，微软公司每年应向摩托罗拉支付的必要专利许可费为 180 万美元，这个数字不足判决前摩托罗拉向微软公司索取 40

---

① Microsoft Corp. v. Motorola, Inc., 2013 U.S. Dist. LEXIS 60233, No. C10–11823 (W.D. Wash. Apr. 25, 2013), para.72, 92, 112, 456.

② Id., para.93.

③ Dennis Crouch, "So That's What 'RAND' Means?: A Brief Report on the Findings of Fact and Conclusions of Law in Microsoft v. Motorola", at http://patentlyo.com/patent/2013/04/so-thats-what-rand-means-a-brief-report-on-the-findings-of-fact-and-conclusions-of-law-in-microsoft-v-motorola.html (Last visited on June 4, 2015).

亿美元的 1/2000。①

微软诉摩托罗拉案的判决书长达 207 页，它是美国历史上首次由法院判定标准必要专利 RAND 许可费的案例，因此其被认为具有里程碑的意义。② Robart 法官指出，法院确定 RAND 许可费和收取范围是为了确定摩托罗拉是否履行其向标准化组织所作的 RAND 承诺，因此是一个合同法案件。③ 然而，尽管法院把微软诉摩托罗拉案视为一个合同法案件，但是法院计算 RAND 许可费所使用的方法与分析反垄断案件的竞争损害是一样的。例如，法院考虑到标准必要专利的社会公共利益，考虑到必要专利权人因排除竞争而产生的专利劫持和专利费叠加，特别是考虑到摩托罗拉存在专利劫持，从而通过比较专利池的方法计算了它应收取的 RAND 许可费。还有一个问题是，在微软公司使用了专利但从未向权利人支付许可费的情况下，法院仍然把摩托罗拉收取过高的许可费视为违反 RAND 合同的主要问题，这显然不是出于一般的合同关系。④ 因此有学者明确指出，即便违反 RAND 承诺的行为不能构成对标准化组织的不诚实，它也应当直接被视为垄断行为。⑤

另外，如果把确定必要专利的 FRAND 或 RAND 许可费视为合同案件，在理论上会存在很多令人困惑之处。第一，尽管标准化组织要求必要专利权

① Dennis Crouch, "So That's What 'RAND' Means?: A Brief Report on the Findings of Fact and Conclusions of Law in Microsoft v. Motorola", at http://patentlyo.com/patent/2013/04/so-thats-what-rand-means-a-brief-report-on-the-findings-of-fact-and-conclusions-of-law-in-microsoft-v-motorola.html (Last visited on June 4, 2015).

② Aaron Vehling, "Motorola Urges 9th Circ. To Overturn Landmark RAND Ruling", at http://www.law360.com/articles/607864/motorola-urges-9th-circ-to-overturn-landmark-rand-ruling (Last visited on October 26, 2015).

③ Microsoft Corp. v. Motorola, Inc., supra note 53, para.3.

④ William H. Page, "Judging Monopolistic Pricing: F/RAND and Antitrust Injury", 22 Tex. Intell. Prop. L.J. 181 (2014), at 125−131, http://scholarship.law.ufl.edu/facultypub/588 (Last visited on August 3, 2015).

⑤ Joseph Kattan, "FRAND Wars and Section 2", 27 *Antitrust*, Summer 2013, at 30, 32.

人承诺以FRAND条件许可其必要专利，但是这种协议没有规定，当必要专利权人不履行其FRAND承诺时，标准化组织应当采取何种法律措施？第二，尽管标准化组织要求必要专利权人按照FRAND条件实施许可，但是协议中没有明确何谓FRAND许可。事实上，标准化组织不可能就具体的标准必要专利确定公平合理的许可费，因为它不可能对技术产品包含的几百个标准和每个标准包含的几千项专利进行质量评估，更不可能在成千上万个必要专利之间合理地分配许可费。这即是说，即便必要专利权人向标准化组织做出FRAND承诺，这个承诺也是理论上的，缺乏可操作性。第三，从必要专利权人和潜在被许可人之间的关系看，尽管前者向标准化组织作出的FRAND承诺应惠及后者，但从大陆法系的观点看，如果它们没有通过谈判达成专利许可费的协议，双方就不存在一个关于许可费的合同。[①] 例如，在德国法院审理的摩托罗拉诉微软公司案中，法院并不认为争议双方就摩托罗拉的标准必要专利许可费存在协议。[②] 在德国法院审理的华为诉中兴案中，该法院以及对该案作出临时判决的欧洲法院一致认为，争议双方没有就FRAND许可费达成任何协议。[③] 其实，就美国法院审理的微软诉摩托罗拉一案来说，摩托罗拉作为被告也不认为该案是一个合同法案件，因为它与微软从未就专利许可费达成协议。因为不满Robart法官作出的有利于微软公司的判决，摩托罗拉甚至把这个案件作为专利纠纷向联邦巡回法院提出过上诉。[④]

需要指出的是，确定FRAND许可费尽管不应被视为合同案件，但这并不意味着它与民法没有关系。恰恰相反，民事活动应遵循的"公平交易"

---

① 如我国《民法通则》第85条规定，"合同是当事人之间设立、变更、终止民事关系的协议"。

② 该案的背景是摩托罗拉不满美国法院作出的对微软公司有利的判决，因此到德国法院提出向微软公司发布禁令的请求。See Wikipedia, Microsoft Corp. v. Motorola Inc. at https://en.wikipedia.org/wiki/Microsoft_Corp.v.Motorola_Inc (Last visited on October 26, 2015).

③ See Judgment of The Court (Fifth Chamber), supra note 24, para.54.

④ 因为美国联邦巡回法院仍然认为这是一个合同法的案件，摩托罗拉便向联邦第九巡回法院提出上诉，请求推翻初审法院的判决。See Aaron Vehling, supra note 58.

和"诚实信用"等基本原则同样适用于标准必要专利的许可交易以及反垄断领域的其他案件。例如，我国《反垄断法》第 17 条明确禁止的各种滥用行为无不以"不公平"或者"没有正当理由"进行了描述。其实，反垄断法就是一部公平交易法①，很多执行反垄断法的行政机构被称为"公平交易委员会"。② 这说明，反垄断法和民法的关系非常密切，因为作为法律制度，它们都是在倡导和推动公平与正义。然而，违反 RAND 承诺被视为违反反垄断法，要比被视为违反合同法或者违反民法更恰当、更直接，因为作出这种承诺的必要专利权人毕竟在相关技术市场没有竞争对手。正是因为相关市场上消灭了竞争，必要专利权人的专利劫持无论在理论上还是其实际做法，与一般垄断者的剥削行为或排他行为无异。这种情况下，即便必要专利权人向标准化组织作出了 FRAND 承诺，但是如果这样的协议不足以保护反垄断法所保护的社会公共利益，这种案件就应当适用反垄断法。③

三　标准必要专利权人的禁令请求权

在华为诉 IDC 一案中，法院除认定 IDC 作为 3G 标准必要专利权人收取过高的许可费是滥用市场支配地位，还指出它在与华为公司的许可费谈判中，突然在美国国际贸易委员会和特拉华州联邦地方法院对华为公司提出了禁令之诉，要求对华为公司启动 337 调查并发布全面禁止进口令、暂停及停止销售令。法院认为，华为公司在与 IDC 的谈判中一直处于善意状态，IDC 的禁令之诉是逼迫华为公司接受其不合理的许可条件，明显违背其所作的 FRAND 承诺，性质上是滥用市场支配地位，受反垄断法的约束。④ 鉴于中

---

① 　如我国台湾地区的"公平交易法"。
② 　如日本和韩国的公平交易委员会。
③ 　See William H. Page, supra note 60, at 133.
④ 　（2013）粤高法民三终字第 306 号，第 50 页。

国反垄断法没有规定，占市场支配地位的企业提起不合理的禁令之诉是滥用市场支配地位，这个判决是对中国反垄断法的重大发展。

（一）必要专利权人禁令请求的限制

根据传统民法，财产权包括知识产权如果受到不法侵害，权利人有权到法院请求停止侵害或者要求损害赔偿。正是由于权利人有权请求停止侵害，各种财产权保护的客体才具有排他性。

然而，由于知识产权是无形财产，这个领域"停止侵害"的请求权不会像一般财产权那样限于一个有限的范围，这种情况下，如果法律上不对知识产权所有权人"停止侵害"的权利设立限制，知识产权保护的范围就可能不合理地被扩大，投机者就有可能利用其知识产权谋取不正当的经济利益，或者不合理地排除和限制竞争，遏制创新。这特别表现在一些与技术标准化密切相关的产业中，如无线通信、半导体以及软件业，因为这些行业容易产生专利劫持，即必要专利权人一方面为了使自己的技术被纳入标准而向标准化组织承诺以 FRAND 条件许可其必要专利，另一方面在其专利技术成为标准必要专利后却拒绝向其他企业实施许可，或者向被许可人索取过高的许可费，甚至出现故意通过法律诉讼以获取高额许可费的"专利流氓"①。这种情况下，如果法律上一味坚持先获得许可然后实施专利的传统模式，即把禁令请求权或停止侵权的请求权视为标准必要专利权人的绝对权利，投机的专利权人为牟取不合理的高额许可费，就会请求法院对善意的潜在被许可人发布禁令或者请求损害赔偿，禁令请求权就会成为必要专利权人强迫潜在被许可人接受其不合理许可费的方式和手段。另外，这种情况下的潜在被许可人一般也会认为，与耗费巨大财力的侵权诉讼相比，支付不合理的高价许可费是一个经济上划得来的方法，禁令请求或者

① 孙远钊：《专利诉讼"蟑螂"为患？——美国应对"专利蟑螂"的研究分析与动向》，《法治研究》2014 年第 1 期。

停止侵权请求从而就会成为一个扭曲许可谈判的手段，其结果就是必要专利权人不合理地抬高了专利许可费。欧盟委员会在涉及三星公司标准必要专利的决定中指出，必要专利权人寻求禁令的行为会导致两种后果：一是在技术标准化产业排除竞争对手；二是迫使被许可人接受不利的即没有禁令时不可能同意的苛刻条件。①

必要专利权人不受限制的禁令请求权不仅可能导致许可人和被许可人双方的地位和利益严重失衡，而且理论上与必要专利权人的 FRAND 承诺也自相矛盾。尽管 FRAND 承诺不等于必要专利权人实施许可一定会依据 FRAND 条件，也不等于他提出的 FRAND 条件一定会得到被许可人的认可，但这个承诺至少可以使必要专利权人在道义上承担责任，即其必要专利的许可应符合公平、合理和无歧视的原则。然而，如果必要专利权人的禁令请求权成为绝对的权利，那就意味着不管其许可条件是否公平、合理和无歧视，被许可人都必须接受，否则就会出现专利侵权和被提起禁令之诉的问题，其结果必然是 FRAND 承诺流于形式，法院可以不考虑专利权人是否履行 FRAND 承诺而判令潜在被许可人停止使用被控侵权的必要专利，被控侵权人从而不得不接受高额许可费，甚至被迫退出市场。

由于必要专利权人的侵权之诉或者禁令之诉可能出于"专利劫持"的动机，违背 FRAND 承诺，背离技术标准化的初衷，最终损害消费者的利益和社会公共利益，有些反垄断执法机构和法院已经认识到有必要限制必要专利权人的侵权之诉或禁令之诉。例如，美国司法部和专利商标局 2013 年 1 月共同发布的《基于 FRAND 承诺救济标准必要专利的政策声明》指出，"美国国际贸易委员会对作出 FRAND 承诺的标准必要专利权人的排他性救济可能引发专利劫持，产生竞争损害，这样的救济与法定的公共利益标准不协

①　EU Commission, Case At. 39939, Supra note 18, para.62.

调"。① 2013 年 6 月 4 日，美国国际贸易委员会向苹果公司发布了禁令，禁止其某些产品向美国进口，理由是它侵犯了三星公司的标准必要专利。然而，这个禁令在 2013 年 8 月 3 日遭致美国贸易代表的否决。否决书指出，"美国国际贸易委员会凡处理涉及标准必要专利的案件应当认真考虑社会公共利益，发布的禁令不得扭曲竞争，不得损害消费者的利益"。② 这是美国贸易代表 1987 年以来首次发布的否决书，这个否决书对涉及标准必要专利的禁令之诉有重大的国际影响。

（二）禁令之诉和禁令抗辩的前提条件

在华为诉 IDC 案中，法院认定 IDC 在美国法院和美国国际贸易委员会寻求禁令是滥用市场支配地位时，强调了华为公司与 IDC 谈判的诚意和善意，即华为公司期待 IDC 能够按其 FRAND 承诺提出公平、合理和无歧视的许可条件。这说明，法院并不认为必要专利权人没有权利寻求禁令救济。

其实，标准必要专利因为具有私权的性质，其权利人与一般专利权人一样，在很多情况下可以寻求法律救济。例如，当被许可人处于破产境地，无力支付其应当支付的许可费；或者被许可人不受法院管辖，以致金钱救济不能得到执行；或者被许可人不能就其使用的专利提供公平合理的补偿，或者根本不愿意补偿；等等。③ 这说明，如果必要专利权人没有禁令请求权或者停止侵权的请求权，被许可人或者潜在被许可人也会基于投机的心理，损害必要专利权人的正当权益。例如，使用了专利却拒绝支付许可费，或者想方

---

① U.S. Department of Justice and US Patent & Trademark Office, "Policy Statement on Remedies for Standards-Essential Patents Subject to Voluntary F/RAND Commitments" (January 8, 2013), at 6-7, http：// www. Justice.gov/atr/public/guidelines/290994.pdf.

② Jay Jurata, T. Vann Pearce, Jr. & Matthew Poppe et al., "White House Reins in ITC on Standard-Essential Patents", at http://www.jdsupra.com/legalnews/white-house-reins-in-itc-on-standard-ess-06171/.

③ EU Commission, Case At. 39939, Supra note 18, Para. 67.

设法拖延与专利权人的许可费谈判，这些情况被称为"反向专利劫持"①。毫无疑问，反向专利劫持不仅导致必要专利权人就其创新和发明不能得到合理的回报，而且还会扼杀他们参与技术标准化活动的积极性，这对产业发展和消费者的社会福利是一种长期的和严重的损害。这由此便产生了一个问题，即必要专利权人在什么条件下可以到法院请求禁令或者停止侵权？另外，对必要专利权人的禁令请求提出抗辩的潜在被许可人应当处于什么样的"善意"状态？

德国联邦最高法院在其 2009 年发布的橘皮书标准案的判决中对潜在被许可人的禁令抗辩提出了两个条件：一是他已经向必要专利权人按照合理且商业和法律上均可接受的条件提出一个无条件和不可撤销的要约，且自己同意接受这个协议的约束；二是他向必要专利权人支付或者通过托管账号保证支付依合同应当支付的许可费。② 这个判决在德国法学界引发了巨大的争议，人们特别是对潜在被许可人事先支付预期许可费的义务有不同的看法。赞成者认为，这有助于平衡专利许可双方的利益，避免出现未经权利人同意而使用必要专利的侵权行为。③ 反对者则认为，法院没有考虑该案的核心问题是标准必要专利，即在获得必要专利的使用权是潜在被许可人进入市场必不可少的条件下，法院要求潜在被许可人作出权利人可接受的无条件要约，作出支付许可费的保证，其结果就是潜在被许可人易处于被劫持的地位。④ 欧洲法院总法律顾问 Wathelet 曾就该案的判决发表过意见。他说，如果将橘皮书标准案的判决简单适用于标准必要专利，显然存在对必要专利权人的过度保

---

① See the Note by the United States, supra note 15.

② Orange Book Standard, Decision of the Federal Supreme Court (Bundesgerichtshof), May 6, 2009, Case No. KZR 39/06, para.29-b; IIC 3/2010, at 369-375.

③ Philipp Maume, "Compulsory Licensing in Germany", at http://ssrn.com/abstract=2504513, at 13.

④ Hanns Ullrich, "Patents and Standard-A Comment on the German Federal Supreme Court Decision Orange Book Standard", IIC 3/2010, at 337-351.

护；然而，橘皮书标准是一个行业的事实标准，权利人没有向标准化组织作过 FRAND 承诺，这种情况下，只要权利人索取的许可费不是明显过高，他向法院请求禁令的行为就不应被视为滥用权利。[①]

德国联邦最高法院关于橘皮书标准案的判决在国际上难以得到广泛的认可，因为欧美反垄断执法机构的主流观点是，只要标准必要专利权人承诺以 FRAND 条件许可其专利，即在他依照 FRAND 承诺可以得到充分补偿的情况下，他的禁令之诉就是不恰当的。[②] 如欧盟委员会在三星公司标准必要专利的决定中指出，作为行使知识产权的一部分，标准必要专利权人尽管有权寻求禁令，即禁令请求并不必然构成滥用市场支配地位，但在例外且缺乏客观公正性的情况下，寻求禁令的行为会构成滥用市场支配地位。[③] 这个决定指出了两个例外情况：一是欧洲经济区的无线通信业广泛采用了 UMTS 技术标准，这个行业由此便存在被锁定的风险，即标准必要专利权人可能会拒绝许可或就其必要专利索取过高的许可费；二是必要专利权人向标准化组织 ETSI 做出了依 FRAND 条件许可其 UMTS 标准必要专利的承诺，即专利权人已经认识到，他是通过必要专利的许可来获取报酬，而不是通过将必要专利作为排除他人的手段而获取报酬。[④] 这说明，如果一个技术标准的使用范围十分广泛，例如在成为行业标准的情况下，只要必要专利权人承诺以 FRAND 条件实施许可，而且潜在被许可人同意接受权利人的 FRAND 许可条件，或者没有明确表示不接受 FRAND 许可条件，必要专利权人的禁令之诉就不具有公正性。欧盟委员会在这个决定中还指出，"如果潜在被许可人

[①] Opinion of Advocate General, Wathelet, delivered on 20 November 2014, Case C-170/13, Huawei Technologies Co. Ltd. v. ZTE Corp., ZTE Deutschland GmbH, Para. 48-51, available at http://curia.europa.eu/juris/document/document.jsf?docid=159827&doclang=EN.

[②] See U.S. Department of Justice and US Patent & Trademark Office, supra note 72, at1.

[③] EU Commission, Case At. 39939, Supra note 18, para.55, 56.

[④] Id., para.56-61.

不是不愿意按照 FRAND 条件订立许可协议，仅仅拥有知识产权不能说明专利权人寻求禁令的正当性"。① 欧盟法院总法律顾问 Wathelet 就欧盟委员会的上述观点也发表了意见。他说，侵权人如果仅以含糊和没有约束力的方式表明其愿意接受 FRAND 许可条件，这无论如何都不足以限制标准必要专利权人提起禁令之诉的权利。②

最近，欧盟法院通过一个临时判决，对标准必要专利权人提起禁令请求的前提条件和潜在被许可人对禁令请求提起抗辩的前提条件分别提出了一个清晰和明确的意见。③ 欧盟法院在这些问题上的观点与总法律顾问 Wathelet 的观点是一致的，即明显是在德国法院关于橘皮书标准的判决和欧盟委员会关于三星公司的决定之间寻找一条中间道路。④ 与橘皮书标准案判决的重大不同之处是，欧盟法院提出了必要专利权人提起禁令请求之前应具备的两个条件：一是须以书面方式告知被告的侵权问题，且说明侵权方式；二是被告表明以 FRAND 条件订立许可协议的意愿后，他得向被告发出要约，说明许可条件，特别是其索要的许可费和许可费的计算方式。⑤ 欧盟法院对必要专利权人禁令之诉的限制是合理的。第一，鉴于一个技术标准可能会纳入许许多多的必要专利，侵权人并不必然了解他使用的技术是一个标准的有效和必要专利，因此，必要专利权人向所谓的侵权人说明其侵权行为就合情合理。⑥ 第二，必要专利权人为提起禁令之诉肯定会准备被告侵权的材料，因此，他向侵

---

① Id., para.66.
② See Opinion of Advocate General, Wathelet, supra note 79, para.50.
③ 欧盟法院做出临时判决的依据是欧盟运行条约（TFUE）第 267 条。它应德国杜塞尔多夫州法院的请求，就该法院 2013 年 3 月 21 日作出的关于华为公司诉中兴一案的判决进行了审查，目的是审查该判决是否与欧盟法相一致。欧盟法院于 2015 年 7 月 16 日作出了这一临时判决。See Judgment of The Court (Fifth Chamber), supra note 24.
④ See Judgment of The Court (Fifth Chamber),supra, note 24, para.55; See also Opinion of Advocate General, Wathelet, supra note 79, para.52.
⑤ See Judgment of The Court (Fifth Chamber), supra note 24, para.61-63.
⑥ Id., para.62; see also Opinion of Advocate Genetal, Wathelet, supra note 79, para.81.

权人主动出具其 FRAND 许可条件不仅构不成负担，而且考虑到他已经向标准化组织作出 FRAND 承诺，他应当依据这个承诺限制自己的许可条件，特别是在已经向第三方许可的情况下，如果许可的条件没有向社会公开，只有权利人自己才掌握着他对所谓侵权人的许可是否符合无歧视许可的条件时。[①]

与欧盟委员会关于三星公司决定的重大不同之处是，欧盟法院强调被指控的侵权人提起禁令抗辩前应切实与权利人进行过许可费的谈判，谈判的诚意应表现在以下两个方面。第一，他对权利人的要约应按照商业惯例以善意和不拖延的方式作出反馈；如果不接受要约，他应迅速地以书面方式提出一个依 FRAND 条件的反要约。[②] 第二，如果双方不能就反要约达成协议，他们应不迟延地通过独立第三方决定争议中的许可条件。在这种情况下，被指控的侵权人应按照商业惯例提供银行担保或者托管账号，以保证支付其应当支付的专利许可费。[③] 这即是说，被指控的侵权人如果继续使用必要专利，却不能按照商业惯例以善意方式迅速回应权利人的要约，即不以严肃的态度对待专利权人的要约，例如随意采取拖延策略，这种情况下，即便必要专利权人在其专利许可市场拥有支配地位，即便他对标准化组织作出过 FRAND 承诺，他的禁令之诉以及要求被控侵权人就预期许可费提供担保的行为都是合理的，不应被视为滥用市场支配地位。[④]

欧盟法院的观点与美国司法部和专利商标局 2013 年 1 月共同发布的《基于 FRAND 承诺救济标准必要专利的政策声明》有很大不同，后者强调必要专利权人的禁令之诉可能扭曲竞争和损害社会公共利益[⑤]，前者则强调应

---

① See Judgment of The Court (Fifth Chamber), supra note 24, para.64; see also Opinion of Advocate General, Wathelet, supra note 79, para. 86.

② See Judgment of The Court (Fifth Chamber), supra note 24, para.65.

③ Id., para. 66-68; see also Opinion of Advocate General, Wathelet, supra note 79, para.88-89.

④ Id., para. 77.

⑤ U.S. Department of Justice and US Patent & Trademark Office, supra note 72, at 6-7.

在知识产权保护和自由竞争之间寻求平衡[①]，特别是强调必要专利权人作出FRAND 承诺不等于放弃寻求禁令救济的权利。[②] 笔者赞成欧盟法院的观点，即不应将必要专利权人作出 FRAND 承诺视为其自动放弃寻求禁令救济的权利。必要专利权人的禁令之诉即便可能扭曲竞争和损害社会公共利益，但在实践中除了"专利劫持"，还存在"反向专利劫持"，即有些侵权人会千方百计拖延与必要专利权人的许可费谈判。因为反向专利劫持也会扭曲竞争，损害社会公共利益，反垄断执法机构和法院不应当容忍这样的行为。

前面的比较和分析说明，尽管人们对标准必要专利的禁令救济存在不同的看法，但基本的观点是，如果必要专利权人自愿向标准化组织承诺以FRAND 条件实施许可，且潜在被许可人客观上表明自己有意愿、有能力接受 FRAND 许可条件，专利权人寻求禁令的行为就是滥用市场支配地位。[③]华为诉 IDC 的判决指出，"IDC 不履行其公平、合理和无歧视的授权许可义务，无视华为公司在许可谈判过程中的诚意和善意，不仅不合理调整相关报价，反而在美国提起必要专利禁令之诉，表面上是在行使合法诉讼手段，实际上却意图通过诉讼手段威胁强迫华为公司接受过高的专利许可条件，逼迫华为公司就必要专利之外因素支付相应对价，故该行为不具有正当性，应予否定"。[④] 这说明我国法院在必要专利权人禁令请求权的问题上遵循了国际社会的主流观点，由此不仅认定 IDC 的禁令之诉违反诚信原则，而且其滥用市场支配地位，违反反垄断法。

[①]　Opinion of Advocate General, Wathelet, supra note 79, para.59.

[②]　Id., para. 61.

[③]　European Commission, *Antitrust: Commission Finds that Motorola Mobility Infringed EU Competition Rules by Misusing Standard Essential Patents*, Press Release, April 29，2014，available at http://europa.eu/rapid/press-release_IP-14-489_en.htm.

[④]　（2013）粤高法民三终字第 306 号，第 72 页。

四 本案的几点启示与思考

华为诉 IDC 案是我国首例涉及标准必要专利的反垄断案件。在案件审理过程中，法院依据反垄断法，也依据被告 IDC 对标准化组织所作的 FRAND 承诺，此外还借鉴了欧美反垄断执法机构以及法院对类似案件进行的分析，认定 IDC 对华为公司收取过高许可费的行为是滥用市场支配地位。法院审理这个案件的逻辑合情合理、方法科学，它彰显了法律应当维护的公平和正义，而不是像某些人攻击的那样，该案的审理是中国产业政策发挥了作用。[①] 这个案件的审理和判决至少带给我们以下方面的启迪和思考。

1. 标准必要专利权的行使会适用反垄断法

尽管标准化组织一般要求必要专利权人以 FRAND 条件实施许可，然而实践表明，专利权人的"专利劫持"与标准开放性之间的冲突仍然不可避免，例如必要专利权人可能以知识产权保护为由提起禁令之诉或者侵权之诉，潜在被许可人或者侵权人则以反垄断为由提起禁令抗辩。在华为诉 IDC 案中，法院分析了标准必要专利的本质和特殊性，认定 IDC 在其必要专利许可市场占支配地位，进而判定 IDC 索取不公平的许可费和在美国提起禁令之诉是滥用市场支配地位，这就使一个看似专利法的案件依据反垄断法进行了审理。这说明，当知识产权法和竞争法出现冲突的时候，特别是在涉及标准必要专利的情况下，竞争法往往可以得到优先适用。因此，标准必要专利权人应当认识到，不当行使专利权的行为会遭致反垄断执法机关的查处或者反垄断私人诉讼，也即行使专利权得考虑反垄断法。

美国有些法院将必要专利权人的 FRAND 承诺视为权利人与被许可人

---

① See D. Daniel Sokol & Wentong Zheng, "FRAND in China", 21 *Tex. Intell. Prop. L.J.* 69(2014), at 29, 33–34, http://papers.ssrn.com/sol3/papers.cfm?abstract_id=2335664&rec=1&srcabs=2432888&alg=1&pos=6.

之间的协议，认为这样的案件适用合同法。其实，不管必要专利权人是否做出 FRAND 承诺，考虑到技术标准化排除了相关技术市场的竞争，必要专利权人实施许可必须得依据反垄断法，即以公平和无歧视的条件实施许可。当然，笔者也不主张涉及标准必要专利的案件必然就是反垄断案件，因为在"反向专利劫持"，例如潜在被许可人无故拖延许可谈判或者不愿支付许可费的情况下，必要专利权人的救济应当适用专利法。这即是说，一个案件适用什么法律，取决于案件的本质和具体情况，而不是取决于审理案件的机构是谁。

2. 我国《反垄断法》第 55 条存在问题

知识产权法和竞争法本质上没有冲突，因为它们都是鼓励竞争与创新，提高经济效率，扩大社会福祉，因此二者具有互补性。然而，华为诉 IDC 案表明，它们两者之间的互补并不意味着相互之间完全没有冲突。为了明确二者之间的关系，我国《反垄断法》第 55 条规定："经营者依照有关知识产权的法律、行政法规规定行使知识产权的行为，不适用本法；但是，经营者滥用知识产权，排除、限制竞争的行为，适用本法。"这里的问题是，经营者的"滥用"行为一定得超出知识产权保护的范围吗？华为诉 IDC 案表明，权利人依法行使知识产权的行为不能保证这种行为得到反垄断法的豁免，例如 IDC 要求华为公司支付高额许可费以及在华为公司未支付许可费而使用专利的情况下到法院请求禁令之行为，依据专利法并不违法 [1]，但是依反垄断法则是滥用市场支配地位之行为。这说明，《反垄断法》第 55 条第 1 句在适用中存在问题。

德国 2005 年第 7 次修订前的《反对限制竞争法》也存在类似问题，即该法第 17 条和第 18 条仅是禁止超出知识产权法保护范围的限制竞争，而知识产权保护范围内的行为则可以得到《反对限制竞争法》的豁免。然而，该

---

[1] 比较我国《专利法》第 12 条。

法 2005 年的第 7 次修订摈弃了这些规定，修订后的整部法律没有提及知识产权这一概念。德国著名学者德雷克舍教授解释说，尽管人们不断要求竞争执法机关和法院明确界定知识产权法和竞争法之间的关系，但与这个问题的重要性和复杂性不相符的是，竞争法很少有关于知识产权的专门规定，而且即便有规定，一般只涉及两者的特性，而知识产权专有权和竞争法之间如何划界的问题则留待未来的实践。[①] 华为诉 IDC 案再次提出了这个问题，因此，我国法学界也有必要就《反垄断法》第 55 条关于知识产权豁免的规定进行讨论。

3. 本案为完善我国反垄断法和知识产权法提供了经验

这里以 2014 年 7 月最高人民法院发布的《关于审理侵犯专利权纠纷案件应用法律若干问题的解释（二）（公开征求意见稿）》（简称《征求意见稿》）为例。《征求意见稿》第 27 条第 1 款规定："非强制性国家、行业或者地方标准明示所涉专利的信息，被诉侵权人以其实施该标准而无需专利权人许可为由主张不构成专利侵权的，人民法院一般不予支持。但是，专利权人违反公平、合理、无歧视的原则，就标准所涉专利的实施许可条件恶意与被诉侵权人协商，被诉侵权人据此主张不停止实施行为的，人民法院一般应予支持。"第 2 款规定："标准所涉专利的实施许可条件，应当由专利权人、被诉侵权人协商确定；经充分协商，仍无法达成一致的，可以请求人民法院确定。人民法院应当根据公平、合理、无歧视的原则，综合考虑专利的创新程度及其在标准中的作用、标准所属的技术领域、标准的性质、标准实施的范围、相关的许可条件等因素，确定上述实施许可条件。"[②] 上述第 1 款涉及必

---

① 〔德〕约瑟夫·德雷克舍：《市场支配地位滥用与知识产权法》，吴玉岭译，载王晓晔主编《反垄断立法热点问题》，社会科学文献出版社，2007，第 77 页。

② 见最高人民法院《关于审理侵犯专利权纠纷案件应用法律若干问题的解释（二）（公开征求意见稿）》，http://www.chinacourt.org/article/detail/2014/07/id/1355338.shtml。

要专利权人的禁令请求权，第 2 款涉及必要专利许可费，这都是华为诉 IDC 一案的重要问题。

借鉴华为诉 IDC 案的经验，《征求意见稿》有值得完善之处。例如，上述标准必要专利限于"非强制性国家、行业或者地方标准明示所涉专利"，这不利于查处和审理涉及国际技术标准的案件，如华为诉 IDC 案以及国家发展和改革委员会查处的高通公司案等案件。上述关于禁令请求权的规定只针对权利人设置了义务，没有提及潜在被许可人或侵权人为促成许可协议的订立应当作出的努力。在我国当前知识产权保护水平还不够高的情况下，过度限制标准必要专利权人的禁令请求权可能会助长不尊重知识产权的倾向，最终损害我国企业的创新和竞争力。因此，我们应在保护知识产权和保护竞争二者之间注重平衡，既反对"专利劫持"，也反对"反向专利劫持"。

4. 本案待解决的问题

华为诉 IDC 案的最大亮点是，法院以 IDC 的 FRAND 承诺为分析起点，强调 IDC 有义务以公平、合理和无歧视的条件向华为公司许可其必要专利，进而根据案件的具体情况，比较了 IDC 向苹果公司的许可条件，计算出 IDC 应向华为公司索取的 FRAND 许可费率。这个分析和判定具有创新性，而且也很合理。我们随之思考的问题是，如果 IDC 未向苹果公司或者三星公司等许可其必要专利，法院该将如何确定 IDC 的必要专利许可费？尽管法院考虑过很多因素，如许可费的高低应考虑实施该专利或类似专利所获的利润，以及该利润在被许可人相关产品销售利润或者销售收入中所占的比例等，但审案法官承认，这是理想化的 FRAND 许可费，实践中很难把握。[①] 鉴于反垄断执法机关和法院确定一个标准必要专利比较准确的许可费有时难度很大，

---

① 祝建军、陈文全：《标准必要专利使用费率纠纷具有可诉性》，《人民司法》2014 年第 4 期，第 9 页。

与技术标准相关的机构如标准化组织是否可以在这方面多作些努力？[①]

还有一个问题是，根据本案判决以及国外实践，尽管必要专利权人的禁令请求权或者停止侵害请求权应当受到限制，但是提起禁令抗辩的潜在被许可人或侵权人也应处于善意状态。鉴于不同国家的法院或反垄断执法机关对侵权人的"善意状态"有不同要求，如德国的橘皮书标准案提出了很高的要求[②]，欧盟委员会关于三星公司的决定则仅要求侵权人"不是不愿意按照FRAND 条件订立许可协议"[③]。那么，"愿意按照 FRAND 条件订立许可协议"应当是一种什么样的状态？口头同意接受 FRAND 许可条件是否满足了"善意状态"？如果口头表达不足以表现"善意"，潜在被许可人还应当作出什么样的努力？考虑到高科技行业出现了越来越多的涉及标准必要专利的争议，这在实践中是一个迫切需要解决的问题。

[①] Mark A. Lemley & Carl Shapiro, "A Simple Approach to Setting Reasonable Royalties for Standard-Essential Patents", *Berkeley Technology Law Journal,* Vol. 28, Issue 2, Fall 2013.

[②] Orange Book Standard, Decision of the Federal Supreme Court (Bundesgerichtshof) , supra note 76.

[③] EU Commission, Case At. 39939, supra note 18, para.66.

我国《反垄断法》域外适用的理论与实践 *

反垄断法具有域外适用效力，这主要是因为反垄断法与国际经贸活动，特别是与跨国公司的活动有着密切的联系。为了扼制跨国公司的垄断势力，维护本国市场的有效竞争，世界上大多数国家和地区的反垄断法不仅适用于本国市场的限制竞争，而且还适用于在国外产生但对本国市场具有不利影响的限制竞争。反垄断法适用于境外发生的限制竞争行为，这被称为反垄断法的域外适用。我国反垄断法的域外适用有什么新发展？有哪些相关案例？随着经济全球化，特别是因为很多跨国公司在我国落户，几乎任何一个具全球影响的企业并购都要向我国商务部进行申报，我国反垄断法的域外适用就成为国际社会普遍关注的问题。本文第一部分论述我国反垄断法域外适用的立法及其新发展，第二部分评析我国反垄断法域外适用的重点案例，第三部分探讨完善我国反垄断法域外适用的前景，最后部分是本文的结论。

一 我国反垄断法域外适用及其新发展

1. 反垄断法域外适用的理论基础

2007 年 8 月 30 日通过的《反垄断法》规定，"中华人民共和国境外的垄断行为，对境内市场竞争产生排除、限制影响的，适用本法"。毫无疑

＊　本文发表在《价格理论与实践》2014 年第 2 期。

问，这个条款性质上是一条冲突规范，即指出我国反垄断法也适用于在我国境外发生但对我国市场竞争具有排除、限制竞争影响的垄断行为。随着这个条款的实施，我国反垄断法就产生了两个重要后果：一是该法的适用范围扩大到了那些在外国有其住所或者营业场所的企业，如果它们在国外策划或者实施的限制竞争对我国市场竞争有限制性的影响；二是该法对在国际市场从事生产经营活动的我国企业的适用受到了限制，如果它们的限制竞争行为对我国市场竞争没有影响。简言之，我国反垄断法只适用于对我国市场具有影响的限制竞争，而不管行为人的国籍、住所以及限制竞争行为的策源地国。

我国反垄断法规定域外适用，首先是受到了美国反托拉斯法的影响。在1945年美国诉美国铝公司（Alcoa）一案中，美国第二巡回法院的 Hand 法官指出，谢尔曼法适用于外国企业在美国境外订立协议的情况，如果"其意图是影响对美国的出口，且事实上影响了对美国的出口"。[1] 在这个案件中，加拿大铝公司因参与了一个主要由欧洲企业组成的地域卡特尔，限制向美国出口铝锭的数量，从而被指控违反了美国的谢尔曼法。Hand 法官指出，域外管辖权是一个国内法问题，该案"没有解决的唯一问题是国会是否要求那些美国境外人士也承担责任，或者美国宪法是否允许外国人承担责任。作为美国法院，我们不能越过自己的法律"。[2] 但他依据美国的习惯法又指出，"任何国家都有权规定，即便不属于本国的臣民，他们也不得在该国领土之外从事一种受该国谴责且对该国境内产生不良后果的行为"。[3] 由此，美国反托拉斯法便具有了域外适用的效力。这种效力也被称为反托拉斯法的效果原则（effects doctrine）。据此，发生在美国境外且与美国反托拉斯法的精神相抵触

---

[1]　United States v. Aluminum Co. of America (Alcoa), 148 F. 2d 416 (2d Cir. 1945).

[2]　同上。

[3]　同上。

的任何行为，不管行为者的国籍，也不管行为的场所，只要该行为对美国市场能够产生限制竞争的影响，美国法院对之有管辖权。

今天，反托拉斯法的效果原则不仅是美国法院普遍适用的原则，而且也是其他国家和地区为维护本国或者本地区市场有效竞争而普遍采用的法律武器。如德国《反对限制竞争法》第 130 条第 2 款规定，"本法适用于发生在本法适用范围内的所有限制竞争行为，即使限制竞争行为系本法适用范围以外的原因所致，亦同"。欧盟竞争法尽管没有域外适用的明文规定，但欧共体委员会早在 20 世纪 60 年代末的 Dyestuffs 一案中，就依据效果原则主张其管辖权。Dyestuffs 是一个涉及焦油染料的国际卡特尔案件，涉案企业中有非欧共体企业。欧共体委员会的决定指出，"本决定适用于所有参与这个协调活动的企业，不管它们是否在共同体市场有住所。这即是说，欧共体条约的竞争规则适用于所有的限制竞争，只要它们违反了欧共体条约第 81 条。我们没有必要审查参与限制竞争的企业是否在共同体内或者共同体外有其住所"。[1] 该案中有些被告向欧共体法院提出上诉后，法院支持了委员会的决定。与欧共体委员会倾向于使用"效果说"（effects doctrine）的不同之处是，法院倾向于使用"经济实体说"（economic entity doctrine）或者"实施说"（implementation doctrine），以避免使用美国反托拉斯法所使用的字眼。[2] 近年来，欧盟竞争法域外适用的著名案例还有 1997 年附条件批准的美国波音公司与美国麦道公司的并购案 [3]，以及 2000 年禁止批准美国通用电气公司与

---

[1] Dyestuffs, OJ 1969 L195/16.

[2] 欧盟竞争法的域外适用存在"经济实体说"（economic entity doctrine）、"效果说"（effects doctrine）和"实施说"（implementation doctrine）三种理论，但这些理论与美国反托拉斯法的效果原则是一致的。See Joseph P. Griffin, "Foreign Governmental Reactions to U.S. Assertions of Extraterritorial Jurisdiction", *E.C.L.R.* 2/1998, p. 68.

[3] See "The Commission Clears the Merger between Boeing and McDonnell Douglas under Conditions and Obligations", WuW 9/1997, S. 703.

美国霍尼韦尔公司之间的并购案。①

上述情况一方面说明，美国已经成功地向其他国家和地区输出了反托拉斯法域外适用的法律制度，另一方面也说明，反托拉斯法域外适用有其正当性和合理性，值得世界其他国家或者地区的反垄断法予以效仿。这正如德国反垄断法的权威 Ernst–J. Mestmäcker 教授指出的，"只有坚持市场开放和防止跨国限制竞争的反限制竞争法才会产生域外适用的效力。这种效力不取决于立法者对之期望或者不期望，规定或者不规定。因此，也谈不到放弃反限制竞争法的域外适用。放弃域外适用，国家就不能有效地管制企业的市场行为"。②

2. 我国反垄断法域外适用的历史沿革

早在反垄断法颁布之前，我国有些涉及外商投资的法律法规就有了域外适用的规定。如商务部等国家六部委 2006 年发布的《关于外国投资者并购境内企业的规定》第 53 条规定，境外并购有下列情形之一的，并购方应在对外公布并购方案之前或者报所在国主管机构的同时，向商务部和国家工商行政管理总局报送并购方案:(1)境外并购一方当事人在我国境内拥有资产30 亿元人民币以上;(2)境外并购一方当事人当年在中国市场上的营业额 15亿元人民币以上;(3)境外并购一方当事人及与其有关联关系的企业在中国市场占有率已经达到20% ;(4)由于境外并购，境外并购一方当事人及与其有关联关系的企业在中国的市场占有率达到25% ;(5)由于境外并购，境外并购一方当事人直接或者间接参股境内相关行业的外商投资企业将超过15家。③

然而，上述规定说明，当时的立法者尽管注意到了外国投资者可能通

---

① See Sarah Stevens, "The Increased Aggression of The EC Commission in Extraterritorial Enforcement of The Merger Regulation and its Impact on Transatlantic Cooperation in Antitrust", *Syracuse Journal of International Law and Commerce*, Spring, 2002, p.263.

② E.–J. Mestmäcker, Wirtschaftsrecht, RabelsZ 54 (1990), S. 421.

③ 商务部等国家六部委 2006 年发布的《关于外国投资者并购境内企业的规定》(简称《规定》)是外经贸部等 2003 年发布的《外国投资者并购境内企业暂行规定》(简称《暂行规定》)的修订，但《规定》第53 条与《暂行规定》第 21 条在内容上完全一致。

过并购境内企业的方式在我国市场上取得优势地位，并进而滥用其优势地位的问题，却没有考虑反垄断法的域外适用可能会出现管辖权的冲突和法律冲突，即没有考虑需申报的并购活动是否与中国有着比较密切的地域联系。可以想见，如果境外并购的一方当事人在我国境内的资产达到30亿元以上或在我国市场的销售额达到15亿元以上，该并购就需要向反垄断执法机关进行申报，考虑到几乎所有的大跨国公司在我国都有经营活动，且它们在我国的资产或者销售额都超过了上述标准，其结果就是大跨国公司之间几乎每一件并购都需要向我国反垄断执法机关进行申报。

国务院法制办提交全国人大常委会审议的反垄断法草案也没有考虑反垄断法域外适用的管辖权冲突和法律冲突。草案规定，如果参与集中的经营者在全球范围的销售额超过120亿元，其中一个经营者在我国境内的销售额超过8亿元，并购需要向我国反垄断执法机关进行申报。[①] 我本人曾对这个标准提出过反对意见。我虚拟的例子是，可口可乐公司在俄罗斯并购一个生产汽水瓶的小企业。因为可口可乐在全球的销售额远超过120亿元人民币，在中国市场的销售额远超过8亿元人民币，可口可乐在俄罗斯的这个并购就需要向我国政府进行申报。然而，可口可乐在俄罗斯的这个并购与中国显然没有密切的地域联系，这个申报是不合理的。另一方面，考虑到可口可乐在全球很多国家或地区都有并购活动，如果这些并购都需要向我国政府申报，负责并购申报和审查的中国政府机关的负担就太大了。[②]

我国《反垄断法》2008年8月1日生效后，国务院同日发布的《关于经营者集中申报标准的规定》在域外适用方面有了重大改进。根据这个规定，如果参与集中的所有经营者上一会计年度在全球范围的营业额合计超过100

---

① 见《中华人民共和国反垄断法（草案）》（全国人大常委会第一次审议稿）第17条。

② 见王晓晔《我国最新反垄断法草案中若干问题》，《上海交通大学》（哲学社会科学版）2007年第1期。

亿元人民币，且其中至少两个经营者上一会计年度在我国境内的营业额超过4亿元人民币，这个集中需要向我国反垄断执法机关进行申报。考虑到全球范围的营业额合计超过100亿元的企业间的并购活动主要是跨国公司之间的并购，这个条款就具有反垄断法域外适用的性质。因为这个申报标准规定，参与并购的企业中至少有两个企业在我国境内的销售额超过4亿元，这个并购与我国市场就有着比较密切的地域联系。

上述我国反垄断立法的历史说明，尽管我国反垄断法没有明确其域外适用要考虑相关的经济活动与我国有"重大、直接和可合理预期的效果"，但它事实上已经认识到，它所干预的经济活动应当与我国有着比较密切的地域联系，如果没有密切的地域联系，我国反垄断法不会对它们主张管辖权。

3.我国反垄断法域外适用的新发展

反垄断法的域外适用是依据国际法上被广泛认可的效果原则（effects doctrine）。因此，我国《反垄断法》第2条关于域外适用的规定会受到国际法的制约，包括国际公约、条约以及国际上被广泛认可的一般原则，特别是"直接、重大和可合理预见的效果原则"和"国际礼让原则"。

我国反垄断法自生效以来，执法机关在域外适用方面遵循"直接、重大和可合理预见的效果原则"的重大发展是商务部2013年4月3日发布的《关于经营者集中简易案件适用标准的暂行规定（征求意见稿）》（简称《征求意见稿》）。根据《征求意见稿》，申报的经营者集中如果符合下列条件，它们可被视为简易案件：（1）在同一相关市场，所有参与集中的经营者所占的市场份额之和小于15%；（2）存在上下游关系的参与集中的经营者，在上下游市场所占的份额均小于25%；（3）不存在上下游关系的参与集中经营者，在每个市场所占的份额均小于25%；（4）参与集中的经营者在我国境外设立合营企业，合营企业不在中国境内从事经济活动；（5）参与集中的经营者收购境外企业股权或资产的，该境外企业不在中国境内从事经济活动；（6）由两个以上经营者共同控制的合营企业，通过集中被其中一个或一个以上经营者控制。上述案件适用简易程序，显然是因为它们不会在我国市场产生重大、直接和可合理预期的反竞争效果。特别是（4）和（5）列举的两种情况，因为这些并购的后果是在我国境外建立合营企业或者收购境外企业的股权或者资产，只要这些合营企业或者在境外的收购企业在我国境内没有经营活动，我国反垄断法就排除对它们的管辖权。

我国反垄断法的域外适用目前还没有关于"国际礼让"的明文规定。但是，我国反垄断执法机关已经与世界很多国家和地区的反垄断执法机构订立了双边合作协议，以推进反垄断和竞争政策领域的国际合作。例如，我国三家反垄断执法机构包括国家发改委、商务部和国家工商总局与美国司法部和联邦贸易委员会于 2011 年 7 月 27 日共同签署了《中美反托拉斯和反垄断合作谅解备忘录》，这是迄今我国三家反垄断执法机构与外方竞争法主管机构共同签署的唯一的反垄断合作备忘录。根据备忘录，中美反垄断和反托拉斯执法机构将在如下方面加强合作：（1）相互及时通报各自竞争政策及反垄断执法方面的重要动态；（2）通过开展竞争政策和法律方面的活动，加强双方的能力建设；（3）根据实际需要，双方进行反垄断执法经验交流；（4）就反垄断法律和相关配套立法文件的修改提出评论意见；（5）就多边竞争法律和政策交换意见；（6）在提高企业、其他政府机构以及社会公众竞争政策和法律意识方面交流经验。[①] 参与备忘录签署的美国司法部反托拉斯局局长莱博维茨指出，这项备忘录特别提出要加强双方在企业并购审议方面的沟通与合作，特别是医疗保健、制药以及其他高科技领域企业并购审议的合作。[②] 我

---

① 见《中美共同签署反托拉斯和反垄断合作谅解备忘录》，http://www.gov.cn/gzdt/2011-07/27/content_1914969.htm。

② 见新华网报道《美国联邦贸易委员会主席：美中将签署反垄断合作谅解备忘录》，http://news.xinhuanet.com/world/2011-07/25/c_121719047.htm。

国反垄断执法机构还与欧盟及英国、韩国、俄罗斯等国家和地区的竞争执法机构签署了反垄断合作备忘录。如国家发改委和韩国公平交易委员会2012年5月30日在北京签署的《关于反垄断和反托拉斯合作的谅解备忘录》规定，双方定期召开中韩竞争政策对话，加强在竞争法律法规和政策、执法能力建设、执法活动等方面的交流合作。① 国家发展和改革委员会与欧盟委员会竞争总司2012年9月20日在布鲁塞尔签署的《关于反垄断法领域合作的谅解备忘录》规定，双方要在竞争立法和执法、提高双方竞争执法机构的效率、多边竞争合作、提高社会各方面对反垄断法律法规的认识、双方技术合作协调机制等方面加强合作和交流。这些合作备忘录无疑有助于反垄断执法中的"国际礼让"，也有助于减少不同辖区反垄断执法中的管辖权冲突和法律冲突。

二　反垄断法域外适用在实践中的运用

为维护本国市场的有效竞争，我国反垄断法不仅适用于在本国市场上开展经营活动的外国企业和跨国公司，而且还适用于在国外产生但对本国市场有着不利影响的限制竞争行为。原则上说，反垄断法可适用于所有的在国外产生但对国内市场有严重不利影响的私人限制竞争，包括国际卡特尔、具跨国影响的滥用行为和对本国市场有着严重限制竞争影响的跨国并购三个方面。

1. 国际卡特尔

从美国反托拉斯法域外适用的 Timberlane Lumber② 、Hartford Fire③ 以及 Empagran④ 等著名案例看，反垄断法的域外适用相当程度上发生在国际

---

① 见2012年5月13日我国经济报道《中韩签署反垄断合作谅解备忘录》，http://www.ceh.com.cn/ceh/jryw/2012/5/31/115577.shtml。

② Timberlane Lumber Co. v. Bank of America, 549 F. 2d 597 (9th Cir. 1976).

③ Hartford Fire Ins. v. California, 509 U.S. 764 (1993).

④ F. Hoffman-La Roche Ltd. et al. v. Empagran S. A. et al., 542 U.S. --- - 03-724 (2004), http://supreme.justia.com/us/542/03-724/index.html。

卡特尔领域。国际卡特尔一般表现为参与国际贸易的跨国公司订立以固定价格、串通投标、限制生产数量、划分地域或者销售渠道为内容的卡特尔协议。① 在经合组织（OECD）1998 年向其成员方发布的《执行卡特尔法一揽子推荐意见》中，这种卡特尔被称为"核心卡特尔"（Hard Core Cartel）。②

随着经济全球化和我国经济与世界经济的接轨，我国市场也遭遇到国际卡特尔的不利影响。迄今最重要的案例是 2013 年初国家发展和改革委员会对液晶面板国际卡特尔的查处。据悉，在 2001 年至 2006 年的 6 年时间，韩国的三星、LG 和我国台湾地区的 4 家生产电视机液晶面板的企业在我国台湾地区和韩国召开过 50 多次"水晶会议"（The Crystal Meeting），交换液晶面板全球市场的信息，协商产品的价格。因为液晶面板占彩电生产成本的 80% 左右，即便近年来这种产品的价格有所回落，但也占到电视机生产成本的 70% 左右。因此，这个国际卡特尔严重损害了国内彩电企业和消费者的合法权益。本案的结果是，国家发展和改革委员会责令涉案企业赔偿国内彩电企业 1.72 亿元，没收违法所得 3675 万元，罚款 1.44 亿元，经济制裁总额 3.53 亿元。此外，这些企业还承诺以公平和无歧视的交易条件向我国彩电企业提供高端产品和新技术产品，承诺对其产品的保修期从 18 个月延长至 36 个月。③

本案值得关注的情况是，美国、欧盟对这个案件的处罚力度大大超过了中国：美国的处罚总额为 76.42 亿元人民币，欧盟是 53.12 亿元人民币。④

---

① John M. Connor, *Global Price Fixing*, Kluwer Academic Publishers, 2003, p. 84.

② See OECD, "Recommendation Concerning Effective Action against Hard Core Cartels", http://www.oecd.org/competition/cartels/recommendationconcerningeffectiveactionagainsthardcorecartels.htm.

③ 见国家发展和改革委员会价格监督检查与反垄断局网站《六家境外企业实施液晶面板价格垄断被依法查处》，http://jjs.ndrc.gov.cn/gzdt/t20130117_523203.htm.

④ 见新华网报道《液晶面板反垄断不应过度看重罚款金额高低》，http://news.xinhuanet.com/yzyd/jiadian/20130115/c_114368845.htm.

这个差异源于不同反垄断执法机关适用的法律不同。根据欧盟竞争法，违法企业得被处以上一营业年度全球销售额的 10% 以下罚款。[①] 在我国，因为这个价格卡特尔发生在 2001 年至 2006 年，2008 年 8 月开始生效的《反垄断法》不能溯及既往，这个案件就不能适用《反垄断法》，而是适用了《价格法》[②]。根据《价格法》，违法者可被没收违法所得，并处违法所得 5 倍以下的罚款。[③] 尽管《价格法》的处罚力度大大小于《反垄断法》，但是因为这个案件在我国开出了创纪录的罚单，它的影响仍然很大，特别是向国际社会传递了一个信号：中国反垄断法甚至包括中国的价格法都具有域外适用的效力。我国《价格法》第 2 条规定，"在中华人民共和国境内发生的价格行为，适用本法"，但这个规定不排除执法机关对本案的管辖权，因为"价格行为地"不仅可理解为"价格共谋地"，还可理解为"价格卡特尔的实施地"。因为各国反垄断法甚至包括我国的价格法都有域外适用的效力，这就使国际卡特尔处于"过街老鼠"的境地，出现了被多个国家和地区的反垄断执法机关征收巨额罚款的情况。

2. 具有跨国影响的滥用行为

随着经济的全球化，有些滥用市场支配地位的行为也具有跨国的性质，甚至具有全球性的影响。广东省深圳市中级人民法院 2013 年 2 月 4 日判决的华为技术有限公司诉美国交互数字技术公司（InterDigital Technology Corporation）、交互数字通信有限公司（InterDigital Communications, Inc.）和交互数字公司（InterDigital, Inc.）一案，就是一个涉及在我国境外滥用市场

[①] See Council Regulation (EC) No. 1/2003 of 16 December 2002 on the implementation of the rules on competition laid down in Articles 81 and 82 of the Treaty, Art.23.

[②] 《价格法》第 14 条第 1 项规定，经营者不得"相互串通，操纵市场价格，损害其他经营者或者消费者的合法权益"。

[③] 《价格法》第 40 条规定，经营者有上述行为的，得被"责令改正，没收违法所得，可以并处违法所得五倍以下的罚款……"

支配地位的案件，三名被告都是美国公司。

该案的原告和被告都是欧洲电信标准化协会（ETSI）的成员。被告拥有全球（包括我国和美国）3G 无线通信技术标准的必要专利；原告是全球范围内无线移动终端和基础设施的生产商、销售商和服务商，其生产经营须得使用被告在 3G 技术标准中的必要专利，且每个必要专利都具有不可替代性。原告指控被告作为 ETSI 标准化组织成员，尽管承诺以"公平、合理和无歧视"（FRAND）的条件向标准化组织的其他成员许可其必要专利，但它向原告的许可明显存在不合理的过高定价、歧视性定价、拒绝交易、搭售和附加不合理交易条件等多种滥用市场支配地位的行为。例如，以被告授权苹果公司和授权原告的专利许可条件作比较：如果以专利许可使用费率为标准，被告拟授权后者的专利许可费是前者的 100 倍；如果按季度一次性支付的许可使用费为标准，被告拟授权后者的许可费是前者的 35 倍。在全球手机生产市场上，原告的生产规模远不及苹果公司和三星公司等公司，但是被告向原告索取的必要专利许可费远高于苹果公司和三星公司，这是不合理的价格歧视，也是不公平的交易条件。不仅如此，被告作为一个以许可专利和技术作为经营活动的技术公司，它在向原告索取不合理许可费的同时，还要求原告向它免费许可所有的专利。

根据上述一系列事实，深圳市中级人民法院认定，被告滥用其在 3G 技术标准中某些必要专利许可市场的支配地位，要求其立即停止针对原告的过高定价和搭售等垄断民事侵权行为，赔偿原告因此而受到的经济损失 2000 万元。

3. 跨国并购

我国反垄断法生效至 2013 年 3 月底，商务部共收到 698 件经营者集中的申报，其中立案 627 件，审结 588 件。在这些审结了的案件中，禁止的 1 件，即 2009 年 3 月 18 日禁止可口可乐并购汇源的决定；附条件批准的 16 件，包括英博集团公司收购 AB 公司，三菱丽阳公司收购璐彩特国际公司，通用汽车有限公司收购德尔福公司，辉瑞公司收购惠氏公司，松下公司收购三洋公司，诺华股份公司收购爱尔康公司，乌拉尔开放型股份公司收购谢尔维尼特开放型股份公司，佩内洛普公司收购萨维奥公司，通用电气（中国）有限公司与神华煤制油化工有限公司设立合营企业，希捷科技公司收购三星电子有限公司硬盘驱动器业务，汉高香港与天德化工组建合营企业，西部数据收购日立存储，谷歌收购摩托罗拉移动，联合技术公司收购古德里奇公司，沃尔玛公司收购纽海控股 33.6% 股权，安谋公司、捷德公司和金雅拓公司组建合营企业。①

在这些附条件批准的并购案中，有很多是外国公司之间在我国境外发生的并购，如商务部 2012 年 5 月 19 日附条件批准的美国谷歌公司收购美国摩托罗拉移动公司②、2012 年 6 月 11 日附条件批准的美国联合技术公司收购美国古德里奇公司③ 等。由于这些公司在我国市场都有生产经营活动，它们之间的并购可能会影响我国市场的竞争，商务部对这些并购就在域外适用了中国反垄断法。值得提及的是，商务部对某些并购案件的决定在国际社会引起了很大反响。例如，谷歌并购摩托罗拉移动一案在美国、欧盟以及其他很多辖区的反垄断申报中均得到了无条件批准，在我国商务部得到的却是附条件批准。在联合技术公司收购古德里奇公司一案中，商务部所作的附条件批准决定比美国和欧盟等同行的决定提早很多时间。这些不仅说明了我国商务部反垄断执法的能力和自信心，而且也说明商务部域外适用反垄断法的技术日臻成熟。

---

① 以上公告见商务部反垄断局网站，http://fldj.mofcom.gov.cn/article/ztxx/。
② 商务部公告 2012 年第 25 号，http://fldj.mofcom.gov.cn/article/ztxx/201205/20120508134324.shtml。
③ 商务部公告 2012 年第 35 号，http://fldj.mofcom.gov.cn/article/ztxx/201206/20120608181083.shtml。

商务部 2009 年 10 月 30 日附条件批准日本松下公司收购日本三洋公司一案，也是我国反垄断法域外适用的一个重要案例。松下公司计划通过公开收购的方式，取得三洋公司的多数表决权，使其成为自己的控股子公司。因为这两个企业在我国都有生产经营活动，经营规模达到了向商务部申报的标准，它们遂于 2009 年 1 月 21 日向商务部进行了第一次申报。本案的特点是涉及的产品种类多，附加的限制性条件复杂，包括剥离当事方位于日本的资产和业务，案件的审查时间从而也比较长，从商务部于 2009 年 5 月 4 日立案到 10 月 30 日作出附条件批准的决定，历时近 6 个月。根据商务部的公告，这个并购案在以下三个产品市场中可能产生排除或限制竞争的影响。

（1）硬币型锂二次电池。这种电池主要是用于手机、摄像机等电器的后备电源。商务部认为，这个产品构成独立的产品市场，其地域市场是全球性的。出于下列三个理由，此项集中将在相关市场产生排除、限制竞争的影响。第一，硬币型锂二次电池市场高度集中。申报双方分别是该市场第一和第二大生产商，合并后的松下公司将占 61.6% 的市场份额，这将在很大程度上限制下游用户的选择权。第二，合并后松下公司将具有单方面提价的能力。第三，买方力量不足以消除上述限制竞争的效果。

（2）民用镍氢电池。这种电池主要是用于电动工具等电器的主电源。商务部认为，该产品构成独立的产品市场，其地域市场是全球性的。出于下列理由，此项集中将在这个市场产生排除、限制竞争的影响。第一，民用镍氢电池市场是一个集中度较高的市场，竞争者数量有限，合并后松下公司的市场份额达 46.3%，由此导致松下公司具单方面提价的能力。第二，民用镍氢电池市场发展趋缓，难以通过新的市场进入抵消上述排除、限制竞争的效果。

（3）车用镍氢电池。这种电池主要是为混合动力汽车或纯电动汽车提供驱动动力的电池。商务部认为，此项集中将在相关市场产生排除、限制竞争的影响，理由是市场高度集中，松下公司和丰田公司合资设立的"PEVE 公司"占77%的市场份额，且市场上的竞争者也仅限于并购申报双方，因此，这个合并将进一步减少市场竞争者的数量，进一步削弱市场竞争。

出于对上述一系列限制竞争的担忧，商务部对并购的批准决定附加了以下限制性条件：（1）为维护硬币型锂二次电池市场的竞争，剥离三洋目前全部的硬币型锂二次电池业务；（2）为维护民用镍氢电池市场的竞争，剥离三洋或松下其中一方的民用镍氢电池业务；（3）为维护车用镍氢电池市场的竞争，剥离松下的车用镍氢电池业务，包括在日本的 HEV 用镍氢电池业务，降低与丰田合资的 PEVE 公司的出资比例，放弃在 PEVE 的部分经营管理权。

商务部关于松下并购三洋一案的决定，是商务部第一次运用结构性救济的方法，对一个具全球性影响的合并作出的附条件批准。2009 年 10 月作出这个决定的时候，商务部还没有发布《关于实施经营者集中资产或业务剥离的暂行规定》①。这即是说，与美国、欧盟等司法辖区的反垄断执法机构相比，我国商务部对经营者集中的结构性救济，特别是在我国境外的结构性救济完全没有经验。尽管如此，我国商务部借鉴其他反垄断执法机构的经验，特别是借鉴欧盟法的经验，顺利完成了对这个案件的审理，并在这些执法经验的基础上，于 2010 年发布了《关于实施经营者集中资产或业务剥离的暂行规定》，发展了我国反垄断法。

三　改善我国反垄断法域外适用的前景

一个国家的反垄断法是否域外适用，是国家的主权行为。然而，根据世界各国反垄断的司法实践，反垄断法的域外适用会产生管辖权的冲突和法律冲突，甚至引发国家间的纠纷。为了避免和减少因反垄断法域外适用而引起的国际纠纷，我国的立法者和相关执法部门应当采取以下法律措施。

---

①　见商务部公告 2010 年第 41 号。

1. 明确反垄断法域外适用以"直接、重大和可合理预见的效果"为条件

当一国域外适用其反垄断法时，这个域外适用应具有合理性。美国第九巡回法院 1976 年的 Timberlane Lumber 一案判决指出，美国法院对反托拉斯案件行使域外管辖权时，不仅应当考虑涉案的限制竞争是否影响或是否企图影响美国的对外贸易，还应当考虑这个限制竞争对美国对外贸易的损害程度是否非常严重。[①] 在这些司法实践的基础上，美国 1982 年颁布的《对外贸易反托拉斯改进法》明确了《谢尔曼法》和《联邦贸易委员会法》对外国企业行使管辖权的前提条件，即被告的行为对美国的国内贸易，或者美国的出口贸易，或者美国企业的出口机会有着"直接、重大和可合理预见的效果"。鉴于 1982 年的《对外贸易反托拉斯改进法》只提及了《谢尔曼法》和《联邦贸易委员会法》，美国司法部和联邦贸易委员会在其 1995 年 4 月修订的《反托拉斯法国际适用指南》第 3.14 条中明确规定，如第三国企业间的合并对美国的国内贸易，或美国的出口贸易，或美国企业的出口机会有"直接、重大和可合理预见的效果"，该合并得依据《克莱顿法》第 7 条决定是否予以批准。[②]

反垄断法的域外适用要以主张管辖权的国家与被管辖的案件存在"直接、重大和可合理预见的效果"为条件，这已成为世界各国反垄断法域外适用的一个基本原则。例如在德国，一个在外国引起的限制竞争是否适用德国反对限制竞争法，决定性的是这个限制竞争是否在德国境内能够产生重大和直接的不利影响。一个在外国发生的限制竞争如果对德国市场的影响只是遥远的和间接的，反对限制竞争法不能予以适用。[③] 国际竞争网络（ICN）2002 年 9 月发布的《合并申报程序的推荐意见》也提出，"主张管辖权的国

---

① Timberlane Lumber Co. v. Bank of America, 549 F. 2d 597 (9ᵗʰ Cir. 1976).

② See U.S. Department of Justice and Federal Trade Commission, Antitrust Enforcement Guidelines for International Operations, Sec. 3.14 (April 1995).

③ Volker Emmerich, Kartellrecht, 8 Auflage, S. 25.

家应与被审查的企业并购有恰当的地域联系"，"一国不应要求跨国并购对之进行申报，除非该交易对该国有着重大、直接且可预期的经济影响"。[①]

目前，我国《反垄断法》第2条仅规定，"中华人民共和国境外的垄断行为，对境内市场竞争产生排除、限制竞争影响的，适用本法"。这听起来似乎我国反垄断法的域外适用仅以境外的垄断行为对境内市场具有"排除、限制竞争的影响"为条件，而不考虑该行为对境内市场的影响是否"重大、直接且可以合理预期"。从我国反垄断执法机关包括人民法院处理的域外适用的反垄断案件看，这些案件与我国国内市场或者我国企业的出口贸易均有着密切的联系，即这些案件对我国市场的影响是"重大、直接且可以合理预期的"。但是，为了提高我国反垄断执法的透明度，为了给反垄断执法机构提供明确的指导，立法者应当通过细则性规定或者发布相关的指南，明确反垄断法域外适用的案件应当与我国有密切的地域联系，即这些案件对国内市场或者我国企业的出口有重大、直接和可以合理预期的影响。

2.考虑国际礼让，扩大反垄断法的合作

反垄断法的域外适用涉及国家间的关系，处理国家间的关系必须考虑国际礼让原则。美国司法部和联邦贸易委员会1995年发布的《反托拉斯法国际适用指南》强调，"反托拉斯主管机关执行反托拉斯法时应考虑国际礼让。礼让反映了平等主权国家之间相互尊重的广泛含义，并决定哪个国家应当在其领域允许另一国的立法、行政和司法活动"。[②] 在1997年一个关于新西兰奶制品的判决中，美国法院就考虑到新西兰奶制品公司向美国出口产品的价格受到新西兰政府的管制，考虑到新西兰有权制定强制性的法律，考虑到

[①]　"Recommended Practices for Merger Notification Procedures", http://www. internatiuonalcompetition network.org/aboutus.html.

[②]　See William C. Holmes & Dawn E. Holmes, *Antitrust Law Sourcebook, for the United States and Europe*, 2000 Edition, pp. I-389.

国际礼让，从而在这个案件中认定新西兰奶制品公司固定价格的行为是合法的，应豁免适用美国的反托拉斯法。[①] 这说明，反垄断法的域外适用也应考虑其他国家的重大利益，特别当一个限制竞争是国家主权行为的时候，反垄断法对之一般没有管辖权。

为避免和减少反垄断法领域的管辖权冲突和法律冲突，竞争政策发达的国家和地区相互间订立了很多双边合作协议。当前，国际社会影响最大的是美国和欧盟 1998 年订立的《美国政府和欧共体委员会关于适用竞争法的协定》(简称《协定》)。[②] 它除规定双方有向对方通报重大案情的义务、信息交流的义务、程序中合作和协调的义务、积极礼让等，还规定了一个避免反垄断程序冲突的原则，即"国际礼让"。《协定》第 6 条规定，为避免法律冲突，缔约方除考虑自身的重大利益外，还应当在反垄断诉讼程序的各阶段，考虑缔约另一方的重大利益。

出于反垄断合作执法的需要，而且也是出于国际礼让的考虑，我国反垄断执法机关和很多外国相关机构签署了反垄断合作谅解备忘录，如前述的《中美反托拉斯和反垄断合作谅解备忘录》。但是，与美国和欧盟之间的反垄断双方合作协定相比，我国与其他国家和地区的反垄断双边合作协定的实质性内容要少很多，大部分条款不明确、不具体，没有可操作性，非常容易流于形式。反垄断双边合作协定尤其应当提及国际礼让原则，因为这是处理国际事务包括反垄断法域外适用的基本原则。这正如一位加拿大学者指出的，"跨国反垄断问题是政府间政策冲突的表现。应当承认，也许没有可以适用的国际法来解决这种冲突。在此情况下，这些问题应当通过协商和谈判的方

[①]　Trugman-Nash, Inc. v. New Zealand Dairy Bd., 954 F. Supp. 733 (S.D.N.Y. 1997).

[②]　Agreement between the Government of the United States of American and the Commission of the European Communities Regarding the Application of Their Competition Laws, September 23, 1991, 30 I. K.M.1491 (November 1991); corrected at OJ L 131-38 (June 15, 1995).

式来解决。一国政府如果按照自己的所好，诉诸本国法，在本国法庭上解决这种冲突，这不是适用法律的原则，而是披着法律的外衣，适用经济实力就是权力的原则"。①

3. 完善我国反垄断法

当今世界各国都把反垄断法作为维护本国市场竞争秩序的法律武器，反垄断法从而一般都有域外适用的规定。然而，我国反垄断法与其域外适用的效力不相协调的是，它的第15条第1款第6项规定，"为保障对外贸易和对外经济合作中的正当利益的"垄断协议，可以不适用该法第13条和第14条中的禁止性规定。这即是说，我国反垄断法豁免出口企业订立的卡特尔。我国反垄断法豁免出口卡特尔有其合理性。第一，反垄断法以保护本国市场竞争为目的。因为出口卡特尔影响的不是国内市场，或者根本不影响国内市场，反垄断法就不应当适用于这种卡特尔，除非它们同时严重限制国内市场的竞争。第二，我国反垄断法豁免出口卡特尔是基于一个事实，即我国出口企业在外国经常遭遇不公平的反倾销诉讼。因此，出口企业有必要协调出口价格，以避免因相互间的价格战导致出口产品的价格过低。第三，时至今日，世界上仍有很多反垄断法豁免出口卡特尔，如美国1976年修订后的《韦伯—波默林（Webb-Pomerene）法》第2条规定，"仅仅为了出口和实际上仅从事出口的企业（联合体），或由出口企业签订的协议、从事的活动，如不限制国内贸易，也不限制其国内竞争者的出口，将不受谢尔曼反托拉斯法的制约。但该企业不得签订协议、承诺、共谋，在国内故意提高或压低其出口产品的价格，或实质性地减少国内竞争或者限制国内贸易"。②

然而，不管上述何种理由，一个国家的法律如果一方面豁免本国的出口

① J. S. Stanford, "The Application of the Sherman Act to Conduct Outside the United States: A View from Abroad", 11 *Connell Int'l L. J.* 195 (1978), p. 213, n. 46.

② 15 U.S.C.A. Sec. 62.

卡特尔，另一方面又禁止外国的出口卡特尔，这本身就是一种法律的冲突，或者法律的不协调。"己所不欲，勿施于人"，这不仅是人与人之间的处世哲学，而且也应当是国与国之间的关系准则。另外，一个不争的事实是，在其他国家的反垄断法与我国反垄断法一样具有域外适用效力的情况下，我国反垄断法豁免出口卡特尔的规定对出口企业事实上没有任何帮助。我国生产和出口维生素的 4 家制药企业 2005 年在美国遭遇了反托拉斯诉讼，被指控自 2001 年 12 月以来操纵出口到美国以及世界其他地区的维生素 C 的价格和数量，而且最近被美国一家地方法院开出了金额为 1.62 亿美元的罚单，主要是用于损害赔偿。[①] 不仅如此，我国反垄断法豁免出口卡特尔的规定，还可能会误导出口企业，使它们误认为经本国反垄断法豁免的卡特尔在外国同样也是合法的。因此，我国反垄断法应尽早废除第 15 条关于豁免出口卡特尔的规定。

4. 推进和积极参与反垄断多边合作

反垄断法的域外适用经常会产生管辖权的冲突和法律冲突，反垄断执法机关之间的双边合作或者协调非常必要。其实，鉴于一些巨型企业之间的跨国并购常常需要向十几个甚至几十个国家进行申报，企业、学术界和反垄断执法机关都在呼吁反垄断执法的多边合作，甚至全球合作。在反垄断法领域的全球性合作方面，目前比较有影响的是 2001 年 10 月成立的国际竞争网络，它迄今的主要成果是就合并审查、卡特尔、单边行为、推动竞争政策、被管制行业以及实施竞争政策等领域发布了一系列具指导意义的推荐意见。我国反垄断执法机构目前还不是国际竞争网络的成员。鉴于我国在世界经济和全球竞争中的地位，鉴于国际竞争网络对推动世界各国反垄断执法机构之间的合作与交流的重要意义，我国反垄断执法机关应当早日加入这个机构，积极

[①]　English News CN, News Analysis, "U.S. Ruling on Chinese Vitamin C Producers Unfair", http://news.xinhuanet.com/english/indepth/2013-03/19/c_132246076.htm.

参与世界各国在反垄断领域的协调与合作。因为无论如何，合作与交流不仅是世界各国统一反垄断法和统一竞争政策的重要手段，而且也是减少反垄断域外适用的纠纷和冲突的重要手段。

四 结论

域外适用是反垄断法的重要属性，因为在反垄断法没有域外适用效力的情况下，任何国家都不能有效地防范来自境外的限制竞争。然而，另一方面，反垄断法过度地域外适用也不可行，因为这不仅给相关企业带来不必要的麻烦和经济负担，而且还会产生国家间的摩擦，影响正常的国际经济贸易。根据国际上普遍认可的原则，反垄断法的域外适用应当考虑两个前提条件，一是在国外发生的限制竞争是否对本国市场有"重大、直接和可以合理预期的影响"，二是考虑国际礼让，即不仅要考虑相关案件与本国是否有重大关系，而且也要考虑相关案件与其他国家的重大利益。我国反垄断法的域外适用已经接受了这两个原则，例如在经营者集中的案件中，执法机关会充分考虑这些案件影响我国市场竞争的程度。然而，出于执法的透明度和法律稳定性的考虑，我国应通过立法就反垄断法域外适用的基本原则作出比较明确的规定。此外，为了减少和避免与其他国家反垄断法的管辖权冲突和法律冲突，我国还应当完善自己的反垄断法，积极参与反垄断领域的国际合作。然而，需要指出的是，因为反垄断法的最终目的是保护本国市场的竞争，最终体现的是本国利益，反垄断法领域的合作、协调、国际礼让乃至全球性的合作，它们在解决反垄断法域外适用的管辖权冲突或者法律冲突方面，均一定程度地存在不可克服的局限性。

我国反垄断法中的经营者集中控制：成就与挑战 *

内容提要　我国反垄断法中的经营者集中控制已经实施8年，成果显著。这不仅表现为相关执法机关审理了很多案件，很多是国际上有影响的大案，而且通过案件审理积累了相当多的实践经验，并在这些经验的基础上完善了我国反垄断法。然而，我国反垄断法在这方面的执法还存在很多问题，例如集中审查中的非竞争因素和执法机关的独立性不足。此外，反垄断法本身还存在很多问题，如"控制权"的概念。我国改革开放近40年的经验证明，要维护市场的竞争性，就应当防止过度的经济集中。我国反垄断法中的经营者集中控制有助于维护我国市场的竞争性，也有助于提高国家的竞争文化。

我国《反垄断法》2007年8月30日颁布，2008年8月1日生效，到2016年已经实施8年。我国之所以需要反垄断法，决定性的因素是我国的经济体制。一个国家如果要以市场机制作为配置资源的决定性手段，它就得反垄断。因此，反垄断法作为市场经济内在和本能的需求，它的颁布和实施不仅是我国法制建设中的一件大事，而且也是我国经济建设中的一件大事，是我国经济体制改革的里程碑。我国市场竞争秩序在反垄断法实施8年来发生了什么样的变化？反垄断法对政府、企业和消费者的影响有多大？

---

*　本文发表在《法学评论》2017年第2期。

反垄断执法的前景如何？本文以商务部实施的经营者集中控制为视角，讨论我国反垄断执法的成就和存在的问题。第一部分是我国反垄断法经营者集中控制的概况；第二部分是经营者集中控制实体法的新发展；第三部分是集中控制程序的新发展；第四部分讨论我国经营者集中控制在当前存在的问题；第五部分是本文的结论。

一　经营者集中控制概况

根据国务院三定方案，商务部负责我国反垄断执法中的经营者集中控制。为此，商务部于 2008 年 9 月组建了反垄断局，受理当事人提交的经营者集中申报，并且由此做出是否批准集中的决定。根据国务院 2008 年 8 月 3 日发布的《关于经营者集中申报标准的规定》[1]，经营者集中申报是强制性的，即达到以下两个标准之一的集中必须进行申报：（1）参与集中的经营者上一会计年度在全球范围的营业额合计超过 100 亿元人民币，并且其中至少两个经营者上一营业年度在中国境内的营业额均超过 4 亿元人民币；（2）参与集中的所有经营者上一会计年度在中国境内的营业额合计超过 20 亿元人民币，并且其中至少两个经营者上一会计年度在中国境内的营业额均超过 4 亿元人民币。此外，根据这个规定，即便未达到上述申报标准的经营者集中，如果事实和证据表明，该集中具有或可能具有排除、限制竞争影响的，执法机关应当依法进行调查。现在已经出现了一些未经申报而受到商务部反垄断审查的企业并购，例如在网约车市场上 2015 年的滴滴打车和快的打车之间的并购，以及 2016 年的滴滴打车和 UBER 之间的并购。[2]

---

[1]　国务院关于经营者集中申报标准的规定，见 http://www.gov.cn/zwgk/2008-08/04/content_1063769.htm。

[2]　见报道《滴滴收购 Uber：占 90% 市场或成新的垄断公司》，http://edu.sina.com.cn/bschool/2016-09-16/doc-ifxvyqvy6407009.shtml。

商务部反垄断局执法的依据主要是《反垄断法》的第四章。由于这些规定比较原则,很多缺乏可操作性,商务部在完善反垄断立法方面做了大量的工作[1],其中也包括以国务院名义发布的《关于经营者集中申报标准的规定》以及以国务院反垄断委员会名义发布的《关于相关市场界定的指南》[2]。商务部反垄断局发布的"指导意见"或"示范文本"不具法律效力,当"指导意见"与商务部发布的《经营者集中申报办法》《经营者集中审查办法》等法律文件发生冲突时,应以商务部发布的文件为准。

从《反垄断法》生效至 2016 年 9 月底,商务部收到的经营者集中申报 1700 多件,审结 1500 多件。自 2011 年以来,商务部收到的集中申报呈逐年增加的趋势,如 2011 年 205 件、2012 年 207 件、2013 年 224 件、2014 年 262 件、2015 年 352 件。反垄断法实施初期,提交集中申报的大多是外国企业或跨国公司。随着商务部于 2011 年发布了《未依法申报经营者集中调查处理暂行办法》(简称《暂行办法》),国内企业包括国有大企业之间的并购开始进行申报,如中国电信、中国联通和中国移动三家电信巨头就 2014 年共同组建的中国通信设施服务股份有限公司进行了申报,中国南车和中国北车之间对 2015 年的并购也进行了申报。[3] 在商务部迄今审结的 1500 多件集中申报中,

---

[1] 这包括商务部等五部委发布的《金融业经营者集中申报营业额计算办法》,商务部发布的《经营者集中申报办法》、《经营者集中审查办法》、《未依法申报经营者集中调查处理暂行办法》、《关于实施经营者集中资产或业务剥离的暂行规定 》、《关于评估经营者集中竞争影响的暂行规定》、《关于经营者集中简易案件适用标准的暂行规定》和《关于经营者集中附加限制性条件的规定(试行)》,商务部反垄断局发布的《关于经营者集中简易案件申报的指导意见(试行)》、《关于经营者集中申报的指导意见》、《监督受托人委托协议(示范文本)》等,见商务部反垄断局网站 http://fldj.mofcom.gov.cn/article/c/。

[2] 国务院反垄断委员会《关于相关市场界定的指南》,见 http://www.gov.cn/zwhd/2009-07/07/content_1355288.htm。

[3] 《中国北车与南车合并获证监会通过 7 日复牌》,证券时报网,http://finance.sina.com.cn/stock/s/20150406/174921893074.shtml。

被禁止的只有 2 件，这比欧盟委员会迄今禁止集中的比例还要小。[①] 2009 年
3 月做出的第一个禁止性决定是针对可口可乐在我国境内并购汇源案，[②] 2014
年 6 月做出的第二个禁止性决定是针对马士基、地中海航运和达飞三家欧洲
航运公司计划组建一个合营企业案（以下简称"P3 网络案"）。[③] 除上述两
件禁止性决定，商务部迄今作出了 27 件附条件批准的决定，[④] 最近的一个是
2016 年附条件批准的百威英博收购南非米勒案。这些被禁止和附条件批准的
集中案件至少可以说明以下几个问题。

　　第一，即便对市场竞争有着严重不利影响的经营者集中，只要当事人能
够提出消除不利影响的有效方案，它们仍然可以得到我国反垄断执法机关的
批准。

　　第二，迄今向反垄断执法机关进行申报和接受审查的经营者集中绝大多

---

① 欧盟委员会自 1990 年 9 月至 2016 年 11 月，被禁止的并购仅有 25 件，2004 年以来禁止
　的并购仅有 7 件，这在其受理的 6000 多件申报中所占比例不足 1%。See http://ec.europa.
　eu/competition/mergers/statistics.pdf。

② 商务部公告〔2009〕第 22 号，http://fldj.mofcom.gov.cn/article/ztxx/200903/20090306108494.
　shtml。

③ 商务部公告〔2014〕第 46 号，http://fldj.mofcom.gov.cn/article/ztxx/201406/20140600628586.
　shtml。

④ 这包括 2008 年的英博集团公司收购 AB 公司，2009 年的三菱丽阳公司收购璐彩特国际
　公司、通用汽车有限公司收购德尔福公司、辉瑞公司收购惠氏公司、松下公司收购三洋
　公司，2010 年的诺华股份公司收购爱尔康公司，2011 年的乌拉尔开放型股份公司收购
　谢尔维尼特开放型股份公司、佩内洛普公司收购萨维奥公司、通用电气（中国）有限
　公司与神华煤制油化工有限公司设立合营企业、希捷科技公司收购三星电子有限公司硬
　盘驱动器业务，2012 年的汉高香港与天德化工组建合营企业、西部数据收购日立存储、
　谷歌收购摩托罗拉移动、联合技术公司收购古德里奇公司、沃尔玛公司收购纽海控股
　33.6% 股权以及安谋公司、捷德公司、金雅拓公司组建合营企业，2013 年的嘉能可国际
　公司收购斯特拉塔公司、丸红公司收购高鸿公司、美国百特国际有限公司收购瑞典金宝
　公司、联发科技股份有限公司收购开曼晨星半导体公司，2014 年的赛默飞世尔科技公司
　收购立菲技术公司、微软收购诺基亚设备和服务业务、默克公司收购安智电子材料公司
　以及科力远、丰田中国、PEVE、新中源、丰田通商设立合营企业，2015 年的诺基亚收
　购阿尔卡特朗讯、恩智浦收购飞思卡尔，2016 年的百威英博收购南非米勒。

数发生在外国公司或跨国公司之间，而且很多集中发生在中国境外。这一方面说明，我国反垄断法可域外适用于对我国市场竞争有严重不利影响的限制竞争；另一方面也说明，我国已成为跨国公司开展经营活动的重要场所，我国反垄断法从而与美国反托拉斯法和欧盟竞争法一样，已经成为国际上最具影响的反垄断法之一。

第三，迄今被禁止和附条件批准的集中申报在商务部审结的全部案件中不足 2%，这说明，98% 以上的集中申报获得了无条件批准，这和欧盟、美国以及其他司法辖区的情况基本一致。

第四，附条件批准的 27 件集中申报绝大多数来自高新技术产业，其中的谷歌收购摩托罗拉移动、微软收购诺基亚设备和服务业务、诺基亚收购阿尔卡特朗讯和恩智浦收购飞思卡尔来自无线通信业，其中两个案件还涉及无线通信标准必要专利，这说明我国反垄断执法机关重视无线通信网络设备市场的竞争。

第五，附条件批准的 27 件并购交易有 5 件涉及建立合营企业，被禁止的 2 件中也有 1 件涉及合营企业。这说明，合营企业的建立如涉及支配权的问题，[①] 它们就和企业并购一样，需要接受经营者集中的审查，这和其他反垄断司法辖区的做法也是一致的。

第六，附条件批准的 27 件并购交易中，16 件涉及行为性救济，6 件涉及结构性救济，5 件涉及结构性和行为性混合救济。这说明，商务部反垄断局在集中救济方面采取行为性救济的案件超过结构性救济，这是目前我国反垄断执法与欧美司法辖区不一致的地方。

---

① 商务部认为，马士基、地中海航运、达飞设立网络中心将形成与航运联盟有本质区别的紧密型联营，http://fldj.mofcom.gov.cn/article/ztxx/201406/20140600628586.shtml。

二 集中控制实体法的新发展

（一）概述

根据《反垄断法》第 28 条，"经营者集中具有或者可能具有排除、限制竞争效果的，国务院反垄断执法机构应当作出禁止经营者集中的决定"。由于经济是活泼的，而且非常复杂，即有些集中即便具有排除限制竞争的负面影响，同时也可能具有提高市场竞争强度或提高生产效率的正面影响。因此，第 28 条第 2 句规定，"经营者能够证明集中对竞争产生的有利影响明显大于不利影响，或者符合社会公共利益的，国务院反垄断执法机构可作出对集中不予禁止的决定"。根据第 27 条，反垄断执法机构审查经营者集中应当考虑的因素包括经营者在相关市场的份额及其对市场的控制力、相关市场集中度、经营者集中对市场进入和技术进步的影响、经营者集中对消费者和其他经营者的影响，此外还有对国民经济发展的影响等。根据第 29 条，国务院反垄断执法机构对不予禁止的经营者集中可附加限制性的条件，以减少集中对竞争产生的不利影响。

由于上述条款大多是原则性规定，可操作性不强，商务部为这些规定的配套立法作出了很大努力。另外，随着审查的案件越来越多，商务部在经营者集中控制方面的经验也越来越丰富，这主要表现在审查中越来越注重经济分析，审理案件的透明度也越来越高。

（二）《关于评估经营者集中竞争影响的暂行规定》

商务部在经营者集中控制的实体法方面的新发展主要表现为 2011 年 8 月发布的《关于评估经营者集中竞争影响的暂行规定》[①]（简称《暂行规定》）。这个规定是为了细化《反垄断法》第 27 条和第 28 条，明确商务部评估经营

[①] 商务部公告 2011 年第 55 号，http://fldj.mofcom.gov.cn/article/c/201109/20110907723357.shtml。

者集中对市场竞争影响所考虑的因素，从而一方面有助于提高执法透明度和法律的稳定性，另一方面也使参与集中的企业对其案件后果有可预见性。

出于细化《反垄断法》第 27 条的目的，《暂行规定》第 5 条至第 11 条比较详细地解释了评估经营者集中需考虑的一系列因素，包括市场份额、市场控制力、市场集中度、市场进入壁垒、对技术进步的影响、对消费者的影响、对其他经营者的影响、对国民经济发展的影响等。为了合理和科学地分析集中对市场竞争的影响，《暂行规定》还借鉴了欧美反垄断司法辖区的很多经验，例如第 7 条指出，分析相关市场的进入壁垒应当"全面考虑进入的可能性、及时性和充分性"，分析市场集中度的第 6 条引入了赫芬达尔—赫希曼指数（HHI）和行业集中度指数（CRn），前者等于相关市场每个经营者市场份额的平方之和，后者等于相关市场前 N 家经营者市场份额之和。商务部已经在多起案件中使用了 HHI 指数评估市场的集中度，例如联合技术公司并购古德里奇公司案；[①] 甚至在《暂行规定》发布之前就使用过 HHI 指数评估市场集中度，如 2009 年附条件批准的辉瑞公司收购惠氏公司的决定。[②] HHI 指数是美国、欧盟等反垄断司法辖区测度市场集中度的重要指数，[③] 商务部在国内没有相关立法的情况下就使用了 HHI 指数分析市场的集中度，这说明商务部反垄断局是一支善于学习的反垄断执法队伍。

《暂行规定》的第 4 条解释了《反垄断法》的第 28 条，即什么情况下的集中可能具有排除、限制竞争的效果，由此执法机关可能做出禁止集中的决定。根据这个条款，执法机关会使用以下三种方法评估集中是否可能对市

---

① 商务部公告〔2012〕第 35 号，http://fldj.mofcom.gov.cn/article/ztxx/201206/20120608181083.shtml。

② 商务部公告〔2009〕第 77 号，http://fldj.mofcom.gov.cn/article/ztxx/200909/20090906541443.shtml。

③ 见 Horizontal Merger Guidelines by U.S. Department of Justice and the Federal Trade Commission, Issued August 19, 2010, http://www.justice.gov/atr/public/guidelines/hmg-2010.pdf。

场竞争产生不利的影响：第一种是"考察集中是否产生或加强了某一经营者单独排除、限制竞争的能力、动机及其可能性"，这可以简称为分析"单边效应"；第二种是"当集中所涉及的相关市场有少数几家经营者时，考察集中是否会产生或加强相关经营者共同排除、限制竞争的能力、动机及其可能性"，这可简称为分析"协调效应"；第三种是"当参与集中的经营者不属于同一相关市场的实际或潜在竞争者时，考察集中在上下游市场或关联市场是否具有或可能具有排除、限制竞争效果"，这可简称为分析"封锁效应"。这三种分析法一方面是商务部反垄断局两年多来审查经营者集中的经验总结，另一方面也是借鉴了欧盟、美国以及其他反垄断司法辖区分析集中对市场竞争损害时所使用的经济分析法。[①]

《暂行规定》第 12 条还解释了《反垄断法》第 27 条的兜底条款，即"国务院反垄断执法机构认为应当考虑的影响市场竞争的其他因素"。据此，商务部反垄断局还需综合考虑集中对公共利益的影响、集中对经济效率的影响、参与集中的经营者是否为濒临破产的企业、是否存在抵消性买方力量等各种因素。尽管这里没有关于"公共利益"、"经济效率"、"濒临破产的企业"以及"抵消性买方力量"等概念的解释，然而因为它们大多首次出现，这个条款应被视为对我国反垄断法的重要发展。

（三）案件审查注重经济分析

除了相关立法，中国经营者集中控制在实体法方面的新发展更多表现为案件的分析框架和认定竞争损害的分析方法。为此，这里有必要对早期案例和近年的案例进行比较。

[①]　比较 Guidelines on the assessment of horizontal mergers under the Council Regulation on the control of concentrations between undertakings，OJ，2004/C 31/03；Guidelines on the assessment of non-horizontal mergers under the Council Regulation on the control of concentrations between undertakings, OJ，2008/C 265/07。

1. 两个早期案例

2008 年 11 月 18 日商务部附条件批准的英博集团公司并购 AB 公司案是中国反垄断法控制经营者集中的第一案。该案的决定书指出："鉴于此项并购规模巨大，合并后新企业市场份额较大，竞争实力明显增强，为减少可能对中国啤酒未来市场竞争产生的不利影响，商务部对审查决定附加限制性条件，……"然而，人们在这个不足 600 字的决定书中几乎看不到与这一决定有重要联系的信息，例如，这个并购的规模如何，合并后新企业的市场份额多大，中国啤酒业市场竞争的状况如何。

禁止可口可乐并购汇源一案的决定书 ① 同样存在透明度不高的问题。例如，公告指出禁止这个交易的理由有三点：（1）集中完成后，可口可乐有能力将其在碳酸软饮料市场的支配地位传导到果汁饮料市场，对现有果汁饮料企业产生排除、限制竞争效果，进而损害饮料消费者的合法权益；（2）集中完成后，可口可乐通过控制"美汁源"和"汇源"两个知名果汁品牌，将明显增强其对果汁市场的控制力，加之其在碳酸饮料市场已有的支配地位以及相应的传导效应，集中将使潜在竞争对手进入果汁饮料市场的障碍明显增多；（3）集中挤压了国内中小型果汁企业生存空间，抑制了国内企业在果汁饮料市场参与竞争和自主创新的能力，给中国果汁饮料市场有效竞争格局造成不良影响，不利于中国果汁行业的持续健康发展。然而，这个 1456 个字的决定书没有回答人们感兴趣的以下问题：可口可乐在碳酸软饮料市场的支配地位是如何认定的，可口可乐为什么有能力将其在碳酸软饮料市场的支配地位传导到果汁饮料市场，可口可乐通过"美汁源"和"汇源"两个品牌在果汁饮料市场的控制力有多大，中国果汁饮料市场的竞争是什么样的态势。由于这个决定书中没有回答与其结论相关的一系列问题，特别是没有界定相关市

---

① 　商务部公告〔2009〕第 22 号，http://fldj.mofcom.gov.cn/article/ztxx/200903/20090306108494. shtml。

场，没有提及涉案当事人的市场份额，没有解释可口可乐的市场支配地位如何具有从一个市场传导到另一市场的功能，人们就有理由质疑这个交易是否对市场竞争具有不利影响。

2.经济分析的框架

与几个执法初期的决定相比，商务部近年来公告的决定在竞争分析方面有了很大改善，这首先表现为案件的分析框架具有科学性和逻辑性。例如在2012年2月附条件批准的汉高香港与天德化工组建合营企业一案，商务部首先分析了该案的相关市场、集中当事人的市场份额、市场集中度，重点分析了氰乙酸乙酯和氰基丙烯酸酯单体市场的竞争关系，进而认定这个交易可能产生排除、限制竞争的效果。① 在2012年3月附条件批准的西部数据并购日立存储一案中，商务部也是首先分析了相关市场，指出参与集中的经营者及其竞争对手各自的市场份额，进而考虑到硬盘市场上产品的同质化和市场高度透明，从而认定这个导致市场上5家企业减为4家企业的并购交易会增加企业间共谋的可能性，其结论是该交易具有排除、限制竞争的影响。②

商务部2014年6月17日发布的关于P3网络案的决定③，体现了商务部分析经营者集中的框架。商务部在该案中首先界定了相关商品市场为国际集装箱班轮运输服务市场，相关地域市场为欧亚航线、跨太平洋航线和跨大西洋航线；然后分析了参与这个交易的当事人及其拟设立的网络中心，包括市场份额、市场控制力、市场集中度、市场进入、对消费者和相关经营者的影响等多个因素；最后认定这个集中对欧亚航线集装箱班轮运输服务市

---

① 商务部公告〔2012〕第6号，http://fldj.mofcom.gov.cn/article/ztxx/201202/20120207960466.shtml。

② 商务部公告〔2012〕第9号，http://fldj.mofcom.gov.cn/article/ztxx/201203/20120307993758.shtml。

③ 商务部公告〔2014〕第46号，http://fldj.mofcom.gov.cn/article/ztxx/201406/20140600628586.shtml。

场可能具有排除、限制竞争的影响。在认定交易具有排除、限制竞争的影响时，商务部主要有以下方面的考虑：一是此项交易属于反垄断法规定的经营者集中，即商务部享有管辖权；二是参与交易的三家企业在欧亚航线的运力合计达到47%，即大大提高了它们对相关市场的控制力；三是该交易导致相关市场结构发生实质性改变，即消除了三家航运公司之间的竞争，HHI指数从890提高到2240，HHI增量为1350；四是该交易进一步提高了国际集装箱班轮海运服务市场的进入壁垒；五是该交易通过整合航线和国际运力资源，可能挤压其竞争者的发展空间，导致它们在市场竞争中进一步处于劣势地位。[①]

世界各国对这个国际三大航运巨头建立紧密性联营的态度是不同的。美国联邦海事委员会（FMC）于2014年3月24日批准了P3网络在美国生效。欧盟委员会也于2014年6月3日通知P3网络成员，指出欧盟委员会对这个合营企业的建立没有意见。[②] 然而，因为P3网络对欧亚航线集装箱班轮运输服务市场的竞争有重大影响，欧洲著名的竞争法专家Säcker教授指出，"中国商务部对P3网络发布禁令是完全正确的，因为这和美国、欧盟等竞争执法机构的做法是一样的，即当本国市场竞争受到来自境外限制竞争的不利影响时，它有权力对这个限制竞争采取措施"。[③]

3. 竞争损害的关注点

除上述分析经营者集中的步骤和框架外，商务部在分析竞争损害方面也发展了一套规则，即《关于评估经营者集中竞争影响的暂行规定》提出

---

① 尚明：《全面总结执法经验不断提高执法效率》，载中国世界贸易组织研究会竞争政策与法律专业委员会编著《中国竞争法律与政策研究报告2014年》，法律出版社，2014，第7~8页。

② 《中国商务部发禁令，马士基等全球三大航运巨头宣布终止结盟》，凤凰财经，http://finance.ifeng.com/a/20140618/12564142_0.shtml。

③ Franz Jürgen Säcker, "Chinesisches Aus für eine Reederei-Allianz", WuW vom 07.11.2014, Heft 11, Seite 1031.

的，横向并购注重单边效应和协调效应，非横向并购注重封锁效应。

单边效应是指集中可能产生或加强某个交易当事人单方面在市场上排除、限制竞争的能力，如单方面的涨价能力。[①] 商务部 2012 年 6 月 11 日附条件批准的联合技术公司收购古德里奇公司一案，就比较深入地分析了单边效应。[②] 参与这个并购的两个企业都生产飞机交流发电系统，并购是横向的。商务部对该案采取了以下分析方法。（1）界定相关市场。公告指出，集中双方当事人共同生产的产品包括飞机电源系统、飞机照明系统、飞行控制作动系统和飞机发动机控制系统，由此确定了此案的相关商品市场；考虑到集中双方是在全球从事经营活动，产品的价格全球统一，该案的相关地域市场是全球性的。（2）分析该交易影响市场竞争的各种因素，重点评估了可能产生的单边效应。商务部首先分析了交易当事人各自的市场份额和市场集中度，指出在飞机交流发电系统市场上，全球共有 6 家供应商，其中联合技术公司的市场份额为 72%，古德里奇为 12%，即它们分别居于市场第一位和第二位。这即是说，并购后企业的市场份额将达到 84%，市场集中度 HHI 指数将提高到 7158，交易前后 HHI 指数的增加值为 1728。（3）分析合并后企业的市场控制力。这方面一个重要的证据是在飞机交流发电系统 2007 年至 2011 年的招投标中，联合技术公司获得了绝大多数中标的机会，古德里奇也是为数不多的中标者，再加上联合技术公司在这个系统拥有全球领先的技术，商务部据此认为，该交易将进一步强化联合技术公司在全球交流发电系统市场的控制力，减少下游客户在全球选择供应商的机会，从而可能产生排除、限制竞争的效果。（4）分析市场进入障碍和潜在竞争。公告指出，飞机交流发电系

[①] Horizontal Merger Guidelines by U.S. Department of Justice and the Federal Trade Commission Issued: August 19, 2010, pp. 20-23, http://www.justice.gov/atr/public/guidelines/hmg-2010.pdf.

[②] 商务部公告 2012 年第 35 号，http://fldj.mofcom.gov.cn/article/ztxx/201206/20120608181083.shtml。

统的供应商不仅得根据飞机的型号量身打造平台，而且必须得拥有雄厚的资金和先进的技术才能满足前期研发的各种条件。此外，飞机交流发电系统具有耐用性，即一个飞机平台一旦确定了某种产品，它在很长时间甚至数十年都不会发生变化。这即是说，尽管技术创新和新的飞机平台可能为新的市场进入提供机会，但进入市场的机会是有限的，而且不可预期。通过这些比较深入的经济分析，包括分析相关市场当前的竞争态势和预测未来的态势，商务部认定这项集中将会产生排除、限制竞争的影响，从而通过结构性救济对这个交易做出附条件批准。[①] 值得提及的是，商务部对这个并购作出决定的时间还早于美国和欧盟反垄断执法机关，这不仅说明商务部反垄断执法的能力，而且还说明它对这个案件的决定充满了自信心。[②]

协调效应是指集中可能增加行业内企业进行共谋的机会，从而具有共同排除、限制竞争的可能性。商务部 2012 年 3 月 2 日在其附条件批准的西部数据收购日立存储的决定中，就深入地分析了该交易可能产生的协调效应。[③] 商务部首先界定了该交易的相关产品市场和相关地域市场：相关产品是计算机以及其他消费电子产品中被称为"硬盘"的存储设备；因为硬盘是全球采购，本案的相关地域市场是全球性的。因为全球仅有希捷、西部数据、日立存储、东芝和三星 5 家硬盘生产企业，2010 年它们的市场份额分别为 33%、29%、18%、10% 和 10%，这是一个寡头垄断的市场。公告还指出，因为市场集中度和产品同质程度都很高，生产商有着相同的销售渠道，这个市场的透明度也很高。此外，考虑到硬盘生产的科技含量很高，知识产权和

---

① 商务部公告〔2012〕第 35 号，http://fldj.mofcom.gov.cn/article/ztxx/201206/20120608181083.shtml。

② 参考 Freshfields Bruckhaus Deringer，"Antitrust Developments in the PRC in 2012"，https://sites-freshfields.vuturevx.com/66/4132/downloads/freshfields-briefing-antitrust-developments-in-the-prc-in-2012.pdf，p. 6。

③ 见商务部公告〔2011〕第 90 号，http://fldj.mofcom.gov.cn/article/ztxx/201112/20111207874274.shtml。

专有技术构成进入市场的重大障碍，以至于近 10 年来没有新的企业进入市场。通过这一系列因素的分析，商务部认定，这个集中将会减少市场上一个重要的竞争者，从而增加市场上现存企业通过协调方式排除、限制竞争的可能性。这种情况下，商务部就通过结构性救济，附条件批准了这个交易。

封锁效应是指上下游企业的合并，导致未参与交易的企业被迫退出市场或者新的企业难以进入市场的情况。商务部在其 2012 年 5 月附条件批准谷歌收购摩托罗拉移动的公告中 [①]，就不仅考虑到这个交易可以使谷歌取得摩托罗拉移动在智能手机领域的多项核心专利，由此在该领域获得强大的软硬件开发和集成能力，[②] 从而可能在无线通信标准必要专利许可市场施加不合理的交易条件，排除、限制竞争；而且还考虑到谷歌在与移动智能终端制造商的交易中，有动机、有能力给予摩托罗拉移动比较优惠的待遇，例如最先向摩托罗拉移动提供其最新开发的安卓系统，由此导致与摩托罗拉移动开展竞争的其他手机生产商处于不利的竞争地位，或者提高新企业进入市场的难度。通过这样的经济分析，商务部对这个集中申报做出了与欧盟委员会和美国司法部不同的决定，即对该交易附加了限制性条件。在 2014 年 4 月附条件批准的微软收购诺基亚设备和服务业务以及 2015 年 10 月附条件批准的诺基亚收购阿尔卡特朗讯股权等案件的公告中，商务部也都考虑到了这些交易对下游企业可能产生的封锁效应。这些案件说明，鉴于中国是一个智能手机生产大国，反垄断执法机关尤其重视无线通信领域的排除、限制竞争问题，从而在经营者集中的批准决定中附加限制性条件，要求权利人依据公平、合理和无歧视的原则许可其必要专利。

---

① 商务部公告 2012 年第 25 号，http://fldj.mofcom.gov.cn/article/ztxx/201205/20120508134324. shtml.

② 公告指出，谷歌的安卓系统在中国移动智能终端操作系统约占 74% 的市场份额。

三　集中控制程序的新发展

（一）概述

我国《反垄断法》中的集中审查程序，很大程度上借鉴了德国《反对限制竞争法》和欧盟竞争法的规定。根据《反垄断法》第 21 条，达到国务院申报标准的经营者集中应事先申报，未申报的不得实施集中。根据第 25 条和第 26 条，执法机关收到全面的申报材料之日起 30 日内，对申报的经营者集中进行初步审查；当事人在 30 日内未得到通知的，应视为得到了批准。如果执法机构认为经营者集中有严重限制竞争的可能性，它应当通告当事人该申报进入第二审查阶段。第二审查阶段期限为 90 天，特殊情况下可再延长 60 天。

理论上说，如果 98% 的经营者集中得到了无条件批准，这说明绝大部分申报了的经营者集中对市场竞争没有损害，从而应当在集中的初步审查阶段得到批准。然而，现实情况是，由于商务部反垄断局人力资源严重不足，而且很多案件要征求国务院相关部委的意见，[①] 再加上复杂案件和简易案件均按照统一的标准进行审查，结果就是大部分案件的审查决定是在第二审查阶段作出的，时间需要 4 个月或者 5 个月，甚至出现过临近审查期结束还要求当事人补充申报资料的情况。因为处于申报和审查的经营者集中在经济上处于极不稳定时期，当事人的税务、财务、人事、企业管理以及其他很多事务都会随时发生变化，这个时间拖得越长，它们在经济上的损失就越大，甚至

[①]　如商务部在可口可乐并购汇源一案的决定中指出，"立案后，商务部对此项申报依法进行了审查，对申报材料进行了认真核实，对此项申报涉及的重要问题进行了深入分析，并通过书面征求意见、论证会、座谈会、听证会、实地调查、委托调查以及约谈当事人等方式，先后征求了相关政府部门、相关行业协会、果汁饮料企业、上游果汁浓缩汁供应商、下游果汁饮料销售商、集中交易双方、可口可乐公司中方合作伙伴以及相关法律、经济和农业专家等方面意见"。见商务部公告〔2009〕第 22 号，http://fldj.mofcom.gov.cn/article/ztxx/200903/20090306108494.shtml。

也给交易第三方带来不利的影响。这种情况下，有些参与集中的经营者考虑到申报后审查的时间太长，就宁可不申报而被处以罚款，也不愿意让企业长期处于不稳定的状态。① 正是因为经营者集中审查的时间太长受到企业和律师界的批评，而且审查期太长也给执法机关带来了很大的负担，为了加快案件审查速度，减少申报人不合理的申报成本，商务部在经营者集中审查程序方面最重要的改革就是顺应国际趋势，特别是借鉴欧盟委员会的经验，引进了简易案件快速审查机制。

程序方面的另一重大改进是从 2012 年第四季度起，商务部反垄断局开始公告无条件批准的经营者集中，公告的内容包括案件名称和参与集中的经营者。因为《反垄断法》第 30 条只是规定，反垄断执法机构应当将禁止经营者集中的决定或者附加限制性条件的决定及时向社会公布，而没有规定无条件批准的集中也应当向社会公告，因此对这个内容的公告也是经营者集中控制程序的一个重要发展。

（二）简易程序的快速审查机制

2014 年 2 月 11 日，商务部发布了《关于经营者集中简易案件适用标准的暂行规定》。② 根据这个规定，下列情形的经营者集中可视为简易案件：（1）参与横向集中的经营者的市场份额共计不足 15%；（2）参与纵向集中的经营者在上下游市场的份额均不足 25%；（3）参与非横向或非纵向集中的经营者在与交易相关的每个市场的份额均不足 25%；（4）在境外设立的合营企业不在境内从事经营活动；（5）收购境内没有经营活动的境外企业的股

---

① See US China Business Council, "Competition Policy & Enforcement in China", https://www.uschina.org/reports/update-competition-policy-enforcement-china; Skadden: China Merger Control: New Carrots and a Bigger Stick, http://www.skadden.com/insights/china-merger-control-new-carrots-and-bigger-stick.

② 商务部《关于经营者集中简易案件适用标准的暂行规定》，http://fldj.mofcom.gov.cn/article/c/201409/20140900743277.shtml.

权或资产；（6）两个以上经营者共同控制的合营企业通过并购被其中一个或一个以上经营者所控制。

上述简易案件的认定标准是商务部几年来控制经营者集中的经验总结，而且很大程度上也是借鉴了欧盟委员会的相关经验。欧盟委员会 2005 年就发布了《关于处理某些集中案件的简易程序的通告》。[①] 经过近 10 年的实践，欧盟委员会还认识到简易程序的适用可扩大到没有限制竞争问题的其他并购案件，因此自 2014 年起实施了一个新的简易程序。[②] 根据新的简易程序，如果参与横向并购的经营者的市场份额合计不足 20%，或者参与纵向并购的经营者各自在上下游市场的份额均不足 30%，或者虽然参与横向并购的经营者的市场份额合计达到 20% 至 50%，但合并前后相比增加的市场份额不大，这些并购都可以适用简易程序。根据欧盟委员会发布的信息，新的简易程序可适用于全部申报案件的 60%~70%。[③] 商务部《关于经营者集中简易案件适用标准的暂行规定》的适用范围显然没有欧盟委员会新的简易程序的适用范围大，但是因为中国反垄断执法时间还不够长，案件审理尚处于初期阶段，相关经验还不够丰富，这个简易案件的适用范围比较符合国情，也比较稳妥。

因为暂行规定只是规定了什么样的集中可被视为简易案件，而没有规定简易案件如何适用简易程序，商务部反垄断局于 2014 年 4 月 18 日发布了《关于经营者集中简易案件申报的指导意见（试行）》（简称《指导意见》）。[④] 根

---

① See Commission Notice on a simplified procedure for treatment of certain concentrations under Council Regulation (EC) No. 139/2004 (2005/C 56/04).

② See Commission Notice on a simplified procedure for treatment of certain concentrations under Council Regulation (EC) No. 139/2004, (2013/C 366/04)，http://eur-lex.europa.eu/legal-content/EN/ALL/?uri=CELEX:52013XC1214(02).

③ European Commission-Press release-Mergers: Commission cuts red tape for businesses，http://europa.eu/rapid/press-release_IP-13-1214_en.htm.

④ 《关于经营者集中简易案件申报的指导意见（试行）》，http://fldj.mofcom.gov.cn/article/c/201404/20140400555353.shtml。

据《指导意见》，参与集中的当事人可在正式申报前就拟申报的交易是否属于简易案件等问题向反垄断局申请商谈，但申请商谈不是简易案件申报的必经程序。对符合简易案件标准的经营者集中，申报人可申请作为简易案件。但是，即便符合简易案件标准的经营者集中，如果申报人未申请作为简易案件申报，它得仍作为非简易案件申报。

与非简易案件申报相比，简易案件申报的程序没有重大变化，但申报的内容有了简化。即提交参与集中的经营者的基本信息仍然是必要的，这包括填写申报书、提交集中协议、提供参与集中的经营者上一会计年度的财务会计报告等，此外也得说明集中对相关市场竞争的影响，包括集中交易的概况、相关市场界定、参与集中的经营者在相关市场的份额、主要竞争者及其市场份额、集中对相关市场竞争影响的评估及依据等，但申报人不必按照2009年发布的《经营者集中申报办法》说明参与集中的经营者对市场的控制力、市场集中度、市场进入、行业发展现状以及集中对市场竞争结构、行业发展、技术进步、国民经济发展、消费者以及其他经营者的影响等问题。①

根据《指导意见》，经反垄断局的审核，符合简易案件标准的经营者集中可按简易案件立案，不符合这个标准的集中仍得按照非简易案件重新申报。此外，申报人申报时应填报经营者集中简易案件公示表。简易案件经商务部反垄断局立案后，申报人填报的公示表得在商务部反垄断局网站进行10天公示。公示期内，任何单位和个人均可对公示的案件是否应被认定为简易案件向反垄断局提交书面意见。如果第三方认为公示的案件不是简易案件，他应在公示期内向反垄断局提出异议，并提供相关证据和联系方式。

引进简易案件申报程序不仅大幅度减少了参与集中的经营者需要申报

---

① 《关于经营者集中简易案件申报的指导意见（试行）》，http://fldj.mofcom.gov.cn/article/c/201404/20140400555353.shtml。

的信息，从而减轻了企业申报负担，而且作为简易案件的申报一般可在立案后 30 天内作出决定，[①] 这就大大加快了案件审查速度。商务部公告的第一个简易案件申报是 2014 年 5 月 22 日公示的罗尔斯 – 罗伊斯控股公司拟收购罗尔斯罗伊斯动力系统控股公司单独控制权案，据悉这个经营者集中从立案到批准仅 19 天时间。[②] 2014 年商务部公告的简易案件大约 71 件，其结果就是 2014 年在初步审查阶段的审结率比 2013 年提高了 32%。[③] 由于简易案件的申报相当程度上缩短了经营者集中的审结时间，这也有助于提高商务部的审查速度和效率。例如，商务部反垄断局 2015 年上半年收到的集中申报 160 件，比 2014 年同期增长 55%；立案 169 件，比 2014 年同期增长 46%；做出决定 156 件，比 2014 年同期增长 33%。[④] 此外，因为作为简易案件申报的集中要在商务部网站进行公示，向社会征求意见，公示的内容包括交易概况、参与集中的经营者简况和简易申报的理由，这就使相关利益人有机会了解这些案件的情况，由此也提高了经营者集中审查的透明度。

3. 无条件批准的集中向社会公告

反垄断执法应有透明度，特别是应当向社会公告执法机关所审理的案件，案件决定所依据的事实和法律。因为只有透明执法，人们才有可能对执法机关的执法活动进行监督，交易当事人以及相关第三方才有可能及时获得法律救济的机会。经营者集中审查的透明度尤其重要，因为申报的集中很多涉及跨国公司，这些集中往往同时也在美国、欧盟以及其他反垄断司法辖

---

① 《关于经营者集中简易案件申报的指导意见（试行）》没有说明简易案件申报后的审查程序，例如需要多长时间可以得到批准，审查中是否和非简易案件一样需征求其他部委的意见，等等。

② Davis Polk, "China Antitrust Review 2014", January 28, 2015.

③ 尚明：《做好经营者集中反垄断审查工作 维护市场公平竞争》，载《中国竞争法律与政策研究报告 2015 年》，法律出版社，2015，第 5 页。

④ 《商务部上半年收到反垄断申报 160 件，同比增 55%》，http://news.cnfol.com/guoneicaijing/20150721/21134111.shtml。

区进行了申报，即案件的影响很大。因此，《反垄断法》没有规定无条件批准的集中也应向社会公告就存在问题。第一，如果这些案件不向社会公告，人们如何监督和评估执法机关的这部分执法活动？事实上，执法机关对经营者集中无条件批准的决定与其他类型的决定一样，不能保证执法机关执法工作的正确性。如果这样的决定不正确，例如无条件批准了不该批准的集中，这个决定就可能对市场竞争产生不利的影响。第二，因为企业并购是企业扩大规模和提高市场竞争力的重要手段，错误的批准决定对交易当事人的竞争对手就会产生严重的不利影响。2006 年，苏泊尔公司准备向法国 SEB 集团出售其 61% 的股份时，就受到爱仕达等 6 家五金制品企业的强烈反对。反对者提出，如果 SEB 集团取得对苏泊尔的控制权，它可能垄断中国的炊具生产市场。[①] 这说明，并购交易对市场上的其他企业也有重大影响。然而，如果执法机关无条件批准的决定可以不向社会公告，交易当事人的竞争对手自然就不能及时获悉相关信息，从而也不能及时寻求法律救济。因此，商务部自 2012 年第四季度开始向社会公告其无条件批准的经营者集中，是提高透明度的重要体现。[②] 然而，因为这方面公告的信息仅包括案件名称、参与集中的经营者和结案时间，这说明提高这方面的透明度还有很大的空间。

4. 未依法申报的行政处罚

2011 年底，商务部公布了《未依法申报经营者集中调查处理暂行办法》。据此，任何单位和个人都有权向商务部举报涉嫌未依法申报的经营者集中。举报采用书面形式，并提供举报人和被举报人的基本情况、涉嫌未依法申报

---

① 《中国 6 家炊具企业联手 抵制法国公司并购苏泊尔》，http://business.sohu.com/20060901/n245111795.shtml。

② 见商务部反垄断局 2012 年 11 月 15 日信息《为加强政务公开，将按季度向社会公布无条件批准案件的相关信息》，http://fldj.mofcom.gov.cn/article/zcfb/201211/20121108437868.shtml。

经营者集中的相关事实和证据等。商务部应当进行必要的核实，对有初步事实和证据表明存在未依法申报嫌疑的经营者集中应当立案，并书面通知被调查的经营者。被调查的经营者应当在立案通知送达之日起 30 天内，向商务部提交被调查交易是否属于经营者集中、是否达到申报标准、是否已经实施且未申报等有关的文件和资料。商务部应自收到符合规定的文件、资料之日起 60 天内，对被调查的交易是否属于未依法申报完成初步调查；在 180 天内，完成进一步的调查。在进一步调查阶段，商务部应按照《反垄断法》及《经营者集中审查办法》等相关规定，对被调查的交易是否具有或者可能具有排除、限制竞争效果进行评估。根据《暂行办法》第 13 条，经调查认定被调查的经营者未依法申报而实施集中的，商务部可处 50 万元以下的罚款，并可采取以下措施责令其恢复到集中前的状态：（1）停止实施集中；（2）限期处分股份或者资产；（3）限期转让营业；（4）其他必要措施。商务部进行罚款或者采取措施的时候，应考虑经营者未依法申报行为的性质、程度、持续时间以及它对竞争的影响等各种因素。

也许因为快速审查机制很大程度上减轻了企业的申报负担，商务部自 2014 年 12 月开始处罚该申报而未申报的参与集中的经营者。商务部首次在这方面的行政处罚是针对紫光集团收购锐迪科的未依法申报，惩罚的力度是行政罚款 30 万元。[①] 紫光集团收购锐迪科是国有企业进行的一个海外收购，交易完成于 2014 年初，收购价格 9.07 亿美元。有人分析说，这个并购未事先申报有两个原因：一是商务部审查集中的时间太长，甚至长达 6 个月左右，如果进行申报和等待批准，会延误交易的交割；二是这个并购对国内市场竞争没有排除、限制竞争的影响，如果铤而走险不申报，最终不过 50 万元以

---

①　商务部行政处罚决定书（商法函〔2014〕788 号），http://fldj.mofcom.gov.cn/article/ztxx/201509/20150901124995.shtml。

下的罚款了事。① 这说明，《反垄断法》对违法实施的经营者集中规定罚款
50 万元以下，对违法集中的经营者可能没有很大的威慑力。不过，对未依
法申报的经营者进行行政处罚毕竟要进行社会公告，即便几十万元的罚款对
企业算不上什么，社会公告的行政处罚对企业的信誉还是有一定杀伤力，因
此，商务部对未依法申报的经营者进行处罚的决定不仅有助于提高反垄断法
的权威，而且也有助于提高经营者的守法意识。

5. 未履行承诺的行政处罚

2014 年 12 月 4 日，商务部发布了《关于经营者集中附加限制性条件的
规定（试行）》（简称《规定》）。批准决定中附加限制性条件是为了消除集中
对竞争的不利影响，因此，这个规定具有实体法的性质。例如《规定》第 3
条指出，为减少集中对市场竞争的不利影响，商务部对不予禁止的集中可附
加以下三类限制性的条件：（1）剥离有形资产、知识产权等无形资产或相关
权益等结构性条件；（2）开放网络或平台等基础设施、许可关键技术（包括
专利、专有技术或其他知识产权）、终止排他性协议等行为性条件；（3）结
构性条件和行为性条件相结合的综合性条件。此外，这个规定中也有很多程
序性的内容，如第 5 条规定，附加限制性条件的建议原则上应当由申报方提
出；第 6 条规定，申报方在规定期限内未提出附条件建议的，或者提出的附
条件建议不足以减少集中对竞争产生的不利影响的，商务部应禁止该项集中；
第 7 条规定，申报方在规定期限内提出附条件建议的，商务部应与申报方进
行协商，对附条件建议的有效性、可行性和及时性进行评估，并将评估结果
通知申报方；第 8 条规定，为评估所附条件能否解决集中对市场竞争产生的
不利影响，商务部应征求相关政府部门、经营者和消费者的意见，并将附加
限制性条件的审查决定向社会公告。根据第 25 条，附加限制性条件的审查

---

① 　见 OFweek 电子工程网《紫光接受商务部对其违规收购锐迪科的处罚》，http://ee.ofweek.
　　com/2014-12/ART-8120-2801-28912333.html。

决定生效后，商务部可以对限制性条件进行重新审查，变更或者解除限制性条件。根据第 29 条，参与集中的经营者如果违反审查决定，商务部应责令限期改正；情节严重的，应责令停止实施集中、限期处分股份或者资产、限期转让营业以及采取其他必要措施恢复到集中前的状态，并可处 50 万元以下的罚款。

就在上述规定发布的前两天，商务部于 2014 年 12 月 2 日对西部数据的以下两个行为分别作出了行政处罚：一是未经批准将 Viviti 公司的美国子公司 HGST 转移到自己旗下，成为西部数据科技公司的全资子公司；二是 2013 年 1 月撤销了 Viviti/HGST 公司发展部门，并将其有关员工转移至西部数据任职。根据这两个公告，西部数据的这两个行为违反了商务部 2012 年 3 月 2 日《关于附加限制性条件批准西部数据收购日立存储经营者集中反垄断审查决定的公告》[①] 第 4 部分第（1）项关于"维持 Viviti 公司交易前状态，确保 Viviti 公司维持独立的法人地位并独立开展业务"的规定。[②] 商务部依据《反垄断法》第 48 条和第 49 条的规定，对西部数据这两个违法行为分别处以 30 万元的行政罚款，此外还依据《行政处罚法》第 23 条，要求它在这两个行政处罚作出之日起 45 天内，采取其承诺的措施改正其违规行为。

商务部对西部数据作出的两个行政处罚决定是它首次依据附条件批准的经营者集中决定而作出的处罚，也即是因为附条件批准的经营者违反其向反垄断执法机关所作的承诺。与未依法申报的经营者受到的行政处罚一样，即便这几十万元的罚款对违法的经营者来说可能算不上什么，然而因为社会公告了的行政处罚书对企业的信誉有一定杀伤力，商务部对不履行承诺的经

[①]　商务部公告〔2012〕第 9 号，http://fldj.mofcom.gov.cn/article/ztxx/201203/20120307993758.shtml。

[②]　商务部行政处罚决定书（商法函〔2014〕787 号），http://fldj.mofcom.gov.cn/article/ztxx/201509/20150901124994.shtml；商务部行政处罚决定书（商法函〔2014〕786 号），http://fldj.mofcom.gov.cn/article/ztxx/201509/20150901124992.shtml。

营者进行的处罚决定就有助于提高反垄断法的权威，也有助于提高经营者的守法意识。①

四　当前尚存在的问题

商务部执行反垄断法和实施经营者集中控制虽然仅仅 8 年，但其成果显著，这不仅表现为它在权限范围内审理了很多案件，很多是国内外有影响的大案，而且通过案件审理也积累了相当多的实践经验，并在这些实践经验的基础上完善了中国反垄断立法。更重要的是，我国近 40 年改革开放的经验已经证明，要维护市场的竞争性，就应当防止过度的经济集中，国家就应当对经营者集中实行控制。因此，商务部实施的经营者集中控制有助于我国建立有效竞争的市场结构，有助于维护我国市场的竞争秩序，也有助于提高全社会特别是企业的反垄断意识，提高国家的竞争文化。然而，反垄断法在我国是一个全新的法律制度，加上我国经济体制尚处于转轨阶段，商务部的反垄断初期执法就不免还存在一些问题，这个执法队伍还面临严峻的挑战。

（一）集中审查中的非竞争因素

我国《反垄断法》授权执法机关在审查经营者集中时可以考虑一些非竞争因素，例如"社会公共利益"和"国民经济的发展"②。商务部迄今作出的决定虽然尚未使用过"社会公共利益"或者"国民经济的发展"等字眼，但有些案件如果考虑竞争政策可能是得不到批准的，那就说明这些案件的审理考虑了产业政策。例如，中国南车集团和中国北车集团两大国有轨道交通

---

① 2014 年 3 月西部数据提出了解除 2012 年第 9 号公告第（1）、（2）项义务的申请。因其当时有两项行为涉嫌违反公告而被立案调查，该申请未予受理。2015 年 1 月 30 日，在西部数据违反公告的行为处理完毕后，商务部正式受理并启动了对其申请的评估工作，并于 2015 年 10 月 19 日发布了《《关于变更西部数据收购日立存储经营者集中限制性条件》的公告》，见 http://fldj.mofcom.gov.cn/article/ztxx/201510/20151001139040.shtml。

② 见《反垄断法》第 27 条和第 28 条。

装备公司除得到了国资委、证监会等机构的批准，2015 年 4 月 3 日还通过了商务部反垄断局经营者集中的审查。[①] 这两个企业合并的结果是，新组建的中国中车集团占据了中国国内轨道车辆市场的全部份额，市场销售额可达2240 亿元。[②] 中国南车和中国北车合并的背景是，合并前它们是竞争对手，国内外招投标往往相互竞价，特别是海外招投标中相互竞价会导致企业利润低下，因此这个合并有助于中国企业在国际市场上与美国、欧洲和日本的企业开展竞争。笔者不反对政府实施产业政策，更不反对政府推进中国企业走向国际市场。但是，政府推进国有大企业实行"垄断和集中"的产业政策时，也应当考虑国内市场竞争的需求。中国南车和中国北车是 20 世纪 90 年代由铁道部下属的一个大型国有企业分割而成的，分割的目的是促进国内市场的竞争。这说明，尽管推动国内大企业走向国际市场是必要的，但维护国内市场的竞争性在推动国有企业提高经济效率方面仍然是一个非常重要的因素。这里有必要说明的是，企业合并的好处往往短期内就可以看到，但其坏处则往往经过很长时间才能表现出来，这里存在一个短期合理化和长期缺少竞争机制的矛盾。此外，政府产业政策比较注重生产者的利益，随之也比较轻视消费者的利益，而消费者的利益只能在市场有效竞争的条件下才能得到保护。因此，经营者集中控制应当从维护有效竞争的原则出发，以合理化为由的并购仅在这个合理化没有完全窒息竞争且合理化具有长期效益的条件下才应当得到批准。

当然，另一方面，随着新技术和新产品的开发，许多经济领域包括电信、汽车制造、飞机制造、大型船舶、大型机械、计算机、药品和家用电器等市场的国际化趋势十分明显。这种情况下，企业的市场份额就不应当仅仅根据国内市场进行计算，还应当考虑它在国际市场所占的份额和地位。这即

[①] 商务部反垄断局出具了《审查决定通知》，见商反垄审查函〔2015〕第 19 号。

[②] 见《合并通过双审，南北车今日复牌》，《新京报》2015 年 4 月 7 日。

是说，分析企业市场力的时候，还应当考虑国际竞争关系，即企业需要什么样的财力和技术条件才有资格参与国际竞争。这种情况下，如何让反垄断执法机关在保护国内市场竞争和推动企业参与国际市场竞争两者之间做出选择？因为经济是非常复杂的，无论从现实出发还是从发展的眼光看，竞争政策同社会公共利益或者整体经济利益都有冲突的可能性。一个比较灵活的做法是给执法机关留有余地，使它在竞争政策和产业政策发生冲突时有选择的机会。但另一方面，反垄断执法机构应当谨慎执行产业政策，否则它就不可能认真执行国家的竞争政策，特别是我国的大政方针要使市场在资源配置中起决定性的作用，竞争政策就应当成为维护我国市场经济秩序的基本政策。这种情况下，产业政策的运用应当成为反垄断执法中的例外情况，执行竞争政策应当在反垄断执法中常态化。例如，就中国南车集团和中国北车集团并购一案来说，执法机关除了考虑国际竞争，还必须考虑的一个问题是：中国南车集团和中国北车集团的产品在国内市场是否还有很多买方，中国南车集团和中国北车集团并购后是否可能在国内市场出现涨价的动机。

（二）执法的独立性不足

反垄断执法的独立性是指执法机关能够独立执行反垄断法和竞争政策，即其正常的执法活动不应受到其他政府部门的干扰。反垄断执法机关应当有其独立性，因为它查处的案件一般在社会上的影响很大，甚至涉及整个市场或者整个行业。这种情况下，如果执法机关没有足够大的独立性，没有足够高的权威，它的审案工作就不可避免地会受到其上级政府或与案件相关的其他政府机构的影响。

由于我国经济体制仍然处于转型阶段，特别是大型国有企业处于政府的监管之下，反垄断执法机关审理涉及大型国有企业的案件时往往缺乏独立性。除了前面讨论的2015年中国南车集团和中国北车集团的合并外，2008年10月发生的中国联通和中国网通之间的并购也是人们经常讨论的一个话题。中国联通 2007 年的营业额为 1004.7 亿元，中国网通为 869.2 亿元，并购金额高达 4000 多亿港元，但这两个巨型企业在反垄断法生效后的并购没有按照规定事前向商务部进行申报。[①] 特别需要指出的是，尽管很多媒体指出这个并购没有进行申报，商务部也没有依照《反垄断法》第 47 条的规定对这个没有申报的并购进行追究，这说明商务部在处理这个案件的问题上缺乏独立性。近年来，中央政府一个明显的意图是在铁路、电力、IT 等领域推进国内大企业对市场的集中和垄断，目的是便于它们进军海外市场，扩大产品出口。如果商务部反垄断局面对国资委、国家发改委等机构主导的经营者集中缺乏独立性，其后果就不仅仅是不能依照反垄断法审查这些经营者集中，这些国有大企业的并购或者重组甚至不需要依照反垄断法的规定事先进行申报。然而，如果商务部作为控制经营者集中的反垄断执法机关，不能审查由国资委等机构批准的国有大企业之间的并购，不仅会损害反垄断法的效力和权威，而且也会影响国家全面实行依法治国和建立法治国家的方略和信心。

世界银行 2002 年的报告建议，为提高反垄断执法的独立性，这个执法机关的主席最好由国家议会任命，有其独立的财政预算。根据该报告对 50 个发达国家的调查，63% 的国家有其独立的反垄断执法机构，即该机构不属于任何政府部门。[②] 就我国体制而言，建立一个不隶属于任何政府部门的反垄断执法机构是不可能的，但这并不意味着我国没有提高反垄断执法机关独立性的措施。我国反垄断法的一个重大缺陷是其管辖权分属国家发展和改革委员会、商务部和国家工商行政管理总局三个部门，这三足鼎立的反垄断行政执法的致命弱点是，真正执行反垄断法的机构均在国务院部委下面，级别不够高，权威不大。因此社会上强烈呼吁，为了发挥反垄断法应有的效力，为了更好地规范市场竞争秩序，国务院应早下决心，尽早将三个反垄断行政

---

① 王毕强：《商务部官员证实联通网通合并涉嫌违法》，《经济观察报》2009 年 4 月 30 日。

② World Bank World, Development Report 2002, Building Institutions for Markets, p. 142.

执法机构整合为一个统一的机构。①

（三）执法资源不足

徒法不足以自行。反垄断法的效力相当程度上取决于它的执法机关，反垄断执法机关的效力则相当程度上取决于它的执法资源。因此，国家应当为反垄断执法机关配置数量适当的人员和财力。我国反垄断法需要相当的执法资源，这不仅因为这部法律的适用范围广，可以适用于几乎所有的行业和所有的企业，而且还因为我国疆域辽阔，有着世界上最广阔的市场。因此，理论上说，我国反垄断执法资源不应当少于其他任何国家和地区的反垄断执法机关。

在我国三家反垄断执法机关中，商务部反垄断局是最大的机构，有30多人。但是，考虑到现在每年审理300多个集中申报案件，可以想见反垄断局的工作负担和压力。由于人力资源严重不足，过去有很多并购案件不得不延长审查期。现在随着简易案件快速审查机制的使用，案件的平均审查期缩短了，但是随着透明度的要求，反垄断局的执法压力仍然很大，而且可以想见其会越来越大。当然，反垄断执法资源的改善不可能一蹴而就，这需要国家高度重视，因为执法资源的改善不是执法机关本身能够解决的问题。

（四）反垄断法本身还有很多待完善的问题

经营者集中控制在中国已经实施了8年。通过商务部及其反垄断局一系列的立法活动，经营者集中控制的实体法和程序法有了很大改善，然而实践中还有很多值得进一步改善的地方，例如下面几个问题。

1.解释"取得控制权"等概念

反垄断法的"企业并购"或者"经营者集中"是指一个企业通过某种方式能够对另一企业施加支配性的影响，"取得控制权"便成为认定经营者

---

① 王晓晔：《我国反垄断执法机构的几个问题》，《东岳论丛》2007年第1期。

集中的一个核心问题。比如，参与并购的两个企业的市场销售额虽然共计达到了国务院发布的《关于经营者集中申报标准的规定》，但是如果取得企业只取得被取得企业 5% 的股份，人们一般很难认定这两个企业间发生了控制权转移或者一个能够对另一个施加支配性的影响。就资产并购来说，如果一个企业取得另一企业的控制权，它一般应当取得 50% 以上的资产。就取得足够数量有表决权的股份来说，在企业股份处于市场流通的情况下，一个企业一般不需要取得另一企业 50% 的股份就可以对之施加支配性影响，因此，法律上应当对可施加支配性影响的股份提出一个量化标准，以提高法律透明度，使企业能够对其法律行为的后果有可预见性。例如德国《反对限制竞争法》第 37 条第 3 款规定，如果一个企业取得另一企业 50% 或者 25% 的资本或者有表决权的股份，这两个企业可被视为发生了合并。[①] 我国反垄断法至今还没有一个关于控制权的规定，参与并购的企业及其律师们都急迫地想知道，一个企业取得另一企业多少股份就可以避免出现"取得支配权"的问题。这里虽然不存在一个刚性的规定，但是如果有了这方面明确的规定，执法机关就可以对那些虽然达到申报标准但没有取得控制权的集中采取快速审查机制，这一方面可以减轻企业的申报负担，缩短审查时间，另一方面也可以减轻执法机关的审查负担，提高执法效率。[②]

2. 量化市场集中度

商务部发布的《关于评估经营者集中竞争影响的暂行规定》指出，"市场集中度是评估经营者集中竞争影响时应考虑的重要因素之一。通常情况下，相关市场的市场集中度越高，集中后市场集中度的增量越大，集中产生排除、限制竞争效果的可能性越大"。商务部已经在很多案件中使用 HHI 指数来说明相关市场的集中度。例如在 P3 网络一案中指出，这个合营企业

---

①　See German Act against Restraints of Competition, §37（3）, updated in July 2014.

②　参见叶军《经营者集中法律界定模式研究》，《中国法学》2015 年第 5 期。

的建立导致欧亚航线集装箱班轮运输服务市场的"HHI指数从890提高到2240,HHI增量为1350"，由此说明了相关市场的结构发生了实质性的改变。[1]但是，我们应当学习美国和欧盟反垄断执法的经验，即通过量化了的HHI指数说明市场集中度及其对市场竞争的影响，以便提高反垄断执法的透明度，提高参与并购的企业对案件后果的可预期性。例如，美国司法部和联邦贸易委员会依据HHI指数，一般将市场集中度分为低度、中度和高度三种类型：HHI指数不足1500的是低集中度，HHI指数为1500~2500的为中集中度，HHI指数2500以上的为高集中度，并在此基础上考察并购导致HHI指数发生变化的情况，以此分析横向并购是否可能引起竞争关注的问题。例如，导致相关市场HHI指数增幅不足100点的横向并购，一般不具反竞争的效果。[2]依据HHI指数确定的市场集中度及其对市场竞争的影响虽然不是刚性的，但它为分析横向并购的竞争影响提供了一个重要的方法。

3. 明确豁免的几种情况

商务部发布的《关于评估经营者集中竞争影响的暂行规定》第12条规定，审查经营者集中除考虑《反垄断法》第27条规定的"参与集中的经营者在相关市场的市场份额及其对市场的控制力""相关市场的市场集中度"等各种因素外，还应综合考虑集中对公共利益的影响，对经济效率的影响，参与集中的经营者是否为濒临破产的企业，是否存在抵消性买方力量等因素。因为这里提及的"经济效率""濒临破产的企业"与《反垄断法》第27条和第28条提及的"社会公共利益"和"国民经济的发展"有密切的关系，这个规定从而也发展了反垄断法。例如，执法机构可以基于经营者集中实现

---

① 商务部公告〔2014〕第46号，http://fldj.mofcom.gov.cn/article/ztxx/201406/20140600628586.shtml。

② Horizontal Merger Guidelines, "U.S. Department of Justice and the Federal Trade Commission", Issued: August 19, 2010, https://www.ftc.gov/sites/default/files/attachments/merger-review/100819hmg.pdf.

的生产合理化，或者有利于提高企业的经济效率和市场竞争力等理由而批准一些具有限制竞争影响的经营者集中。然而，为了提高执法透明度，执法机关应当通过指南或者指导意见对"社会公共利益"、"经济效率"、"濒临破产的企业"以及"抵消性买方力量"等概念作出解释。

其实，"经济效率"和"破产企业"等概念与产业政策有着密切的联系。例如，考虑经营者集中所产生的经济效率，这很难说不是出于产业政策。美国也很注重对与破产企业相关的并购活动进行豁免，这一方面是出于市场竞争的考虑，因为这样的并购一般不会产生市场势力；另一方面也是出于产业政策，因为这种合并有利于推动企业的重组活动。但是，考虑这些因素应注意的问题是，被豁免的企业并购不能严重影响市场竞争。美国反托拉斯执法机关虽然也考虑企业合并中的经济效率，但它强调这是企业并购所特有的效率，是可以认知的效率，即这些效率不是因为并购后具有垄断性的企业在产品或服务方面实施的限制竞争。美国司法部和联邦贸易委员会联合发布的《横向并购指南》明确指出，如果一个合并导致垄断或者近乎导致垄断，合并产生的效率不具有合理性。[①]

4. 对违法行为加大处罚

违法实施的经营者集中一般有以下几种情况：(1) 该申报未申报的集中；(2) 申报后未得到批准前实施的集中；(3) 申报中提供虚假信息骗取了执法机关的批准；(4) 附条件批准的经营者不履行其向执法机关所作的承诺。实践中出现的违法行为主要涉及 (1) 和 (4)。应当说，这些违法行为在性质上都很严重，因为这是公然蔑视法律，扰乱市场经济秩序和竞争秩序。根据《反垄断法》第48条，经营者违反本法规定实施集中的，由反垄断执法机构

---

① Horizontal Merger Guidelines, "U.S. Department of Justice and the Federal Trade Commission", Issued: August 19, 2010, https://www.ftc.gov/sites/default/files/attachments/merger-review/100819hmg.pdf.

责令停止实施集中、限期处分股份或者资产、限期转让营业以及采取其他必要措施恢复到集中前的状态，可以处 50 万元以下的罚款。

　　然而，为了使对违法行为的行政罚款具有经济意义，即一方面惩罚违法行为，另一方面警示其他经营者，各国反垄断法一般对违法的经营者集中与其他违法的限制竞争行为一样，规定数额较大的罚款。例如，德国《反对限制竞争法》规定的行政罚款为1000万欧元以下[①]，欧盟理事会关于控制经营者集中的第 139/2004 号条例规定最高罚金不超过相关企业市场销售额的10%。[②] 我国《反垄断法》规定的行政罚款是 50 万元以下，且大部分涉案企业的罚款不足 50 万元，很多仅仅为 15 万元或者 20 万元，这样幅度的罚款何谈威慑? 还应该想到的问题是，在经营者违法实施合并或者违反承诺的情况下，恢复原状或者拆分企业事实上都是很难办的事情，因为这涉及企业组织结构的重大调整。这种情况下，对违法企业征收罚金可能就是最重要的救济手段。商务部近年来虽然处罚了几个未申报集中的经营者，但事实上国内企业之间的并购还有相当一部分没有向商务部进行过申报。这种情况下，我国反垄断法有必要加大对违法集中的制裁力度，以提高反垄断法的权威性和提高经营者的守法意识。

五　结束语

　　我国反垄断法实施 8 年来，商务部在经营者集中控制领域取得了显著成就。特别是由于全球大跨国公司基本都在我国落户，这些企业之间的并购或者涉及这些企业的并购一般不仅得向美国反托拉斯执法机构和欧盟委员会进行申报，而且也得向商务部进行申报，这就使我国反垄断法和美国反托拉斯法、欧盟竞争法一样，成为全球最具影响的反垄断法之一。尽管反垄断执法

---

① 　German Act against Restraints of Competition, §86a, updated in July 2014.

② 　EC Merger Regulation, Art. 14, OJ L 24/1, 29 January 2004.

8年还是一个比较短的时间，但商务部这支反垄断执法队伍已明显取得了令人瞩目的成就。这个成就不仅仅表现为它处理过的一个个案件，更重要的体现是这支队伍处理案件的自信心，例如针对三家欧洲集装箱船运公司之间的紧密合营协议做出的禁止性决定。在这个案件中，很多国家和地区的反垄断执法机构参与了调查，欧盟委员会和美国海事委员会还对这个并购做出了无条件批准的决定，我国商务部为了维护我国的市场竞争秩序，明智地做出了不同于其他执法机构的决定，这个决定是正确的，完全符合我国反垄断立法之目的。

但是另一方面，由于我国经济体制转型的任务尚未彻底完成，加上反垄断法是一个全新的法律制度，我国反垄断初期执法会遇到各种各样的挑战。就经营者集中控制来说，执法机关存在独立性不够强和执法中不得不考虑某些非竞争因素的问题。作为一支年轻的反垄断执法队伍，商务部反垄断局还存在执法资源不足、经验不够丰富等问题，再加上我国反垄断法本身还存在不完善之处，例如需要完善行政执法的程序法，执法中存在一些问题在所难免。

党的十八大报告提出"更大程度更广范围发挥市场在资源配置中的基础性作用"，十八届三中全会《关于全面深化改革若干重大问题的决定》提出"使市场在资源配置中起决定性作用和更好发挥政府作用"，这都要求国家大力推动竞争政策，努力为企业营造公平自由的竞争环境。从宏观的角度看，国家应努力深化经济体制改革，特别是理顺政府和企业、政府和市场的关系，即政府在市场竞争中应当作为"中立"的"管理者"，提供"公共服务"。从微观的角度看，反垄断法作为反对垄断和保护竞争的法律制度，它应当有权威、有地位，对各种不合理的限制竞争行为有威慑力，这就需要国家不断完善反垄断法，在反垄断执法资源包括人力、财力以及执法机构组织建设等方面予以大力支持，真正使反垄断法平等适用于市场上所有的企业。因此，反垄断法在推进我国的市场经济秩序和建立优胜劣汰的市场机制方面大有可为，任重而道远。

国际卡特尔与我国反垄断法的域外适用 *

内容提要 当今世界各国的反垄断法均有域外适用的效力，即不仅适用于境内产生的限制竞争，而且还适用于境外产生但对境内市场有严重不利影响的限制竞争。域外适用是反垄断法的重要属性，因为在反垄断法没有域外适用的情况下，任何国家都不可能有效防范来自境外的限制竞争。然而，近年来一些涉及国际卡特尔的案件说明，反垄断法过度域外适用也不可行，因为这不仅可能产生国家间的管辖权冲突和法律冲突，而且也给企业带来不必要的经济负担。根据国际上普遍认可的原则，反垄断法域外适用应以境外的限制竞争对境内市场产生"重大、直接和可合理预期"的效果为前提条件。我国反垄断法迄今的发展包括几个国际卡特尔的执法说明，我国已经接受了这一原则。鉴于我国已经成为跨国公司经营活动的重要场所，鉴于国际经济活动的复杂性，我国应就反垄断法域外适用的基本原则做出明确规定，以提高反垄断执法的透明度和法律稳定性。

当今世界上大多数国家和地区的反垄断法不仅适用于境内产生的限制竞争，而且还适用于在境外产生但对境内市场有不利影响的限制竞争。反垄断法适用于境外产生的限制竞争，这被称为反垄断法的域外适用。作者有幸于

---

* 本文发表在《比较法研究》2017年第3期。本文写作得到吴倩兰博士的大力协助。

2016 年 10 月作为来自中国的唯一代表，出席了日本国际经济法研究会在北海道小樽举办的 2016 年年会，这个年会的主题就是反垄断法的域外适用。本文讨论中国反垄断法针对国际卡特尔的域外适用。第一部分论述中国反垄断法域外适用的理论基础及其新发展，第二部分评析中国反垄断法域外适用的卡特尔案例，第三部分探讨完善中国反垄断法域外适用的两个问题，第四部分是本文的结论。

一　我国反垄断法域外适用的理论基础及其新发展

（一）我国反垄断法域外适用的理论基础

我国 2007 年 8 月 30 日通过的《反垄断法》第 2 条规定，"中华人民共和国境内经济活动中的垄断行为，适用本法；中华人民共和国境外的垄断行为，对境内市场竞争产生排除、限制影响的，适用本法"。这个条款的第 2 句在性质上是一条冲突规范，即我国反垄断法不仅适用于我国境内产生的限制竞争，而且还适用于产生在境外但对我国市场竞争具有排除、限制竞争影响的垄断行为。随着这个条款的实施，我国反垄断法就产生了两个重要后果：一是该法的适用范围扩大到那些在外国有其住所或者营业场所的企业，如果它们在外国策划或者实施的限制竞争对我国市场有不利的影响；二是该法对在国际市场上从事经营活动的中国企业的适用受到了限制，如果它们的限制竞争对中国市场没有影响。简言之，我国反垄断法只适用于对我国市场具有影响的限制竞争，而不管行为人的国籍、住所以及限制竞争行为的策源地。这说明，我国反垄断法域外适用的依据是"效果原则"（effects doctrine）。

我国《反垄断法》规定了域外适用，这显然是受到了美国反托拉斯法的影响。美国是世界上最早依据"效果原则"主张其反托拉斯法具有域外管辖权的国家，其标志是美国法院 1945 年关于美国诉美国铝公司一案的判决①，这个案件也被称为 Alcoa 案。在这个案件之前，凡是涉及《谢尔曼法》的案件，美国法院一般都是依据属地原则确定其管辖权。美国联邦最高法院大法官 Holmes 在 1909 年美国香蕉公司诉联合水果公司一案的判决中指出，"一个行为合法还是非法，只能根据行为地国家的法律来判断"。他还强调，依据行为地国家的法律确定行为的合法性或是违法性，是"一个基本和普遍的规则"。② 然而，在 1945 年 Alcoa 案中，美国第二巡回法院 Hand 法官指出，《谢尔曼法》也适用于外国企业在美国境外订立的协议，只要"它们的意图是影响对美国的出口，而且事实上影响了对美国的出口"。Hand 法官当时依据了习惯法，即"任何国家都有权规定，即便不属于本国的臣民，也不得在其国家领域外从事一种受该国谴责而且对其境内能够产生不良后果的行为"③，由此就确立了反托拉斯法域外适用的效果原则。据此，凡发生在美国境外且与美国反托拉斯法精神相抵触的任何行为，不管行为者的国籍，也不管行为的实施场所，只要该行为对美国市场竞争产生不利的影响，美国法院对之就有管辖权。

今天，反托拉斯法的效果原则不仅在美国法院得到了普遍的适用，而且也是其他国家和地区为维护本国或者本地区市场有效竞争而采用的法律武器。如德国《反对限制竞争法》第 130 条第 2 款规定，"本法适用于发生在本法适用范围内的所有限制竞争行为，即使限制竞争行为系本法适用范围以外的原因所致，亦同"。④ 欧盟竞争法尽管没有域外适用的明确规定，但是欧盟委员会早在 20 世纪 60 年代末的 Dyestuffs 一案中，就曾依据效果原则主张其管辖权。Dyestuffs 案是一个涉及焦油染料的国际卡特尔案件，涉案企

---

① United States v. Aluminum Co. of America, 148 F.2d 416, 65 U.S.P.Q.6 (2d Cir.1945).

② American Banana Co. v. United Fruit Co., 213 U.S. 347, 357 (1909).

③ United States v. Aluminum Co. of America, 148 F. 2d 416, 444, 443 (2d Cir. 1945).

④ Act Against Restraints of Competition (Competition Act-GWB)，§ 130（2），available at http://www.gesetze-im-internet.de/english_gwb/english_gwb.html#p1147.

业中有非欧共体企业。欧盟委员会的决定指出，"本决定适用于所有参与这
个协调活动的企业，不管它们是否在共同体市场有住所。这即是说，欧共体
条约的竞争规则适用于所有的限制竞争，只要这些行为违反了欧共体条约第
81条。我们没必要审查参与限制竞争的企业是否在共同体内或者共同体外有
其住所"。① 该案有些被告就管辖权问题向欧共体法院提起上诉后，法院支
持了欧盟委员会的决定。与欧盟委员会倾向于使用"效果原则"的不同之处
是，法院倾向于使用"经济实体说"（economic entity doctrine）或"实施说"
（implementation doctrine），以避免使用美国反托拉斯法所使用的字眼。② 欧
盟竞争法的域外适用迄今已经出现过很多案例，如1997年附条件批准美国
波音公司与美国麦道公司的并购案 ③，以及2000年禁止批准美国通用电气公
司与美国霍尼韦尔公司的并购案。④

　　上述情况一方面说明，美国已经成功地向其他国家和地区包括向中国
输出了反垄断法域外适用的制度；另一方面也说明，反垄断法域外适用有
其正当性和合理性，值得世界其他国家或地区的反垄断法予以效仿。这正
如德国反垄断法的权威 Mestmäcker 教授指出的，"只有坚持市场开放和防
止跨国限制竞争的反限制竞争法才会产生域外适用的效力。这种效力不取
决于立法者对之期望或者不期望，规定或者不规定。因此，也谈不到放弃
反限制竞争法的域外适用。放弃域外适用，国家就不能有效地管制企业的市

---

① Dyestuffs, OJ 1969 L195/16.

② See Joseph P. Griffin, "Foreign Governmental Reactions to U.S. Assertions of Extraterritorial
Jurisdiction", *E.C.L.R.* 2/1998, p. 68.

③ See "The Commission Clears the Merger between Boeing and McDonnell Douglas under
Conditions and Obligations", WuW 9/1997, S. 703.

④ See Sarah Stevens, "The Increased Aggression of The EC Commission in Extraterritorial
Enforcement of The Merger Regulation and its Impact on Transatlantic Cooperation in
Antitrust", *Syracuse Journal of International Law and Commerce*, Spring, 2002, p.263.

场行为"。①

（二）我国反垄断法域外适用的新发展

我国《反垄断法》2008 年 8 月生效后，国务院发布了《关于经营者集中申报标准的规定》，这是我国反垄断法域外适用的重大发展。根据这个规定，参与集中的经营者如果上一会计年度全球范围的营业额合计超过 100 亿元人民币，且其中至少两个经营者上一会计年度在中国境内的营业额超过 4 亿元人民币，这个集中需要向反垄断执法机关进行申报。考虑到并购当事人在全球范围的营业额合计超过 100 亿元人民币的经营者集中主要是跨国公司之间的并购，这个条款明显地具有反垄断法域外适用的特征。另一方面，具有涉外因素的企业并购在我国接受反垄断审查的另一个前提条件是，参与并购的企业中至少有两家企业在我国境内的销售额达到了 4 亿元人民币，这说明这个并购与我国有密切的地域联系。

我国反垄断法域外适用的另一个重要发展是商务部 2014 年 2 月 11 日发布的《关于经营者集中简易案件适用标准的暂行规定》。② 据此，凡在中国境外设立的合营企业不在境内从事经营活动，或者收购中国境内没有经营活动的境外企业的股权或资产，这些案件可被视作简易案件，适用经营者集中审查的简易程序。这说明，凡在中国境外发生的并购或者建立合营企业，如果这些交易在中国境内不会产生重大、直接和可合理预期的反竞争效果，中国反垄断法排除对它们的管辖权。

《反垄断法》2008 年 8 月生效至 2016 年底，商务部共收到经营者集中申报 1800 多件，审结近 1600 件。根据商务部公告的 2 起禁止性决定和 28 起附条件批准的决定可以看出，商务部迄今审理的经营者集中大案和要案一般都

---

① E.-J. Mestmäcker, Wirtschaftsrecht, RabelsZ 54 (1990), S. 421.
② 商务部《关于经营者集中简易案件适用标准的暂行规定》，http://fldj.mofcom.gov.cn/
article/c/201409/20140900743277.shtml。

是外国企业或跨国公司之间的并购,如谷歌收购摩托罗拉移动、微软收购诺基亚设备和服务业务、诺基亚收购阿尔卡特朗讯等,而且这些并购绝大多数发生在中国境外。如在商务部 2014 年 6 月禁止的马士基、地中海航运和达飞三家欧洲航运公司拟在欧洲组建紧密性合营企业(简称"P3 网络")一案,①商务部认定该案的相关服务市场是国际集装箱班轮运输服务市场,相关地域市场是欧亚航线、跨太平洋航线和跨大西洋航线,进而分析了交易当事人及拟设立的网络中心,包括它们的市场份额、市场控制力、市场集中度、市场进入、对消费者和相关经营者的影响等多个因素,最后认定 P3 网络的建立对欧亚航线集装箱班轮运输服务市场具有排除、限制竞争的影响。②这个案件不仅说明,我国反垄断法可域外适用于发生在境外但对我国市场有严重不利影响的限制竞争,而且还说明了我国反垄断执法机关处理域外适用案件的自信心。在 P3 网络案中,尽管美国联邦海事委员会(FMC)和欧盟委员会均对欧洲的这三大航运巨头准备建立的紧密性联营给予了无条件的批准,③但我国反垄断执法机关对这个联营却亮出了红灯。德国竞争法专家Säcker 教授评价商务部这一决定时指出,"中国商务部对 P3 网络发布禁令完全正确,这和美国、欧盟等竞争执法机构的做法一样,即当本国市场竞争受到来自境外限制竞争的不利影响时,它有权对这个限制竞争采取措施"。④

　　我国反垄断法域外适用的另一个重要领域是国际卡特尔,即参与国际贸易的跨国公司订立以固定价格、串通投标、限制生产数量、划分地域市场

---

①　商务部公告〔2014〕第 46 号,http://fldj.mofcom.gov.cn/article/ztxx/201406/20140600628586.shtml。

②　尚明:《全面总结执法经验不断提高执法效率》,载《中国竞争法律与政策研究报告 2014 年》,法律出版社,2014,第 7~8 页。

③　参见《中国商务部发禁令,马士基等全球三大航运巨头宣布终止结盟》,http://finance.ifeng.com/a/20140618/12564142_0.shtml。

④　Franz Jürgen Säcker,"Chinesisches Aus für eine Reederei-Allianz",WuW 11/2014,S. 1031.

或者销售渠道为目的的卡特尔协议。经合组织在其 1998 年向成员方发布的《执行卡特尔法—揽子推荐意见》中将这种卡特尔称为"核心卡特尔"。[①]与处理经营者集中或者滥用市场支配地位案件的不同之处是，各国反垄断法对核心卡特尔往往适用"本身违法"的原则。我国反垄断法虽然没有本身违法的规定，但因这类卡特尔第一难以举证证明它们不会严重限制竞争，第二难以举证证明它们能够给消费者带来可以分享的利益，所以不可能依据《反垄断法》第 15 条的规定得到豁免。[②]我国反垄断法生效以来，国家发展和改革委员会作为反垄断执法机关已处理过三个国际价格卡特尔案件。

二 我国反垄断法域外适用的国际价格卡特尔

随着经济全球化和中国经济与世界经济接轨，中国市场也频频遭遇国际卡特尔的不利影响。反垄断执法机关迄今处理过三个国际价格卡特尔案件，它们分别涉及液晶面板、汽车零部件和轴承。依据适用的法律，这里将它们分为两组予以评析。

（一）适用《价格法》的液晶面板卡特尔

2013 年初，国家发展和改革委员会处罚了一个涉及液晶面板的国际卡特尔，这是我国反垄断执法机关查处的第一个国际卡特尔。据悉，2001 年至 2006 年，韩国的三星、LG 和我国台湾地区的奇美、友达、中华映管、瀚宇彩晶 6 家生产液晶面板的企业在韩国和我国台湾地区召开过 53 次"水晶会议"（The Crystal Meeting），相互交换液晶面板在全球市场的信息，协商产

---

① OECD, "Recommendation Concerning Effective Action against Hard Core Cartels", http://www.oecd.org/competition/cartels/recommendationconcerningeffectiveactionagainsthardcorecartels.htm.

② 中国《反垄断法》第 15 条第 2 款规定，第 13、14 条禁止的垄断协议如果得到豁免，"经营者还应当证明所达成的协议不会严重限制相关市场的竞争，并且能够使消费者分享由此产生的利益"。

品价格。因为液晶面板占彩电生产成本的 70%~80%，这个卡特尔严重损害了我国彩电生产企业和我国消费者的合法权益。本案的结果是，反垄断执法机关责令违法者赔偿国内彩电企业 1.72 亿元，罚款 1.44 亿元，没收违法所得 3675 万元，经济制裁总额 3.53 亿元，其中韩国的 LG 受到的处罚最重，支付 1.18 亿元。除了支付罚款和赔偿损失，这些企业还承诺以公平和无歧视的条件向我国彩电企业提供高端产品和新技术产品，承诺产品的保修期从过去的 18 个月延长至 36 个月。[①]

　　值得关注之处是，美国和欧盟对液晶面板国际卡特尔的处罚力度比我国的处罚力度大很多。如欧盟委员会处理的液晶面板卡特尔一案，卡特尔成员同样是这 6 家企业，违法活动的时间同样也是 2001 年 10 月至 2006 年 2 月，欧盟委员会对这些企业罚款的总额高达 6.48 亿欧元。[②] 这个差异主要源于欧盟委员会和我国反垄断执法机关对这个案件适用的法律不同。根据欧盟竞争法，考虑违法企业在欧洲经济区销售产品的情况、违法行为的严重程度、违法行为在欧洲经济区实施的时间等各种因素，违法企业可被处上一营业年度市场销售额的 10% 以下。[③] 国家发改委处理这个案件时考虑的情况是，这个卡特尔实施于 2001 年至 2006 年，当时我国没有反垄断法。鉴于 2008 年生效的《反垄断法》不能溯及既往，反垄断执法机关得依据《价格法》处理这个案件。根据《价格法》，违法者可被没

[①] 国家发展和改革委员会价格监督检查与反垄断局：《六家境外企业实施液晶面板价格垄断被依法查处》，http://jjs.ndrc.gov.cn/gzdt/t20130117_523203.htm。

[②] European Commission-Press Release-Antitrust, "Commission Fines Six LCD Panel Producers € 648 Million for Price Fixing Cartel", available at http://europa.eu/rapid/press-release_IP-10-1685_en.htm.

[③] See Council Regulation (EC) No.1/2003 of 16 December 2002 on the implementation of the rules on competition laid down in Articles 81 and 82 of the Treaty, Art.23, available at http://eur-lex.europa.eu/legal-content/EN/TXT/PDF/?uri=CELEX:32003R0001&from=EN.

收违法所得，并处违法所得 5 倍以下的罚款。① 计算卡特尔企业的违法所得时，执法机关使用的方法是卡特尔成员企业在我国市场上销售产品的数量乘以 40 元，这说明 40 元是每片 LDC 的违法所得。② 在获得违法企业违法所得的基础上，执法机关依据各个企业在案件审理中的具体表现确定了具体的罚款金额。其中，友达作为最早向执法机关通告信息的企业免除了罚款；三星公司的罚款是其违法所得的 2 倍，这说明三星公司在中国和在欧洲的表现差异很大 ③；其他 4 家企业的罚款金额均为其违法所得的一半，这说明它们均有自首情节，但执法机关没有公开它们各自是第几位自首者的相关信息。

液晶面板卡特尔案尽管在我国的处罚力度不大，但它是我国反垄断执法机关处理的第一个国际卡特尔案件，它的影响还是很大的。这个案件向国际社会和跨国公司传递了一个信号，即我国《价格法》和《反垄断法》均具有域外适用的效力。这即是说，尽管《价格法》第 2 条规定，"中华人民共和国境内发生的价格行为，适用本法"，但它不排除执法机关对这个国际卡特尔的管辖权，因为"价格行为地"不仅可理解为"价格共谋地"，还可理解为"价格卡特尔的实施地"。鉴于世界各国的反垄断法甚至包括中国的《价格法》都有域外适用的效力，这就使国际卡特尔像过街老鼠，会出现同时被很多国家和地区的反垄断执法机关予以处罚的情况。

---

① 《价格法》第 14 条规定，"经营者不得有下列不正当价格行为：（1）相互串通，操纵市场价格，损害其他经营者或者消费者的合法权益；……"第 40 条规定，经营者有上述行为的，得被"责令改正，没收违法所得，可以并处违法所得五倍以下的罚款……"
② 张国栋：《中国液晶面板价格垄断协议案的问题及探讨》，http://hk.lexiscnweb.com/clr/view_article.php?clr_article_id=930&clr_id=74。
③ 欧盟委员会处理的液晶面板一案，三星公司是第一个自首企业，从而被欧盟委员会免除了罚金。见 European Commission-Press Release-Antitrust，"Commission Fines Six LCD Panel Producers €648 Million for Price Fixing Cartel"，http://europa.eu/rapid/press-release_IP-10-1685_en.htm。

（二）适用《反垄断法》的汽车零部件卡特尔和轴承卡特尔

1.汽车零部件卡特尔

2014年8月，国家发改委对日立、电装、爱三、三菱电机、三叶、矢崎、古河和住友8家生产汽车零部件的日本企业分别作出处罚决定，共计开出8.32亿元的罚单。据悉，2000年1月至2010年2月，这些企业为排除相互间的竞争和以最有利的价格得到汽车制造商的零部件订单，它们在日本频繁举办双边或多边会谈，协商价格，多次达成订单报价协议且实施了这些协议。这些价格协议涉及中国市场并且获得订单的产品有13种，包括起动机、交流发电机、节气阀体、线束等，它们用于本田、丰田、日产、铃木、福特等20多种品牌车型。据执法机关调查，直至2013年底，这些企业依据这些价格协议在中国市场上获得的订单多数仍在供货。[①]

反垄断执法机关的处罚决定书指出，鉴于这些企业多次达成并实施了价格垄断协议，违法行为持续的时间长，协商频率高，违法情节严重，因此对它们均处2013年度在中国境内涉案产品销售额10%的罚款。[②] 但是考虑到8个卡特尔企业与反垄断执法机关合作的态度不同，执法机关依据《反垄断法》第46条第2款和国家发改委发布的《反价格垄断行政执法程序规定》第14条的规定，对它们分别按其在中国境内市场销售额的不同幅度处以行政罚款。其中，爱三、三菱电机和三叶均按其市场销售额的8%被征收了罚款，但是得到20%的减轻，减轻的理由是"主动报告达成垄断协议有关情况并提供重要证据，且停止了违法行为"[③]；矢崎、古河和住友3家企业按其市场销售额的6%被征收罚款，得到40%的减轻，减轻的理由也是"主动报告

[①] 新华网财经频道报道《中国对日本12家企业实施汽车零部件和轴承价格垄断罚款12.35亿元》，http://news.xinhuanet.com/fortune/2014-08/20/c_1112152206.htm。

[②] 参见国家发改委对日立汽车系统有限公司免除行政处罚决定书，发改办价监处罚〔2014〕2号。

[③] 参见国家发改委对三菱电机株式会社行政处罚决定书，发改办价监处罚〔2014〕5号。

达成垄断协议有关情况并提供重要证据，且停止了违法行为"[①]；电装按其市场销售额的 4% 被征收罚款，得到 60% 的减轻，减轻的理由是作为"第二家主动报告达成垄断协议并提供重要证据的企业，而且停止了违法行为"[②]；日立按其市场销售额得到 100% 免除罚款的待遇，理由是作为"第一家主动报告达成垄断协议并提供重要证据的企业，且停止了违法行为"[③]。

2. 轴承卡特尔

2014 年 8 月，国家发改委在作出对汽车零部件卡特尔处罚决定的同时，也对不二越、精工、NTN、捷太格特 4 家生产轴承的日本企业分别作出了行政处罚决定，认定它们达成并实施固定或变更在中国市场上销售轴承的价格协议，违反了中国《反垄断法》第 13 条第 1 款的规定，开出的罚单共计 4.0344 亿元。

据悉，2000 年至 2011 年 6 月，这 4 家轴承生产企业频繁地在日本召开亚洲研究会，在上海召开出口市场会议，讨论其产品在亚洲地区包括在中国市场涨价的方针、涨价的时机和涨价幅度，交流涨价的实施情况，并在中国市场上依据协商的价格或相互交流的涨价信息实施了涨价行为。鉴于这些企业直接协商产品价格，多次达成并实施涨价协议，违法行为持续 10 年多，违法情节严重，它们分别被处 2013 年度在中国境内产品销售额 10% 的罚款。考虑到这些企业各自与反垄断执法机关合作的态度不同，不二越作为"第一家主动报告达成垄断协议有关情况并提供重要证据，且停止了违法行为"的企业，100% 被免除了罚款[④]；精工作为"第二家主动报告达成垄断协议有关情况并提供重要证据，且停止了违法行为"的企业，被减轻罚款 60%，即按

---

① 参见国家发改委对矢崎总业株式会社行政处罚决定书，发改办价监处罚〔2014〕7 号。
② 参见国家发改委对株式会社电装行政处罚决定书，发改办价监处罚〔2014〕3 号。
③ 参见国家发改委对日立汽车系统有限公司免除行政处罚决定书，发改办价监处罚〔2014〕2 号。
④ 国家发改委对株式会社不二越行政处罚决定书，发改办价监处罚〔2014〕10 号。

其在中国境内市场销售额的 4% 征收罚款 ①；NTN 因其"主动报告达成垄断协议有关情况并提供了重要证据，并于 2006 年 9 月退出亚洲研究会，2011 年 6 月停止了违法行为"，被减轻罚款 40%，即按其 2013 年在中国境内市场销售额的 6% 征收罚款 ②；捷太格特的罚款最重，但因"主动报告达成垄断协议的有关情况并提供了重要证据，且停止了违法行为"，被减轻罚款 20%，即按其在中国境内市场销售额的 8% 被征收了罚款。③

3. 反垄断执法评析

有学者提出，同一个国际卡特尔受到世界上多个反垄断执法机关的处罚，而且有的罚款力度为违法企业全球销售额的 10%，这是否存在惩罚过重的问题？以汽车零部件卡特尔为例，因为世界上很多国家和地区都有汽车制造业，这个卡特尔就不仅受到中国《反垄断法》的处罚，而且还在美国、欧盟、德国、法国、日本、澳大利亚、巴西、印度、韩国以及其他反垄断司法辖区受到了处罚。④ ⑤ 这里我们不评价其他反垄断司法辖区对汽车零配件卡特尔所作的处罚决定是否正确，但是可以认为，我国反垄断执法机关对这两个国际卡特尔的决定是正确的，理由如下。

（1）按我国境内的销售额确定罚款基数

我国《反垄断法》第 46 条规定了对违法企业可处上一年度销售额 1% 以上 10% 以下的罚款，但没有明确计算"销售额"的范围。即这个罚款是按照违法企业的全球销售额还是在我国境内的销售额。我国反垄断执法机关处

---

① 国家发改委对精工株式会社行政处罚决定书，发改办价监处罚〔2014〕11 号。

② 国家发改委对 NTN 株式会社行政处罚决定书，发改办价监处罚〔2014〕12 号。

③ 国家发改委对株式会社捷太格特行政处罚决定书，发改办价监处罚〔2014〕13 号。

④ Allen & Overy, "Global Cartel Fines Reach New High in 2014 as Enforcers Continue to Focus on Auto Parts Sector", http://www.allenovery.com/news/en-gb/articles/Pages/Global-cartel-fines-reach-new-high-in-2014-as-enforcers-continue-to-focus-on-auto-parts-sector.aspx.

⑤ European Commission-Press Release-Antitrust, "Commission Fines Producers of Wire Harnesses € 141 Million in Cartel Settlement", http://europa.eu/rapid/press-release_IP-13-673_en.htm.

理的两个国际卡特尔案件说明，我国是依据卡特尔成员在我国境内涉案产品的销售额计算的。

现在世界上大多数反垄断执法机关就计算罚金的基数没有明确的规定。例如，欧共体理事会第1/2003号条例第23条第2款规定，"对参与违法行为的各企业或企业协会，罚款不得超过上一营业年度总销售额的10%"。虽然欧盟委员会在很多案件包括2010年液晶面板卡特尔一案中确定的罚款金额均依据违法企业在欧洲经济区的销售额来计算，但有权威文献指出，欧盟委员会对卡特尔征收的罚款可以不超过违法企业上一营业年度全球市场销售额的10%，[①] 且事实上欧盟委员会在很多国际卡特尔案件中是按照不超过全球销售额10%的幅度征收了罚款。[②]

按照全球销售额征收罚款虽然对违法企业具有很大的威慑力，但这种做法存在很多理论问题。首先，一国反垄断执法机关有权对一个国际卡特尔行使管辖权，是因为这个卡特尔对本国市场产生了排除限制竞争影响。这种情况下，因为反垄断法的任务是消除这个卡特尔对本国市场的不利影响，那么罚金的计算就应当考虑这个卡特尔在本国销售产品和在本国获取不当得利的情况，而不应当将这个卡特尔在其他司法辖区的不当得利也收缴在自己的手里。这里有一个管辖权的问题，即一个卡特尔对其他司法辖区的限制竞争影响应当由其他司法辖区的反垄断执法机关去处理。其次，如果每个司法辖区的反垄断执法机关均有权依被告企业在全球市场销售额的10%征收罚款，这种做法不仅导致一国反垄断执法机关可能会将其他司法辖区应当收缴的违法收入收缴到自己的手里，即存在不当得利，而且还会导致对违法企业的罚

[①] Hans-Jörg Niemeyer and Boris Kasten and others, "Cartel Regulation of European Union 2008", Getting The Deal Through, p.64.

[②] See Cartel Statistics by European Commission, "Fines Guidelines 2006-Fines as Percentage★ of Global Turnover", http://101.96.8.165/ec.europa.eu/competition/cartels/statistics/statistics.pdf.

款过度，最终导致企业退出市场。这里不是怜悯违法者，而是强调反垄断执法和其他任何法律行为一样，应当具有公正性。即便严重损害竞争的行为如订立价格卡特尔或者分割销售市场，这些违法的事实不等于违法者所有的生产经营活动都是违法的。这也即是说，在对违法企业进行罚款的问题上，反垄断法和环境保护法的做法应当有不同。在后一种情况下，执法机关有必要通过巨额罚款或者其他方式迫使严重损害环境的企业退出市场；而在反垄断案件中，执法机关对违法企业罚款的目的不是让它们退出市场，而是禁止它们限制竞争，因此执法机关对其限制竞争行为的矫正应当限于自己具有管辖权的产品和地域范围。

（2）按照10%的最高幅度处以罚款

20世纪90年代以来，世界各国反垄断行政罚款或者刑事罚金均有大幅度的提高。如美国《谢尔曼法》2004年将其对企业的最高罚金从过去的1000万美元以下提高到1亿美元以下；对自然人最高罚金从过去的35万美元以下提高到100万美元以下。[1] 欧共体理事会第1/2003号条例对违法企业的行政罚款从过去的100万欧元以下提高到违法企业上一营业年度市场销售额的10%以下。[2] 反垄断法大幅度提高对卡特尔企业的罚款幅度，是出于执法机关对其执法经验的总结。如欧盟委员会在其2001年关于石墨电极卡特尔的决定中指出，这个石墨电极卡特尔在欧洲经济区的价格与在竞争性市场的价格相比至少高出50%，考虑到这个卡特尔在欧洲活动的时间是1992年至1998年，其中1998年在欧洲经济区的销售总额是4.8亿欧元，欧盟加上考虑其他因素包括欧盟竞争法的宽恕政策，欧盟委员会对这个卡特尔的8家成员企业

---

① Antitrust Criminal Penalty Enhancement and Reform Act of 2004(HR 1086), 15 USC § 1 (2004).

② Council Regulation (EC) No.1/2003 of 16 December 2002 on the implementation of the rules on competition laid down in Articles 81 and 82 of the Treaty, Art. 23 (2), http://eur-lex. europa.eu/legal-content/EN/TXT/PDF/?uri=CELEX:32003R0001&from=EN.

共计征收 2.18 亿欧元的罚款，[①] 这说明欧盟委员会在这个案件中是按照违法企业年度销售额 10% 以下的幅度收缴了罚款。随着欧共体理事会第 1/2003 号条例将最高罚款幅度提高至违法企业上一营业年度市场销售额的 10% 以下，市场销售额 10% 以下的幅度便成为很多国家和地区反垄断执法机关处理卡特尔案件的罚款标准。例如，法国规定了最高征收被告企业上一营业年度全球销售额的 10%，匈牙利和意大利规定了最高征收被告企业上一营业年度市场销售额的 10%，瑞典规定了最高征收违法企业上一营业年度收入的 10%。有些国家的反垄断法还规定了行政罚款的最高额可大大超过违法企业上一营业年度市场销售额的 10%。如英国规定，最高可征收企业参与卡特尔期间（最长为三年）市场销售额的 10%。[②] 我国《反垄断法》规定，"经营者违反本法规定，达成并实施垄断协议的，由反垄断执法机构责令停止违法行为，没收违法所得，并处上一年度销售额百分之一以上百分之十以下的罚款；尚未实施所达成的垄断协议的，可以处五十万元以下的罚款"。[③] 这里提出的"上一年度销售额百分之十以下的罚款"，显然也是受到了世界各国反垄断立法和执法的影响。

国家发改委的两个卡特尔决定的引人注目之处是，违法企业均被处上一营业年度在我国境内涉案产品销售额 10% 的罚款，即达到了反垄断法规定的最高幅度。这里主要考虑到以下因素。第一，这两个卡特尔均为价格卡特尔，限制竞争的程度极其严重，且违法行为持续的时间长，这种情况下，执法机关处以幅度最高的罚款不仅有助于惩罚违法者，而且有助于提高反垄断

---

① "Commission Fines Eight Companies in Graphite Electrode Cartel"，available at http://europa.eu/rapid/press-release_IP-01-1010_en.htm?locale=zh; Shearman & Sterling LLP，"Cartel Detail"，http://www.carteldigest.com/cartel-detail-page.cfm?itemID=24.

② OECD, Fighting Hard-Core Cartels, Harm, Effective Sanctions and Leniency Programme, 2002, p. 81.

③ 《反垄断法》第 46 条第 1 款。

法的威慑力。第二，即便我国反垄断执法机关对这两个卡特尔的罚款幅度达到上一营业年度市场销售额的 10%，但与其他司法辖区的反垄断执法相比，这个处罚力度仍然不足。以涉及汽车零配件的国际卡特尔为例，美国司法部的罚金达到 25 亿美元，欧盟委员会的罚金达到 11 亿欧元。[①] 根据欧盟委员会 2006 年发布的《确定反垄断案件罚款金额的指南》，作为一般规则，欧盟委员会可将限制竞争案件的罚款幅度定为相关产品在相关地域范围销售额的 30% 以下。[②] 欧盟委员会 2007 年公告的平板玻璃卡特尔一案，尽管这个卡特尔在欧盟活动的时间仅为一年，卡特尔成员企业在案件调查中上一营业年度即 2004 年在欧洲经济区的销售额为 17 亿欧元，欧盟委员会对它们的罚款金额也共计达到了 4.87 亿欧元。这说明，欧盟委员会在这个案件中的罚款幅度是违法企业上一营业年度市场销售额的 29%。[③]

以上说明，与欧盟委员会 2006 年发布的《确定反垄断案件罚款金额的指南》相比，我国《反垄断法》第 46 条规定的并处上一年度销售额 1% 以上 10% 以下的罚款，其惩罚力度和威慑力度均明显不足。以本文分析的几个国际卡特尔案件为例，这些卡特尔的违法时间有的长达 10 多年，这种情况下，即便执法机关计算罚款金额的依据是《反垄断法》规定的最高幅度，然而因为罚款基数是违法者上一营业年度（即一年）的相关产品在我国市场的销售额，这个罚款总额与欧盟、美国等执法机关相比就会相差甚远。这说明，我国《反垄断法》有必要借鉴欧盟法的经验，改进其关于罚款金额的计算方法。即反垄断执法机关对违法者的惩罚和威慑程度，一方面应当考虑国际趋

---

① Shearman & Sterling LLP Cartel Digest, "International Cartels", http://www.carteldigest. com/cartel-page.cfm.

② Guidelines on the method of setting fines imposed pursuant to Article 23(2)(a) of Regulation No. 1/2003, para.21, http://eur-lex.europa.eu/legal-content/EN/TXT/PDF/?uri=CELEX:5 2006XC0901(01)&from=EN.

③ Shearman & Sterling LLP Cartel Digest, "Cartel Detail", http://www.carteldigest.com/cartel-detail-page.cfm?itemID=11.

势，另一方面也要考虑本辖区执法的情况。这即是说，反垄断执法的时间越长，企业越是了解这个法律和相关的政策，这种情况下，如果违反反垄断法是明知故犯，违法者应当受到更严厉的惩罚。在违法者多次违法的情况下，执法机关对惯犯的惩罚应当重于首次违法的企业。

（3）按情节实施了宽恕政策

在这两个国际卡特尔案件中，反垄断执法机关虽然根据案件的违法程度，对12家卡特尔企业均处2013年度在中国境内涉案产品销售额10%的罚款，但考虑到它们各自的具体情况，两个案件中最早自首的两个企业被免除了罚款，一个案件的第二位自首企业被减轻罚款60%，其他几个企业根据具体情况分别被减轻罚款40%或者20%。我国反垄断执法机关在这两个卡特尔案件中采取宽恕政策至少说明两个问题。第一，执法机关减免罚款的依据是国家发改委2010年发布的《反价格垄断行政执法程序规定》。据此，第一个主动报告达成价格垄断协议的有关情况并提供重要证据的，可以免除处罚；第二个主动报告达成价格垄断协议的有关情况并提供重要证据的，可按照不低于50%的幅度减轻处罚；其他主动报告达成价格垄断协议的有关情况并提供重要证据的，可按照不高于50%的幅度减轻处罚。① 这即是说，反垄断执法机关在减免罚款这一问题上有章可循，而不是随意行使自由裁量权。第二，因为存在宽恕政策，即便这两个案件确定的罚款幅度达到了最高额10%，然而其中任何企业的罚款幅度尚未达到10%的程度，这给执法机关日后处理竞争损害程度更为严重的案件留下了余地。可以想见，罚款幅度达到10%的，应当留给那些违法程度严重但拒绝配合执法机关调查的企业。

---

① 见国家发展和改革委员会《反价格垄断行政执法程序规定》，http://jjs.ndrc.gov.cn/zcfg/201101/t20110104_389401.html。

三 完善我国反垄断法域外适用的思考

一个国家的反垄断法是否域外适用，是国家主权行为。然而，根据世界各国的反垄断执法实践，反垄断法域外适用可能会产生管辖权的冲突和法律冲突，甚至可能引发国家间的纠纷。为了避免和减少因反垄断法域外适用引起的国际纠纷，中国有必要在以下方面完善反垄断法。

（一）域外适用应以"直接、重大和可合理预见的效果"为条件

我国有必要通过立法或者相关的指南明确，反垄断法域外适用应以境外的限制竞争对我国产生"直接、重大和可合理预见"的限制竞争效果为条件。

美国第九巡回法院在其 1976 年 Timberlane Lumber 一案的判决中指出，美国法院对反托拉斯案件行使域外管辖权时，不仅应当考虑涉案的限制竞争是否影响或是否企图影响美国的对外贸易，还应当考虑这个限制竞争对美国对外贸易的损害程度是否非常严重。[①] 在这些司法实践的基础上，美国 1982 年颁布的《对外贸易反托拉斯改进法》明确了《谢尔曼法》和《联邦贸易委员会法》对外国企业行使管辖权的前提条件，即被告的行为对美国的国内贸易、美国的出口贸易或者美国企业的出口机会有着"直接、重大和可合理预见的效果"。鉴于 1982 年《对外贸易反托拉斯改进法》只提及了《谢尔曼法》和《联邦贸易委员会法》，美国司法部和联邦贸易委员会在其 1995 年 4 月修订的《反托拉斯法国际适用指南》第 3.14 条中明确规定，如第三国企业间的合并对美国的国内贸易、美国的出口贸易或美国企业的出口机会有"直接、重大和可合理预见的效果"，该合并得依据《克莱顿法》第 7 条决定是否予以批准。[②]

[①] Timberlane Lumber Co. v. Bank of America, 549 F. 2d 597 (9th Cir. 1976).

[②] See U.S. Department of Justice and Federal Trade Commission, Antitrust Enforcement Guidelines for International Operations, Sec. 3.14 (April 1995).

反垄断法域外适用应以主张管辖权的国家与被管辖的案件存在"直接、重大和可合理预见的效果"为条件，现在已成为世界各国反垄断法域外适用的基本原则。例如在德国，外国引起的限制竞争能否适用德国《反对限制竞争法》，决定性的是这些限制竞争是否在德国境内能够产生重大和直接的不利影响。这即是说，一个外国发生的限制竞争如果对德国的影响只是遥远和间接的，《反对限制竞争法》则不能予以适用。[①] 国际竞争网络（ICN）2002年9月发布的《合并申报程序的推荐意见》也指出，"主张管辖权的国家应与被审查的企业并购有恰当的地域联系"，"一国不应要求跨国并购对之进行申报，除非该交易对该国有着直接、重大且可预期的经济影响"。[②] 然而，近年来，国际上出现了多起因反垄断法域外适用而产生的争议，下面讨论三个分别发生在日本、欧盟和美国的案例。

1. 日本公平交易委员会关于电视机显像管（CRT）的卡特尔决定

2009年10月，日本公平交易委员会对松下、三星和LG在东南亚的5家子公司罚款共计约33.2亿日元，理由是这些企业在东南亚参与了CRT国际价格卡特尔。该案值得关注的问题是，这些被罚款的企业不仅从未直接在日本市场上销售过涉案产品，而且经第三方向日本进口的产品也仅占它们总销售额的极小部分（不足10%）。然而，日本公平交易委员会认为，因为日本的三洋、夏普、Orion等电视机生产商通过其东南亚子公司采购过这些企业的产品，因为这些产品涉嫌卡特尔协议从而抬高了价格，这个卡特尔从而损害了日本国内市场的竞争。[③] 有些日本学者认为，日本公平交易委员会对这

---

① Volker Emmerich, Kartellrecht, 8 Auflage, S. 25.

② ICN, "Recommended Practices for Merger Notification Procedures", http://www.internatiuonalcompetition network.org/aboutus.html.

③ Japan Fair Trade Commission, "Cease-and-Desist Order and Surcharge Payment Orders against Manufacturers of Cathode Ray Tubes for Televisions", available at http://www.jftc.go.jp/en/pressreleases/yearly-2009/oct/individual-000037.html.

个卡特尔案件过度行使了日本反垄断法的域外管辖权，理由是：第一，这些在东南亚生产 CRT 的企业是面向全球销售产品，即便存在通过第三方产品向日本进口的情况，这些向日本进口的产品也仅占其全球销售的很小一部分，然而日本公平交易委员会却按照这些企业的全球销售额进行了罚款；第二，即便有些日本电视机生产企业在东南亚采购了 CRT，但是这些 CRT 产品在日本电视机行业中根本无足轻重，即它们对日本市场没有重大影响。这即是说，日本公平交易委员会对这个卡特尔行使的管辖权不是以这个卡特尔对日本有"直接、重大和可以合理预期的效果"为条件的。①

2. 欧盟委员会关于液晶面板（LCD）的卡特尔决定

2010 年 12 月，欧盟委员会就液晶面板卡特尔对我国台湾地区的奇美公司罚款 3 亿欧元，认定该公司以下三种销售受到卡特尔的影响：一是它将 LCD 直接出售给了欧盟企业，这种方式是直接销售；二是它将 LCD 出售给位于我国台湾地区、日本等集团内部的下游企业，这些下游企业在非欧盟地区组装成最终产品后进口到欧盟，这种方式也被称为直接销售；三是它将 LCD 销售给非欧盟企业，这些企业将其组装成为最终产品后进口到欧盟，这种方式被称为间接销售。欧盟委员会计算对奇美的罚金时只是考虑了两种直接销售，没有考虑间接销售，其理由是它可以计算这部分销售，只不过是因为两种"直接销售"计算的罚款金额对奇美已经有了足够大的威慑力。②

奇美与欧盟委员会存在的争议之处是欧盟委员会计算罚款时考虑了第

---

① Fumio Sensui, "Extra-territorial Application of Competition Laws in Japan and the Calculation of Administrative Surcharge regarding Enterprises engaging both in Domestic and Export Business", http：//www2.kobe-u.ac.jp/~sensui/sensui160304.pdf.

② See Opinion of Advocate General Wathelet delivered on 30 April 2015（1），Case C-231/14 P，InnoLux Corp., formerly Chimei InnoLux Corp., v. European Commission，http://curia.europa.eu/juris/document/document.jsf?docid=164057&doclang=EN.

二种直接销售，[①] 为此向欧盟普通法院提出上诉，要求减少欧盟委员会对它征收的罚款数目。普通法院驳回了原告请求，但将罚金从 3 亿欧元减至 2.88 亿欧元。奇美不服又向欧盟法院提起上诉，欧盟法院 2015 年 7 月 9 日驳回了上诉，并且百分之百地认可了欧盟委员会对奇美所作的决定。奇美在这一案件中的主张是，欧盟委员会对奇美在非欧盟国家销售 LCD 的行为没有管辖权。欧盟法院总法律顾问 Wathalet 也支持奇美的观点，即欧盟委员会计算奇美的罚金如果包括奇美集团下游企业在非欧盟地区使用奇美 LCD 组装后进口欧盟的产品，会超越欧盟竞争法域外适用的权限。然而，欧盟法院没有接受 Wathalet 的意见，认为计算罚金是一个与管辖权"不同的问题"，而在这一案件中，确定销售额是一个重要问题，因为这可反映违法行为在经济上的重要性以及奇美在此违法案件中的严重程度。[②] 奇美对欧盟委员会决定的不服之处是，这种罚款方式导致奇美面临一种风险，即除了欧盟委员会的罚款，它还会受到欧盟境外的罚款，因为它在欧盟境外销售的 LCD 受到了卡特尔的影响。这即是说，欧盟委员会计算罚款的方法会产生两个后果：一是不同的反垄断执法机关就这个案件存在管辖权的冲突和法律冲突；二是奇美势必会受到双重罚款，双重罚款则是不合理的。对此，欧盟法院的观点是，欧盟委员会没有义务考虑非欧盟国家对奇美可能采取的执法行为以及对它所征收的罚款。[③]

---

① Latham & Watkins，"ECJ Decision in LCD Cartel Case Affirms Potential for Higher Fines to be Imposed on Vertically Integrated Companies"，https://www.lw.com/thoughtLeadership/LW-ECJ-decision-in-LCD-cartel-case.

② Kluwer Competition Law Blog，"EU Judgment Confirms Potential of High Cartel Fines for Vertically Integrated Multinational Companies"，available at http://kluwercompetitionlawblog.com/2015/07/23/eu-judgment-confirms-potential-of-high-cartel-fines-for-vertically-integrated-multinational-companies.

③ Kluwer Competition Law Blog，"EU Judgment Confirms Potential of High Cartel Fines for Vertically Integrated Multinational Companies"，http://kluwercompetitionlawblog.com/2015/07/23/eu-judgment-confirms-potential-of-high-cartel-fines-for-vertically-integrated-multinational-companies.

欧盟法院关于奇美一案的判决在欧盟引起了很大的反响。因为根据这个判决，欧盟委员会处罚零部件国际卡特尔的时候，它不仅可对卡特尔企业在欧盟境内的销售行使管辖权，而且可对在欧盟境外组装或经境外第三方组装但向欧盟出口的卡特尔产品行使管辖权。欧盟委员会把奇美的 LCD 销售给集团下游企业进行组装和向欧盟出口的行为称为"直接销售"，把其他卡特尔成员将 LCD 销售给欧盟境外第三方组装后出口欧盟的行为称为"间接销售"，并且对这两种"销售"的罚款方法给予了完全不同的待遇。对此，欧盟法院总法律顾问认为，这两种销售的本质是一样的，而且欧盟委员会对这两种销售都不应当行使管辖权，因为在这两种销售活动中，卡特尔的实施均发生在欧盟境外。此外，他还指出，欧盟委员会对卡特尔企业在欧盟境外的行为行使管辖权不仅扩大了欧盟竞争法的域外适用，而且使被调查企业面临双重罚款的风险。因此，他和很多法律界人士呼吁，欧盟竞争法的域外适用应当符合欧盟的判例法，即欧盟竞争法在欧盟境外规制的限制竞争必须对欧盟市场有"直接、重大而且是可以合理预见的影响"。[①]

3. 美国法院关于摩托罗拉移动案的决定

2014 年 3 月，美国联邦第七巡回法院对摩托罗拉移动诉 AU Optronics

[①] See Opinion of Advocate General Wathelet delivered on 30 April 2015（1），Case C-231/14 P, InnoLux Corp., formerly Chimei InnoLux Corp., v. European Commission, http://curia. europa.eu/juris/document/document.jsf?docid=164057&doclang=EN; Latham & Watkins, "ECJ Decision in LCD Cartel Case Affirms Potential for Higher Fines to be Imposed on Vertically Integrated Companies", https://www.lw.com/thoughtLeadership/LW-ECJ-decision-in-LCD-cartel-case; Kluwer Competition Law Blog, "EU Judgment Confirms Potential of High Cartel Fines for Vertically Integrated Multinational Companies", http:// kluwercompetitionlawblog.com/2015/07/23/eu-judgment-confirms-potential-of-high-cartel-fines-for-vertically-integrated-multinational-companies; Marek Martyniszyn, "How High (and Far) Can You Go? On Setting Fines in Cartel Cases Involving Vertically-Integrated Undertakings and Foreign Sales", https://papers.ssrn.com/sol3/papers.cfm?abstract_id=2743292.

一案作出了判决，Posner 法官审理了这个案件，他是美国著名的反托拉斯法专家。① 这是一个涉及《谢尔曼法》域外适用的典型案件。案件事由是摩托罗拉移动指控 AU Optronics 违反了《谢尔曼法》，并且为此要求获得 35 亿美元的损害赔偿。Posner 法官引用美国 1982 年颁布的《对外贸易反托拉斯改进法》指出，《谢尔曼法》不能适用于对外贸易的行为，除非这些行为对美国国内的贸易或者商业，对美国的进口贸易或者商业，以及对美国的出口贸易或者商业，有着一个直接（direct）、重大（substantial）并且可以合理预期（reasonably foreseeable）的效果。

这个条款说明，《谢尔曼法》的域外适用应当有两个前提条件：第一，美国《谢尔曼法》对它们享有管辖权，即性质上它们是对美国有重大影响的行为；第二，这些行为对美国的影响应当是直接的。Posner 法官指出，美国联邦最高法院已经通过很多判例回答了第一个问题，这些判例包括 Arbaugh v. Y&H Corp②, Morrison v. National Australia Bank Ltd③。这些判决说明，法院应当通过解释法律的方式说明对案件的管辖权，例如这些案件都提及国会已经明确地指出过这些问题。第三巡回法院最近在 Animal Science Products, Inc. v. China Minmetals Corp④ 中也是这样论证的，并且认为 1982 年颁布的

---

① Motorola Mobility LLC v. AU Optronics Corp. | FindLaw http://caselaw.findlaw.com/us-7th-circuit/1661853.html; Erik Raven-Hansen, "How Direct Is Direct? Judge Posner Clarifies the Extraterritorial Scope of the Antitrust Laws via the 'Direct' Effects Test under the FTAIA", Available at https://www.antitrustadvocate.com/2014/04/08/how-direct-is-direct-judge-posner-clarifies-the-extraterritorial-scope-of-the-antitrust-laws-via-the-direct-effects-test-under-the-ftaia/.

② Arbaugh v. Y&H Corp, 546 U.S. 500 (2006) (holding that the numerical qualification contained in Title VII's definition of employer does create a subject-matter jurisdiction test).

③ Morrison v. National Australia Bank Ltd, 130 S. Ct. 2869 (2010) [finding that the extraterritorial reach of § 10(b) of the Securities and Exchange Act of 1934 did not create a subject-matter jurisdiction test but rather was a merits question].

④ Animal Science Products, Inc. v. China Minmetals Corp, 654 F.3d 462 (3d Cir. 2011).

《对外贸易反托拉斯改进法》没有提及法院对案件的管辖权，就是认为案件的影响是重大的，而不是因为管辖权的限制问题，也即这种效果可以导致《谢尔曼法》对涉外的商业活动产生域外的影响。美国其他的法院也认可了第三巡回法院的这个主张。①

Posner 法官在摩托罗拉移动诉 AU Optronics 案中主要论述了第二个问题，即什么样的限制竞争行为可被视为对美国的影响是直接的。摩托罗拉移动提起这个诉讼的事由也是自 2006 年起美国、欧盟、日本、韩国等的很多反垄断执法机关开始调查的 LCD 国际卡特尔，即生产液晶面板的 8 家生产商在 1999 年至 2006 年对这种产品有串通价格的行为，这个卡特尔的影响涉及在全球销售的电视机以及其他电子产品，而且这些产品在美国的市场上也有销售。因为美国的《谢尔曼法》是刑法，这些企业受到了刑事指控，这 8 家企业全部认罪，而且被美国司法部处以刑事罚款。本案被告友达公司向美国司法部支付的罚金高达 5 亿美元。

美国有三倍民事损害赔偿的规定。随着液晶面板国际卡特尔的认定，摩托罗拉移动便向法院提出要求友达公司支付其 35 亿美元的民事损害赔偿。法官判决指出，在摩托罗拉移动向友达公司购买的产品中，摩托罗拉移动的购买量仅占 1%，99% 的产品是摩托罗拉移动在外国的子公司购买的（加起来不足友达公司全部产品的一半）且在外国组装成最终产品后向美国出口。

为此，Posner 驳回了摩托罗拉移动的诉讼，理由是一个固定价格的零配件在全球销售后组装成最终产品出口到美国，这不符合《对外贸易反托拉斯改进法》规定的前提条件，即它对美国的商业没有直接和可合理预期的影响。判决书指出，"摩托罗拉移动案件缺少'直接'的影响"，即这个案件的影响是间接的，或者说是 Minn-Chem Inc. v. Agrium, Inc. 一案（简称"Minn-

① See, e.g., Minn-Chem, Inc. v. Agrium Inc., 683 F.3d 845 (7th Cir. 2012) (en banc) (recognizing the Supreme Court's stance as discussed).

Chem 案"）所指的"遥远"的影响，也即是直接影响的法定要求应当排除出去的那种影响。①

Posner 在判决中还作出了详细的阐述，指出被告是在美国境外向摩托罗拉移动的子公司销售了产品，这些子公司在外国组装产品后出口到美国，即这些产品转售给其母公司。这个零配件固定价格对使用了零配件的最终产品价格的影响是间接的。这里可比较 Minn-Chem 案的情况，即外国销售商在美国境外建立了一个价格卡特尔，这个卡特尔的结果可能会提高向美国出口产品的价格，其结果就是如果美国的消费者购买了这些产品，那么就会损害美国消费者的利益。Posner 还指出，因为很多国家没有反托拉斯法，那么这些国家出口到美国的产品价格就可能因为价格卡特尔或者其他反竞争行为而不合理地提高了。摩托罗拉移动认为，在这种情况下适用美国的《谢尔曼法》有助于提高这部法律在全球的影响力。但是 Posner 法官认为，这样做容易和外国产生摩擦，引起外国对美国的怨恨，因为这种做法无异于使美国"谢尔曼"成为世界市场竞争秩序的警察。这种担忧就是美国制定和发布《对外贸易反托拉斯改进法》的目的和动机。Posner 法官引用 Minn-Chem 案的情况，即原告指控的一系列反竞争行为均发生在境外。第七巡回法院在这个判决中引用了美国司法部和联邦贸易委员会的解释，即"直接"就意味着"一个合理的直接因果关系"。② 然而法院认为，该案中关于国外发生的反竞争行为的指控以及对外国产品涨价的反应，都是不确定的干预行为，它们可能带有投机的性质，不能被视为对美国商业具有直接和可以预期的影响。

摩托罗拉移动案和前面这个案件是一致的，即考察了《谢尔曼法》域外适用的范围。它的观点是，涉及价格卡特尔的零部件在外国销售和组装成

---

① See, e.g., Minn-Chem, Inc. v. Agrium Inc., 683 F.3d 845 (7th Cir. 2012) (en banc) (recognizing the Supreme Court's stance as discussed). at 4.

② 683 F.2d at 857.

最终产品后出口到美国，这个卡特尔不应当被视为对美国国内商业有直接的影响。

4. 我国反垄断执法机关的态度

中国反垄断执法机关迄今依《反垄断法》处理的国际卡特尔案件包括2013年依《价格法》处理的液晶面板国际卡特尔案，均对中国市场有着直接、重大和可合理预期的影响。第一，这些卡特尔企业在中国境内销售卡特尔产品，这种影响不能说不"直接"；第二，这些企业通过卡特尔协议大幅度提高了产品的价格，且违法行为时间长，这种影响不能说不"重大"；第三，这些卡特尔产品通过直接销售进入下游市场，如中国境内的电视机生产企业或汽车生产企业以及其他企业，将使用卡特尔产品组装的最终产品直接销售给中国的消费者，这种影响不能说不可"合理预期"。因此，中国反垄断执法机关对这些案件当然具有管辖权。

然而，中国《反垄断法》第2条规定，"中华人民共和国境外的垄断行为，对境内市场竞争产生排除、限制竞争影响的，适用本法"。听起来似乎中国反垄断法域外适用仅以境外限制竞争行为对境内市场具有"排除、限制竞争的影响"为条件，而无须考虑这些限制竞争是否对境内市场有"重大、直接而且可以合理预期的效果"。为了提高反垄断执法的稳定性和透明度，为了给反垄断执法机构提供指导，立法者应通过细则性规定或发布指南，明确反垄断法域外适用应与中国境内市场有密切的地域联系，即这些案件应对境内市场或境内企业的出口有重大、直接且可合理预期的影响。中国迄今的反垄断法域外适用没有考虑过违法企业有在中国境外销售卡特尔产品的情况。但是可以想见，随着案件的日益复杂和多样化，执法机关考虑这样的问题是很正常的。这种情况下，如何域外适用反垄断法，执法机关应当考虑国际上通行的原则，即这些限制竞争对中国市场的影响应当达到一定标准，即这个限制竞争对中国市场的影响是直接的，而不是遥远的；是重大的，而不是无足轻重的；是可以合理预期的，而不仅仅是一种估计或者猜测。这也即是说，为了避免和减少因反垄断域外适用而引起的国际纠纷，同时也是为了公平合理地处理涉外案件，中国应当在这方面完善反垄断法。

（二）反垄断法域外适用中的国际礼让

反垄断法的域外适用会涉及国家间的关系，处理这方面问题就应当考虑国际礼让原则。美国司法部和联邦贸易委员会 1995 年发布的《反托拉斯法国际适用指南》强调，"反托拉斯主管机关执行反托拉斯法时应考虑国际礼让。礼让反映了平等主权国家之间相互尊重的广泛含义，并决定哪个国家应当在其领域允许另一国的立法、行政和司法活动"。① 在 1997 年一个关于新西兰奶制品的判决中，美国法院就考虑到新西兰奶制品公司向美国出口产品的价格受到了新西兰政府的管制，考虑到新西兰有权制定强制性出口规定，考虑到国际礼让，从而在这个案件中认定新西兰奶制品公司固定价格的行为是合法的，应当豁免适用美国的反托拉斯法。② 这说明，反垄断法域外适用应考虑其他国家的重大利益，特别是当一个限制竞争涉及国家主权行为的时候，反垄断法对之一般没有管辖权。为了避免和减少反垄断领域的管辖权冲突和法律冲突，竞争政策发达的国家和地区相互订立了很多双边合作协议。国际上影响最大的是美国和欧盟 1998 年订立的《美国政府和欧共体委员会关于适用竞争法的协定》。③ 这个协定除了规定双方有向对方通报重大案情的义务、信息交流的义务、程序中合作和协调的义务、积极礼让等，还规定了一个避免反垄断程序冲突的原则，即"国际礼让"。该协定第 6 条规定，

---

① See William C. Holmes & Dawn E. Holmes, *Antitrust Law Sourcebook, for the United States and Europe*, 2000 Edition, pp. I-389.

② Trugman-Nash, Inc. v. New Zealand Dairy Bd., 954 F. Supp. 733 (S.D.N.Y. 1997).

③ Agreement between the Government of the United States of American and the Commission of the European Communities Regarding the Application of Their Competition Laws, September 23, 1991, 30 I. K.M.1491 (November 1991); corrected at OJ L 131-38 (June 15, 1995).

为避免法律冲突，缔约方除考虑自身的重大利益外，还应当在反垄断诉讼程序的各阶段，考虑缔约另一方的重大利益。

出于反垄断合作执法的需要，也是出于国际礼让的考虑，中国反垄断执法机关和很多外国相关机构签署了反垄断合作谅解备忘录，如《中美反托拉斯和反垄断合作谅解备忘录》①。但是，与美国和欧盟之间的反垄断双方合作协定相比，中国与其他国家和地区的反垄断双边合作协定中的实质性内容很少，大部分条款不明确、不具体，没有可操作性，容易流于形式。反垄断双边合作协定应当提及国际礼让，因为国际礼让是处理国际事务包括反垄断法域外适用的一个基本原则。欧盟委员会 2013 年处理的汽车线束卡特尔一案中，有些企业与 LCD 卡特尔一案中的奇美公司一样，除在欧盟境内销售产品外，还通过位于美国和日本的下游企业组装成最终产品后向欧盟出口。然而，欧盟委员会在这个案件中计算违法企业的罚款金额时，就没有考虑这些企业在欧盟境外组装成最终产品后向欧盟出口的情况，其理由是它考虑过这个卡特尔在美国和日本被罚款的情况。② 这说明，欧盟委员会处理类似奇美的案件时，不是不能考虑国际礼让的问题。但是，无论如何，正如一位加拿大学者批评美国反托拉斯执法机关时指出的，"跨国反垄断问题是政府间政策冲突的表现。应当承认，也许没有可以适用的国际法来解决这种冲突。在此情况下，这些问题应当通过协商和谈判的方式来解决。一国政府如果按照自己的所好，诉诸本国法，在本国法庭上解决这种冲突，这不是适用法律的原则，而是披着法律的外衣，适用经济实力就是权力的原则"。③ 这也即是

---

① 百度文库：《中美反托拉斯和反垄断合作谅解备忘录签署中英文》，http://wenku.baidu.com/view/433960265a8102d276a22f71.html。

② Marek Martyniszyn, "How High (and Far) Can You Go? On Setting Fines in Cartel Cases Involving Vertically-Integrated Undertakings and Foreign Sales", https://papers.ssrn.com/sol3/papers.cfm?abstract_id=2743292.

③ J. S. Stanford, "The Application of the Sherman Act to Conduct Outside the United States: A View from Abroad", *11 Connell Int'l L. J.* 195 (1978), p. 213, n. 46.

说，国际礼让是反垄断执法机关处理具有国际影响的反垄断案件时应当考虑的原则，而且这个原则也有助于反垄断执法机关为本国企业主张其应有的权益。

四　结论

域外适用是反垄断法的重要属性，因为在反垄断法没有域外适用效力的情况下，任何国家都不能有效地防范来自境外的限制竞争。然而，另一方面，反垄断法过度的域外适用也不可行，因为这不仅给相关企业带来不必要的麻烦和经济负担，而且还会产生国家间的摩擦，影响正常的国际经济贸易。根据国际上普遍认可的原则，反垄断法的域外适用应当考虑两个前提条件：一是在国外发生的限制竞争是否对本国市场有"重大、直接和可以合理预期的影响"；二是考虑国际礼让，即不仅要考虑相关案件与本国是否有重大关系，而且也要考虑相关案件与其他国家的重大利益。我国反垄断法的域外适用已经接受了这两个原则，例如在经营者集中的案件中，执法机关会充分考虑这些案件影响我国市场竞争的程度。然而，出于执法的透明度和法律稳定性的考虑，我国应通过立法就反垄断法域外适用的基本原则作出比较明确的规定。此外，为减少和避免与其他国家反垄断法产生管辖权的冲突和法律冲突，我国还应当完善自己的反垄断法，积极参与反垄断领域的国际合作。需要指出的是，鉴于反垄断法的最终目的是保护本国市场的竞争，最终体现的是本国利益，因此，反垄断领域的合作、协调、国际礼让乃至全球性合作，它们在解决反垄断法域外适用的管辖权冲突或者法律冲突方面，均一定程度上存在不可克服的局限性。

我看 RPM 的反垄断执法乱象 *

RPM 是英文 resale price maintenance 的缩写，主要指生产商固定其销售商向第三方销售商品的价格，或者限定其向第三方销售商品的最低价格。我国《反垄断法》第 14 条第 1 款和第 2 款就是禁止这样的行为。2016 年 8 月 16 日，上海市物价局认定海尔重庆子公司因固定其上海经销商的最低销售价格，违反了《反垄断法》第 14 条，并且就此开出高达 1234 万元的罚单。国家发展和改革委员会系统在茅台五粮液案、婴儿奶粉案、奔驰汽车案等很多针对 RPM 行为的案件中，一般都是依据《反垄断法》第 14 条的禁止性规定，认定这种行为违法，并且处以罚款。然而，广州知识产权法院 2016 年 8 月 30 日针对珠海格力子公司的 RPM 行为，则依据"合理原则"，认定被告的 RPM 行为合法。2018 年广东省高院在对这个案件的终审判决中，与初审法院有着相同的观点，即认定该案中的 RPM 行为合法。2013 年上海市高院审理的强生公司案，也是适用了"合理原则"。从这些案件看出，人民法院处理 RPM 的思路与反垄断行政执法的思路不同，判决结果从而大相径庭。针对我国行政执法和司法就 RPM 案件的审理有两种不同的思路的现象，我想谈谈自己的看法。

---

* 本文为在中央财经大学 2018 年举办的第七届中国经济法 30 人论坛的发言稿。

一　涉及 RPM 最有影响的两个美国案件

在美国联邦最高法院 2007 年的 Leegin 案之前，世界主要反垄断司法辖区对 RPM 一般都是明确适用"本身违法"的原则。"本身违法"是美国反托拉斯判例法建立的一个规则。根据这个规则，只要被告实施了某些类型的行为，不管该行为出于何种目的，也不管该行为是否对市场竞争已经产生了不利影响，它们都是违法的。① 美国反托拉斯法针对 RPM 适用"本身违法"原则的最早判决是联邦最高法院 1911 年的 Dr. Miles 案。该判决指出，纵向固定价格的协议会严重限制销售商之间的竞争，这种做法同销售商联合订立价格卡特尔的后果是一样的。判决还指出，既然生产商已经售出其产品，社会公众就应当有权利"通过销售商之间的竞争得到某些好处"②。这说明，RPM 在该案适用"本身违法"原则是基于以下理由：第一，市场价格应由市场来决定，生产商无权限制销售商的销售价格；第二，RPM 与横向卡特尔一样，其结果会抬高价格；第三，消费者有理由通过销售商之间的价格竞争得到好处，因此 RPM 行为损害了消费者的社会福利。

然而，美国联邦最高法院在其 2007 年判决的 Leegin 一案中，9 位大法官以 5 比 4 的结果推翻了联邦最高法院在其 1911 年的 Dr. Miles 一案中确立的"本身违法"原则。联邦最高法院在这个案件中的观点是，RPM 虽然限制了同一品牌销售商之间的价格竞争，但可能有利于推动不同品牌之间的竞争，而不同品牌之间的竞争比同一品牌销售商之间的竞争更重要。然而，Leegin 一案的判决留下了很多悬而未决的问题，最大的问题是执法者在具体案件中如何适用"合理原则"。

---

① (Edi) Marjorie Holmes, Competition Law and Practice, A Review of Major Jurisdictions, Cameron May 2009, p. 345.

② Dr. Miles Medical Co. v. John D. Park & Sons Co., 220 U.S. 373 (1911).

合理原则是指一种限制竞争行为不应被视为本身违法，它的合法性或者违法性应当在具体案件中进行具体分析。理论上说，如果 RPM 适用合理原则，被告应当有责任举证证明"限制品牌内的竞争是合理的"。然而在现实的 RPM 案件中，如果这种案件适用了合理原则，原告得承担全部举证责任，即不仅要证明被告拥有市场势力，还得证明 RPM 有严重的反竞争后果，其结果往往就是原告败诉。就是因为 RPM 一方面存在严重的反竞争问题，即抬高了产品价格；另一方面，这种案件的原告却几乎全部败诉，因此世界各国的竞争法学界就 RPM 的竞争执法存在热烈的讨论。

二　当前世界各国处理 RPM 的原则

自 2007 年美国联邦最高法院就 Leegin 一案做出判决之后，世界各国对 RPM 基本上仍然是适用"本身违法"的原则，或者采取在原则上禁止的做法。在美国，即便联邦最高法院以 5 比 4 的表决通过了 Leegin 案的判决，这个表决结果至少可以说明美国法律界人士对 RPM 的看法是不一致的。美国联邦最高法院大法官 Breyer 在其反对意见中明确指出，如果判定 RPM 合法，"美国普通家庭由此每年得多支出 1000 多美元"。美国的消费者组织一向都是坚定地反对 RPM 的，因为 RPM 限制了同一产品销售商之间的价格竞争，消费者由此就买不到更便宜的产品。美国有些州依据联邦最高法院 1911 年关于 Dr. Miles 一案的判决，对 RPM 一向并且继续适用"本身违法"的原则，例如加利福尼亚州依据其 Cartwright Act，在其 2013 年判决的 Darush v. Revision 一案中，对 RPM 仍然适用了"本身违法"的原则。美国服装与鞋类协会的国际贸易主管 Nate Herman 指出，"有人以为 Leegin 一案的判决可以使服装和鞋业制造商通过 RPM 更好地支持品牌产品，但事实上这些产品的零售定价仍然掌握在销售商的手里"。他还指出，"在国际竞争的推动下，即便有些奢侈品牌如 Coach Line 和 Manolo Blahnik 的供货商对其零售商实施了 RPM，但对一般的鞋类和服装生产商来说，Leegin 案的判决对他们没有影响"。①

澳大利亚至今对 RPM 适用"本身违法"原则。即便澳大利亚竞争和消费者保护委员会（ACCC）在 1995 年提出了对 RPM 可以给予申请豁免，但迄今只是批准了一个这样的申请，即 2014 年的图斯特（Tool technic）品牌高级电动工具案，而且这个批准书还附加了限制性的条件。ACCC 从以下几个方面对该案进行了竞争分析：第一，图斯特品牌在澳大利亚的市场份额不足 10%；第二，品牌内竞争激烈，即企业的错误决策会受到消费者的惩罚；第三，图斯特没有动机向零售商提供与适当水平相比更高的零售利润（即倾向于降低零售价以促进销售）；第四，这个 RPM 有助于遏制搭便车行为；第五，申请 RPM 保护的产品有着比较复杂的技术，从而需要提供售前技术咨询、产品展示、"先试后买"以及售后服务等各种有助于拓展消费者对产品需求的服务；第六，有证据表明，提供售前各种服务的零售商在与仅提供基本服务的零售商以及与在线商家的竞争中处于越来越不利的竞争地位。这个案件说明，澳大利亚虽然对 RPM 行为有着豁免的规定，但得到豁免是例外情况，即澳大利亚总体上对 RPM 持反对的态度。②

欧盟将 RPM 一直视为核心限制。欧盟委员会 2010 年发布的《纵向协议指南》指出了 RPM 的消极影响，包括：提高市场价格透明度，促进供应商之间的共谋；消灭品牌内价格竞争，促进销售商之间的共谋；阻止全部或部分分销商实施降价，推定价格上涨；减少销售环节的创新，阻止有效率的企业或者折扣店进入市场；等等。这个指南还指出，经营者根据《欧盟运行

---

① Knowledge@Wharton, "Retail Price Maintenance Policies: A Bane for Retailers, but A Boon for Consumers?" http://knowledge.wharton.upenn.edu/article/retail-price-maintenance-policies-a-bane-for-retailers-but-a-boon-for-consumers/.

② 参见 ACCC, Resale Price Maintenance notification guidelines, https://www.accc.gov.au/system/files/Resale%20Price%20Maintenance%20Notification%20Guidelines.pdf。

条约》第101条（3）的规定，对其RPM行为进行抗辩的理由主要有以下几个方面：（1）有助于引入新产品，即通过产品推广扩大消费者的需求；（2）针对特许经营或类似商业模式，RPM有助于短期内的价格协调（2~6周）；（3）针对复杂的产品，RPM有助于提高售前服务水平，避免或减少搭便车行为。这说明，一个RPM行为能否满足第101条（3）的要求，欧盟委员会将通过评估其对竞争和消费者产生的积极影响和消极影响做出决定。①

三 RPM在我国反垄断执法乱象分析

我国《反垄断法》第14条明确规定，"禁止经营者与交易相对人达成下列垄断协议：（一）固定向第三人转售商品的价格；（二）限定向第三人转售商品的最低价格；……"第15条第2款明确规定，"不适用本法第十三条、第十四条规定的，经营者还应当证明所达成的协议不会严重限制相关市场的竞争，并且能够使消费者分享由此产生的利益"。这些规定说明，我国反垄断法借鉴了欧盟法的规定，对RPM适用了"核心限制"，即一般予以禁止，但被告有抗辩权，即举证责任在被告。这说明，国家发改委系统审理RPM的做法符合立法者的思路。

我认为，法院系统对RPM适用"合理原则"可能存在以下问题。（1）《反垄断法》第13条和第14条都是禁止性规定，如果第14条适用合理原则，这违反立法者的原意。（2）合理原则虽然理论上可普遍适用于所有的案件，但是根据美国法中的合理原则本意，这个原则应适用于基本上合理合法的行为。然而，根据现实的情况，大多数的RPM明显存在涨价动机，会产生损害买方和消费者的后果严重，因此，RPM一概适用合理的原则不恰当。（3）根据民事诉讼法，适用合理原则的案件往往要求原告举证RPM

① European Commission, Guidelines on Vertical Restraints, §2.10 Resale price restrictions, p. 45, p.46.

的反竞争效果超过其所带来的效率。但是作为一个事实的问题，因为原告举证困难，诉讼成本极高，其结果就是生产商或者供货商胜诉，这对销售商以及广大的消费者是不公平的。（4）我国的国情不宜对 RPM 适用合理原则。目前，RPM 在全球几乎所有的国家基本上被视为"本身违法"或者"核心限制"，即使美国联邦最高法院的 Leegin 一案将 RPM 认定为合法，但是因为美国传统上把 RPM 视为本身违法，RPM 行为只可能存在于一些奢侈品牌的产品中，对于一般的品牌产品是没有市场的。相反，我国实施反垄断法的时间并不长，特别是 RPM 在我国很多行业相当普遍，现在进入公众视野的案件可能只是冰山一角。在这种情况下，如果执法机关普遍把 RPM 视为合法的行为，这不仅不利于高效率的销售商或者折扣店，更不利于广大的消费者。

　　针对上述问题，我的结论是，如果对 RPM 适用合理原则，原告、被告之间就应当平衡举证责任，特别是 RPM 的行为人应举证证明其限制品牌内的竞争是合理的，证明 RPM 行为可以导致消费者利益的最大化。然而在事实上，我国反垄断法对 RPM 不是适用了合理原则，而是类似欧盟的"核心限制"，即对这种行为原则上予以禁止，只是在例外的情况下，即通过相关经营者的抗辩，可以得到豁免。

我国反垄断执法 10 年：成就与挑战 *

内容提要　我国经济体制改革催生了反垄断法，反垄断法的实施则进一步推动和深化了经济体制改革，完善了市场经济法律体系。反垄断法的任务是维护自由和公平的市场秩序，在这个方面反垄断执法机关和人民法院的成就举世瞩目。反垄断法还催生了公平竞争审查制度，这个制度有助于推进政企分开，实现各类市场主体的权利平等和机会平等。我国反垄断法和反垄断执法尚有不尽如人意之处，法律本身尚待完善，打破行政垄断任重道远，执法的独立性有望提高。为了使反垄断法在我国经济体制改革中发挥更大的作用，为了更好地为企业营造公平和自由的竞争环境，完善反垄断法和做强反垄断执法队伍是广大企业和消费者的殷切期盼。

我国反垄断法自 2008 年 8 月 1 日起生效，迄今已走过 10 年。10 年的时间在人类历史长河中只是一瞬间，我国反垄断立法和实施在此期间却有长足的发展，有很多可圈可点之处。本文讨论我国反垄断法实施迄今取得的伟大成就，探讨它在当前仍然面临的各种挑战。随着中共中央《深化党和国家机构改革方案》的实施，反垄断行政执法机构当前处于重组的关键时刻。为使反垄断法在中国经济体制改革中发挥重要的作用，为了更好地在我国市场上

---

　　*　本文发表在《政法论丛》2018 年第 5 期。

营造一个公平和自由的竞争环境，完善我国反垄断法、做强反垄断执法机构是广大企业和消费者共同的期盼。

一　反垄断执法推进了我国的市场经济体制

（一）推进市场机制在资源配置中的地位和作用

我国长期实行计划经济，配置资源在传统上是通过政府的行政命令。1978年党的十一届三中全会吹响了我国经济体制改革的号角。除了党和国家发布的大政方针，我国经济体制改革大潮中有两个重要的里程碑。第一个里程碑是我国于2001年11月11日加入了世界贸易组织。这个事件不仅标志着我国的经济越来越融入国际经济，越来越全球化，而且也标志着我国接受了世界贸易组织的各种规则，特别是无歧视、透明度和程序公正等各项核心原则，因此其最大限度地反映了我国在经济上实行对外开放的政策。第二个里程碑是我国于2007年8月30日颁布了《反垄断法》，该法于2008年8月1日起实施。《反垄断法》的颁布和实施不仅说明了我国经济体制改革以来的巨大成就，说明计划经济条件下的价格垄断制度已经被打破，企业所有制结构实现了多元化，国有企业开始享有比较充分的经营自主权，因此国家有必要为企业营造一个公平和自由竞争的环境，建立反对垄断和保护竞争的法律制度，而且也说明了我国的经济体制发生了质的变化，我国经济体制改革的方向是市场化。

当今世界各国反垄断法尽管存在一定差异，反垄断立法的宗旨也存在"多元论"或者"一元论"的争议①，但各国反垄断法的经济学原理是一样的，即企业规模如果过大，市场如果没有竞争，垄断者势必会抬高产品的价格，而且为了维护垄断性的高价，它们势必也会减少对市场的供

---

① 参考王晓晔《我国反垄断立法的宗旨》，《华东政法大学学报》2008年第2期。

给。① 正是出于这样一个经济学原理，反垄断法禁止垄断协议，目的是制止企业通过共谋行为损害消费者利益；反垄断法控制企业合并，目的是避免和减少垄断性的企业，维护竞争性的市场结构；反垄断法也禁止滥用市场支配地位，目的是使国家授权垄断经营或通过其他方式获得市场势力的企业在更大程度上受到反垄断执法机关的监督和管制，减少它们剥削消费者或者排除限制竞争的行为和动机。这说明，一个国家之所以需要制定和实施反垄断法，决定性的是它的经济体制。即一方面，一个国家如果要以市场机制作为配置资源的手段，它的生产商或者经营者就必须得把产品或者服务带到市场上接受消费者的检验和评判，这个过程就是市场竞争的过程。市场经济几百年的经验证明，只有竞争才能使社会资源得到优化配置，企业才能具有创新和发展的动力，消费者才能得到较大的社会福利。因此可以说，市场经济就是竞争的经济，市场经济就是建立在竞争的基础上的。但在另一方面，市场经济本身没有维护公平和自由竞争的机制。恰恰相反，为了减少竞争压力和逃避竞争风险，企业总是想方设法地限制竞争。因此，建立市场经济体制的国家必须得反垄断，必须得为企业提供进入市场的权利和机会，从而必须得为企业营造一个公平和自由的竞争环境。这也即是说，为了建立市场经济体制，为了建立公平和自由的市场秩序，国家就有必要建立一个反对垄断和保护竞争的法律制度。

正是因为保护竞争对市场经济非常重要，反垄断法在市场经济国家就有着极其重要的地位，它在美国被称为"自由企业的大宪章"②，在德国被称为"经济宪法"③，在日本被称为"经济法的核心"④。在我国的计划经济体制

---

① William Markham，"Why Antitrust Laws Matter?" available at https://www.markhamlawfirm.com/law-articles/why-antitrust-laws-matter/.

② See United States v. Topco Associates, Inc., 405 U.S. 596, 610 (1972).

③ E.-J. Mestmäcker, Wirtschaftsrecht, RabelsZ, 1990, S. 409.

④ 丹宗昭信、厚谷襄儿编《现代经济法入门》，群众出版社，1985，第 75 页。

下，制定和颁布反垄断法是不可想象的事情。但是在社会主义市场经济条件下，因为市场机制和竞争机制在配置资源中起着基础性的作用，是发展国民经济的根本手段，反垄断法的颁布和实施不仅成为我国经济体制改革的必然结果，而且也是我国经济体制改革深化的重要推动力。一言以蔽之，反垄断法在我国有着极其重要的地位，是我国的"经济宪法"。

这里谈到反垄断法是我国的"经济宪法"，不是说竞争自由必须在我国宪法中做出规定，而是说这个法律制度可以说明我国的经济体制，说明我国是以市场机制配置资源的一种经济秩序。这也即是说，反垄断法在市场经济体制下的重要地位是由其反垄断和保护竞争的伟大功能决定的。因为实践表明，绝大多数的垄断包括经济垄断和行政垄断都是不合理的现象，其本质不过是限制了价格机制调节社会生产和优化配置资源的功能。从短期看，垄断导致产品价格上涨和质量下降，损害消费者利益；从长期看，垄断导致企业生产效率低下和国家的经济短缺。更重要的是，垄断会遏制一个国家和民族的竞争精神，而竞争精神才是国家经济发展的真正动力。

（二）完善我国市场经济法律体系

在当今的"地球村"，任何市场经济国家的经济体制都是建立在竞争自由、所有权保护和合同自由三大支柱之上的，而不是像有些民商法学者强调的，仅仅是建立在所有权保护和合同自由两大支柱之上。这也即是说，反垄断法所保护的竞争自由不仅是国家配置资源的方式和手段，从而可被视为一种外在的东西；而且也是市场经济的基本原则，是市场经济的内涵、本质和属性，即是一种内在的东西。

首先谈反垄断法与私人所有权保护。私人所有权制度是市场经济国家的基本制度。如果没有保护私人所有权制度，如果国家可以随意没收私人财产，如果一个人的财产可以随意遭他人抢劫，那么任何人都不会去创造财富，国家和社会就不会得到发展。这说明，市场经济体制保护私人所有权主要出于两个目的，一是减少人们以暴力和欺诈手段剥夺他人财产的欲望，二是激励人们的生产经营活动，激励人们创造更多的社会财富。然而，市场经济国家对私人所有权的保护不是绝对的。如果一种所有权会导致长期的垄断权，并由此导致社会经济效益低下，这种所有权就不应当得到保护。例如，美国在历史上拆散过很多垄断企业。美国法院在1982年对电信垄断企业AT&T的判决中，强迫该企业向竞争者开放电信网络，这实际就是对私人所有权的限制。[①] 1997年美国政府诉微软公司一案中，美国联邦地区法院也考虑过要拆散微软。[②] 德国和欧洲反垄断法的权威学者麦斯特麦克教授指出过反垄断法限制私人所有权的重要意义。他说，"私人所有权制度不足以建立市场经济体制，因为私人所有权可以随着市场的变化，特别是随着市场竞争效力的变化，不断改变其功能。而反垄断法就是避免私人所有权导致经济和社会不良状态的重要工具"。[③]

反垄断法不仅是对私人所有权的一种限制，而且也是对合同自由的限制。同私人所有权制度一样，合同自由也是市场经济的一个基本原则。因为在没有合同自由的条件下，人们不能自由地与他人进行交易，不能自由地从事生产经营活动，这样的社会肯定不能满足人们各种生产和消费的需求。计划经济体制下的经济之所以被称为"短缺经济"，这种体制下几乎所有的产品和服务都不能满足市场的需要，根本原因就是生产者没有经营自主权，没有合同自由。因此，我国《合同法》第4条规定，"当事人依法享有自愿订立合同的权利，任何单位和个人不得非法干预"。然而需要指出的是，尽管合同自由是市场经济的基本原则，但是如果市场上没有保护竞争的制度，如果

---

① C. Christian von Weizsaecker, "Wettbewerb in Netzen", WuW 7 u. 8/ 1997, S. 576 ff.

② Alex Fitzpatrick, "A Judge Ordered Microsoft to Split. Here's Why It's Still a Single Company", *TIME*, November 5, 2014.

③ 参见王晓晔主编《反垄断法与市场经济》，法律出版社，1998，第3页。

市场上没有竞争自由，合同自由是不可能真正实现的。例如，面对垄断企业或者面对霸王条款的情况，消费者或者买方是不可能享受合同自由的，因为合同自由得以消费者的选择权和市场竞争为保障。举例说，我国《宪法》第16条规定国有企业在法律规定的范围内有权自主经营。然而，要保障企业的自主经营权，其前提条件是企业的竞争自由。如果到处都存在地方割据、地区封锁以及形形色色的限制竞争，企业的经营自主权或者合同自由就是空话。其实，我国经济体制改革40年的历程，就是我国经济生活中不断打破各种垄断的过程。如果说我国现在还有一些企业没有真正的经营自主权，其根本原因就是我国经济生活中存在的各种垄断，特别是行政垄断。从这个意义上说，打破垄断，反对限制竞争，是我国市场经济体制下的经济自由包括合同自由的保障。

其实，世界上没有绝对的权利，也没有绝对的自由。比如，言论自由是一般宪法规定的基本权利，但事实上，任何言论自由都会受到一般法律的限制，如保护青少年以及保护人格尊严的法律规定。与此相似，市场经济条件下的合同自由同样会受到限制。反垄断法禁止限制竞争的行为，特别是禁止竞争者之间订立卡特尔，禁止严重限制竞争的企业并购，禁止占市场支配地位企业的滥用行为，其理由就是这些限制竞争会损害竞争自由，损害消费者的选择权，因此它们不能适用合同自由原则。这即是说，反垄断法是通过规范市场秩序、规范企业的市场竞争行为并且通过禁止性的规定为企业的合同自由划定一个可以发展的空间和范围。

简言之，合同自由、保护所有权和竞争自由作为市场经济体制的三大支柱，作为这种经济体制下市场主体应当享有的权利，它们相互间不是独立的，而且也都不是绝对的权利。人们通常感兴趣的问题是，为了建立和维护一个合理的经济制度，人们应当享有什么样的合同自由、什么样的所有权保护和什么样的竞争自由。因此，我们可以毫无疑问地说，反垄断法所保护的竞争不仅是国家配置资源的手段，而且因为它反映了市场经济体制的本质，是我国市场经济法律体系中最重要和不可或缺的法律制度之一。

二 反垄断法维护了自由和公平竞争的市场秩序

（一）规制经济垄断

我国反垄断法实施 10 年来，商务部、国家发展和改革委员会和国家工商行政管理总局以及人民法院在各自权限范围内认真开展反垄断执法工作，并且均取得了重要的成就。

在经营者集中领域，反垄断执法机关从最初每年审查七八十个案件，发展到现在每年大约审查 400 个案件，这个数量变化不仅反映了我国反垄断执法队伍的经验和能力在此期间有了很大的提升，而且也说明执法机关审理案件的程序和制度有了很大程度的优化。此期间审结的经营者集中申报近 2300 件，其中禁止 2 件，附条件批准 37 件。[1] 这些案件说明，一个具全球性影响的并购案件只要向美国或者欧盟的反垄断执法机关进行了申报，它们势必也得向我国反垄断执法机关进行申报，这一方面说明了我国的市场规模和跨国公司在我国落户的情况，另一方面也说明我国反垄断法已经成为全球最具影响的反垄断法之一。如果比较经营者集中领域的两个禁止性决定，即 2009 年禁止的可口可乐并购汇源案[2] 和 2014 年禁止的马士基、地中海航运和达飞三家欧洲航运公司共同设立网络中心（简称"P3 网络"）案[3]，可以明显看出我国在这个领域的反垄断执法经验

---

[1]　参考徐乐夫《互联网行业之于反垄断的诸多问题需要理论支持》，法制网，http://www.legaldaily.com.cn/zt/content/2018-08/03/content_7609994.htm。

[2]　商务部公告〔2009〕第 22 号，http://fldj.mofcom.gov.cn/article/ztxx/200903/20090306108494.shtml。

[3]　商务部公告〔2014〕第 46 号，http://fldj.mofcom.gov.cn/article/ztxx/201406/20140600628586.shtml。

越来越丰富，案件审理中越来越注重经济分析，执法的透明度越来越高。欧洲竞争法专家 Säcker 教授在其关于 P3 网络案的评论中指出，"中国商务部对这个案件的禁令是正确的，这和美国、欧盟竞争执法机构的做法一样，即当本国市场受到来自境外限制竞争的不利影响时，它有权对这个限制采取措施"。①

我国在禁止垄断协议和禁止滥用市场支配地位两个领域的反垄断执法同样引人瞩目。国家发展和改革委员会在这 10 年期间查处的价格垄断案件有 150 多件，罚款金额超过 1 亿元的案件 16 起，它们大多涉及价格卡特尔、纵向固定价格以及市场支配地位企业的剥削性定价行为，罚款金额共计 110 多亿元。② 国家发展和改革委员会 2015 年 2 月对高通公司滥用标准必要专利的行为开出了 60.88 亿元的罚单。这个案件不仅创下了中国反垄断行政罚款迄今的最高纪录，而且就该案中标准必要专利许可提出了一个在全球具有重大影响的观点，即"当事人在坚持较高许可费率的同时，以超出当事人持有的无线标准必要专利覆盖范围的整机批发净售价作为计费基础，显失公平，导致专利许可费过高"。③ 国家工商行政管理总局在此期间查处的反垄断案件 80 多件，它们大多涉及垄断协议和行业协会。2016 年 11 月对利乐公司开出的行政罚单为 6.67 亿元，④ 创下了我国反垄断执法在非价格领域行政罚单的最高纪录。这个案件从立案到做出处罚决定，历时 4 年多，处罚决定书近 3 万字，特别是在相关市场界定、当事人市场支配地位的认定以及滥用忠诚折扣行为等方面，均做出了详尽的法学和经济学论证，充分体现了案件审理

---

① Franz Jürgen Säcker, "Chinesisches Aus für eine Reederei-Allianz", WuW Heft 11, 2014, S.1031.

② 朱忠良：《共筑新时代反垄断模式中国版》，《中国价格监管与反垄断》2017 年第 11 期。

③ 见国家发展和改革委员会行政处罚决定书〔2015〕1 号，http://jjs.ndrc.gov.cn/fjgld/201503/t20150302_666170.html。

④ 《工商总局对利乐进行反垄断行政处罚逾 6 亿人民币》，http://finance.people.com.cn/n1/2016/1116/c1004-28873141.html。

的周密性和透明度，从而受到国内外学术界和律师界的一致好评，被视为在中国具里程碑意义的反垄断决定。①

人民法院在这 10 年期间的反垄断执法也取得了重大成就。截止到 2017 年底，受理的反垄断民事诉讼案件 700 多件，审结 630 件。② 其中很多是国内外具有重大影响的案件，如广东省高院 2013 年关于华为诉 IDC 案的判决 ③、上海市高院 2013 年关于锐邦诉强生案的判决 ④ 和最高人民法院 2014 年关于奇虎 360 诉腾讯案的判决 ⑤ 等。最高人民法院在奇虎 360 诉腾讯案的判决中就涉及创新市场的市场界定和市场支配地位的认定提出了十分重要的观点。判决书指出，"在市场进入比较容易，或者高市场份额源于经营者更高的市场效率或者提供了更优异的产品，或者市场外产品对经营者形成较强的竞争约束等情况下，高的市场份额并不能直接推断出市场支配地位的存在。特别是互联网环境下的竞争存在高度动态的特征，相关市场的边界远不如传统领域那样清晰，在此情况下，更不能高估市场份额的指示作用，而应更多地关注市场进入、经营者的市场行为、对竞争的影响等有助于判断市场支配地位的具体事实和证据"。⑥ 这个判决对颠覆性创新市场的竞争分析具有重要的指导意义，即在这种情况下，识别企业是否拥有市场支配地位，应当更多地考虑市场竞争环境，特别是考虑市场上现存的和潜在的

---

① See Susan Ning and Kate Peng, "Abuse of Dominance: New Developments in the Tetra Pak Decision", Available at https://www.kwm.com/en/knowledge/insights/key-messages-and-breakthroughs-of-saics-tetra-pak-investigation-20161123; Sebastien Evrard, "Gibson Dunn Discusses Antitrust in China", available at http://clsbluesky.law.columbia.edu/2017/02/15/gibson-dunn-discusses-antitrust-in-china/.

② 参考朱理《民事诉讼已成为中国反垄断工作重要组成部分》，《法制日报》2018 年 8 月 3 日。

③ （2013）粤高法民三终字第 306 号和（2013）粤高法民三终字第 305 号。

④ 上海市高级人民法院民事判决书（2012）沪高民三（知）终字第 63 号。

⑤ 最高人民法院民事判决书（2013）民三终字第 4 号。

⑥ 最高人民法院民事判决书（2013）民三终字第 4 号。

竞争。

　　谈到规制经济垄断，很有必要谈谈针对国有企业的反垄断执法。在这10年期间，反垄断执法机关审理过很多涉及国有企业的限制竞争案件，例如国家发展和改革委员会系统2013年对茅台和五粮液的纵向限价行为征收了4.49亿元的行政罚款，[①] 2014年对浙江省保险业协会和23家保险公司的卡特尔行为共计征收了1.1亿元的行政罚款，[②] 2017年对山西电力行业协会和23家涉案的电力企业共计征收了7388万元的行政罚款。[③] 国家工商行政管理总局在这方面进行的影响最大的反垄断执法是在内蒙古、宁夏等地对中国移动、中国电信、中国联通、中国铁通等多家电信巨头开展的反垄断调查，调查的内容涉及宽带业务搭售固定电话、月底流量清零、限制用户选择套餐内服务项目等各种剥削用户和消费者的行为。这些案件虽然均以接受被调查企业的承诺而结案，但是一定程度上达到了"提速降费"的目的，特别是这些电信运营商2015年底推出了手机流量不清零的政策，这说明这些反垄断调查惠及了消费者。[④]

　　上述针对各种类型企业的反垄断案件说明，我国反垄断法的实施对我国市场上的企业毫无疑问产生了直接和重大的影响。这即是说，市场经济条件下的企业即便享有合同自由，享有充分的经营自主权，但它们没有权利随意排除限制市场竞争，特别是没有权利结成联盟来固定商品或者服务的价格、限制数量或者分割市场，也没有权利随意通过并购的方式消灭竞争对手，导

---

① 王晔君：《茅台五粮液被开天价罚单 罚款金额或达4.49亿》，《北京商报》2013年2月20日。

② 国家发展和改革委员会新闻发布中心：《浙江保险行业违反〈反垄断法〉被处1.1亿元罚款》，http://www.ndrc.gov.cn/xwzx/xwfb/201409/t20140902_624476.html。

③ 张宇：《发改委查处直供电价格垄断：山西23家电企被罚7338万》，中国网财经，http://finance.china.com.cn/news/20170803/4336504.shtml。

④ 华政：《工商局中止对铁通、联通、电信宁夏分公司反垄断调查》，新华网，http://www.xinhuanet.com/local/2015-05/20/c_127822625.htm。

致垄断性市场结构，即便是那些因国家授权或者凭借知识产权取得了市场支配地位的企业包括国有大企业，也没有权利滥用其市场势力。可以想见，随着反垄断法的颁布和实施，我国市场上的企业更大程度上感受到了市场竞争的压力，这种压力同时也是企业不断适应市场和不断完善自己的动力。因此，反垄断法的实施不仅可以优化我国的资源配置，而且也是提高我国企业竞争力和国家竞争力的重要法律武器。

（二）规制行政垄断

我国反垄断法一个重要的特色是反对行政性限制竞争。《反垄断法》第8条规定，"行政机关和法律、法规授权的具有管理公共事务的职能的组织不得滥用行政权力，排除、限制竞争"。第五章还详细列举了滥用行政权力排除限制竞争的各种表现方式。在这个方面，尽管反垄断执法机关尚未被授予直接处理这种案件的权力，即它们只享有向违法机关的上级机关提出处理案件的建议权，但反垄断执法机关以反垄断法为依据，以维护市场竞争秩序为自己神圣的职责，在行政垄断方面调查和处理了很多案件。

例如，云南省发改委2015年调查了云南通信管理局滥用行政权力排除限制竞争的案件。该案起因是，云南省通信管理局在2009年8月组织四大电信运营商在云南的分公司达成了限制竞争协议，并通过下发整改通知书等手段，强迫这些电信企业执行这个协议。云南省发改委经调查认定，云南省通信管理局涉嫌滥用行政权力排除限制竞争，违反了反垄断法。该案的后果是，在云南省发改委的督促下，云南省通信管理局对其限制竞争行为进行了整改，云南省发改委依法还对实施了垄断协议的几家电信运营商分别处以上一营业年度市场销售额2%的罚款。[1]

随着执法经验的积累，反垄断执法机关近年来处理的行政垄断案件呈

---

[1]　国家发改委反垄断局:《云南省通信管理局违反〈反垄断法〉滥用行政权力排除限制竞争被依法纠正》，http://jjs.ndrc.gov.cn/gzdt/201506/t20150602_694801.html。

直线上升趋势。例如，国家发展和改革委员会系统 2017 年 1 月至 2018 年 2 月公布的行政垄断案件 56 起，它们大多涉及行政机关的指定交易和地方保护等问题。例如，中国证券业协会 2017 年 12 月在其网站发布的"证券业从业人员资格考试公告"，要求考生通过在线京东支付平台缴纳考试费，由此排除考生使用支付宝、微信、银联等其他支付方式。反垄断执法机关根据举报对中国证券业协会的这个行为进行了调查，被调查机构承诺做出整改，该案的结果是考生可通过多种渠道支付考试费，有条件的地方甚至规定可现场报名和现场缴费。① 河北省蔚县农牧局 2017 年 6 月代蔚县人民政府起草的《蔚县 2017 年农业机械购置补贴实施方案》指定邮政银行是办理该贷款业务的唯一金融机构。经过反垄断执法机关的调查，这个文件的相关条款修改为"农户可到金融机构咨询，筛选门槛低、手续便利、利率合适的机构自主办理贷款业务"。②

国家市场监管总局办公厅 2018 年 6 月 22 日公开的《关于建议纠正内蒙古自治区公安厅滥用行政权力排除限制竞争有关行为的函》，也是涉及一个行政垄断的案件。③ 这个建议函公开的起因是，内蒙古自治区公安厅在其印发的"60 号文"中，直接指定内蒙古金丰公司统一负责全区新型防伪印章系统软件的开发建设。内蒙古自治区公安厅还采取各种措施，强制各盟市公安机关和刻章企业卸载经公安部检测通过的系统软件，要求它们统一安装金丰公司开发的系统软件，并要求刻章企业向金丰公司购买刻章设备和装有加密电子芯片的硬质章材。这个行政性强制交易侵犯了内蒙古各盟市公安机关和刻章企业的自主选择权，人为增加了企业刻章的成本，不合理地推高了印章

---

① 赵薇:《反行政垄断执法努力维护市场公平竞争》,《中国改革报》2018 年 2 月 26 日。
② 赵薇:《反行政垄断执法努力维护市场公平竞争》,《中国改革报》2018 年 2 月 26 日。
③ 国家市场监管总局办公厅:《关于建议纠正内蒙古自治区公安厅滥用行政权力排除限制竞争有关行为的函》, http://samr.saic.gov.cn/xw/yw/wjfb/201806/t20180622_274726.html。

价格，违反了《反垄断法》第 8 条、第 32 条和第 37 条。[①] 反垄断执法机关对该案进行调查后，向内蒙古自治区公安厅反馈了该案的定性依据和结论，并且提出了相应的整改建议。内蒙古自治区公安厅虽然表示完全接受这些建议并且要积极进行整改，但事实上纹丝不动，既迟迟未向反垄断执法机关报送具体的整改方案，更未开展实质性的整改工作。这种情况下，国家市场监管总局作为我国最高的反垄断行政执法机关，向社会公开了内蒙古自治区公安厅滥用行政权力排除限制竞争的主要事实和执法机关的整改建议，并且依据《反垄断法》第 51 条，向内蒙古自治区公安厅的上级机关即内蒙古自治区人民政府提出了依法处理的建议。

国家市场监管总局向社会公开了内蒙古自治区公安厅涉嫌滥用行政权力排除限制竞争的行为，明显起到了立竿见影的效果。就在执法机关向社会公开这个建议函的第二天，涉嫌行政垄断行为的内蒙古自治区公安厅就召开了专题会议，对国家市场监管总局的整改建议做了认真梳理，决定对其不合法和不合规的行政性限制竞争行为立即叫停和予以纠正，并且承诺将整改情况尽快报国家市场监管总局。[②] 这个案件说明，以权谋私的行政垄断行为同样是见不得阳光的，对行政垄断案件进行曝光，不仅有助于提高反垄断法的权威和反垄断执法机关的效率，而且也是快速纠正行政垄断和扭曲的市场竞争行为的重要措施。

反行政垄断方面一个特别重要的发展是，在反垄断执法机关的努力和大力推动下，国务院于 2016 年 6 月发布了《关于在市场体系建设中建立公平竞

---

① 《反垄断法》第 8 条规定，"行政机关和法律、法规授权的具有管理公共事务职能的组织不得滥用行政权力，排除、限制竞争"。第 32 条规定，"行政机关和法律、法规授权的具有管理公共事务职能的组织不得滥用行政权力，限定或者变相限定单位或者个人经营、购买、使用其指定的经营者提供的商品"。第 37 条规定，"行政机关不得滥用行政权力，制定含有排除、限制竞争内容的规定"。

② 参见《违法被点名，内蒙古公安厅叫停指定企业制作印章》，凤凰资讯，http://news.ifeng.com/a/20180624/58869196_0.shtml。

争审查制度的意见》（简称《意见》）。① 《意见》指出，"公平竞争是市场经济的基本原则，是市场机制高效运行的重要基础。随着经济体制改革不断深化，全国统一市场基本形成，公平竞争环境逐步建立。但同时也要看到，地方保护、区域封锁、行业壁垒、企业垄断，违法给予优惠政策或减损市场主体利益等不符合建设全国统一市场和公平竞争的现象仍然存在"。因此《意见》提出，为规范政府有关行为，防止出台排除、限制竞争的政策措施，逐步清理废除妨碍全国统一市场和公平竞争的规定和做法，我国需要在市场体系建设中建立公平竞争审查制度。国家发改委、财政部、商务部、国家工商总局和国务院法制办还于 2017 年 10 月联合发布了《公平竞争审查制度实施细则（暂行）》②，提出细化公平竞争审查的机制、审查程序和审查标准。因为公平竞争审查的目的是避免和减少政府出台违反公平竞争原则的政策或规则，这两个推进公平竞争审查的文件是对我国反垄断法的重要补充和重大发展。它们与《反垄断法》的反行政垄断一样，目的也是约束政府的行为，即把政府的限制竞争装进制度的笼子里，切实解决政府干预市场过多和过滥的问题。与《反垄断法》的反行政垄断规定的不同之处是，公平竞争审查是对行政垄断行为予以事先防范的措施，即把行政垄断行为消灭在萌芽状态中。2018 年 1 月 28 日，深圳市斯维尔科技股份有限公司（简称"斯维尔公司"）对江西省住房和城乡建设厅等政府机构提起了一个涉及公平竞争审查的行政诉讼，指控这些政府机构滥用行政权力，变相设定江西省工程计价软件市场的准入障碍，未履行公平竞争审查的程序和职责，损害了斯维尔公司的公平竞争权。③ 这是中国第一例涉及公平竞争审查的行政诉讼案件，这个案件说明，因政府未履行公平竞争审查而受到歧视性待遇的企业已经拿起了法律武

---

① 参见中国政府网，http://www.gov.cn/zhengce/content/2016-06/14/content_5082066.htm。

② 参见中国政府网，http://www.gov.cn/xinwen/201710/5234731.htm。

③ 万静：《公平竞争审查诉讼第一案在江西立案》，《法制日报》2018 年 1 月 27 日。

器，通过行政诉讼来捍卫自己的正当权益。

上述这些反行政垄断的案件和反垄断催生了公平竞争审查制度，说明我国《反垄断法》的颁布和实施对我国各级政府机构及其工作人员也产生了重大影响。尽管《反垄断法》没有把行政垄断的管辖权交给反垄断行政执法机关，使反垄断法面对行政垄断有点像一只没有牙齿的老虎，但是，这些案件和公平竞争审查制度都表明了我国立法者对行政垄断持坚决反对的态度，表明反行政垄断已经成为全国上下一致的观点。另外，尽管因为体制原因，反行政垄断在我国仍然是任重而道远，但这方面的反垄断执法和公平竞争审查制度的建立毫无疑问有助于提高各级政府机关及其工作人员对市场经济、市场机制、竞争政策以及反垄断法的理解和认识，促进政企分开，推进各类市场主体的权利平等和机会平等，从而也有助于在我国尽早建立一个统一、开放、竞争、有序的市场体系。

三 反垄断法实施仍面临的挑战

我国《反垄断法》10 年执法的成果显著，成就有目共睹。然而在另一方面，由于反垄断法的实施与国家的经济体制密切相关，我国的经济体制在当前仍然处于转轨的阶段，《反垄断法》的实施就不免还存在很多问题，执法机关面临严峻挑战。

（一）反垄断法本身及其适用的问题

我国反垄断执法面临的第一个挑战是反垄断法本身存在很多尚待完善之处。例如，取得控制权是认定产生经营者集中的核心，但是反垄断制度尚缺乏一个关于控制权的明确规定。如果有了这样的规定，执法机关可对那些达到申报标准但没有取得控制权的集中采取快速审查机制，这不仅可以减轻企业申报的负担，而且还可以减轻反垄断执法机关的负担，有利于提高执法效率。经营者集中的审查因素包括市场集中度，[①] 但是没有明确的量化标准指导执法机关的执法活动。经营者集中的审查因素还包括考虑集中"对国民经济发展的影响"。由于"国民经济发展"是一个宽泛的概念，人们经常质疑这个条款可能为国有大企业间的并购开绿灯，立法者从而有必要对这个条款做出细则性的规定。《反垄断法》第48条规定，对违法实施的经营者集中可处50万元以下的罚款。考虑到违法的经营者集中难以通过"拆分"方式予以救济，50万元以下的罚款显得违法成本太低，不具足够的法律威慑力。

　　反垄断法在垄断协议和滥用市场支配地位等方面也有很多不明确之处。例如，在茅台五粮液一案中，反垄断行政执法机关认定，被调查企业利用自身的市场强势地位，与其销售商达成了维护最低销售价格的协议，违反了《反垄断法》第14条。这说明执法机关认为，《反垄断法》第14条规定的"固定向第三人转售商品的价格"和"限定向第三人转售商品的最低价格"原则上属予以禁止的行为。然而，在上海市一中院和上海市高院审理的北京锐邦诉强生一案中，尽管法院认定原、被告之间的销售协议限制了原告向第三方转售商品的最低价格，但法院要求原告提供证据，证明该协议具有排除限制竞争的效果。[②] 深圳市中院和广东省高院在涉及格力空调的纵向限价协议一案中，法院一致认定家用空调商品相关市场的竞争比较充分，被告企业实施限制最低转售价格的行为没有产生排除和限制竞争的严重后果，从而不属于《反垄断法》第14条所禁止的垄断协议。[③] 这说明，我国反垄断行政执法机

---

① 商务部发布的《关于评估经营者集中竞争影响的暂行规定》明确提出，市场集中度可用 HHI 指数或者行业前几家企业共同的市场份额即 CRn 指数来衡量。

② 最高人民法院公报：《北京锐邦涌和科贸有限公司诉强生（上海）医疗器材有限公司、强生（中国）医疗器材有限公司纵向垄断协议纠纷案》，http://gongbao.court.gov.cn/details/55d47a6027b07c2b5ffcf9b458d1a8.html。

③ （2015）粤知法商民初字第 33 号，（2016）粤民终 1771 号。

关和司法机构审理纵向限价协议的思路是不一致的。人民法院对纵向价格协议倾向于适用合理原则，这可能源于 2012 年《最高人民法院关于审理因垄断行为引发的民事纠纷案件应用法律若干问题的规定》的第 7 条，即被诉垄断行为属《反垄断法》第 13 条第 1 款第 1~5 项规定的垄断协议的，被告应对该协议不具有排除、限制竞争的效果承担举证责任。这条规定似乎也在说，被诉垄断行为属《反垄断法》第 14 条规定的垄断协议的，原告应对该协议具有排除、限制竞争的效果承担举证责任。由此，这个司法解释就改变了我国《反垄断法》第 13 条、第 14 条和第 15 条的立法结构。这里的问题是，最高人民 法院有权通过司法解释对我国《反垄断法》第 14 条关于纵向限价协议的禁止性规定做出偌大的原则性改动吗？

反垄断执法的程序和法律责任等方面也有值得改进之处。例如，国家发展和改革委员会 2011 年调查的中国电信中国联通一案似乎依据《反垄断法》第 45 条的规定接受了被调查企业的承诺。①然而，因为接受承诺的后果是执法机关不能对案件做出"违法"的认定，也不能对涉案行为进行制裁，包括做出罚款的决定，法律上应当明确执法机关接受承诺的前提条件。可以想见，在企业存在违法行为的情况下，它们在调查时肯定渴望通过"承诺"解决案件。这也即是说，法律上应当有一个防止过度接受承诺的机制。反垄断法的法律责任也有值得改进之处。例如，《反垄断法》第 46 条和第 47 条规定，经营者实施垄断协议和滥用市场支配地位的，可处上一年度销售额 1%以上和 10% 以下的罚款。因为这里的最低罚款额度是上一年度销售额的 1%，执法机关已经感觉到这个规定束缚了它们的自由裁量权。第 46 条和第 47 条规定的行政处罚除了责令停止违法行为和处以行政罚款外，还有没收违法所得。考虑到《反垄断法》第 50 条规定了"经营者实施垄断行为，给他人造

①　中国网络电视新闻台：《中国电信中国联通承诺整改　提请发改委中止涉嫌价格垄断的调查》，http://news.cntv.cn/china/20111203/104285.shtml。

成损失的，依法承担民事责任"，因为违法所得和民事损害赔偿都是源于违法行为人的同一个不当得利，行政执法机关的没收违法所得在理论上和实践中就存在问题。反垄断法中市场销售额的概念也有不明确之处，考虑到跨国公司在全球开展经营活动，法律应明确这里的销售额是指违法者在相关市场的销售额。

（二）规制行政垄断的问题

据悉，李克强总理曾与企业家们进行过座谈，听取他们关于市场经营环境的意见。很多企业家提出，他们不需要国家的财政补贴，也不需要政府产业政策的支持，当前他们最需要的是一个公平竞争的环境。例如，政府在家电节能方面给予财政补贴，尽管这个补贴政策是引导家电行业在节能方面进行技术创新，推进产业优化和升级，但是有些企业不是把精力放在科技研发上，而是通过与政府搞关系，以寻租方式不公平地获取政府的财政补贴。① 这说明，国家在实施产业政策或者给予财政补贴的同时，必须顾及市场公平竞争。如果财政补贴缺乏一个公正和透明的程序，产业政策和财政补贴就会给企业正常的生产经营活动带来难题和困扰。实践证明，财政补贴引起的不公平和不公正，一方面源于企业的寻租行为，寻租就是不正当竞争；另一方面源于政府部门滥用行政权力，扶持与自己有关系的企业而对其他企业实施歧视性的待遇，而且后者往往是企业家们抱怨的主要方面。这个实例说明，反垄断法禁止行政垄断的规定和当前推进的公平竞争审查制度虽然一定程度上遏制了行政垄断行为，但是不可否认，反行政垄断还有很长的路要走。

谈到行政垄断，这里有必要讨论《反垄断法》第 51 条的问题。这个条款规定，"行政机关和法律、法规授权的具有管理公共事务职能的组织滥用

---

① 《李克强：让市场充分竞争公平竞争》，新华网，http://www.xinhuanet.com/politics/2014-07/15/c_1111631270.htm。

行政权力，实施排除、限制竞争行为的，由上级机关责令改正……反垄断执法机构可以向有关上级机关提出依法处理的建议"。实践证明，把行政垄断行为交给违法机关的上级机关来处理，这不是一个禁止行政垄断的有效制度，理由至少有两个：第一，滥用行政权力限制竞争行为实际上都是歧视行为，其背后都存在保护地方企业或者保护个别企业的经济动机，由此导致上级机关处理其下级机关的行政垄断行为时很难保持中立；第二，这里的"上级机关"不是专门的机关，更不是专门的司法机关，其工作人员一般不会有很强的反垄断意识，而且也缺乏处理市场竞争案件的能力。正是因为这个第 51 条存在问题，《反垄断法》实施以来很少有涉及行政垄断的重大案件。

另外，滥用行政权力限制竞争的案件交给反垄断执法机构，这是世界各国反垄断法的通行做法。例如，欧盟委员会不仅有权依据《欧盟运行条约》第 101 条和第 102 条处理垄断协议和滥用市场支配地位的案件，而且有权依据条约第 106 条和第 107 条处理涉及国有企业和国家补贴的案件[①]，这里的关键问题是相应机构的授权。总而言之，行政垄断行为仅当被真正装进制度的笼子里时，我们才能制止和预防各种行政垄断行为。当然，打破行政垄断不是一部反垄断法能够奏效的，这里不仅需要深化经济体制改革，包括改革和废除现有不合理限制竞争的政策、法律以及不合理的国家垄断；而且需要提高全社会的竞争意识和理念，尤其需要提高决策者和立法者对竞争政策重要性的认识，坚定不移地坚持经济体制改革的市场化方向。

（三）反垄断执法的独立性问题

反垄断执法的独立性是指执法机关能够独立地执行反垄断法，即其执法活动不受其他政府部门的干扰。反垄断执法应具有独立性是由反垄断法的

---

①　参考王晓晔《欧共体竞争法》第九章"欧共体竞争法中的国有企业"，中国法制出版社，2001。

特殊性决定的，即反垄断执法机关审理的案件一般在社会上的影响很大。例如，滥用市场支配地位的案件往往会涉及国有大企业或者大跨国公司，大的企业并购案件往往会给整个行业或者整个市场的竞争带来影响。在这种情况下，如果执法机关没有足够大的独立性，没有足够高的权威性，它的审案工作势必会受到其他政府机关或者与案件相关的其他机构的影响。我国反垄断初期执法的实践表明，在涉及国有大企业的执法活动中，反垄断执法机关往往表现出独立性不足的问题，如国家发展和改革委员会2011年调查过的中国电信中国联通案。这个案件调查后没有下文，显然是因为执法机关的执法活动受到其他政府部门的影响。有些涉及央企的企业并购也受到社会的质疑，如2008年中国联通和中国网通两个巨型企业的并购没有按照国务院《关于经营者集中申报标准的规定》事前向商务部进行申报。

世界银行2002年的报告建议，为提高反垄断执法的独立性，这个执法机关的主席最好由国家议会任命，有其独立的财政预算。[①] 就我国的体制而言，建立一个不隶属于任何政府部门的反垄断执法机构是不可能的，但这不能说中国就没有提高反垄断执法机关独立性的措施。随着中共中央《深化党和国家机构改革方案》的实施，设置在国家发展和改革委员会、商务部和国家工商行政管理总局下的三家反垄断行政执法机关整合到了国家市场监督管理总局，由此结束了我国反垄断多头执法的局面。一部法律设置多个执法机关与设置单一机关相比，执法成本高而效率低，特别考虑到一个案件可能同时存在价格行为和非价格行为，国家发展和改革委员会与国家工商行政管理总局的反垄断执法就可能产生管辖权的冲突。从这个意义上说，三家反垄断行政执法机构整合为一个机构是一件大好事。但是，毫无疑问，人们对反垄断三家执法机关在当前的整合也存在一定忧虑：过去三家反垄断执法机关

---

① World Bank, World Development Report 2002: Building Institutions for Markets, p. 142.

都是局级机关，如国家发改委下属的价格监督检查与反垄断局借助主管机关的权威，审理了很多反垄断大案和要案；现在三家执法机关整合进入国家市场监督管理总局后建立的新机构能否拥有当年执法的权威和地位？更重要的考虑是，整合后的反垄断执法机关在执法资源方面能否满足执法的需求？毫无疑问，反垄断执法需要相当的执法资源，这不仅因为反垄断法几乎适用于在我国市场上开展经济活动的所有企业，适用于代表主权国家以外的各级政府机构，此外还有着域外管辖权，而且考虑到我国的辽阔疆域和有着世界上最为广阔的市场，因此从理论上说，我国反垄断的执法资源不应当少于世界上其他任何国家和任何地区的反垄断执法资源。当然，反垄断执法资源的改善是一个渐进过程，不可能一蹴而就，但它需要顶层设计的高度重视。简言之，徒法不足以自行。一部法律再好，如果没有一个有效的和有权威的执法机关，法律会徒有其名。因此，国家应当为反垄断执法配置数量适当的人力和财力。

四 结束语

我国反垄断法 10 年执法的成就有目共睹。特别是在经营者集中领域，由于全球大跨国公司基本都在我国落户，跨国公司的并购不仅要向美国反托拉斯执法机构和欧盟委员会进行申报，而且也得向中国反垄断执法机关申报，这就使中国反垄断法与美国反托拉斯法、欧盟竞争法一样，成为全球最具影响的反垄断法之一。国家发展和改革委员会 2011 年对中国电信中国联通一案的调查大大提高了反垄断法的地位，因为它使人们认识到，反垄断法对国有企业不是一只没有牙齿的老虎。但是，这个案件同时也说明，中国反垄断执法当前仍有很多不尽如人意之处，人们对反垄断法的有效实施仍然信心不足。因此，国家应当通过各种努力，强化反垄断执法，为企业营造一个公平和自由的竞争环境。从宏观的角度看，国家应继续深化经济体制改革，进一步理顺政府和企业、政府和市场的关系。从微观的角度看，反垄断法作为反对垄断和保护竞争的法律制度，它应当有权威、有地位，对违法行为有威慑力，这就需要国家在反垄断执法的人力、财力和执法机构的组织建设诸方面予以大力支持。简言之，完善反垄断法和做强反垄断执法机构，是提高国家竞争力、提高企业生产效率和改善我国消费者社会福利的一股不可或缺的源头活水。

第二编

竞争政策与竞争执法中的理论问题

论反垄断法的"社会公共利益"[*]

我国《反垄断法》第1条规定，"为了预防和制止垄断行为，保护市场公平竞争，提高经济运行效率，维护消费者利益和社会公共利益，促进社会主义市场经济健康发展，制定本法"。这说明，我国反垄断立法的直接目的是预防和制止垄断行为，保护市场竞争，其最终目的是提高经济效率，维护消费者利益和维护社会公共利益。

经济效率一般被理解为资源配置效率和生产效率。市场竞争毫无疑问可以提高资源配置效率，因为市场经济不是中央集权经济，在资源配置方面，发挥决定性作用的不是政府部门的计划，而是市场机制和价格机制。一种产品的价格上涨，是鼓励企业向该产品投资的信号；相反，一种产品的价格下降，会督促企业将对该产品的投资转移到其他产品或者部门中去。然而，要使价格机制发挥调节生产和优化资源配置的功能，市场必须满足两个条件：一是企业可以自由定价，二是市场具有开放性。这即是说，价格机制发生作用的过程就是市场竞争的过程，价格机制就是市场竞争机制。

市场竞争也是企业不断提高生产效率的过程。因为在竞争的作用下，企业为了至少在一段时间取得垄断地位，获得一个额外的利润，它们必然努力降低成本和价格，以最少的投入获得最大的产出，这从而会推动企业不断开

＊　本文发表在《中国社会科学院院报》2008年6月12日。

发新技术、新产品和新工艺，改善经营管理。市场竞争是一个生气勃勃的过程。一旦有企业因为开发新产品而获得了竞争优势，其他企业就会效仿。这正如熊彼特所说的："在竞争的作用下，富有朝气的企业家就如同开路先锋。"因此，我们可以说，竞争是生产力发展的强大推进器，是国家经济活力的源泉。

上述关于资源配置效率和生产效率的分析是从微观经济出发的，即实现效率的方法是个人主义。然而，正如亚当·斯密指出的，市场竞争如同一只看不见的手，它为个人创造幸福的时候也创造了整个社会的福利。人们都知道的一个道理是，竞争可以指挥经营者在产品质量、数量方面尽量满足市场的需要，在规格、花色品种上尽量考虑消费者的选择。而且由于竞争的压力，经营者不可将其产品定价过高，这就使日常大众产品形成了适当的价格水平。市场竞争给消费者带来的好处有目共睹。如在我国家电领域，新产品越来越多，产品质量越来越好，价格却一降再降。这里靠的就是竞争。

然而，我国《反垄断法》第1条提出的"社会公共利益"却是一个有争议的概念。有人认为，社会公共利益就是消费者的利益；也有人认为，社会公共利益是指国家的利益。从字面上讲，社会公共利益不是出于个别人或者个别企业的利益，也不是出于个别党派或者个别集团的利益，它应当是一种普遍的利益，而且这种利益可以是经济的，也可以是非经济的，如政治利益。但是无论如何，社会公共利益都是一个比较模糊的概念，从而也是一个灵活的概念。我国《反垄断法》第15条规定，当事人可以以实现节约能源、保护环境、救灾救助等"社会公共利益"为辩护理由，要求反垄断执法机构对一个排除或者限制竞争的垄断协议给予豁免。这里的社会公共利益是指一种社会利益。《反垄断法》第28条规定，当事人可以以"社会公共利益"为辩护理由，要求反垄断执法机构对一个具有排除或者限制竞争影响的经营者集中给予豁免，因为这方面的利益一般表现为生产合理化或者国际竞争力，这种公共利益是指经济方面的利益。

　　然而，在实践中，企业以"社会公共利益"为由要求豁免的限制竞争一般都是短期的利益。1829 年当铁路刚刚问世的时候，美国纽约州州长伯伦曾上书杰克逊总统，反对铁路与运河相竞争。他说，"如果允许铁路取代运河中的船舶，这会导致严重的失业问题。船长、厨师、驾驶员、小旅馆老板、修理工等很多人都将因没有生计被迫离开运河，更不用说被雇来为马匹种植饲草的无数农民"。现代社会的人们一般不会同意伯伦的观点。竞争作为优胜劣汰机制，它虽然可以导致低效率的企业减少工作岗位，甚至导致企业破产，但它同时也创造更多的就业机会。总体上说，因为竞争可以降低价格，提高消费者实际收入，其最终会扩大市场对商品和服务的需求，提高社会就业率。例如，随着各国电信业引入竞争机制，竞争一方面大幅度降低了电信服务价格，另一方面改善了电信服务质量，其结果就是大幅度提高了消费者对电信服务的需求。

　　我国反垄断法中"社会公共利益"的规定很大程度上与国家的产业政策有关。《反垄断法》也有很多关于产业政策的规定，如第 7 条提出保护国有经济，即"国有经济占控制地位的关系国民经济命脉和国家安全的行业以及依法实行专营专卖的行业，国家对其经营者的合法经营活动予以保护……"。第 5 条规定，"经营者可以通过公平竞争、自愿联合，依法实施集中，扩大经营规模，提高市场竞争能力"。第 4 条是反垄断法与国家产业政策相关的解释："国家制定和实施与社会主义市场经济相适应的竞争规则，完善宏观调控，健全统一、开放、竞争、有序的市场体系。"维护经营者的合法权益，包括保护国有大企业的合法利益，这在理论上没有错，因为任何合法的权益都应当得到保护。然而，如果反垄断法同时保护经营者和消费者的利益，那么当两者发生冲突的时候，执法者就面临一个问题：消费者利益优先还是经营者利益优先？全国人大常委会第二次审议的反垄断法草案取消了维护经营者利益的规定，这是很明智的。但是最终通过的法律保留了"社会公共利益"的规定，且"社会公共利益"和"消费者利益"是两个并列概念，这就很难保证反垄断法能够实现保护消费者利益的目的。例如，消费者希望有选择商品或者服务的权利，从而希望市场上有多个竞争者；反垄断法则鼓励经营者扩大经营规模，第28条提出经营者集中符合社会公共利益的，反垄断执法机构可以做出不予禁止的决定。在这种情况下，保护消费者和保护社会公共利益的不同目的就可能发生冲突。

不同目的的矛盾和冲突在其他反垄断法中也同样存在。如欧共体委员会2005年12月发布的《欧共体条约第82条适用于滥用性排他行为的讨论稿》指出，"第82条之目的是保护市场竞争作为提高消费者福利和保障资源有效配置的工具"。这里就存在一个问题：欧共体竞争法是保护竞争，还是把竞争视为一个工具，实际上保护消费者福利和提高经济效率？欧共体委员会一向严格地执行竞争政策，立法目的之争不会影响欧共体竞争法的执行。然而，我国反垄断立法目的之争却至关重要：一方面，我国反垄断法本身存在浓厚的产业政策色彩，反垄断执法机构审理垄断协议或者审批企业并购都会同时考虑竞争政策和产业政策，反垄断法也没有明确竞争政策是否优先于产业政策；另一方面，我国目前的反垄断执法机构缺乏独立性，这样当消费者利益和国有大企业利益发生冲突的时候，反垄断执法机构能否站在消费者立场上反对垄断和保护竞争，就需要时间的考量。

我国反垄断法关于社会公共利益的规定一方面是基于我国的国情，另一方面也是借鉴了其他反垄断法的经验，如德国法的经验。然而在德国，企业几乎不可能以"社会公共利益"为由而得到反对限制竞争法的豁免，因为反对限制竞争法本身就是从社会最大利益出发的。我国几十年经济发展的历程也已经证明，绝大多数的垄断包括企业垄断和行政垄断都是不合理的现象，其本质不过是限制价格机制调节社会生产和优化配置资源的功能。从短期看，垄断会导致产品价格上涨和质量下降，损害消费者利益；从长期看，垄断会导致企业生产效率低下和国家经济短缺。更重要的是，垄断会遏制一个国家和民族的竞争精神，而竞争精神才是国家经济发展的真正动力。因此，反垄断法倡导和推动的竞争政策应当成为我国基本的经济政策。

当然，反垄断法关于"社会公共利益"的规定也是必要的。因为经济非常活泼，反垄断法作为一个规范国家经济秩序和市场秩序的基本法律制度，作为一个影响所有行业和所有企业的法律制度，它应当有一定灵活性。但是，出于对社会主义市场经济规律的认识，出于市场机制在我国资源配置中应当发挥的基础性作用，特别是出于反垄断执法机构应当履行的基本职能，我国未来的市场竞争秩序的"守护神"应当把执行竞争政策作为其首要和基本的任务。

自由贸易区竞争政策合作[*]

传统上说，反垄断法是保护国内市场竞争的法律制度。然而，从20世纪80年代后期以来，贸易自由化和经济全球化已经成为世界经济一股明显的潮流，人们甚至听到了"民族国家的结束"或者"经济没有国界"的论调。这种情况下，原则上仅适用于本国领土范围的反垄断法便受到了严峻的挑战，反垄断领域的国际合作已经不可避免。反垄断国际合作不外乎有三种形式：双边合作、区域性合作和全球性合作。本文主要论述竞争政策区域性合作的必要性，并以北美自由贸易区为例，说明当前竞争政策的区域性合作仍然存在很多问题。

一　自由贸易区竞争政策合作的必要性

自由贸易区是指两个或者两个以上的国家、地区或者单独关税区通过协议而建立的内部取消关税以及其他非关税壁垒的经济区域。世界上最早和最成功的自由贸易区无疑是欧洲联盟，因为随着欧盟成员国之间合作程度的不断深化，欧盟已经从过去的欧洲经济共同体发展成为一个经济和政治联盟。随着经济全球化浪潮的推进，特别是自20世纪90年代以来，世界上还出现了越来越多的区域性自由贸易区，如1994年成立的北美自由贸易区（North

---

*　本文发表在《国际贸易》2011年第10期。

American Free Trade Area，简称 NAFTA）、2005 年成立的美洲自由贸易区（Free Trade Area of Americas, 简称 FTAA）、1972 年成立的欧洲自由贸易区（European Free Trade Association, 简称 EFTA）、1994 年成立的欧洲经济区（European Economic Area, 简称 EEA）、1994 年成立的西非经济货币联盟（Union Economique ot Monétaire Ouest-Africaine, 简称 UEMOA）、1985 年成立的中部非洲国家经济共同体（Economic Community of Central African States, 简称 ECCAS）、1975 年成立的西非国家经济共同体（Economic Community of West African States, 简称 ECOWAS）、1994 年成立的东部和南部非洲共同市场（Common Market for Eastern and Southern Africa, 简称 COMESA）、1992 年成立的南部非洲发展共同体（Southern African Development Community, 简称 SADC）、1969 年成立的安第斯共同体（Andean Community）、1973 年成立的加勒比共同体（Caribbean Community, 简称 CARICOM）、2002 年成立的东盟自由贸易区（ASEAN Free Trade Area，简称 AFTA, 成员有东南亚 10 国）和 2010 年成立的中国 – 东盟自由贸易区（China-ASEAN Free Trade Area，简称 CAFTA，成员国是中国和东盟 10 国）等。根据关贸总协定和世界贸易组织（简称"世贸组织"）2007 年的报告，国际贸易协定已经从 1990 年的 20 个增加到了 159 个，其中大多数是双边协定，但是多边自由贸易协定在数量上也有很大的增长。[①]

不同国家间建立自由贸易区，意味着自由贸易区内部的商品、服务和投资可以自由流动。这即是说，自由贸易区的缔约方一般都会按照世贸组织的规定，努力降低甚至相互取消其关税壁垒和各种非关税壁垒，如对外贸易中的配额制度。此外，按照世贸组织的非歧视原则，自由贸易区的缔约方之间也相互给予其他缔约方的企业或者产品以国民待遇或者最惠国待遇。然而，

---

① Badar Alam Iqbal and Theo Van Der Merwe, "World Trade Organization: What Is Its Future?" *The Journal of World Investment & Trade*, Feb. 2010, No. 1, p.57.

理论上和实践中仍然遗留的一个问题是，自由贸易区虽然取消了政府间的贸易障碍，但是由于私人限制竞争仍然存在，如对外贸易中的出口卡特尔和进口卡特尔问题，即自由贸易区如果没有反对私人限制竞争的机制，私人限制竞争就可能会取代政府的限制竞争，成为一种损害、妨碍或者扭曲自由贸易区内部自由竞争和自由贸易的机制。这即是说，自由贸易区如果容忍企业间的价格卡特尔，或者容忍垄断企业或者占市场支配地位企业的排他性限制，或者容忍大企业间通过并购的方式排除竞争，那么自由贸易区就不可能真正建立起来。

由于保护竞争对推动自由贸易区内部的商品、服务以及投资的自由流动至关重要，欧盟的竞争政策不仅被视为建立欧洲内部大市场的基石，而且这个竞争政策的第一原则就是"建立一体化市场"，"制止妨碍市场一体化的私人限制竞争"。① 这即是说，考虑到竞争机制对提高自由贸易区内消费者福利的重要意义，尽管人们不能说竞争政策是自由贸易区的全部内容，但是如果没有统一的竞争政策，自由贸易区肯定是不完善的。现在，世界上大多数的自由贸易区协定都规定了竞争政策，如北美自由贸易区协定的第15章。但是，总的来说，自由贸易区的竞争政策是不完善的，即绝大多数的自由贸易区协定在推动区域内部的竞争政策方面还没有发挥很大的作用。下面以北美自由贸易区为例予以说明。

二 北美自由贸易区的竞争规则

（一）概况

1994年成立北美自由贸易区的依据是《北美自由贸易区协定》，其缔约国有美国、加拿大和墨西哥。《北美自由贸易区协定》的第15章第1501~1505

---

① Barry Hawk, *United States, Common Market and International Antitrust*, 2d ed., Englewood Cliffs, N.J. Prentice-Hall, Supp. 1990, II, 6.

条规定了这个自由贸易区的竞争政策。第1501条规定，为推动实现自由贸易区，成员国应采取措施禁止限制竞争的商业行为，并就这些措施采取适当的行动。该条还规定，缔约国竞争执法机关应就自由贸易区内部的执法活动进行合作和协调，以使其竞争法得到有效实施。该条第3款规定，缔约国不得就因这一规定而产生的争议诉诸自由贸易区的争端解决机制。协定第1502条规定，缔约国有权授予垄断权，但应保证被授权的垄断企业不得对采购其垄断产品或者服务的其他缔约国投资者采取歧视待遇，缔约国应保证这些垄断企业不得利用其垄断地位，以限制竞争方式，包括歧视性待遇、交叉补贴或者掠夺行为，在竞争性市场上损害其他缔约国投资者的利益。协定第1503条是国有企业的规定。它指出，缔约国有权建立国有企业，但应保证国有企业对其他缔约国投资者的产品销售以及投资方面的服务不得采取歧视性待遇。根据协定第1504条，自由贸易区内建立一个贸易和竞争工作组，其任务是向自由贸易区的委员会就竞争政策与贸易政策之间的相关问题提出报告，并就这方面的工作提出建议。①

（二）竞争规则的实施

尽管北美自由贸易区成员国订立协定的时候都已经颁布了反垄断法，美国和加拿大作为两个经济发达国家在反垄断领域都很有执法经验，然而，这个协定除了对国有垄断企业做了比较详细的规定外，其他方面的规定都很不明确。例如，协定中没有类似《欧盟职能条约》第101条禁止垄断协议和第102条禁止滥用市场支配地位行为的明确规定。特别重要的一个问题是，欧盟为在共同体大市场实现商品、服务和投资的自由流动，它有一个统一的和强有力的竞争执法机构，即欧盟委员会。但在《北美自由贸易区协定》中，关于竞争政策的第5章没有相关的执行机关。即根据协定，成员国有义务依

---

① http://www.worldtradelaw.net/nafta/chap-15.pdf.

据其竞争法不对其他缔约国的投资者实施歧视待遇，却没有监督缔约国履行其义务的机制。在这种情况下，《北美自由贸易区协定》关于竞争政策的规定就形同虚设。下面通过两个案例予以说明。

案例一：美国联邦快递案。20世纪90年代，美国联邦快递公司（UPS）向加拿大政府投诉说，加拿大邮政公司使用其垄断性的经营收入来交叉补贴其在竞争性市场的经营活动，其表现方式是采取掠夺性的定价排挤美国联邦快递公司。1995年，加拿大政府组织了一个独立委员会调查这一案件。独立委员会在其1996年的调查报告中指出，加拿大邮政公司是一个不受管制的垄断企业，有着严重的不公平竞争行为，特别是通过政府授权的垄断经营的收入补贴其在竞争性市场的活动，排除竞争对手。报告还指出，加拿大邮政公司在社会上声名狼藉，但其竞争对手因害怕遭其报复，对其一直忍气吞声。然而，尽管有这样的调查报告，加拿大政府在1997年决定，对这个国有邮政不采取任何措施。[①]

美国联邦快递公司随后依《北美自由贸易区协定》的规定，作为投资者向北美自由贸易区投诉加拿大政府，指控该政府容忍加拿大邮政公司的限制竞争行为，违反了协定的第1502条和第1503条的规定，并且要求该政府对外国投资者的歧视行为予以损害赔偿。北美自由贸易区为此组织了一个多国仲裁庭。但是，加拿大政府认为，依据协定的竞争规则，仲裁庭对这一案件没有管辖权。2002年，这个仲裁庭的决定指出，基于以下两个原因，它对美国联邦快递公司的指控和加拿大政府的不作为均没有管辖权：一是依据协定第1501条第3款，缔约国不得就竞争问题产生的争议诉诸自由贸易区的争端

---

① Clifford A. Jones, "Competition Dimensions of NADTA and the European Union: Semi-Common Competition Policy, Uncommon Rules, and No Common Institutions", Paper Presented to the V International Symposium on Comparative Reginalalism and the European Union, Miami, Nov. 4, 2005, available at http://www6.miami.edu/eucenter/EULaw_LongPaper_06.pdf.

解决机制；二是加拿大政府不保护美国联邦快递公司的行为不违反协定中关于最低待遇标准的规定，因为依据习惯国际法，政府没有义务管制限制竞争行为。[①] 2005 年，美国联邦快递公司向国际投资争端解决中心（ICSID）投诉。2007 年，国际投资争端解决中心依据《北美自由贸易区协定》第 11 章的规定，驳回了美国联邦快递公司的申诉。[②]

案例二：墨西哥电信案。墨西哥电信案的原告是一家美国电信企业，它在美国与墨西哥之间的长话电信服务市场向墨西哥的消费者提供服务。被告是墨西哥电信公司 Telmex，它在墨西哥电信服务市场占 95% 的份额，是一个垄断企业。原告指控被告实施歧视行为和限制竞争行为，特别是因为墨西哥政府授权被告代表墨西哥的电信服务商与原告谈判电信联网的价格，这使原告失去了与墨西哥其他电信服务商进行谈判的机会，也失去了获得竞争性价格的机会。由于这个案件涉及墨西哥的国有垄断企业，墨西哥政府在该案中没能履行《北美自由贸易区协定》第 1502 条和第 1503 条规定的义务，这在理论上应是一个在北美自由贸易区内处理的案件。然而，由于《北美自由贸易区协定》没有解决竞争案件的争端解决机制，即自由贸易区对该种案件没有管辖权，原告便提请美国政府将这个案件诉诸世界贸易组织。2004 年 4 月，世界贸易组织争端解决机构裁定，墨西哥政府没有阻止其国有垄断企业 Telmex 的限制竞争行为，违反了《服务贸易总协定》。[③]

[①] United Parcel Service of America v. Government of Canada, available at http://www.state.gov/s/l/c3749.htm.

[②] http://www.international.gc.ca/trade-agreements-accords-commerciaux/assets/pdfs/MeritsAward24May2007.pdf.

[③] Panel Report, "Mexico-Measures Affecting Telecommunications Services", WT/DS204/R (2 April 2004), available at http://www.sice.oas.org/dispute/wto/ds204/ds204r1e.asp.

三　自由贸易区竞争政策的评价

墨西哥电信一案值得注意的是，《北美自由贸易区协定》有着明确的竞争规则，但美国政府没有在这个自由贸易区内寻求救济，而是向世界贸易组织的争端解决机构请求援助。其实，世界贸易组织并没有明确的竞争规则，而仅在个别协定如《服务贸易总协定》《与贸易相关的知识产权协议》中做了一点关于竞争政策的规定。这说明，《北美自由贸易区协定》的竞争规则是失败的，是纸上谈兵，没有在实践中发挥其应有的作用。

与欧盟竞争法相比较，《北美自由贸易区协定》竞争规则的最大问题是缺乏一个跨国执行机构。这种情况下，自由贸易区内竞争案件的解决不外乎以下三种方式：一是当事人之间的非正式合作，如它们之间的协商与和解，二是诉诸其他争端解决机制如世界贸易组织和国际投资争端解决中心，三是案件完全得不到解决，如美国联邦快递公司与加拿大邮政公司之间的争端。自由贸易区协定没有跨国竞争案件执行机构的规定，主要原因是在自由贸易区协定的谈判中，谈判人员主要是考虑政府间的贸易壁垒，对私人跨国限制竞争没有予以足够的重视，这就很难使竞争规则在自由贸易区协定中占重要的位置。另外，跨国竞争案件的解决往往涉及管辖权的冲突和法律冲突，只要自由贸易区的成员方不想在这个领域放弃自己的管辖权，就势必与世界贸易组织框架下发展统一竞争政策所遇到的阻力一样，自由贸易区这方面的谈判也很难取得实质性的进展。

总而言之，一个自由贸易区能够发展到欧盟内部大市场的程度和水平需要很多前提条件，即不仅需要缔约国对竞争政策的高度认识，而且需要它们在政治、经济、法律和文化诸方面能够相互认同。现在世界上的自由贸易区往往都是发展中国家和发达国家之间订立的，或者是发展中国家之间订立的，这就很难使它们能够在竞争政策问题上像欧盟成员国那样，向欧盟委员会出让部分主权。而在发展中国家订立自由贸易区的情况下，这些国家一方面由于缺乏竞争文化，从而对竞争政策的重要性缺乏高度认识；另一方面在执行竞争法和竞争政策方面缺乏必要的资金、人力和技术条件，这些自由贸易区也很难在竞争政策的区域性合作中有大的建树。

权力寻租是对《反垄断法》实施的挑战 *

我国《反垄断法》2008 年 8 月 1 日开始实施，但有很多人对这部法律的有效实施信心不足。这是因为反垄断法能否真正在我国成为打破垄断和保护公平自由竞争的法律武器，尚取决于很多因素，包括经济体制改革、政治体制改革、相关配套规章制度、竞争文化等，当然更取决于决策者推动市场经济体制和竞争政策的决心。

网上看到消息说，尽管我国 2008 年的宏观形势严峻，但中国移动的盈利能力十分强劲，全年股东应占利润达到人民币 1127.93 亿元，同比增长 29.6%，这相当于中国移动每天的净利润高达 3.09 亿元。有网友对此消息的评论是垄断、掠夺、耻辱，理由是中国移动炫耀的业绩不能说明消费者的福利，因为今天的中国电信市场仍然存在手机双向收费、手机漫游费，这说明中国移动的收入至少有部分是对消费者的不公平掠夺。中国移动之所以有能力、有机会掠夺消费者，当然是凭借其在中国电信移动市场上一家独大和近乎垄断的地位。

其实，"权力寻租"在我国垄断行业是普遍现象。据 2008 年调查数据，我国石油民营批发企业 663 家倒闭了三分之二，民营加油站 45064 座倒闭了三分之一，亏损企业 1 万多家。有些民营石油企业曾在中石油、中石化两大巨头

* 本文发表在《洪范评论》第 13 辑《垄断与国有经济进退》，生活·读书·新知三联书店，2011。

断油的困境中与俄罗斯的石油公司签订了购油合同，但是由于我国进口原油的垄断权属中石油和中石化，民营企业在其原油进口交易中困难重重。中石油、中石化垄断我国石油产品市场的后果有目共睹。有学者指出，我国垄断性原油进口和国家对垄断企业的巨额补贴，一方面导致垄断企业可不计成本地从国际市场采购原油或者产品油，进而直接对政府形成调价的压力；另一方面是国家的财政补贴加强了石油行业的垄断性，抬高了我国石油产品的价格。

有人指出，我国权力寻租的"租金"总额已占 GDP 的 20%～30%，年绝对额高达 4 万亿元至 5 万亿元①。"权力寻租"的受益者是社会上的强势群体，主要是国有大垄断企业，如电力企业的抄表工一天抄 4 次电表可领取 10 万元年薪。收入严重不公的现象也反映在金融、证券、保险、石油等其他国有垄断行业以及电信、铁路等被视为"自然垄断"的行业。理论上说，社会主义市场经济是以公有制为基础的，国有经济负有帮助政府调控经济的任务，是保证社会正义和公平的经济基础。然而，现实情况是，国有垄断企业凭借其垄断地位所获取的垄断利润在无止境地扩大，国有企业相当程度上失去其传统上为人民服务的良好形象，成为社会上享受特殊利益的特殊群体。有人甚至不无担心地指出，一些以国有经济为基本形态的垄断大企业已成为我国社会两极分化的经济基础。

其实，中国共产党第十四次全国代表大会的报告已经强调过市场竞争是优化配置资源的根本机制。报告指出："我们要建立的社会主义市场经济体制，就是要使市场在社会主义国家宏观调控下对资源配置起基础性作用，使经济活动遵循价值规律的要求，适应供求关系的变化；通过价格杠杆和竞争机制的功能，把资源配置到效益较好的环节中去，并给企业以压力和动力，实现优胜劣汰；运用市场对各种经济信号反应比较灵敏的优点，促进生产和

---

① 吴敬琏：《中国经济六十年》，《四川改革》2010 年第 2 期。

需求的及时协调。"这就充分肯定了市场机制、价格机制和竞争机制这些市场经济制度的基本范畴也是社会主义市场经济的基本范畴，肯定了竞争对我国经济体制改革和建立社会主义市场经济体制的重要意义。为了在垄断行业引入竞争机制，进一步改革国有企业，国务院2005年2月还发布了《关于鼓励支持和引导个体私营等非公有制经济发展的若干意见》，提出要贯彻平等准入、公平待遇的原则，允许非公有资本进入电力、电信、铁路、民航、石油以及金融服务等行业，并提出要加大对非公有制经济的财税金融支持，完善对它们的社会服务等措施。然而遗憾的是，我国三分之二以上的民营企业认为，我国垄断行业的改革尚未见效，三分之一以上的民营企业认为没有享受到公平的国民待遇。[①] 这说明，行业垄断是制约我国民营经济发展和制约我国经济体制改革的重要因素。

历史已经证明，允许民营经济进入垄断行业对我国经济发展至少有以下两方面的好处。第一，有利于提高企业包括国有企业的竞争力，因为经济学的基本原理是，只有在市场竞争压力之下，企业才会努力降低价格，改善质量，不断开发新技术和新产品。第二，有利于改善国家的财政，因为打破垄断不仅可以减少国家对国有企业的财政补贴，而且随着私人投资进入垄断行业，国家对这些部门的投资将大大减少，从而可以使国家有更多的资金投入教育、社会保障等领域。因此，我们没有理由维护个别企业在某些行业的垄断地位，更没有理由加强它们的垄断地位。总而言之，我国近年来愈演愈烈的"国进民退"与我国宪法规定的国家要建立"社会主义市场经济体制"的目标是背道而驰的。为了推动国家的经济发展，为了提高企业包括国有企业的经济效率，当然更是为了提高中国老百姓的社会福利，我们应当大张旗鼓地反对"权力经商"，理直气壮地推动公平和自由的市场竞争秩序。

---

① 《民营企业渴望深化垄断性行业改革》，新浪财经报道，http://finance.sina.com.cn/oll/20061106/15181023542.shtm/。

论反垄断法在被监管行业的适用 *

摘要 随着世界各国实行"放松管制"的经济政策,大多数被监管的行业已经不再能够从反垄断法中得到豁免。然而,由于这些行业仍然存在政府监管,这些监管机构和反垄断执法机构就不可避免地存在管辖权的冲突。本文讨论反垄断法在被监管行业中的作用,包括行为监管和结构监管,此外还提出反垄断执法机构和行业监管机构在这些行业的反垄断执法中应当相互协调和密切合作。

一 概述

政府监管的行业一般具有垄断性,有些甚至被视为自然垄断,反垄断法在这些行业的适用就会受到限制。如美国《克莱顿法》第 7 条规定,该法不适用于经民航局、联邦通讯委员会、联邦电力委员会、州际商业委员会、证券交易委员会、海运委员会以及农业局批准的企业并购交易。日本 1999 年修订前的《禁止私人垄断和确保公正交易法》第 21 条规定,该法不适用于铁路事业、电力事业、煤气事业以及其他性质上为自然垄断事业的经营者所实施的与其相关的生产、销售或者供给行为。然而,随着 20 世纪 80 年代以来

---

* 本文发表在《中国物价》2014 年第 9 期。

各国在垄断行业实行了放松管制的政策，现在即便被称为自然垄断的行业，也不能完全得到反垄断法的豁免。如日本《禁止私人垄断和确保公正交易法》通过 1999 年的修订，废除了该法对铁路、电力、煤气以及其他具有自然垄断性质的行业适用除外的规定。

尽管各国政府通过各种方式对某些行业放松了管制，例如通过拆分在位垄断企业，或者通过不对称管制鼓励新的企业进入市场，但这些行业毕竟往往有其特殊性，例如或者因为技术问题，或者因为网络问题，或者因为政府的政策问题等，对这些行业放松管制的同时还往往保留着政府管制。这种情况下，人们就反垄断法和行业管制之间的关系会提出很多问题。例如，反垄断法在被监管行业应起什么作用？反垄断法对被监管企业的市场行为有管辖权吗？反垄断法对被监管企业的并购活动有管辖权吗？在我国反垄断立法的过程中，我国电信、电力、邮政、铁路等垄断性的企业经常在呼吁，反垄断法应对它们这些垄断行业给予豁免。就在国务院法制办提交全国人大常委会审议的反垄断法草案中，还有一条规定指出："对本法规定的垄断行为，有关法律、行政法规规定应当由有关部门或者监管机构调查处理的，依照其规定。有关部门或者监管机构应当将调查处理结果通报国务院反垄断委员会。有关部门或者监管机构对本法规定的垄断行为未调查处理的，反垄断执法机构可以调查处理。反垄断执法机构调查处理时，应当征求有关部门或者监管机构的意见。"全国人大常委会在审议这个草案的过程中，认为这个条款不合适，因为它会大大限制反垄断执法机关的管辖权，有损反垄断法的效力和权威，从而把这个条款给删除了。这说明，我国最高立法者把被管制行业限制竞争行为的管辖权交给了反垄断执法机关，这是我国反垄断法在被管制行业可以予以适用的前提条件。

总而言之，由于人们越来越认识到市场机制对推动企业发展和增加消费者福利的重要意义，认识到市场竞争对推动国家经济和社会发展的重要意义，被监管行业不适用反垄断法的情况在世界各国已经越来越少见。这也即是说，只要人们认为某个行业应当引入竞争机制，只要人们相信竞争可以实现资源的优化配置，这个行业就不能排除适用反垄断法。与一般竞争性行业一样，反垄断法监管被管制行业的限制竞争也可以概括为两个方面：一是监管这些行业的市场行为，二是监管这些行业的市场结构。

二　反垄断法的行为监管

（一）概述

垄断行业引进竞争机制不是一朝一夕的事情。因为这些行业进入市场的障碍很多，壁垒很高，经营者的数目很少，且在位大企业往往拥有市场支配地位，这些行业的滥用市场优势行为就比一般的竞争性行业严重得多，特别是存在剥削性的定价行为。美国和欧洲对被管制企业的滥用行为，特别是管制它们的定价行为有不同的做法。美国的基本原则是，如果行业监管机构被授权处理企业的滥用行为，包括定价行为，企业限制竞争可以从反托拉斯法中得到豁免。

然而在欧洲，被监管的行业一般不能从反垄断法中得到豁免。如德国《反对限制竞争法》第 130 条不仅通过第 1 款明确规定，该法适用于全部或者部分属于公共部门所有或者由公共部门管理或者经营的企业，而且还通过第 3 款规定，《能源经济法》不得影响该法第 19 条和第 20 条的适用，除非《能源经济法》第 111 条作出了其他的规定。《反对限制竞争法》第 19 条和第 20 条是专门针对滥用市场支配地位的行为。这说明，尽管提供电力、天然气等能源的企业在德国有权同客户订立固定价格的协议，有权同地方政府或其他公共机构订立特许经营的协议，或者有权相互订立分割地域市场的协议等，但这些企业不得凭借市场优势地位，限制或者妨碍竞争，也不得无理盘剥交易对手和消费者。这也即是说，在欧盟和德国，行业监管不能保护被监管企业滥用市场优势地位的行为，也不能保护被监管企业盘剥消费者的行为。

反垄断法适用于被监管企业的主要理由是，行业监管机构不可能像反垄断执法机关那样，关注被监管企业的限制竞争行为，尤其是不可能制止它们的剥削性定价行为。如果监管者从政治和社会政策出发，将目录价格定得很低，被监管企业就可能在政府不予监管的方面，对特殊用户和特殊消费集团制定剥削性的价格。它们之所以对特殊用户抬高价格，是因为对方不具有选择其他服务的可能性，即这种涨价是凭借市场支配地位的。相反，如果政府将目录价格定得很高，被监管企业就可能订立比较低的特殊价格，吸引某些特殊用户购买自己的产品和服务，以此排除或者限制竞争。这即是说，被监管企业即便存在政府定价，反垄断执法机关也有必要监管它们的价格行为。欧共体委员会2003年对德国电信一案的决定以及欧共体初审法院2008年对德国电信一案的判决说明，行业监管在欧洲不是被监管企业限制竞争行为的保护伞。

（二）美国法院的 Keogh 案

美国最高法院1922年的 Keogh 诉西北铁路公司一案的判决，是关于被监管企业定价行为的最早判决，也是涉及反托拉斯法与行业监管最早的法律判决。该案发生在美国实行行业监管最早的部门——铁路运输业。原告 Keogh 是一个发货人，被告西北铁路公司是一个垄断企业。原告指控被告与美国其他地区经营铁路运输的垄断企业存在价格协调，从而依据《谢尔曼法》要求三倍损害赔偿。被告反驳说，这个被指控违反《谢尔曼法》的价格经过了州际商业委员会（ICC）的调查和批准，因而是合法的。法院的判决是，经过 ICC 批准的价格是合理和无歧视的，从而驳回了原告的请求。判决还指出，即便经 ICC 批准的价格是垄断经营者之间共谋的结果，它们也不是必然违法。法院还提出，如果要求三倍损害赔偿的原告要取得胜诉，他不仅得证明在不存在共谋的情况下将会支付较低的运输费，而且还得证明这个较低的运输费将会得到 ICC 的批准。[①] Keogh 案判决至今在美国是一个影响很大的判决。根据这个判决，一个产品或者服务的价格只要受到了联邦政府的监管或者需要得到监管机构的批准，这些相关企业的价格行为就可以从反托拉斯法中得到豁免，即仅在被监管企业的价格没有向监管机构进行申报，或者虽然进行了申报但在没有得到批准的情况下，反垄断执法机关方可干预它们的价格行为。

在 1966 年 Carnation 一案中，[②] 最高法院依据 Keogh 一案的判决认定反托拉斯法对被监管行业企业的价格行为有管辖权。该案的原告 Carnation 是一个发货人，他依据《谢尔曼法》要求三倍损害赔偿，理由是一个班轮公会固定的价格从来没有经过联邦海商委员会的批准。地区法院和上诉法院驳回了原告起诉，理由是这个问题的管辖权属于联邦海商委员会。然而，当该案提交给最高法院审理后，形势发生了转变。最高法院认为，反托拉斯法对未经联邦海商委员会批准的价格协议有管辖权。尽管最高法院在判决中强调，行业监管可使承运人之间订立并经联邦海商委员会批准的价格协议得到反托拉斯法的豁免；但它指出，该案中受到反托拉斯法指控的行为不能根据远洋运输法得到豁免，因为它没有经过监管机关的批准。法院还指出，依照反托拉斯法认定这些行为的合法性或者违法性的时候，无须考虑行业立法的有关规定。

（三）美国法院的 Trinko 案

美国最高法院 2005 年 Trinko 一案的判决，是涉及反托拉斯法与行业监管的最新案例。该案原告 Trinko 是一个律所，被告 Verizon 是一个在市话市

① Keogh v. Chicago & Northwestern R. Co., 260 U.S. 156, 43 S.Ct. 47, 67 L.Ed.183 (1922).

② Carnation Co. v. Pacific Westbound Conference, 383 U.S. 213, 86 S.Ct. 781, 15 L.Ed.2d 709 (1966).

场占支配地位的电信企业。原告指控被告不许可竞争对手进入其市话网络，违反反托拉斯法。

美国最高法院尽管驳回了被告关于豁免反托拉斯法的请求，但它在判决中指出，"反托拉斯法运用于被监管的行业应当十分慎重，并且应当反映被监管行业显著的经济和法律特点"。因为该案的被告 Verizon 必须依据1996年电信法的规定，满足市话企业进入长话市场的一系列条件，法院认为，Verizon 满足这些条件就不可能违反反托拉斯法。在这种情况下，法院认为联邦通讯委员会（FCC）是有效执行反托拉斯法的机构。[①]

最高法院关于 Trinko 一案的判决受到了很多人的批评，因为案件的结果是没有适用反托拉斯法。然而，1996年电信法的保留条款则明确规定，"本法以及对本法修订后的任何规定都不得解释为是修订、削弱以及取代反托拉斯法的适用"。因此，尽管最高法院 Trinko 一案是一个近期判决，但很多人预言这个判决在美国历史上不会有太大的正面影响。

（四）欧盟的德国电信案

德国电信（Deutsch Telecom）是德国电信市场最大的经营者。随着德国1996年颁布了电信法和在电信市场实施了放松管制的政策，德国电信经营的市话网络就面临两种进入：一种是来自竞争者的进入，即它必须向新进入市场的其他电信服务商开放电信网络，这种进入被称为批发进入（wholesale access），这个网络的使用费被称为"批发价"；另一种是普通用户的进入，即德国电信向其客户和消费者提供电信服务的进入，这种进入被称为零售进入（retail access），其价格被称为"零售价"。根据德国的电信监管制度，德国电信对其网络的批发价格需得到监管机关 RegTP 的批准；而在零售进入方面，政府只是规定了最高限价。

---

①　Verizon Communications, Inc. v. Law Offices of Curtis V. Trinko, LLP, 124 S.Ct. 872 (2004).

这个案件的背景是，德国电信既是德国电信市场（该案中的上游市场）网络基础设施的垄断者，又参与电信下游市场的竞争，即向消费者提供模拟电话、ISDN、ADSL 以及其他各种电信服务。这种情况下，尽管德国电信向进入电信市场的其他服务商开放了网络，但是由于它向这些电信服务商收取的网络批发价高于它从自己客户手中收取的零售价，这就导致其他电信服务商在德国电信下游市场与德国电信开展的竞争中，不能抵消它们的成本。这即是说，这些企业从自己客户收取的费用（零售价）减去它们向德国电信支付的网络使用费（批发价）之后，所得的是一个负数。因此，这些企业指控德国电信为排除竞争对手，对它们实施了价格挤压。

欧盟委员会 2003 年 5 月对德国电信作出的决定中指出，德国电信作为一个占市场支配地位的企业，从 1998 年起对其竞争者和电信终端用户按月收取和一次性收取的费用中存在滥用行为，严重损害了市话网络进入市场的竞争，违反了欧共体条约第 82 条。为了惩罚德国电信，委员会除制止德国电信的违法行为，还向其征收 1260 万欧元的罚款，并规定三个月内必须向委员会交付罚金，否则得按照这个金额交付 6% 的日罚金。委员会的决定还提及德国电信业的监管机构。决定指出，鉴于德国电信的批发价和零售价自 1988 年起就受到国内特殊行业的监管，这作为一个可对德国电信减轻责任的条件，将对该企业的罚款减少 10%，即从起初征收的 1400 万欧元减至 1260 万欧元。

德国电信不服委员会的决定，便向欧共体初审法院提出了申诉。德国电信主要申诉了两个问题，一是作为被监管的企业，它自己没有能力避免它的批发价和零售价之间存在价格挤压的问题，因为这两个价格都是德国监管机关 RegTP 进行价格监管的直接后果，而德国电信在这方面只能被动地遵守监管机构的决定。它申诉的第二个问题是，委员会在认定德国电信存在价格挤压的问题上存在计算方法的错误，此外也没有说明价格挤压对市场竞争有何种损害。它认为委员会的做法损害了法律稳定性，损害了德国电信的合法利益，因为它的价格都是政府监管的结果。

欧盟初审法院的判决指出，尽管德国电信的网络批发价和零售价存在政府监管，但政府在零售价方面只是规定了最高限价，因此德国电信在遵守价格监管的同时有一定的自由裁量权。法院指出，德国电信本来应通过提高零售价的方式避免出现价格挤压，但它偏偏滥用了这个自由裁量权，即制定了一个大大低于最高限价的零售价，由此就出现了价格挤压问题。这即是说，如果德国电信提高零售价，其他电信服务商就可以在零售价和批发价之间得到一个差价，从而可以得到一个利润，由此可以在德国电信市场生存下去。法院还赞成委员会的说法，即德国电信至少可以通过提高宽带入网费来减少价格挤压。它还指出，因为进入电信下游市场的竞争者必须得支付网络批发价，这种价格挤压的结果就是排除竞争。这个排除竞争的意图非常明显，以至于委员会根本不需要进行举证。①

在行业监管与欧共体竞争法的关系上，初审法院的判决指出，德国电信的价格需要得到行业监管机构 RegTP 批准的事实不能解除它必须遵守《欧共体条约》第 82 条的义务。法院还指出，即便德国监管机构 RegTP 就德国电信服务进行定价时没有考虑其应当遵守条约第 82 条的义务，欧共体委员会关于德国电信滥用行为的决定也是合法的。这即是说，尽管德国电信的定价行为依照监管机构的决定是完全合法的，即在批发价方面遵守了一个固定的价格，在零售价方面也没有超过最高限价，但它可以自由裁量的行为严重地排除了竞争。法院还指出，如果监管机构要求企业从事限制竞争行为，这种情况下，企业对它的限制竞争行为就没有责任。但是，如果国家的立法使被监管的企业仍然有一定的自由裁量权，一定程度上可以自主地决策，这种

---

① Case T-271/03, Deutsche Telecom v. Commission, Judgement of 10 April 2008.

情况下的企业就不能从欧盟竞争法中得到豁免。因为该案中，德国电信本来可以通过提高宽带上网（ADSL）的价格来提高零售价，但它没有这样做。因此，德国电信违反了欧共体竞争法，而且不能以"国家行为"和"政府监管"等为由而得到豁免。①

欧盟委员会和欧盟初审法院关于德国电信一案的决定和判决说明，对垄断企业来说，即便行业监管机构给它事先规定了价格，但企业如果在政府允许其自由裁量的范围内存在滥用行为，这个行为仍得适用反垄断法。

三　反垄断法的结构监管

很多行业管制除授权监管机构监管企业的市场行为，还授权处理相关企业的并购问题。因为企业并购会影响市场竞争，这自然会产生反垄断法与行业监管的冲突。尽管有些反垄断法如美国最高法院 1922 年的 Keogh 一案的判决基本排除了反托拉斯执法机关对被监管行业价格的管辖权，但在企业并购问题上，各国都会承认反垄断法有管辖权。这里通过两个美国案例予以说明。

（一）美国无线电公司案

1959 年美国司法部诉美国无线电公司（RCA）案，是美国司法部和美国联邦通讯委员会争夺企业并购管辖权的典型案例。② 在这个案件中，司法部指控被告 RCA 与其子公司即全国广播公司（NBC）存在与其他企业交换电视台许可协议的行为，目的是提高 RCA — NBC 在美国广播电视市场的势力。司法部向法院指控被告之前，联邦通讯委员会已经批准了这些企业之间的经营许可转让，认为这些转让有利于社会公共利益。因此，被告反驳司法部的理由是，电信业是被监管的行业，电信监管已经取代了反托拉斯法，或

---

① Case T-271/03, Deutsche Telecom v. Commission, Judgement of 10 April 2008.

② United States v. RCA, 358 U. S. 334 (1959), http://supreme.justia.com/us/358/334/.

者监管者至少有权管辖这个案件。然而，法院的判决指出，1934 年的美国通讯法没有授权联邦通讯委员会决定性质上属于反托拉斯法的问题，而且还调侃说，法院不认为联邦通讯委员会打算阻止司法部执行反托拉斯法。法院的观点是，联邦通讯委员会评价电信许可转让的问题是一个不同于在公交行业管制票价的问题。这即是说，联邦通讯委员会发放电信许可的时候必须从广义的公共利益包括市场竞争的因素来考虑，而且在某些情况下，市场竞争是决定性的因素。因为本案中的联邦通讯委员会没有考虑市场竞争，司法部就有权对联邦通讯委员会的决定提出挑战。

RCA 一案的重要意义是，最高法院区别了行业监管的不同内容。法院认为，在交通运输业的价格监管问题上，所有被监管人的价格或者费率都应该是一样的，这种相同的待遇不仅是必要的，而且可以避免因不一致出现的冲突。但是，在市场结构的问题上，包括取得经营许可或者企业合并的问题上，因为这是一次性事件，如果一个监管机构对案件所作的决定与另一监管机构对同类案件所作的决定不同，就可能像一条线上串着的两只球，相互产生影响。因此，凡是涉及市场结构的问题，包括公共交通运输业的市场结构，法院都会更为慎重地考虑。所以，法院的结论是，仅仅因为存在管制就要排除适用反托拉斯法，这种情况在交通运输业的价格管制中可能存在，但在该案中是不行的。

（二）美国诉费拉德菲亚国民银行案

美国联邦最高法院在其 1963 年美国诉费拉德菲亚国民银行一案判决中肯定了反托拉斯法对被监管行业并购案件的管辖权。[①] 该案涉及一个全国性银行和州银行之间的合并，因为这是相关地区第二大银行和第三大银行之间的合并，美国司法部认为这个合并会严重损害竞争，从而对这个经监管机构

---

① 　United States v. Philadelphia Natl Bank, 374 U. S. 321 (1963).

批准了的合并提出了指控。

美国诉费拉德菲亚国民银行案涉及了美国 1960 年的《银行并购法》。鉴于银行业对国计民生的重要意义和出于历史经验的考虑，美国国会在《银行并购法》中授权银行监管机构批准银行业的并购。这说明，竞争问题在当时的银行业并购的审批中不是决定性的因素，而仅仅是银行监管机构应当考虑的因素之一。这部《银行并购法》还指出，"出于统一标准的考虑"，银行监管机构应要求司法部长就竞争问题提出一个报告，但是这部法律没有明确规定，银行业的并购可以从反托拉斯法中得到豁免。美国最高法院在这个案件的判决中指出，鉴于 1960 年的《银行并购法》没有明确银行业的并购可以从反托拉斯法中得到豁免，鉴于这两个银行之间的并购会严重损害竞争，法院得依据《克莱顿法》的第 7 条，判决这个实施了的合并在法律上是无效的。

随着美国诉费拉德菲亚国民银行案的判决，美国 1966 年通过了一个新的《银行并购法》，其目的是在反托拉斯法和行业监管之间进行以下两个方面的协调：一是监管机构得依据《谢尔曼法》和《克莱顿法》评价银行业的并购活动，即任何导致垄断或者推动共谋或者企图垄断银行业的并购都得予以制止，任何严重损害竞争或有垄断趋势的并购都得予以制止；[①] 二是司法部有权在 30 天内干预被银行监管机构批准了的合并，如果得到监管机构批准的合并在 30 天内没有受到司法部的干预，它就是最终得到了反托拉斯法的豁免。

美国最高法院关于美国诉费拉德菲亚国民银行案的判决影响非常大。因为根据这个判决，被监管行业的企业并购的管辖权一直被分割给反托拉斯机构和监管机构共同所有。在实践中，银行监管机构和反托拉斯执法机构分析银行并购的标准往往不同，如美国司法部是从相关产品或者服务出发，一般

---

① 12 U.S. C.A. § 1828 (c).

把银行市场分解为较小的市场；而银行监管机构则一般是将它们作为总体来看待。为了在这些机构之间进行协调，美国司法部、联邦储备委员会和货币审计办公室在 1995 年还联合发布了《银行合并审查指南》。指南规定，银行监管机构和司法部尽管可以适用不同的方法界定产品市场和地域市场，但在评价并购对竞争的影响时，银行监管机构和司法部必须采用相同的标准。[①]

四 反垄断执法与行业监管的关系

以上案例说明，反垄断执法和行业监管不仅在被监管的行业同时存在，而且由于各国政府的放松管制政策，各国对被监管行业实行管制的目的相当程度上也是为了打破垄断和引入竞争机制。这即是说，反垄断执法和行业监管在被监管的行业中起着相互补充的作用。但是，人们不能因此混淆行业监管和反垄断执法，因为它们毕竟是两种不同的法律制度，各自承担着不同的任务：反垄断执法的目的是保护竞争，在充分竞争的市场上不需要行业监管；行业监管则仅存在于不适宜竞争或者竞争不充分的行业，其目的是校正市场失灵的后果。因为大多数被监管的行业同时又受到了反垄断执法的约束，这些行业就存在监管机构和反垄断执法机构在管辖权方面的冲突，各国反垄断法从而也一般面临一个如何合理解决与监管机构关系的问题。

为了减少行业监管和反垄断执法之间的冲突和分歧，有些司法辖区把行业监管置于反垄断执法的机构之内。如欧盟委员会的竞争总局除了执行《欧盟运行条约》第 101 条、第 102 条，企业合并控制以及国家援助政策外，还负责对电信、能源、银行、保险、传媒等特殊行业的监管。总体上说，因为上述这些行业在欧盟已经被视为竞争性的行业，它们在适用法律和执法机构

[①] 12 U.S.C.A § 1828(c)(5).

方面与其他行业没有特殊的待遇。在澳大利亚，行业监管属于澳大利亚竞争与消费者委员会（ACCC）的权限，ACCC 下面设立了"监管事务局"，负责电力、天然气、运输和电信等行业的竞争问题。[①] 这些由竞争执法机构承担行业监管的做法值得提倡，因为这不仅考虑到行业的特殊性，而且也考虑到这些行业改革的方向，从而把监管的目标定位于打破垄断和推动竞争的方面。此外，这种做法有利于节约执法成本，减少政出多门，从而也有利于提高执法效率。

在反垄断执法与行业监管的问题上，也有很多国家把行业监管职能授予一个独立的机构，如德国的 RegTP 有权处理电信和邮政市场的滥用行为。这种授权一定程度上削弱了反垄断执法的权限，但一般不会彻底剥夺反垄断执法机构对这些行业的管辖权。如德国电信法规定，在界定相关市场以及认定市场支配地位的问题上，RegTP 应征求联邦卡特尔局的意见。此外，联邦卡特尔局还有权处理电信和邮政市场的卡特尔行为和并购案件。[②]

在反垄断执法与行业监管的关系上，我国不可能采取欧盟或者澳大利亚的做法。这是因为：一方面，我国已经建立了很多行业监管机构，这些机构在政治和经济上有很大的权力，它们不会轻易退出自己所监管的行业；另一方面，我国的经济规模远远大于澳大利亚，如果反垄断执法和行业监管置于同一机构，这个机构的规模就势必过于庞大，不便管理。因此，我国应建立独立的行业监管机构。

然而，即便我国反垄断执法和行业监管相互独立，它们在被管制企业的限制竞争问题上也不存在管辖权的冲突，因为反垄断法没有设置关于被监管

---

① "The 2003 Handbook of Competition Enforcement Agencies"，*Global Competition Review*, p. 16.

② "The 2003 Handbook of Competition Enforcement Agencies"，*Global Competition Review*, p. 57.

行业的豁免制度。在国务院法制办提交全国人大常委会的反垄断法草案中，曾有规定指出："对本法规定的垄断行为，有关法律、行政法规规定应当由有关部门或者监管机构调查处理的，依照其规定。有关部门或者监管机构应当将调查处理结果通报国务院反垄断委员会。有关部门或者监管机构对本法规定的垄断行为未调查处理的，反垄断执法机构可以调查处理。反垄断执法机构调查处理时，应当征求有关部门或者监管机构的意见。"全国人大常委会的委员们认为，这个规定会大大限制反垄断法的管辖权，有损反垄断法的效力和权威，因此在"三读"过程中把这一条删掉了。正是因为被监管行业不能从我国反垄断法中获得豁免，中国联通和中国电信这两家大型电信企业在2011年遭遇到了国家发展和改革委员会的反垄断调查。

当然，即便被监管行业的限制竞争案件的管辖权被交给了反垄断执法机关，反垄断执法仍然需要行业监管机构的大力协助，因为这些行业的案件往往存在一些技术问题或与行业监管相关的特殊问题，反垄断执法从而应当征求和听取监管机构的意见。另外，不管什么行业监管，它们都与企业的生产经营和百姓的生活息息相关。为了维护广大企业和消费者的公平交易权以及其他合法权益，行业监管机构应当与反垄断执法机构通力合作，共同促进这些行业的公开、公平和公正竞争。

推动公平竞争审查大力遏制行政垄断 *

国务院近日印发的《关于在市场体系建设中建立公平竞争审查制度的意见》(简称《意见》)指出,"公平竞争是市场经济的基本原则,是市场机制高效运行的重要基础。随着经济体制改革不断深化,全国统一市场基本形成,公平竞争环境逐步建立。但同时也要看到,地方保护、区域封锁、行业壁垒、企业垄断、违法给予优惠政策或减损市场主体利益等不符合建设全国统一市场和公平竞争的现象仍然存在"。为此,《意见》提出,为规范政府有关行为,防止出台排除、限制竞争的政策措施,逐步清理废除妨碍全国统一市场和公平竞争的规定和做法,我国需要在市场体系建设中建立公平竞争审查制度。这说明,《意见》出台的目的是进一步遏制政府及其所属部门排除限制竞争的行为,也即进一步遏制行政垄断。

我国现行法律法规中,反对行政垄断最重要的法律是 2007 年颁布的《反垄断法》。该法第 8 条规定,"行政机关和法律、法规授权的具有管理公共事务职能的组织不得滥用行政权力,排除、限制竞争"。该法第五章还列举了滥用行政权力排除限制竞争的各种表现。为了进一步深化我国经济体制改革,尽快建立全国统一的市场体系和公平竞争的环境,《意见》就反对行政垄断在内容上和程度上大大超越和发展了我国的《反垄断法》。例如,《意

---

*　本文发表在王先林主编《竞争法律与政策评论》2016 年第 2 卷。

见》中公平竞争审查的内容不仅包括"商品和要素自由流动"的标准，也即不合理的地方保护和进出口限制，而且还提出市场准入和退出标准，包括是否设置了不合理和歧视性的市场准入和退出条件，是否未经公平竞争授予某些企业特许经营权，是否对市场准入负面清单以外的行业、领域、业务等设置了审批程序，不合理地为企业的市场准入设置了障碍，等等。鉴于我国迄今还存在各类市场主体不能平等使用生产要素和不能公平参与竞争的状况，《意见》还提出了影响生产经营成本的标准，例如是否违法给予特定经营者优惠政策，安排财政支出是否存在与企业缴纳的税收或非税收入挂钩，是否违法地免除特定经营者需缴纳的社会保险费用，是否违法地要求经营者提供各类保证金或者扣留其各类保证金，等等。这些内容广泛的公平竞争审查说明，除非出于国家经济安全、整体经济利益和社会公共利益的考虑，在我国市场上开展经营活动的各类企业，不管它们是国有企业还是民营企业，也不管它们是中国企业还是外国企业，应当能够公平地参与市场竞争，平等地得到法律的保护。

国务院出台《意见》的意义重大，影响深远。这个《意见》说明，竞争政策在我国资源配置中开始逐步发挥决定性的作用，竞争政策逐步成为最重要的经济政策。这种情况下，国家必须高度重视行政垄断问题，这一方面，因为市场竞争机制与政府的行政手段相比是配置资源更好的方式，只有在市场竞争的压力下，企业才会努力降低价格，改善产品质量，改善服务，改善经营管理，这从企业的角度看是提高了经济效率和市场竞争力，从社会的角度看是优化了配置资源，从消费者的角度看是提高了社会福利。另一方面，因为我国当前处于经济体制转轨的过程中，经济生活中的限制竞争不仅仅来自企业，相反，行政性限制竞争对市场竞争影响的程度、范围等都大大超过企业的限制竞争。《意见》指出了行政性限制竞争的各种表现，但它们本质上都是一样的，即偏爱个别企业，排斥其他企业，或者偏爱个别地区，排斥其他地区，从而对市场经济条件下本来有着平等地位的市场主体实施不平等的待遇。滥用行政权力限制竞争的后果是保护落后，妨碍市场的自由和公平竞争，妨碍建立统一、开放和竞争的大市场，导致"优"不能胜，"劣"不能汰，社会资源得不到合理和有效的配置。因此，建立公平竞争审查制度是我国当前一项非常重要的经济政策。

公平竞争审查需要一个推进审查的组织机构。《意见》指出，审查的方式是以政策制定机关的自我审查为主，即经审查认为不具有排除、限制竞争效果的，可以实施；具有排除、限制竞争效果的，应当不予出台，或调整至符合相关要求后出台；没有进行公平竞争审查的，不得出台；制定政策措施及开展公平竞争审查应当听取利害关系人的意见，或者向社会公开征求意见；有关政策措施出台后，要按照《政府信息公开条例》的要求向社会公开；等等。因为公平竞争审查是一个长期的重要工作，而且是一项非常复杂的工作，政策制定机关在进行自我审查的过程中难免会有一些疑难问题或者认识不清的问题，特别是在一个问题既涉及竞争政策又涉及产业政策的情况下，或者国家目前仍然存在不同法律制度不协调的情况下，政策制定机关势必需要得到相关组织机构的指导和帮助。《意见》提出，国家发展和改革委员会、国务院法制办、商务部、国家工商行政管理总局要会同有关部门，抓紧研究起草公平竞争审查实施细则，进一步细化公平竞争审查的内容、程序、方法，指导政策制定机关开展公平竞争审查和相关政策措施清理废除工作，保障公平竞争审查制度有序实施，这说明反垄断执法机关在推动和实施公平竞争审查和规范政府行政性限制竞争方面发挥了重要的作用。

其实，为了规范政府不合理的限制竞争行为，我国不仅有必要在政府部门引入公平竞争审查的制度，而且还有必要修改我国反垄断法中关于行政垄断的规定。根据《反垄断法》第51条，"行政机关和法律、法规授权的具有管理公共事务职能的组织滥用行政权力，实施排除、限制竞争行为的，由上级机关责令改正；对直接负责的主管人员和其他直接责任人员依法给予处分。反垄断执法机构可以向有关上级机关提出依法处理的建议"。这个条款的主要问题是，它把规制行政垄断的任务主要交给了违法机关的上级机关。因为这里的"上级机关"不是一个确定的机关，更不是一个确定的行政执法机关，这些机关的工作人员势必不会有很强的反垄断意识和竞争意识，即他们不可能把执行反垄断法视为自己的使命。特别是在各级政府机关的上下级中很多是朋友或者熟人关系。这种情况下，上级机关在处理其下级机关与第三人包括消费者或者来自其他地区的经营者的争议时，往往不容易做到中立和公正。行政垄断方面的争议很多还涉及部门利益或者地方利益，有些利益不仅能够给"下级机关"带来经济方面的好处，而且也能够给"上级机关"带来经济方面的好处。这种情况下，上级机关更不容易做到中立和公正，也不会主动关注和处理这方面的案件。为了有效制止行政性限制竞争行为，我国应当借鉴欧盟竞争法和俄罗斯反垄断法的经验，即授权国家竞争执法机构一并处理行政垄断案件。当然，反垄断行政执法机关能否被授权处理行政垄断案件，一个重要的条件是我国应当有一个统一的反垄断行政执法机关。我国反垄断法的一个重大缺陷是其管辖权分属国家发展和改革委员会、商务部和国家工商行政管理总局三个部门，三足鼎立的反垄断行政执法的致命弱点是，真正执行反垄断法的机构均隶属于国务院部委下面，级别不够高，权威不够大。为了更好地发挥反垄断法应有的效力，为了更有效地规范市场竞争秩序，国务院应早下决心，尽早将三个反垄断行政执法机构整合为一个统一的机构。

竞争政策是国家的基本经济政策 [*]

2015 年 10 月 12 日发布的《中共中央　国务院关于推进价格机制改革的若干意见》明确指出，"清理和废除妨碍全国统一市场和公平竞争的各种规定和做法，严禁和惩处各类违法实行优惠政策行为，建立公平、开放、透明的市场价格监管规则，大力推进市场价格监管和反垄断执法，反对垄断和不正当竞争。加快建立竞争政策与产业、投资等政策的协调机制，实施公平竞争审查制度，促进统一开放、竞争有序的市场体系建设"。这即是说，尽管国家在经济建设中可能会实施多种经济政策，例如产业政策或者投资政策，但是竞争政策应当在这多种经济政策中占"基础性地位"，从而成为国家基本的经济政策。竞争政策为什么应当成为国家基本的经济政策？

一　市场经济是以市场竞争调节微观经济的经济制度

现代社会是一个有着高度分工的社会。为了合理分配紧缺的生产资料和消费资料，国家有必要确立一个分配原则，或者称为经济政策，以维护国家的经济秩序。在实行计划经济的国家，这是依靠中央的计划。在实行市场经济的国家，则主要是靠国家的竞争政策。市场经济必须与竞争相联系，这是因为在市场经济条件下，生产者必须将他们的产品带到市场，在那里接受

＊　本文发表在《中国价格监管与反垄断》2016 年第 3 期，本文原标题为"竞争政策为什么应成为国家基本经济政策"。

消费者的检验和评判。这个检验和评判的过程就是竞争的过程。例如，当一个供货商为其产品定价的时候，这个价格不仅会影响其交易对手，而且也会影响同类产品的其他生产商。特别是在这个生产商所占市场份额较大的情况下，他的低价销售将迫使其他生产商也得降低其产品的价格，否则他们就会被从市场上淘汰出去。因此，从静态和局部的角度看，生产商的定价行为是一个合同行为；但从动态和全局的角度看，这个定价行为也是一个竞争行为。实践中，市场主体通常会采取以下竞争方式。

1. 价格竞争

价格竞争即是企业以降低产品或者服务的价格为手段而进行的市场竞争。正如马克思所说的，"同一种商品，有许多不同的卖主供应，谁以最便宜的价格出卖同一质量的商品，谁就一定会战胜其他卖主，从而保证自己有最大的销量"。[①] 因此，价格竞争也是市场竞争最重要的方式。企业间的价格竞争通常会受到生产成本、盈利目的、市场供求关系以及商品性质等许多方面的约束，其中最重要的是成本约束。因此，要降低产品价格，企业就必须努力提高劳动生产率，改善经营管理，即以最少的投入获取最大的产出。

2. 质量竞争

"质量"有着广泛的含义，包括与产品的质和量相关的所有因素，例如产品的性能、大小、外观、装潢、重量、数量等。质量竞争主要表现在两方面，一是开发新产品，二是改善现有的产品。一般来说，同类产品的价格竞争如果受到了限制，特别是如在寡头垄断的市场上，质量竞争就会成为企业间相互竞争的主要方式。

3. 服务竞争

"服务"一般可理解为生产商和销售商在销售产品时提供的咨询意见，

---

① 《马克思恩格斯全集》第6卷，人民出版社，1961，第480页。

或对其所销售的产品给予的质量担保，因为这种服务与产品质量有着十分密切的关系，服务竞争也可以称为质量竞争。然而，有些服务例如免费安装、送货上门以及某些技术性服务如代培技术人员等与所销售的产品质量没有直接关系，它们可以和价格竞争、质量竞争一样，被视为独立的竞争方式。一种产品是否采取服务竞争的方式，取决于产品的性质。一般来说，服务竞争主要存在于某些技术比较复杂的商品以及银行、保险等服务领域。

4. 广告竞争

广告具有传播商品信息、刺激商品需求、扩大企业影响、提高企业信誉和商品声誉的作用。因此，在市场经济条件下，广告是企业开展竞争的重要手段。广告根据其内容和目的可以分为两种，一种是为了说明商品的性能或者价格，主要起着向用户和消费者提供信息的作用；另一种是建议性广告，即建议用户和消费者购买某种商品，目的是影响他们的商品选择。企业究竟采取哪种形式作广告，一方面取决于商品的性质，另一方面取决于市场的成熟程度。例如，当一种商品尚处于研发的阶段，这种商品的广告就主要是为了提供信息。在一种商品出现了市场饱和与滞销的情况下，企业则可以通过建议性广告，说明其产品与其他同类产品的差别，目的是扩大自己的市场份额。

以上仅是几种市场竞争的主要方式，但绝不是市场竞争的全部表现。市场经济非常活跃，表现方式纷繁复杂。事实上，我们除了能够列举一些在产品的价格、质量、服务、广告等各方面为争取有利交易机会的竞争行为外，很难对竞争做出一个全面和完整的描述。纵观各种市场竞争，它们虽有不同的表现，但均有以下几个共同特征。(1) 竞争必须有一个场所，这在竞争法中被称为相关市场。相关市场不是限于一个商店或者一个交易所，而是指供求相遇或者供求关系存在的一定范围。因为市场竞争不仅表现为一定产品或者一定服务的竞争，还表现在一定的地域范围内，竞争法中的相关市场就包括相关产品市场和相关地域市场两个因素，它们共同确定一个竞争关系所存在的特定范围。（2）参与竞争的至少要有两个市场主体。如果市场上没有竞争者，这样的市场就是独占或者垄断性的。市场竞争不仅会表现为卖方之间的竞争，而且也会表现为买方之间的竞争。然而，在市场经济条件下，大多数商品或者服务的市场是买方市场，即供大于求，买方有选择的机会，卖方就不得不为了促进商品的销售而相互展开竞争。因此，研究市场竞争或者竞争关系时，人们的注意力主要集中在卖方的竞争行为方面，即生产商或者销售商为争取交易机会而展开的竞争。（3）竞争者之间存在有意或者无意的敌对行为。例如，在市场上的产品供大于求的时候，只要一个卖主降价，其他卖主就不得不跟着降价；相反，在市场供不应求的时候，需求者则可能会争相抬高价格。因为任何一个竞争者为达到自己的目的而使用某种竞争手段或者方法的时候，客观上都会将竞争对手置于不利的竞争地位，因此，竞争中的成功者或者比较成功者是以其竞争对手的不成功或者不很成功为代价的。根据以上分析，我们可以认为，市场竞争是指两个或两个以上的市场主体为同一经济利益而进行的角逐行为。

有些国家或地区的竞争法提出了竞争的概念，如日本《禁止私人垄断和确保公正交易法》第 2 条第 4 款指出，该法意义上的竞争是指两个以上的企业在其经营活动中，"向同一需要人提供相同或者类似的商品或服务"或者"向同一供给人取得相同或类似的商品或者服务"的状态。[①] 俄罗斯 1995 年颁布的《关于竞争和在商品市场中限制垄断活动的法律》第 4 条指出，竞争是指经济主体之间的对抗，这种对抗限制了它们在特定商品市场上各自单方面影响一般商品流通条件的能力。[②] 有些法律列举了企业间开展竞争的方式，如我国台湾地区 1991 年颁布的"公平交易法"第 4 条指出，竞争是指两个以

---

① 参见《各国反垄断法汇编》，人民法院出版社，2001，第 408 页。
② 参见《各国反垄断法汇编》，人民法院出版社，2001，第 594 页。

上的企业"以较有利的价格、数量、品质、服务或其他条件，争取交易机会之行为"。但是，绝大多数国家或者地区的竞争法包括反垄断法和反不正当竞争法没有提出竞争的概念。即便在立法比较严谨的德国法中，1958年生效的《反对限制竞争法》和1909年生效的《反不正当竞争法》也没有关于竞争的概念。我国反垄断法和反不正当竞争法也没有关于竞争的概念。竞争法中缺乏关于竞争的概念，这不是立法者的疏忽，而是由于给"竞争"这一市场经济普遍现象下定义存在很大的难度。这即是说，人们除了指出一些竞争的方式、状态或者竞争者之间的敌对性，很难对"竞争"作出一个全面或者完善的说明。

二 市场竞争是国家经济发展最重要的动力

马克思在其《资本论》中没有专门论及竞争，但在分析资本运行时指出过竞争的激励机制："资本主义生产的发展，使投入工业企业的资本有不断增长的必要，而竞争使资本主义生产方式的内在规律作为外在的强制规律支配着每一个资本家。"[1] 这主要表现在"价值由劳动时间决定的规律，既会使采用新方式的资本家感受到，他必须以低于商品的社会价值出售自己的商品，又会作为竞争的强制规律，迫使他们的竞争者也采用新的生产方式"。[2] "在一种商品上只应耗费生产该商品的社会必要劳动时间，这在商品生产的条件下表现为竞争的外部强制，因为肤浅地说，每个生产者都必须按市场价格出售商品。"[3] 概括地讲，竞争对市场经济可以起到以下方面的作用。

1. 优化配置资源

市场经济不是中央集权的经济，但这并不意味着市场经济就是一个杂

---

[1] 马克思:《资本论》第1卷，人民出版社，1975，第649、650页。

[2] 马克思:《资本论》第1卷，第354、355页。

[3] 马克思:《资本论》第1卷，第383页。

乱无章的无秩序经济。这是因为在市场经济条件下，每个经济主体在制定其经济政策和决定其经济计划时都有一个路标。例如，鉴于有限的资金，家庭购物时要选择物美价廉的商品，以便使有限的资金满足其最大的需要；鉴于有限的资本，企业在投资时要对投资的场所和产品进行选择，以便使有限的资本获取最大的利润。这个路标就是由市场上供求关系决定的市场价格。当市场对某种商品的需求超过了供给，该商品的价格就会上涨。这个上涨的价格对企业来说就是一个信号，使它们认识到，如果向这种商品投资，企业就会赢利。投资的结果就会是使市场上的供给增加，从而平衡商品的供求关系。相反，如果人们对一种商品的投资过度，市场供大于求，该商品的价格就会下降。依据这个信号，企业就会从这个市场抽出资本，转移到其他商品或者其他经济部门中去，其结果就是市场上的供应减少，该商品的价格再度上涨，从而使供求达到新的平衡。这就是价格机制调节社会生产和优化配置资源的功能。亚当·斯密在其1776年出版的《国民财富的性质和原因的研究》一书中指出，"由于每个人都努力把他的资本尽可能用来支持国内产业，都努力管理国内产业，使其生产物的价值能达到最高程度，他就必然竭力使社会的年收入尽量增大起来。确实，他通常既不打算促进公共的利益，也不知道他自己在什么程度上促进那种利益。由于宁愿投资支持国内产业而不支持国外产业，他只是盘算他自己的安全；由于他管理产业的方式目的在于使其生产物的价值能达到最大程度，他所盘算的也只是他自己的利益。在这场合，像在其他许多场合一样，他受着一只看不见的手的指导，去尽力达到一个并非他本意想要达到的目的。也并不因为事非出于本意，就对社会有害。他追求自己的利益，往往使他能够比在真正出于本意的情况下更有效地促进社会的利益"。① 这段话被后来的经济学家形象地概括为"看不见的手"的

---

① 〔英〕亚当·斯密：《国民财富的性质和原因的研究》（下册），郭大力、王亚南译，商务印书馆，1983，第25页。

理论，即通过竞争的作用，经营者的个人利益被引导到有利于国民经济发展的轨道上来，其结果就是整个社会的协调。正如哈耶克指出的，市场竞争是一个寻求未知问题解决方法的过程。只有借助这个过程，企业间的决策才能得到协调，生产和经营的信息才能得以传递，企业的生产能力才能根据市场的需求得以调整，权力得到制约，各种利益得到协调。[①] 这即是说，市场本身就是一个不断纠正错误的过程。在竞争性市场条件下，虽然个别经营者难免会犯错误，但是个别人的错误不会影响整个社会经济发展的进程。

2. 促进技术发展

在竞争的作用下，企业为了至少在一段时间内取得垄断地位，获得一个额外的利润，它们就会努力降低生产成本和价格，目的是以最少的投入获得最大的产出。这即是说，竞争可以激励企业不断地开发新技术、新产品、新工艺，努力改善经营管理，目的是在其生产和销售领域保持领先地位。竞争是一个生气勃勃的过程。一旦有企业因为开发了新技术、新产品而获得了竞争优势，其他生产同类产品的企业为了获得同样的市场地位和取得同样丰厚的利润，就会立即仿照新产品或者研制其他新产品。这正如熊彼特所说的："在竞争的作用下，富有朝气的企业家就如同开路先锋。"[②] 我国改革开放 30 多年来，企业的技术水平和生产能力普遍有了很大的提高。特别是在家电行业，涌现出一大批资金雄厚、技术先进和经济效益十分显著的企业。这些企业的发展靠的是什么？是竞争！竞争使企业有了巨大的压力，但同时也使它们产生了巨大的创新动力，这就为它们的发展创造了条件。因此，我们可以说，竞争是企业的经济效益之母，是社会生产力发展的强大推进器，也是国

[①] Fiedrich A. von Hayek, Der Wettbewerb als Entdeckungsverfahren, in : Fiedrich A. von Hayek, Freiburger Studien, Gesammelte Aufsaetze, Tuebingen, 1969, S. 249.

[②] E. Kantzenbach/H. H. Kallfss, Das Konzept des funktionsfaehigen Wettbebwerbs, Handbuch des Wettbewerbs, hrsg.v. Cox/Jens/Markert, Munchen 1981, S. 108.

家经济活力的源泉。

3. 合理分配社会收入

竞争是一个优胜劣汰的过程。在这个过程中，生产效率低的企业、不合理的生产程序以及劣质产品将从市场上被淘汰掉，而效率高的企业、合理的生产程序和优质产品则会被保留下来，其结果不仅是优化配置了资源，而且由于企业的盈利与其经济效益相联系，这就比较合理地分配了社会收入。我国不同经济部门的职工收入在目前存在显著差别，特别是垄断行业的平均工资加上社会福利是其他行业的 5~10 倍。[①] 这种差别不是市场竞争的优胜劣汰机制造成的，而是这些行业垄断经营的结果。如果竞争机制能够比较充分地发挥作用，一个部门的利润率过高，说明市场供给不足，从而就会有新的企业进入市场。这样，除了个别属于自然垄断和国家垄断的行业，竞争性行业的企业在利润率方面能够基本实现平衡。

4. 提高消费者社会福利

参与市场竞争的企业都有一种扩大市场销售和最大限度提高利润的愿望。这是一只看不见的手。这只看不见的手在宏观上推动社会资源的优化配置，在微观上则是指挥和引导企业必须按照市场的需求安排生产和经营活动。这即是说，竞争指挥生产者和经营者在产品的质量和数量方面尽量满足市场的需要，在产品规格和花色品种方面尽量满足消费者的选择。而且，由于竞争的压力，生产者也不可将其产品的价格定得过高，这就使一些日常需用的大众产品形成一个适当的价格水平。改革开放 30 多年来，我国消费者的福利得到了很大的改善，特别是在家电领域，新产品越来越多，产品质量越来越好，价格却是一降再降。电信设备也同样如此。20 世纪 90 年代初买一个手机大约需要 3 万元，现在则降到了一两千元，甚至几百元。这里靠的

[①] 贾品荣：《电信业改革：十大深层次问题待解》，《中国经济时报》2008 年 1 月 28 日。

是什么? 是竞争! 如果市场上没有竞争, 生产商或者销售商不仅不会在产品质量、品种以及售后服务方面考虑用户和消费者的需求, 而且为了获得高额利润, 他们也会将价格随意定得很高, 这就使社会财富不公平地从买方转移到卖方手中。因此, 我们可以说, 竞争使消费者成为"上帝", 竞争给消费者带来了巨大的社会福利。

5. 推动经济民主

竞争不仅可以提高企业的经济效益和提高社会福利, 而且在推动经济民主乃至政治民主方面也发挥着极为重要的作用。美国最高法院的一个判决指出, "谢尔曼法依据的前提是, 不受限制的竞争将产生最经济的资源配置, 最低的价格, 最高的质量和最大的物质进步, 同时创造一个有助于维护我们民主的政治和社会制度的环境"。[1] 德国秩序自由主义学派—— Ordo 学派的基本观点是, 经济自由和竞争自由不仅繁荣国家的经济, 而且也是国家政治民主和社会自由的必由之路。毫无疑问, 因为竞争和垄断是一个问题的两个方面, 市场竞争就有助于推动国家的经济民主和政治民主。

德国著名的社会学家马克斯·韦贝尔 (Max Weber) 把人们对经济利益的追求称为一种机会。他说, 一个国家的经济力量如果集中在少数人手中, 就会导致市场垄断和市场势力, 其结果就是市场交易条件的不平等; 相反, 如果国家能够赋予人人都有自由追求经济利益的机会, 这种社会的市场交易条件就是平等, 从而能够激发人们的创造性和进取精神, 这种社会也是公平的社会和民主的社会。[2] 因为只有在市场竞争的条件下, 一种经济势力才不会成为垄断势力永久地存在下去, 竞争就能推动经济民主, 进而遏制垄断性的社会势力和政治势力。

---

[1]　M. C. Howard, Antirust and Trade Regulation, New Jersey 1983, p.1.

[2]　Wolfgang Kartte, Chancen und Risiken fuer den Wettbewerb im EG-Binnenmarkt, in: Festschrift fuer Fritz Rittner, Muenchen 1991, S.255.

三　竞争政策与其他经济政策的关系

竞争政策是市场经济国家基本的经济政策，目的是推动竞争，保护竞争，制止和减少市场垄断。然而，另一方面，任何国家的经济政策都不仅仅局限于竞争政策，还有其他一系列政策，例如环境保护政策、推动中小企业发展的政策、货币稳定政策、提高企业经济效益的政策、提高就业率的政策、推动社会保障的政策、推动地区间经济协调和融合的政策、国家产业政策等，此外国家在外贸、农业、能源、旅游等各个领域还有各种各样的政策。这就出现了竞争政策与其他政策的关系问题。《中共中央　国务院关于推进价格机制改革的若干意见》明确指出，"加快建立竞争政策与产业、投资等政策的协调机制，实施公平竞争审查制度，促进统一开放、竞争有序的市场体系建设"。这就奠定了竞争政策在各项经济政策中的基础性地位。

其实，竞争政策与其他经济政策的关系是一个由来已久的问题。例如，1829 年当铁路作为一种新的运输工具刚刚问世的时候，美国纽约州州长伯伦（Martin Van Buren）上书杰克逊总统，以保障就业为由坚决反对铁路与运河相竞争。伯伦说，"如果允许铁路取代运河中行驶的船舶，这会导致严重的失业问题。船长、厨师、驾驶员、小旅馆老板、修理工等等都将因为没有生计而被迫离开运河，更不用说那些被雇佣为马匹种植饲草的无数农民"。[①]伯伦的观点显然是短视的，也是错误的。竞争作为优胜劣汰的机制，虽然可以导致低效率的企业减少工作岗位，甚至导致企业破产，但它同时可以创造新的就业岗位。这方面一个典型的例子就是电信业。随着各国在电信领域引入竞争机制，这一方面大幅度降低了电信服务的价格，另一方面改善了电信

---

① Patrick Massey, "Reform of EC Competition Law: Substance, Procedure and Institutions", in: 1996 Corporate Law Institute, International Antitrust Law & Policy, Fordham University School of Law, p. 93.

服务的质量，其结果就是大幅度推动了消费者对电信服务的需求。欧共体学者邵伯（Schaub）指出，"欧盟以及世界上最早实行放松管制政策的其他国家证明，新的电信服务给电信领域提供的就业机会补偿了因引入新技术和提高劳动生产率而在国有电信部门减少了的就业岗位"。[①] 总体上说，市场竞争可以降低产品和服务的价格，其结果就是提高消费者的实际收入。消费者的收入增长了，他们就会扩大对商品和服务的需求，这反过来就要求社会增加产出，从而提高社会就业率。这即是说，不是竞争导致了失业，而是限制竞争会减少人们就业的机会。

　　竞争政策与产业政策有着十分密切的关系。竞争政策从维护市场的竞争性出发，不允许企业相互订立妨碍竞争的协议，不允许企业间进行过大规模的合并，不允许有着垄断地位或者市场支配地位的企业滥用它们的市场优势地位。产业政策则是指国家对具体产业实施的政策，其目的是加强产业的竞争力。因为任何产业政策都会导致对市场现存结构的改变，影响市场竞争，特别是在欧盟，欧共体条约第3条对竞争政策和产业政策同时做出了规定，这两者就不可避免地会发生冲突。在这两种政策的冲突和矛盾中，哪一个政策处于优先适用的地位？因为这个问题在欧共体讨论得最多，这里主要谈谈欧共体竞争政策与产业政策的关系。

　　欧共体对竞争政策与产业政策的关系特别重视，为此进行过激烈的讨论。而且，欧共体很早就推行产业政策，例如曾对纺织业和钢铁业进行过结构调整，对不景气的船舶制造业曾给予国家援助，此外还提出加强欧洲的航天和飞机制造业以及信息技术产业的竞争力。建立欧洲联盟的马斯特里赫特条约对欧共体产业政策也给予了极大的重视。修改后的欧共体条约不仅在第3条m项下对产业政策作了规定，即欧共体活动包括"加强共同体产业的竞

---

① A. Schaub, Competition Policy in the Telecoms Sector, 2 Competition Policy Newsletter 1–7, at 1(1996).

争力"，而且通过条约第157条对产业政策作了具体规定，明确了欧共体产业政策的目的，授权欧共体委员会具体执行产业政策。在实践中，欧共体产业政策的目标主要是推动欧共体产业结构更好地适应变化了的市场状况，推动高科技和新型产业的发展，以及消除地区间经济不平衡的状态等等。因为这些产业政策强调的不是如何维护现存的市场结构，而是推动一个有竞争力的市场结构，目的是对社会资源进行更好和更合理的配置，欧共体委员会常常将这个产业政策称为"积极的竞争政策"。[①]

然而，欧共体的产业政策在许多情况下并不总是积极的竞争政策。事实上，欧共体条约第157条本身就存在很多与欧共体竞争政策相冲突的地方。该条第1款指出，欧共体的活动应当"便利欧共体产业结构的调整"，在实践中，这实际就是政府对某些行业或者个别企业的补贴或者其他优惠制度。此外，根据这个条款，共同体应当"对企业间的合作提供良好的条件"，而实践中的做法就是对那些根据条约第81条第1款被禁止了的卡特尔给予豁免。因为欧共体的产业政策都以援助某个产业或者某个企业为目的，这种政策与欧共体竞争政策就会不可避免地存在冲突。例如，欧共体推动高科技的产业政策对于那些不被视为高科技的企业就是不公平的待遇。此外，欧共体的技术政策也主要使欧共体大企业得到了好处，对于中小企业来说，这就是不公平竞争。

尽管欧共体的产业政策和竞争政策事实上经常存在冲突和矛盾，但是在这个冲突中，欧共体竞争政策明显占有优先适用的地位。欧共体竞争政策的优先地位是由欧共体的基本经济制度——市场经济决定的。欧共体条约中的许多条款都明确规定了共同体市场内实行与自由竞争相联系的市场经济制度。例如条约第4条第1款规定，成员国和共同体的活动包括，"根据条约规

---

① EuGH Rs. 10/56, Urt. v. 13. 6. 1958, slg. 1958, 51, 80f.

定的措施和时间表，引入一种与成员国的经济政策相协调的，以共同市场和既定的共同目标为基础的，并与自由竞争和开放的市场经济的基本原则相一致的经济政策"。条约第 98 条规定，"成员国和共同体根据开放和自由竞争的市场经济的基本原则进行活动，并由此推动资源的有效配置，遵守条约第 4 条提出的基本原则"。而且，即便关于共同体产业政策的第 157 条第 1 款明确规定，共同体和成员国应确保共同体产业竞争力所必要的前提条件，但是根据该条款，确保的必要条件必须得与"开放和竞争的市场经济制度相一致"。特别重要的是，条约第 157 条还强调指出，欧共体产业的竞争力"不得成为共同体实施任何可能歪曲竞争的措施的基础"。

欧共体条约在如此众多的条款中强调保护欧共体市场有效竞争的重大意义，强调成员国和共同体的任何活动都必须与开放和自由竞争的市场经济制度相一致，这说明，欧共体条约中关于竞争政策的规定不仅是一个纲领性的规定，而且也是维护共同体市场经济秩序的根本手段，直接起着规范市场秩序的作用。这也即是说，欧共体大市场所要实现的商品、人员、服务和资本的自由流动，不是通过共同体机构对成员国的主权干预实现的，而是通过共同体内的自由和开放的竞争秩序。因此，欧共体竞争政策与其他政策相比就有着优先适用的地位。[1] 这个结论与欧共体法院的判决也是一致的。欧共体法院在一个涉及欧共体煤钢条约第 3 条的判决中指出，条约中的政策和任务对共同体机构具有约束力；然而，这些机构应注意"协调这些政策，如果它们之间出现了冲突，那就应当承认，一个政策或者另一个政策有着优先适用的地位。这种优先地位应当根据经济情况来决定，这种决定应当具有合理性"。欧共体法院的这个判决指出，在衡量这些政策的时候，欧共体机构应当有自由裁量权。[2] 然而，在 1973 年关于大陆罐一案的判决中，欧共体法

---

[1]　EuGH Rs. 6/72, Urt. V. 21. 2. 1973, slg. 1973, 215,224 Rn. 24 Continental Can.

[2]　EuGH Rs. 6/72, Urt. V. 21. 2. 1973, slg. 1973, 215,224 Rn. 24 Continental Can.

院否定了欧共体机构在这方面的自由裁量权。法院判决指出，"如果条约第 3 条 g 规定，要在欧共体内建立一种竞争不受歪曲的制度，那么它首先要求不得窒息竞争。这个要求非常重要。如果没有这个要求，条约中的其他规定就是无的放矢。此外，这个要求还涉及条约第 2 条，即共同体的任务是'推动共同体经济生活的协调发展'。尽管出于对各种目的进行协调之必要，条约指出一定条件下的限制竞争是被允许的，但是，出于条约第 2 条和第 3 条之需要，这些限制竞争必须得有一个界限。一旦超过界限，这些限制竞争就会与共同体市场的目标背道而驰"。① 这些判决说明，共同体的目标是建立一种竞争不受歪曲的制度，共同体的其他目标只能在这个目标的基础上得以实现。因此，在欧共体，竞争政策较其他政策有优先适用的地位。

古典经济学派认为，因为限制竞争的最大力量是来自政府，政府就可能成为市场竞争的最大敌人。因此，竞争的前提条件就是要减少政府不必要的干预，消除它们对竞争的限制性影响。亚当·斯密的注意力也放在了政府干预经济的问题上，特别是提出了要反对保护主义的关税和特权性的赋税政策。他在批评当时的英国政府时指出，"对于凡能与本国产物和制造品竞争的一切外国商品，在输入时加以限制，就显然是为着生产者的利益而牺牲国内消费者的利益。为了前者的利益，后者不得不支付此种独占所增加的价格"。② 亚当·斯密虽然主张自由竞争，但他并不是主张经济上的自由放任。他说，"商人的利益在某些方面往往和公众的利益不同，有时甚至相反。扩张市场，减少竞争，这无疑是一般商人的利益。前者虽然往往于公众有利，后者却总是和公众利益相反。减少竞争，只会使商人的利益提高到自然的程度之上，其他人却为了他们的利益而承受不合理的负担"。③

---

① EuGH Rs. 6/72, Urt. V. 21.2.1973, Slg. 1973, 215,224 Rn. 24 Continental Can.
② 〔英〕亚当·斯密：《国民财富的性质和原因的研究》下册，第 227 页。
③ 〔英〕亚当·斯密：《国民财富的性质和原因的研究》上册，第 242~243 页。

四　竞争政策作为基本经济政策是我国市场经济体制的标志

前面谈到过，为了分配紧缺的生产资料和消费资料，任何国家都会有一个分配原则，或者称为经济政策，以维护国家的经济秩序。在实行计划经济的国家，就是依靠中央的计划；在实行市场经济的国家，则主要是靠国家的竞争政策。因此，国家把竞争政策视为最重要的经济政策，这可以标志我国已经基本建成了社会主义的市场经济体制。

很多人可以回忆，在我国实行计划经济的体制下，不仅是竞争的资源优化配置机制和激励机制得不到承认，甚至连"竞争"这个字眼也被带上了意识形态的色彩，被视为资本主义的洪水猛兽。对于这样的经济体制，1984年十二届三中全会通过的《中共中央关于经济体制改革的决定》（简称《关于经济体制改革的决定》）作了非常好的总结。《关于经济体制改革的决定》指出，"马克思主义的创始人曾经预言，社会主义在消灭剥削制度的基础上，必然能够创造出更高的劳动生产率，使生产力以更高的速度向前发展。我国建国三十五年来所发生的深刻变化，已经初步显示出社会主义制度的优越性。但是必须指出，这种优越性还没有得到应有的发挥。其所以如此，除了历史的、政治的、思想的原因之外，就经济方面来说，一个重要的原因，就是在经济体制上形成了一种同社会主义生产力发展要求不相适应的僵化的模式"。这说明，计划经济体制的弊端与生俱来，其根本原因在于这种体制缺乏竞争机制，企业没有经营自主权，从而也缺乏主动性和创新精神。

1984年《关于经济体制改革的决定》对竞争这个市场经济的普遍现象还刻意带上姓"社"还是姓"资"的意识形态色彩，还存在条条框框的束缚，特别是《关于经济体制改革的决定》仍然强调，社会主义企业首先是互相协作、互相支援而后才是竞争的关系，一定程度上还没有充分肯定竞争对社会主义经济发展的意义和作用，1992年党的十四大报告在这方面则有重大突破。大会报告明确指出："我们要建立的社会主义市场经济体制，就是要使市场在社会主义国家宏观调控下对资源配置起基础性作用，使经济活动遵循价值规律的要求，适应供求关系的变化；通过价格杠杆和竞争机制的功能，把资源配置到效益较好的环节中去，并给企业以压力和动力，实现优胜劣汰；运用市场对各种经济信号反应比较灵敏的优点，促进生产和需求的及时协调。"这就充分肯定了市场机制、价格机制和竞争机制这些市场经济制度下的基本范畴同时也是社会主义市场经济的基本范畴，肯定了价格调节和市场竞争是社会主义市场经济一种本能的经济秩序，从而肯定了竞争对深化我国经济体制改革和建立社会主义市场经济的决定性意义。

这里特别需要提及邓小平同志在确立我国经济体制改革目标和推动我国市场竞争过程中的伟大功勋。1979 年以来，邓小平同志多次谈到发展市场经济的问题。1992 年初，他明确指出，"计划经济不等于社会主义，资本主义也有计划；市场经济不等于资本主义，社会主义也有市场。计划和市场都是经济手段"。① 这些精辟的论述，进一步解放了人们的思想，从根本上解除了把计划经济和市场经济作为社会基本制度范畴的思想禁锢，使我们在计划与市场关系的问题上不再为姓"资"还是姓"社"的抽象争论束缚自己的手脚，在思想上和理论上为我国建立一个充满生机和活力、有利于解放和发展生产力的社会主义市场经济体制创造了条件。社会主义市场经济体制目标的确立也改变了人们反竞争的传统观念，为我国经济生活引入竞争机制和建立保护市场竞争的法律制度创造了条件。

竞争理论是市场经济国家基本的经济理论，已经有几百年的历史。但是在我国经济生活中，由政府推动和倡导的竞争还不足 30 年。当前，随着社会主义市场经济体制的初步建立，市场机制和竞争机制在配置资源中的基础

---

① 《邓小平文选》第 3 卷，人民出版社，第 373 页。

性作用已经得到人们广泛的认可，建立统一、开放、竞争和有序的现代市场体系已经成为我国经济体制改革的目标和任务。经济体制的深刻变化为我国竞争法的建立和完善，特别是为我国反垄断法的建立和完善创造了条件。

五　结束语

实际上，社会主义市场经济既然是市场经济，它就必须得与竞争相联系，即要运用竞争的优胜劣汰机制，淘汰低效率的企业，剔除不合理的生产程序和劣质产品，促进社会资源的合理分配；要通过价格机制由企业确定生产计划和经营计划，以改善供求关系，满足市场的需要；并且还要运用竞争这个强大的激励机制推动企业进行技术改造和产品更新，改善经营管理，努力降低生产成本和价格，以最少的投入，实现最大的产出。不仅如此，推动竞争对于我国经济体制改革还有特殊的意义。我国的经济体制改革主要是从两个方面进行的，一是建立全国统一的市场体系，实现市场机制。然而，没有竞争，就没有市场，从而也就没有市场机制。因为在事实上，竞争就是市场机制，竞争的规则就是市场规则，竞争的作用就是市场的作用。改革的另一个主要方面是企业改革，即建立现代企业制度，转换国有企业特别是大中型国有企业的经营机制，把企业推向市场，增强它们的活力。然而，竞争对搞活企业同样有着决定性的意义，因为企业的活力就在于它们能够按照市场的需要，不断进行组织调整，进行技术改造和产品更新。然而，如果没有市场竞争的压力，企业就没有动力按照市场的需求不断调整和完善自己，也不会进行创新和改善经营管理。由此，没有竞争不能搞活企业，竞争是搞活企业不可缺少的手段。

市场经济体制下的市场竞争有着伟大的功能。然而，实践表明，市场本身并不具备维护自由和公平竞争的机制。恰恰相反，处于竞争中的企业为了减少竞争压力和逃避风险，它们总想通过某种手段谋求垄断地位。就在我国现阶段市场不成熟和市场机制不完善的条件下，限制竞争的现象也频频出现，如企业联合限价、联合限制生产数量、竞争者之间分割市场、通过企业并购消灭竞争对手，等等。另外，在市场竞争中，假冒商标、虚假广告、侵犯他人商业秘密或者诋毁竞争对手等不正当竞争行为也经常出现，这些行为不仅侵犯其他经营者和消费者的合法权益，破坏市场秩序，而且也会损害市场机制和竞争机制配置资源的功能。这些情况说明，市场本身并不像芝加哥学派想象的那样有自愈能力，而是需要国家出面对经济生活进行干预，为企业创造公平和自由竞争的环境。为此，国家就需要建立保护竞争不受限制和扭曲的法律制度，这些法律制度可以简称为竞争法。

市场经济条件下的保护竞争的制度是一种有着巨大优越性的制度，这种优越性就在于它不是靠一些人自以为是的计划。实践证明，任何计划，无论是全球性的经济发展计划，还是企业规模的计划，它们都是以未来的设想为前提的，这种做法原则上是靠不住的，而这也是计划经济制度失败的原因。相反，市场经济制度则是要维护市场的竞争性，坚持以竞争作为配置资源和调节社会生产的手段。这即是说，不管对任何一个经营者，市场发展都是一个未知数，这样，他们才能灵活地适应不停变化着的市场条件。

然而，要使价格机制能够发挥调节生产和优化配置资源的功能，市场必须至少满足两个条件，一是企业能够自由定价，二是市场的开放性。这即是说，市场上的经营者要能够开展竞争。实际上，价格机制发生作用的过程就是市场上的经营者开展竞争的过程，价格机制就是竞争机制。我国改革开放近30年来，老百姓感受最深切的一点是，计划经济体制下有钱买不到的东西，现在应有尽有。这个经济奇迹的原因是什么？是竞争！只有当市场上存在竞争，企业才能灵活地适应不断变化的市场情况，即根据市场需求配置其资金和生产资料，其结果就是市场供求可以得到基本平衡，社会资源得到合理和优化的配置。

　　反垄断法在市场经济国家有着极其重要的地位，它在美国被称为"自由企业的大宪章"，在德国被称为"经济宪法"，在日本被称为"经济法的核心"。反垄断法在市场经济国家的地位是由市场经济的本质决定的。因为在市场经济条件下，经营者必须把他们的产品或者服务带到市场上接受消费者的检验和评判，这个过程就是市场竞争的过程。因此，我们可以说，市场经济就是竞争的经济，市场经济就建立在竞争的基础上。反垄断法在我国法律体系中的地位取决于我国的经济体制。在计划经济条件下，制定和颁布反垄断法在我国是不可想象的。在社会主义市场经济体制下，因为市场机制和竞争机制在我国配置资源中起着基础性的作用，是发展国民经济的根本手段，而且实践表明，绝大多数的垄断包括企业垄断和行政垄断都是不合理的现象，其本质不过是限制价格机制调节社会生产和优化配置资源的功能。从短期看，垄断导致产品价格上涨和质量下降，损害消费者利益；从长期看，垄断导致企业生产效率低下和国家经济短缺。更重要的是，垄断会遏制一个国家和民族的竞争精神，而竞争精神才是国家经济发展的真正动力。因此，反垄断法在我国法律体系中也有着极其重要的地位，是我国的经济宪法，是经济法的核心。

关于公平竞争审查制度的若干思考 *

内容提要《关于在市场体系建设中建立公平竞争审查制度的意见》是我国深化经济体制改革中一个具里程碑意义的文件，它不仅强调了公平竞争是我国市场经济的基本原则，更强调了要规范政府行为，特别是防止政府出台不合理排除和限制竞争的政策措施，从而为推进我国的竞争政策作出了顶层设计。为了有效推进公平竞争审查，国家还应当明确解决竞争政策与产业政策之间冲突的原则，明确竞争政策在国家各项经济政策中应处于优先适用的地位。鉴于当前对市场竞争最有影响的政府行为是各种不合理的财政补贴，国家财政补贴的程序应当公开、透明，各种补贴的标准应当公平、公正，由此方可避免和减少国家财政补贴中存在政府官员和企业两方面的寻租活动。

国务院 2016 年发布的《关于在市场体系建设中建立公平竞争审查制度的意见》(简称《意见》) 指出，"公平竞争是市场经济的基本原则，是市场机制高效运行的重要基础。随着经济体制改革不断深化，全国统一市场基本形成，公平竞争环境逐步建立。但同时也要看到，地方保护、区域封锁、行业壁垒、企业垄断、违法给予优惠政策或减损市场主体利益等不符合建设全国统一市场和公平竞争的现象仍然存在"。为此，《意见》提出，为规范政府有

---

　　*　本文发表在《经济法论丛》2017 年第 1 期。

关行为，防止出台排除、限制竞争的政策措施，逐步清理废除妨碍全国统一市场和公平竞争的规定和做法，我国需要在市场体系建设中建立公平竞争审查制度。这个《意见》说明，为了深化经济体制改革，我国当前的主要任务是要有效约束政府的行为，即把政府的行为装进制度的笼子里，切实解决政府干预过多和滥用产业政策的问题，这就为确立竞争政策在我国经济政策中的基础性地位作出了公平竞争审查制度的顶层设计。本文就这个公平竞争审查制度提出几点看法。

一　公平竞争审查的依据是国家的竞争政策

现代社会是一个有着高度分工的社会。为了合理分配紧缺的生产资料和消费资料，国家有必要确立一个分配原则，或者称为经济政策，以维护国家的经济秩序。在实行计划经济的国家，这是依靠中央的计划，在实行市场经济的国家，则主要是依靠国家实施的推动和保护竞争的经济政策。市场经济必须与竞争相联系，这是因为在市场经济条件下，生产者必须将他们的产品带到市场，在那里接受消费者的检验和评判。这个检验和评判的过程就是竞争的过程。

概括地讲，竞争对市场经济至少可以起到以下方面的作用。

（一）优化配置资源

市场经济不是中央集权的经济，但这并不意味着市场经济就是一个杂乱无章的无秩序经济。这是因为在市场经济条件下，每个经济主体在制定其经济政策和决定其经济计划时都有一个路标。这个路标就是市场上供求关系决定的市场价格。当市场对某种商品的需求超过了供给，该商品的价格就会上涨。这个上涨的价格对企业来说就是一个信号，使它们认识到，如果向这种商品投资，企业就会赢利。企业投资的结果就会使市场上增加供给，从而平衡商品的供求关系。相反，如果一种商品的投资过度，市场供大于求，该商品的价格就会下降。依据这个信号，企业就会从这个市场抽出资本，转移到其他商品或者其他经济部门中去，其结果就是市场上的供应减少，该商品的价格再度上涨，从而使供求达到新的平衡。这就是价格机制调节社会生产和优化配置资源的功能。

（二）提高生产效率

在竞争的作用下，企业为了至少在一段时间取得垄断地位，获得额外的利润，它们会努力降低生产成本和价格，目的是以最少的投入获得最大的产出。这即是说，竞争可以激励企业不断地开发新技术、新产品、新工艺，努力改善经营管理，目的是在其生产和销售领域保持领先地位。竞争是一个生气勃勃的过程。一旦有企业因为开发了新技术、新产品而获得了竞争优势，其他生产同类产品的企业为了获得同样的市场地位和取得同样丰厚的利润，就会立即仿照新产品或者研制其他新产品。这正如熊彼特所说的："在竞争的作用下，富有朝气的企业家就如同开路先锋。"①

（三）提高消费者社会福利

市场竞争作为一只看不见的手，它不仅在宏观上推动社会资源的优化配置，在微观上指挥和引导企业按照市场的需求安排生产和组织经营活动，而且可以为消费者带来巨大的社会福利。改革开放 30 多年来，我国消费者的社会福利得到了很大的改善。特别是在家电领域，新产品越来越多，产品质量越来越好，价格却是一降再降。这说明竞争政策与消费者政策有着十分密切的联系，这不仅因为它们都是为了提高消费者的社会福利，而且它们相互之间有着极大的互补性，即一方面，消费者的选择权是市场机制和竞争机制的体现；另一方面，市场竞争是保证消费者选择权和提高消费者福利的基本前提条件。

（四）提高国家经济活力

美国最高法院的一个判决指出，"谢尔曼法依据的前提是，不受限制的

---

① E. Kantzenbach/H. H. Kallfss，Das Konzept des funktionsfaehigen Wettbebwerbs, Handbuch des Wettbewerbs, hrsg.v. Cox/Jens/Markert, Munchen 1981, S. 108.

竞争将产生最经济的资源配置，最低的价格，最高的质量和最大的物质进步，同时也可以创造一个有助于维护民主的政治和社会制度的环境"。[1] 德国 Ordo 秩序自由主义学派的基本观点也是，经济自由和竞争自由不仅繁荣国家的经济，而且也是国家的政治民主、经济民主和社会自由的必由之路。[2] 我国当前的经济面临着较大的下行压力，为了有效地应对这个挑战，促进经济转型升级，我们在当前尤其需要考虑如何尽可能地释放市场主体的活力，推动大众创业、万众创新，维护市场的公平竞争，为我国的经济持续增长提供源源不断的动力。可以想见，如果没有市场公平竞争，如果政府继续依靠大范围的产业政策刺激经济增长，我国难以出现大众创业和万众创新的新局面。

总而言之，几百年市场经济的经验证明，市场经济条件下的竞争制度是一种有着巨大优越性的制度，这种优越性在于它不是依靠人们自以为是的计划。实践证明，任何计划，无论是全球性的经济发展计划，还是企业规模的计划，它们都是以未来的设想为前提的，这种做法原则上是靠不住的，这从而也是计划经济制度失败的原因。相反，市场经济则是依靠市场的竞争性，即对所有的经营者来说，市场的发展都是一个未知数，他们都必须灵活地适应不停变化着的市场条件。这正如哈耶克指出的，市场竞争就是一个寻求未知问题解决方法的过程，只有借助这个过程，企业间的决策才能得到协调，生产和经营信息才能得以传递，企业的生产能力才能根据市场的需求得以调整，权力得到制约，各种利益得到协调。[3] 这也说明，市场本身就是一个不断纠正错误的过程。在竞争性的市场条件下，虽然个别经营者难免会犯错误，但个别人的错误不会影响整个社会经济发展的进程。

---

[1]　M. C. Howard, Antirust and Trade Regulation, New Jersey 1983, p.1.

[2]　Dichtl/Issing,Vahlens grosses Wirtschafts/exikow，München 1987,Band z, S.568.

[3]　Fiedrich A. von Hayek, Der Wettbewerb als Entdeckungsverfahren, in : Fiedrich A. von Hayek, Freiburger Studien, Gesammelte Aufsaetze, Tuebingen, 1969, S. 249.

　　为了推动市场竞争，为了使企业能够感受市场竞争的压力，我国在2007年颁布了反垄断法。反垄断法在实体法方面除规制企业的三种限制竞争行为，包括禁止垄断协议、禁止滥用市场支配地位和控制过大规模的经营者集中，还禁止政府及其所属部门滥用行政权力限制竞争。尽管我国反垄断执法已经取得了巨大的成就，特别是在禁止滥用行政权力限制竞争的领域也出现了很多重要的案例，但事实证明，政府的过度干预和很多不合理的"倾斜性政策"对我国的经济发展仍然有着很大的负面影响。特别是在我国经济存在下行压力的情况下，部分行业产能过剩和部分产品有效供给不足的主要原因是政府的行政干预妨碍了资源的有效配置，胜不能优，劣不能汰，因此国家特别需要通过推进竞争政策，通过公平竞争审查，达到淘汰落后产能和催生优质产能的目的。这也即是说，要通过各类市场主体之间的公平竞争，使缺乏竞争力的企业退出市场，使优质企业在竞争中发展壮大，由此恢复我国产业乃至整个国民经济的活力。

　　其实，不管在中国还是在外国，也不管在过去、现在还是在将来，最大和最严重的限制竞争一般都来自政府。特别是在我国经济体制处于转轨过程的情况下，由于计划经济的传统思维模式对部分政府官员仍然存在深远的影响，这种情况下，推进我国市场公平竞争的首要条件就是减少政府不必要的行政干预，消除政府对市场经济体系建设的负面影响。这个《意见》的出台说明，约束政府的权力和处理好政府与市场、政府与企业之间的关系，是我国当前推进竞争政策和推动公平竞争审查的核心内容。

二　公平竞争审查需解决竞争政策与产业政策之间的冲突

　　任何国家的经济政策都是多元的，即除了竞争政策，还会有其他一系列的社会公共政策，例如环境保护政策、推动中小企业发展政策、货币稳定政策、提高企业经济效益政策、提高就业率政策、推动社会保障政策、推动地区间经济协调和融合政策，等等。此外，为推动某些特殊行业例如外贸、农业、能源等行业的发展，国家也可能在这些行业制定一些优惠性的政策，这从而就会出现竞争政策与其他各种经济政策之间关系的问题。为此，中共中央、国务院 2015 年发布的《关于推进价格机制改革的若干意见》不仅提出"加快建立竞争政策与产业、投资等政策的协调机制，实施公平竞争审查制度，促进统一开放、竞争有序的市场体系建设"，还明确指出"逐步确立竞争政策的基础性地位"，这就为处理竞争政策与其他各种经济政策特别是与产业政策之间的关系指明了方向。

其实，竞争政策与产业政策之间的关系是一个老话题。例如，1829 年当铁路作为一种新的运输工具刚刚问世的时候，美国纽约州州长伯伦（Martin Van Buren）就曾上书杰克逊总统，提出以保障就业为由反对铁路与运河相竞争。[1] 总体上说，因为市场竞争可以激励企业降低产品和服务的价格，其结果就是提高消费者的实际收入和社会福利，市场经济国家的主要经济政策是竞争政策，即从维护市场的竞争性出发，不允许企业相互订立妨碍竞争的协议，不允许企业间进行过大规模的合并，也不允许有着垄断地位或者市场支配地位的企业滥用其市场势力。产业政策是指国家对某些具体产业实施的保护性或者援助性的政策。因为任何产业政策都可能导致对市场现存结构的改变，影响市场的自由和公平竞争，特别当国家同时推动产业政策和竞争政策的时候，两者不可避免地就会产生冲突。那么，在这两种政策的冲突和矛盾中，哪一个政策应处于优先适用的地位？

这里以欧盟为例说明这个问题。欧盟自建立起就有一个产业政策，例如早在 20 世纪六七十年代就对纺织业和钢铁业进行过结构调整，对不景气的

---

[1] Patrick Massey, "Reform of EC Competition Law: Substance, Procedure and Institutions", in: 1996 Corporate Law Institute, International Antitrust Law & Policy, Fordham University School of Law, p. 93.

船舶制造业给予国家援助，此外还提出要加强欧洲的航天和飞机制造业以及信息技术产业的竞争力。不仅如此，欧盟产业政策还实现了法制化，即过去的《欧共体条约》和现在生效的《欧盟运行条约》都对欧洲内部大市场的产业政策作了规定，《欧盟运行条约》第173条不仅明确了欧盟产业政策的目的，而且授权欧盟委员会执行产业政策。根据第173条第1款，欧盟产业政策有四个目的：（1）加速产业结构的调整；（2）为欧盟企业特别是中小企业的创意和发展提供良好条件；（3）为企业之间的合作提供良好条件；（4）推动企业在创新、研究和技术发展领域充分利用产业潜力的政策。欧盟制定的上述各项产业政策是必要的。例如，"加速产业结构的调整"，目的是推动欧盟产业结构更好地适应变化了的市场情况；"推动高科技和新型产业的发展"以及"消除地区间的经济不平衡"，目的是推动有竞争力的市场结构，由此使社会资源实现更好和更合理的配置。因此，欧盟委员会常常把这些产业政策也称为"积极的竞争政策"。① 然而，另一方面，这些产业政策与竞争政策也不可避免地存在相互冲突的地方。例如，"加速产业结构的调整"，这在实践中往往是政府对某些行业或者个别企业给予补贴或者实施其他的优惠政策"为企业之间的合作提供良好条件"，这在实践中往往是对那些依条约第101条第1款被禁止了的卡特尔给予豁免。其他的产业政策与竞争政策也会存在冲突，例如，"推动企业在创新、研究和技术发展领域充分利用产业潜力"的政策对那些不被视为高科技的企业来说可能是不公平的待遇，因为这种政策往往使大企业得到了好处。出于这些考虑，《欧盟运行条约》第173条最后一款规定，"欧盟不能出于产业政策而引入任何可能扭曲竞争的措施……"这个规定说明，欧盟的产业政策即便很必要，但是产业政策的实施不能严重和不合理地限制竞争。这也即是说，在欧盟的产业政策和竞争政策之间，竞

---

① Ingo Schmidt/Andre Schmidt, Europaeische Wettbewerbspolitik, Verlag Vahlen, 1997, S. 8.

争政策占优先适用的地位。

　　欧盟竞争政策较产业政策有着优先适用的地位，这在欧洲法院的判决中已经得到了确认。在 1973 年关于大陆罐一案的判决中，欧共体法院否定了欧共体委员会在产业政策和竞争政策之间的自由裁量权。法院的判决指出，"如果条约第 3 条 g 规定，要在欧共体内部建立一种使竞争不受歪曲的制度，那么它首先得要求不得窒息竞争。这个要求非常重要。没有这个要求，条约中的其他规定就会无的放矢。此外，这个要求还涉及条约第 2 条，即共同体的任务是'推动共同体经济生活的协调发展'。尽管出于各种目的进行协调之必要，条约指出一定条件下的限制竞争是被允许的，但是，出于条约第 2 条和第 3 条之需要，这些限制竞争必须得有一个界限。一旦超过这个界限，限制竞争就会与共同体市场的目标背道而驰"。[①]

　　毫无疑问，我国市场经济条件下的竞争政策也会受到产业政策的影响。这不仅因为我国作为一个发展中国家，在我国经济发展的早期阶段由于市场发育程度低下和大量的社会基础设施需要由国家进行投资和建设，在这种情况下，政府主导的产业政策在推动国家的经济发展中起着举足轻重的作用，竞争政策与之相反只是起着次要的作用。这种状况可能直到现在都没有发生根本性的改变，以至于我国经济学界和法学界迄今还有相当部分学者认为，产业政策应当是我国基本的经济政策。另一方面，体现我国竞争政策最重要的法律制度即反垄断法也有很多产业政策的规定，例如该法第 4 条规定，"国家制定和实施与社会主义市场经济相适应的竞争规则，完善宏观调控，健全统一、开放、竞争、有序的市场体系"。这说明，我国反垄断法一方面要努力培育和发展市场竞争机制，另一方面也应考虑我国当前处于社会主义初级阶段，市场主体不成熟，市场竞争不充分，各类企业的发展不平衡，企业的

---

　　① 　EuGH Rs. 6/72, Urt. V. 21.2.1973, Slg. 1973, 215,224 Rn. 24 Continental Can.

市场竞争力亟待提高等各种客观情况，兼顾国家现行的各种产业政策，特别是促进经济结构调整的经济政策。然而，不管如何考虑产业政策，我们都应当认识到，随着国家经济体制改革的深化，随着我国经济发展进入一个新的阶段，特别是随着国家需要一个优化配置资源和激励"大众创业、万众创新"的市场环境，在竞争政策与产业政策的关系问题上，竞争政策毫无疑问应当处于优先适用的地位。这不仅因为竞争政策对维护市场机制和竞争机制至关重要，而且也是因为实践经验证明，产业政策在很多情况下是不合理和过度的行政干预，其结果不仅仅是对我国的资源配置和经济发展产生负面影响，而且还会产生权钱交易，导致社会腐败。

《意见》提出了"地方保护、区域封锁、行业壁垒、企业垄断、违法给予优惠政策或减损市场主体利益等不符合建设全国统一市场和公平竞争的现象"，指出公平竞争审查的内容包括政府部门制定的涉及市场准入、产业发展、招商引资、招标投标、政府采购、经营行为规范、资质标准等涉及市场主体经济活动的规章、规范性文件和其他政策措施等等，这显然是要解决政府行政干预过多的问题。然而，这里需要考虑的一个问题是，对这些问题进行公平竞争审查的时候，是否有人将它们解释为实施国家的产业政策？总而言之，国家不可能没有产业政策，但是产业政策不应与竞争政策严重对立。因此，我国有必要借鉴欧盟的经验，在处理产业政策和竞争政策关系的问题上，明确竞争政策应当处于优先适用的地位。

三　公平竞争审查重点应是政府的财政补贴

《意见》不仅明确了公平竞争审查的对象和审查的内容，而且还明确了公平竞争审查的 18 项标准，它们可分为市场的准入和退出、商品和要素的自由流动、影响生产经营的成本、影响生产经营的行为 4 个方面。然而，不管什么样的审查标准，只要政府的行为在本质上是没有正当理由的歧视，即它偏爱个别企业，排斥其他企业；或者偏爱个别地区，排斥其他地区，也即对在市场经济条件下本来有着平等地位的市场主体实施了不平等的待遇，对这些行为原则上都应当进行公平竞争审查，应当予以停止或者进行调整。

在实践中，违反公平竞争原则的政府行为很多是五花八门的财政补贴。例如，河北省交通运输厅、物价局、财政厅于2013年发布了一个对本地企业实施优惠政策的文件，规定河北省的客运企业享受过路过桥费半价的优惠待遇，其他省份的运输车辆则须全价支付。天津的一家中韩合资企业因为享受不到过路费半价的优惠待遇，向国家发改委进行了投诉。国家发改委建议河北省人民政府责令上述3个政府部门改正错误，恢复本地车辆和外地车辆在收取过路费问题上同等待遇的规定。近年来，随着新能源汽车成为国家重点扶持和发展的产业，全国各地发展新能源汽车的竞争白热化。然而，这种竞争很大程度上不是技术和创新的竞争，而是地方政府出台了各种地方保护和排斥外地车企进入本地市场的文件。例如，各个地方政府发布的涉及新能源汽车补贴的产品信息大多仅收录了本地车企的品牌，明显违反公平竞争的原则。

财政补贴是国家调整经济的手段，也是世界上很多国家都会使用的手段。然而，国家的财政补贴可以人为地改变被补贴者的市场地位，例如有助于它们维护或者扩大市场份额，而且这种维护或者扩大市场份额是以其他同类企业得不到补贴为代价的，所以，国家的财政补贴对维护公平自由竞争的市场秩序有着非常不利的影响。然而，另一方面，现代产业经济理论却又普遍认为，市场本身有着不可避免的缺点和错误。在市场失灵的时候，国家补贴有助于提高企业的效率，特别是地区性援助和根据社会政策给予的援助往往有着很大的合理性。正是出于上述两个方面的考虑，市场经济国家原则上不允许政府通过对某些企业或者某些生产部门的财政补贴而扭曲市场的有效竞争，但容许在某些例外的情况下予以补贴，例如欧盟法的规定。

《欧盟运行条约》第107条规定，"除与本条约相反的规定外，凡国家给予或者利用国家财源给予的援助，不论方式如何，凡优待某些企业或者某些生产部门，以致破坏竞争或者对竞争产生威胁，从而对成员国间的贸易有不利影响时，应被视为同共同体市场相抵触"。该条第 3 款明确了与共同体市场相协调的国家援助包括：（a）为生活水平特别低下或就业严重不足地区的经济发展提供的援助；（b）为欧共体整体利益的重要规划或消除成员国经济严重混乱提供的援助；（c）为推动某些部门或者区域发展的援助；（d）为推动文化和保护文化遗产的援助；（e）理事会根据委员会提议以特定多数同意的其他援助。为了将那些与欧盟内部市场相抵触的国家援助与相一致的国家援助区别开来，欧盟委员会对每一个国家援助的申请都要进行三个方面的分析：第一，申请的国家援助是否符合条约第 107 条所指出的目的；第二，申请的援助是否为实现该目的的适当措施；第三，从援助所获得的好处是否超过了损害竞争的坏处。出于提高法律稳定性和透明度的需要，欧盟委员会发布了一系列涉及国家援助的指南。例如《中小企业援助指南》指出，鉴于中小企业对创造就业、活跃国民经济和推动技术创新有重要意义，然而与大企业相比又处于不利竞争地位，政府可以对中小企业的设立给予补贴。具体的标准是，不足 50 个雇员的小企业在共同体内的任何投资均可得到最高额为投资总额 15％的补贴，规模为 50~250 个雇员的中小企业则可得到最高为投资总额 7.5％的补贴。对于敏感产业的重组援助，欧盟委员会批准援助的基本原则是市场的供求平衡，即在生产能力过剩的情况下，接受援助的企业必须得通过资产重组甚至关闭企业以减少生产能力。由于这些指南明确了委员会审查援助的标准、批准援助的范围和程度，这就使各种国家援助有章可循，国家援助的法律制度具有可操作性。

中共中央、国务院 2015 年发布的《关于推进价格机制改革的若干意见》和 2016 年发布的《关于在市场体系建设中建立公平竞争审查制度的意见》均提出"违法给予优惠政策"的行为违反公平竞争原则。然而，这里重要的问题是，国家应就对哪些领域予以补贴和如何进行补贴制定一些科学的规则。我赞成张维迎教授的观点，即企业家们需要自由和公平竞争的环境，而不是依靠国家产业政策的扶持。但是，在国家产业政策不可避免的情况下，国家的财政补贴应当有一个公平竞争审查，特别是企业如何取得政府补贴的程序应当公开，政府补贴的各种标准应当透明。仅当程序公开，补贴标准公平地适用于市场上所有的企业时，财政补贴的发放和取得的过程中方可避免和减少权钱交易，减少政府官员和企业两方面的寻租活动。

四　结束语

市场经济几百年包括我国经济体制改革几十年的经验证明，绝大多数的垄断包括企业垄断和行政垄断都是不合理的现象，其本质不过是限制价格机制调节社会生产和优化配置资源的功能。从短期看，垄断导致产品价格上涨和质量下降，损害消费者利益；从长期看，垄断导致企业生产效率低下和国家经济短缺。更重要的是，垄断会遏制一个国家和民族的竞争精神，而竞争精神才是国家经济发展的真正动力。因此，国务院《关于在市场体系建设中建立公平竞争审查制度的意见》是我国深化经济体制改革过程中一个具有里程碑意义的文件，因为它不仅强调公平竞争是我国市场经济的基本原则，更强调要规范政府的行为，反对政府过度干预和不当干预市场，特别是防止政府出台不合理地排除和限制竞争的政策措施，这从而厘清了政府与市场、政府与企业之间的关系，为我国建立和实施公平竞争审查制度作出了顶层设计。这些内容广泛的公平竞争审查说明，除非出于国家经济安全、整体经济利益和社会公共利益的考虑，我国市场上开展经营活动的各类企业不管是国有企业还是民营企业，也不管是中国企业还是外国企业，都能够公平地参与市场竞争，平等地得到法律保护，这就为我国市场上的大众创业、万众创新提供了动力，也为我国经济结构的转型和升级提供了"源头活水"。

推进公平竞争审查的两个问题[*]

一 公平竞争审查是推进竞争政策的需要

国务院 2016 年发布的《关于在市场体系建设中建立公平竞争审查制度的意见》是我国深化经济体制改革进程中一个具有里程碑意义的文件，这个文件提出的公平竞争审查制度不仅与我国《反垄断法》实施有着非常密切的关系，而且是我国经济生活中推进和强化竞争政策的一个重要步骤，而竞争政策对我国建立社会主义市场经济体制和优化配置资源起着基础性和决定性的作用。

竞争政策对我们今天有多重要呢？我想起德国人 Max Weber 的一句话：国家的经济力量如果集中在少数人手中，这会导致市场垄断，其结果就是交易条件的不平等；国家如果赋予人人都有自由追求经济利益的机会，这样的社会不仅是一个公平和民主的社会，而且可以大大激发人们的创造性和进取精神。这里我还想到李克强总理曾在 2014 年夏季达沃斯论坛提出要在 960 万平方公里的土地上推动"大众创业"和"万众创新"。可以想见，如果没有经济民主，没有人人可以追求自由竞争的机会，不仅"大众创业"和"万众创新"的局面难以实现，我国能否真正建立一个市场经济体制可能也会存在

---

* 本文为 2018 年 10 月 25 日在国家工业信息安全发展研究中心主办的"第七届知识产权、标准与反垄断法国际研讨会"的发言稿。

问题。因此，推进经济民主、反对垄断和保护竞争对今天处于经济体制改革中的中国至关重要，因为这不仅有助于国家优化配置资源，有助于提高企业的生产效率，而且有助于提高消费者的社会福利。

在推进市场经济体制的进程中，特别是加入 WTO 以来，我国在推动竞争政策方面采取了很多重要举措。首先是放松管制，例如在电信业，过去仅是中国电信一家，现在我们有了移动、联通、中国电信。我们还改革国有企业，包括当前进行的国有企业混合所有制改革。尽管有些国有企业的垄断性还很强，但是改革国有企业无疑对于推进我国的市场经济体制来说是非常重要的一个环节。当然，2007 年颁布《反垄断法》和 2008 年开始实施《反垄断法》，这对国家的竞争政策也有着极大的推动作用。因为《反垄断法》作为反对垄断和保护竞争的基本法律制度，它不仅对我国市场上的企业有着重大影响，而且通过规制行政垄断，厘清政府和市场、政府和企业之间的关系，对提高我国各级政府机构和工作人员对国家竞争政策的认识也有非常重要的意义。

在推进市场经济体制和国家的竞争政策方面，公平竞争审查制度也发挥着重要作用。国务院发布的《关于在市场体系建设中建立公平竞争审查制度的意见》指出，"公平竞争是市场经济的基本原则，是市场机制高效运行的重要基础"。然而由于"地方保护、区域封锁、行业壁垒、企业垄断、违法给予优惠政策或减损市场主体利益等不符合建设全国统一市场和公平竞争的现象仍然存在"，我们从而需要"规范政府有关行为，防止出台排除、限制竞争的政策措施，逐步清理废除妨碍全国统一市场和公平竞争的规定和做法"。这说明，在我国市场体系建设中建立公平竞争审查制度，是深化我国经济体制改革的需要，也是竞争政策确立为国家基本经济政策的需要。

二 公平竞争审查需解决竞争政策与产业政策之间的冲突

我本人没有参与公平竞争审查的实践。这里想从一个学者的角度，谈谈公平竞争审查可能存在的问题。我认为，公平竞争审查可能首先存在着如何解决竞争政策和产业政策之间冲突的问题。

市场是不完善的，国家需要宏观调控，也需要一些产业政策。例如，国家有必要实施某些影响竞争的公共政策，如环境保护的政策、推动中小企业发展的政策、提高就业率的政策、推动社会保障的政策、推动地区间协调和融合的政策等等。国家还有必要在某些特殊领域如外贸、农业、能源等领域制定相关的产业政策。我国《反垄断法》中也有关于产业政策的规定，如第4条规定，"国家制定和实施与社会主义市场经济相适应的竞争规则，完善宏观调控，健全统一、开放、竞争、有序的市场体系"。第7条规定"国有经济占控制地位的关系国民经济命脉和国家安全的行业以及依法实行专营专卖的行业，国家对其经营者的合法经营活动予以保护，并对经营者的经营行为及其商品和服务的价格依法实施监管和调控，维护消费者利益，促进技术进步"。这里的问题是，在公平竞争审查中，如果出现了产业政策和竞争政策发生冲突的情况，哪个政策应当处于优先的地位？我认为这个问题在我国目前还没有得到解决，因为国内还有相当大的舆论包括很多经济学家的理论，认为产业政策就是中国第一位的经济政策。作为一个倡导市场经济、推动竞争政策和推进有效实施反垄断法的学者，我认为在这个问题上，我国应借鉴欧盟的经验，通过立法切实解决产业政策和竞争政策的冲突。

欧盟自建立起就存在一个产业政策，例如其早在20世纪六七十年代就对纺织业和钢铁业进行过结构调整，对不景气的船舶制造业给予国家援助，此外还提出要加强欧洲的航天和飞机制造业以及信息技术产业的竞争力。不仅如此，欧盟产业政策还实现了法制化，即过去的《欧共体条约》和现在生效的《欧盟运行条约》都对欧洲内部大市场的产业政策作了规定，《欧盟运行条约》第173条不仅明确了欧盟产业政策的目的，而且授权欧盟委员会执行产业政策。根据第173条第1款，欧盟产业政策有4个目的：(1)加速产业结构的调整；(2)为欧盟企业特别是中小企业的创意和发展提供良好条件；(3)为企业之间的合作提供良好条件；(4)推动企业在创新、研究和技术发展领域充分利用产业潜力的政策。欧盟制定的上述各项产业政策是必要的。例如，"加速产业结构的调整"，目的是推动欧盟产业结构更好地适应变化了的市场情况；"推动高科技和新型产业的发展"以及"消除地区间的经济不平衡"，目的是推动有竞争力的市场结构，由此使社会资源实现更好和更合理的配置。因此，欧盟委员会常常把这些产业政策称为"积极的竞争政策"。[①]然而，另一方面，这些产业政策与竞争政策不可避免地也存在相互冲突的地方。例如，"加速产业结构的调整"，这在实践中往往是政府对某些行业或者个别企业给予补贴或者实施其他的优惠政策，"为企业之间的合作提供良好条件"，这在实践中往往是对那些依条约第101条第1款被禁止了的卡特尔给予豁免。其他的产业政策与竞争政策也会存在冲突，例如，"推动企业在创新、研究和技术发展领域充分利用产业潜力"的政策对那些不被视为高科技的企业来说可能是不公平的待遇，因为这种政策往往使大企业得到了好处。出于这些考虑，《欧盟运行条约》第173条最后一款规定，"欧盟不能出于产业政策而引入任何可能扭曲竞争的措施……"这个规定说明，欧盟的产业政策即便很必要，但是产业政策的实施不能严重和不合理地限制竞争。这也即是说，在欧盟的产业政策和竞争政策之间，竞争政策占优先适用的地位。

欧盟竞争政策较产业政策有着优先适用的地位，这在欧洲法院的判决

[①]　Ingo Schmidt/Andre Schmidt, Europaeische Wettbewerbspolitik, Verlag Vahlen, 1997, S. 8.

中也得到了确认。在 1973 年关于大陆罐一案的判决中，欧共体法院否定了欧共体委员会在产业政策和竞争政策之间的自由裁量权。法院指出，"如果条约第 3 条 g 规定，要在欧共体内部建立一种使竞争不受歪曲的制度，那么它首先得要求不得窒息竞争。这个要求非常重要。没有这个要求，条约中的其他规定就会无的放矢。此外，这个要求还涉及条约第 2 条，即共同体的任务是'推动共同体经济生活的协调发展'。尽管出于各种目的进行协调之必要，条约指出一定条件下的限制竞争是被允许的，但是，出于条约第 2 条和第 3 条之需要，这些限制竞争必须得有一个界限。一旦超过界限，限制竞争就会与共同体市场的目标背道而驰"。①

鉴于国家援助（补贴）是欧盟产业政策中一项非常重要的内容，《欧盟运行条约》第 107 条明确规定，"除与本条约相反的规定外，凡国家给予或者利用国家财源给予的援助，不论方式如何，凡优待某些企业或者某些生产部门，以致破坏竞争或者对竞争产生威胁，从而对成员国间的贸易有不利影响时，应被视为同共同体市场相抵触"。该条第 3 款还明确了与共同体市场相协调的国家援助，这包括：（a）为生活水平特别低下或就业严重不足地区的经济发展提供的援助；（b）为欧共体整体利益的重要规划或消除成员国经济严重混乱提供的援助；（c）为推动某些部门或者区域发展的援助；（d）为推动文化和保护文化遗产的援助；（e）理事会根据委员会提议以特定多数同意的其他援助。为了避免和减少那些扭曲竞争的国家援助，欧盟委员会对每个国家援助的申请都要进行三个方面的分析：第一，申请的国家援助是否符合条约第 107 条所指出的目的；第二，申请的援助是不是实现该目的的适当措施；第三，从国家援助获得的好处是否超过损害竞争的坏处。出于法律稳定性和提高透明度的需要，欧盟委员会还发布了一系列涉及国家援助的指南，例如

---

① EuGH Rs. 6/72, Urt. V. 21.2.1973, Slg. 1973, 215,224 Rn. 24 Continental Can.

涉及环境保护、推动研究和开发、援助中小企业、援助破产企业和推进行业重组等的各种指南。

我国现在尚处于经济体制转型的过程中，我们现在还不好说我们就是一个百分之百的市场经济体制。比如说，我们的国有企业还很不成熟，市场竞争还不充分，企业发展和地区发展还很不平衡。在这种情况下，公平竞争审查中可能会有很多问题。例如，在对行政机关及其相应组织制定的涉及市场准入、产业发展、招商引资、招标投标、政府采购等规范资质标准和涉及市场主体的规章规范性文件以及其他政策措施进行的公平竞争审查中，有人可能认为有些规章制度是地方保护或者区域封锁，有损于建立全国统一的大市场；但是，肯定也会有人认为这些规章制度属于政府的产业政策，从而是正确的，应当放行。为了解决这方面的争议，为了让公平竞争审查得到有效实施，我们有必要借鉴欧盟的经验，通过法律制度明确产业政策的目的，明确产业政策可以实施的领域，明确产业政策措施应当得到合理审查的程序和步骤，而不能把对某些企业或者地区的优惠待遇，特别是对国有企业的优惠待遇，统统称为"产业政策"。我们应当通过法律制度，明确规定在产业政策和竞争政策的冲突中，竞争政策应当得到优先适用。

三 公平竞争审查需要一个高度独立的组织机构

公平竞争审查的目的是废除和修改那些对市场竞争有着严重不利影响的规章制度和政策。这项工作不仅对出台这些规章制度的行政机关有着重大影响，对国家的经济秩序和市场秩序有着重大影响，而且对企业和消费者也有着重大影响。根据相关执法人员的介绍，依据公平竞争审查制度，我国各级地方政府已经审查过了很多相关文件，成果显著。但是我认为，尽管已经取得了很重要的成果，但是鉴于公平竞争审查的任务很重，影响非常大，而且影响非常深远，如果没有一个独立性很强和权威性很大的机构来组织、领导和推动这项工作，公平竞争审查中一些重大问题或者重大案件可能得不到及时解决，即公平竞争审查难以得到它应当有的公信力。

公平竞争审查与反垄断法中的反行政垄断问题有着密切联系，因为公平竞争审查是避免和减少行政垄断的一个必要途径。这即是说，公平竞争审查的组织机构应当是反垄断执法队伍的一部分。现在，组织、领导和实施公平竞争审查的机构没有被放在反垄断执法的队伍，这在逻辑上可能存在一定问题。这个问题的出现可能是因为反垄断执法机构的人员编制不够。我的观点是，为了推进竞争政策，为了在我国尽早地建立和完善社会主义市场经济体制，国家应当大力支持反垄断执法工作，包括大力支持公平竞争审查工作。这里的支持不单单是人力和财力等执法资源的支持，还应当包括在组织建设方面，特别是在相关执法机关的地位、独立性、权威性方面给予大力支持。自反垄断立法以来，我一向呼吁执行反垄断法的机构应当是一个具有权威性和独立性的机构，它甚至应当至少是一个副部级地位的机构。这次政府机构改革看来没有实现这样一个结果。我想，为了推进国家的竞争政策，为了推进我国市场经济体制的建设和发展，包括推进我国的公平竞争审查制度，国家的顶层设计应把这个机构的地位提得更高一些。

论滥用"相对优势地位"的法律规制 *

摘要 市场交易中，一方较另一方经济上占优势地位是普遍存在的现象。如果法律禁止滥用相对优势，那至少需要对"相对优势地位"和"滥用相对优势地位"作出法律解释。世界各国禁止滥用相对优势地位的立法主要有反垄断法、民法以及针对个别行业的行政规制。鉴于"相对优势地位"和"滥用相对优势地位"存在很多不确定的因素，期待一部法律包括反不正当竞争法进行全面规制的难度比较大。

近年来我国在加速修订实施了 20 多年的《反不正当竞争法》。国家工商行政管理总局向国务院法制办提交的《反不正当竞争法（修订草案送审稿）》（简称《修订草案送审稿》）删除了与《反垄断法》交叉的内容，强化了执法机关监督检查的手段，加重了对违法行为的处罚力度，此外还增加了一些新的和必要的内容。引起人们普遍关注的是《修订草案送审稿》增加了一条"相对优势地位"的规定，即"经营者不得利用相对优势地位，实施下列不公平交易行为：（1）没有正当理由，限定交易相对方的交易对象；（2）没有正当理由，限定交易相对方购买其指定的商品；（3）没有正当理由，限定交易相对方与其他经营者的交易条件；（4）滥收费用或者不合理地要求交易相对

---

* 本文发表在《现代法学》2016 年第 5 期。

方提供其他经济利益;(5)附加其他不合理的交易条件"。毫无疑问,因为市场交易中一方较另一方占相对优势地位是一个普遍存在的问题,禁止滥用相对优势地位的立法必将对我国经济生活产生重要的影响。为探讨我国当前规范滥用相对优势地位的必要性和可行性,本文第一部分讨论滥用相对优势地位的法律属性,它是一个不正当竞争的问题吗? 第二部分讨论德国和日本反垄断法规范禁止滥用相对优势地位的状况。第三部分探讨世界各国对这个问题采取的法律措施。笔者的观点是,"滥用相对优势地位"的概念存在很多不确定的因素,实践中可能会产生沉重的执法成本,应当慎用。

一 滥用"相对优势地位"理论上不是不正当竞争问题

有学者主张把"滥用相对优势地位行为"植入反不正当竞争法。笔者认为,尽管不同的法律制度之间可能没有不可逾越的鸿沟,但是"滥用相对优势地位"是一个接近反垄断法的问题。

(一)反不正当竞争与反垄断之间的差异

根据《修订草案送审稿》第6条,相对优势地位是指"在具体交易过程中,交易一方在资金、技术、市场准入、销售渠道、原材料采购等方面处于优势地位,交易相对方对该经营者具有依赖性,难以转向其他经营者"。这即是说,相对优势地位产生的背景是市场交易中一方对另一方有依赖性。其实,根据《反垄断法》第18条,认定经营者是否占市场支配地位,除考虑该经营者在相关市场的份额、相关市场的竞争状况、控制销售市场或者原材料采购市场的能力、财力和技术条件等各种因素,一个非常重要的方面就是交易关系中一方对另一方有依赖性。这说明,无论相对优势地位还是市场支配地位,它们都得考虑市场供求关系,即取得这种地位的企业与其上游企业或者下游企业之间形成了一种长期的依赖关系,依赖关系起因于交易对手在相关市场找不到可以替代该企业的其他企业,即这个企业在相关市场没有竞争者。上述分析可以看出，一种交易关系存在一方长期依赖另一方的问题，可以说明相关市场存在竞争不足的问题，这个问题理论上是一个反垄断法解决的问题，而不是反不正当竞争法要解决的问题。

如果考虑规制滥用相对优势地位的行为是放入反不正当竞争法还是反垄断法，那就有必要考虑这两个法律制度的异同。反不正当竞争法和反垄断法尽管都是保护市场竞争秩序的法律制度，但是它们二者有差异，这个差异就在于它们有着不同的立法目的。反不正当竞争法主要是反对经营者出于竞争的目的，违反市场交易中的诚实信用原则和公认的商业道德，通过不正当的手段攫取他人的竞争优势。因此，反不正当竞争法保护的首先是受到不正当竞争行为损害的善意经营者的利益，目的是维护公平竞争的市场秩序。从这个意义上说，反不正当竞争法追求的价值理念是公平竞争。反垄断法则是从维护市场的竞争性出发，要使市场有足够的竞争者，目的是使交易对手和消费者在市场上有选择商品的权利。根据反垄断法的理论，仅当市场上出现了垄断或者垄断趋势的时候，政府方可干预市场，干预的目的是降低市场集中度，调整市场结构，因此反垄断法追求的价值理念是自由竞争，目的是保障企业有自由参与市场竞争的权利，提高企业的经济效率和消费者的社会福利。出于这个目的，反垄断法关注的是排除限制竞争的行为，如竞争者之间的共谋行为或者大企业之间的合并，目的是防止市场上形成垄断或者寡头垄断的局面。一般来说，竞争者之间商定商品价格或者分割市场的行为，因为这种行为不会损害任何竞争者的利益，它一般不会违反反不正当竞争法；另一方面，假冒商标或者诋毁竞争对手的行为因为不会影响市场竞争结构，也不会减少市场上竞争者的数目，这种行为不会违反反垄断法。反垄断法也有关于市场行为的规范，例如禁止不合理的搭售或者价格歧视等。然而，反垄断法制止这些行为主要不是因为这些行为不公平或者不正当（它们当然也是不公平和不正当的），而是因为这些行为会加强行为人的市场支配地位，进一步恶化市场竞争环境。因此，反垄断法关于企业市场行为的规则一般只针对拥有市场支配地位的企业。① 根据我国反垄断法，市场支配地位"是指经营者在相关市场内具有能够控制商品价格、数量或者其他交易条件，或者能够阻碍、影响其他经营者进入相关市场能力的市场地位"。在市场交易中，如果一方对另一方有着极大的依赖性，即除了这个企业它在相关市场上找不到其他企业能够和它进行交易，这种情况下，为了维持这样的交易关系，它不得不接受对方提出来的交易条件，甚至不得不接受对方提出来的不合理交易条件，这个相对优势地位可以分析为市场支配地位，这种滥用市场优势地位行为应当适用反垄断法。

（二）"相对优势地位"和"市场支配地位"有重合

交易双方有着不同的交易地位，即一方有着相对优越的交易地位，另一方有着相对不利的交易地位，这在实践中是经常出现的问题。例如在生产、批发和销售的环节，专业经销商一般得拥有品牌产品，否则他的专卖店得不到顾客的认可；大型批发商对某些品牌产品的生产商也有依赖性，因为零售商对批发商一般也有品种齐全的客观需求，否则他会转向品牌齐全的其他批发商。一方依赖另一方还可能出于特许经营的需求，例如汽车专卖店与汽车生产商之间的关系，百事可乐或者可口可乐的销售商与特许权人的关系，等等。在这些交易关系中，特别是在被许可人已经为特许经营进行过投资的情况下，特许权人如果要解除合同，肯定会对被许可人产生很大的损害，这就说明被许可人在经济上对特许权人具有依赖性。这即是说，拥有"相对优势地位"的企业也许从大的范围上看不占市场支配地位，但从比较小的范围看，因为它没有可替代性，交易相对人对其就有着极大的依赖性。这也说明，与界定"市场支配地位"一样，认定"相对优势地位"事实上也需要一

---

① 比较《反垄断法》第17条至第19条。

个范围，即界定相关市场。

这里以汽车业为例说明具有相对优势地位的企业非常可能在某些方面具有市场支配地位。因为汽车产业的竞争性很强，考虑到反垄断法推断占50%以上份额的企业拥有市场支配地位，那么几乎所有的汽车品牌在我国汽车市场都不占市场支配地位。然而，不管何种品牌的汽车生产商，它们相对于自己的零配件生产商或者售后服务商来说，一般具有极大的依赖性。尤其在零配件生产企业或者售后服务企业已经向品牌汽车进行了投资的情况下，尽管这些零配件生产企业或者售后服务企业也有转向其他汽车品牌的可能性，但是因为转产的成本很大，这些零配件生产企业或者售后服务企业就有可能不得不接受生产厂家提出的不合理交易条件。这也即是说，就品牌汽车生产商和其售后服务商之间的交易关系来说，品牌汽车生产商往往就是处于市场支配地位。麦当劳、肯德基、7-Eleven 等取得特许经营权的快餐店或者便利店，它们与特许权人的关系也存在这样的问题。它们之间的关系可以作为相对优势地位的问题进行规制，因为一方对另一方有极大的依赖性；但是它们同样可以将其作为市场支配地位的问题进行分析，因为特许权人在一定范围内占市场支配地位。这里的关键问题是如何界定相关市场。

正是因为在品牌汽车生产商与其零配件生产商或售后服务商之间的关系上，前者对后者存在锁定（locked in）的问题，也即后者对前者有极大的依赖性，前者有可能对后者滥用其市场支配地位，国家发改委起草的《关于汽车业的反垄断指南（征求意见稿）》中就有禁止滥用市场支配地位的内容。征求意见稿指出，"汽车售后市场由于存在锁定效应和兼容性问题，可能限制削弱售后市场的有效竞争，损害消费者利益。在个案中界定汽车售后市场，汽车品牌是需要考虑的一个重要相关因素。根据《反垄断法》第十七条对市场支配地位的界定，以及第十八条关于认定经营者具有市场支配地位应当依据的因素，在新车销售市场上不具有支配地位的汽车供应商，在其品牌汽车售后市场上有可能被认定为具有支配地位"。① 从上述分析可以看出，通过界定相关市场，滥用相对优势地位的问题在相当程度上可以通过反垄断法禁止滥用市场支配地位的条款得以解决。

（三）"相对优势地位"在反垄断法中的规定

现在可能还没有哪个国家把"滥用相对优势地位"规定在反不正当竞争法中。但是，国际上至少有德国、日本和韩国三个国家把"禁止滥用相对优势地位"规定在了它们的反垄断法中，这里简单介绍德国法和日本法。②

德国《反对限制竞争法》除了在第 19 条规定了"禁止滥用市场支配地位的行为"，还在第 20 条规定了"禁止滥用相对优势地位的行为"。③ 根据第 20 条第 1 款，第 19 条第 2 款（1）禁止滥用市场支配地位的规定 ④，"适用于具相对优势的企业或企业联合组织，即如果中小企业作为商品或者服务的供应商或者购买商对其有依赖性，即它们没有足够或者可能的机会转向其他企业。如果某个商品或服务的买方不仅可以按照惯例从供货商得到折扣和其他经济利益，而且还可以长期获得其他买方得不到的特殊优惠，则可推断这个买方存在相对优势地位"。这说明，德国《反对限制竞争法》中"滥用相对优势地位"的行为是其"禁止滥用市场支配地位"行为的发展和衍生，即"相对优势地位"与"市场支配地位"有着密切的关系。

"相对优势地位"是德国 1973 年第 2 次修订《反对限制竞争法》引入

---

① 参考国家发展和改革委员会价格监督检查与反垄断局《关于汽车业的反垄断指南（征求意见稿）》，http://jjs.ndrc.gov.cn/fjgld/201603/t20160323_795740.html。

② 韩国《禁止垄断和公平交易法》第 23 条规定了禁止滥用优势交易地位。

③ See § 20 prohibited Conduct of Undertakings with Relative or Superior Market Power, German Act against Restraints of Competition (GWB)-Last updated in July 2014, http://www.bundeskartellamt.de/Shared Docs/Publikation/EN/Others/GWB.pdf?__blob=publicationFile&v=3.

④ 德国《反对限制竞争法》第 19 条第 2 款（1）规定，滥用行为特别表现为作为商品或者服务的供应者或者购买者，直接或者间接地以不公平的方式妨碍其他企业，或者直接或者间接地以不公平的方式歧视某些企业。

的概念。德国立法者认为，"不仅仅拥有市场支配地位的企业可能扭曲竞争，事实上，仅某种程度或者仅针对某些企业可行使其市场势力的企业行为也会对市场竞争产生负面影响"。① 此外，德国人还认为，《反对限制竞争法》禁止滥用"相对优势地位"不仅可在"禁止滥用市场支配地位"的规定中找到理论依据，而且也不违背欧盟竞争法。欧盟理事会 2002 年发布的《关于执行欧共体条约第 81 和 82 条竞争规则的 1/2003 号条例》第 3 条第 2 款规定，在欧共体条约第 81 条和第 82 条与成员国竞争法的关系上，该条例"不妨碍成员国在其本国领域制定或者实施更为严格的本国法，以禁止或制裁企业实施的单边行为"。这说明，即便德国法中的禁止"滥用相对优势地位"要比禁止"滥用市场支配地位"更严格，因为这种滥用只是在某些情况下或针对个别企业行使的行为，即其影响力明显小于滥用市场支配地位，但是因为这样的行为第一有损于竞争，第二不违反欧盟法，所以德国《反对限制竞争法》作出这样的规定是合理的。

日本《禁止私人垄断和确保公平交易法》（简称《禁止私人垄断法》）第 19 条也有禁止滥用相对优势地位的规定，这种行为被视为一种"不公正的交易方法"。日本《禁止私人垄断法》引入滥用相对优势地位的理由是，这种行为损害"自由竞争的基础"，即交易对手不能按其自由和独立的判断来决定其交易条件。② 日本立法者还认为，"交易双方当事人存在不同的交易地位很正常，这在一般情况下不会产生竞争政策的问题，即便交易条件或者相关条款对其中一方比另一方更有利。然而，如果一方和另一方相比处于优越的交易地位（superior bargaining position），他便可能利用这种地位限制另

---

① ICN Special Program for Kyoto Annual Conference, Report on Abuse of Superior Bargaining Position, p.15, http://www.internationalcompetitionnetwork.org/uploads/library/doc386.pdf.

② ICN Special Program for Kyoto Annual Conference, Report on Abuse of Superior Bargaining Position, pp. 14–15.

一方独立的经营活动，强迫对方接受竞争性市场条件下不可能接受的不利交易条件，由此就会妨碍另一方的自由竞争和独立性，被迫接受与其竞争者相比的不利交易条件。另一方面，强迫对方接受不利交易条件的当事人则通过这些涉及价格或者产品质量等各种竞争性条款或者条件，处于优越的交易地位"。① 这说明，日本立法者把"相对优势地位"规定在《禁止私人垄断法》中，其理论根据也是保护自由竞争，即认为占相对优势地位的经营者与占市场支配地位的经营者一样，有条件以相对优越的交易地位作杠杆，为自己获得不公平的竞争优势。

二　德国法和日本法规制"相对优势地位"评析

有人也许认为，"相对优势地位"不植入反不正当竞争法没有关系，我们可以学习德国和日本，将其植入反垄断法。这样，我们就有必要分析德国和日本反垄断法禁止滥用相对优势地位的规定是否很科学、很合理，实践中的效果如何。

（一）德国法的"相对优势地位"

德国《反对限制竞争法》第20条第3款规定："与中小竞争者相比具有优势地位的企业不得滥用其市场地位，以直接或间接的不公平方式妨碍中小规模的竞争者。这里的不公平妨碍特别表现为不公平地要求中小企业：（1）以低于成本的价格提供《德国食品和饲料法》第2条第2款意义上的食品；（2）长期以低于成本的价格提供其他商品或者服务；（3）要求在下游市场与其开展竞争的中小企业提供商品或者服务时，以高于它自己提供商品或者服务的价格；除非上述各种情况具有客观的公正性。如果低于成本销售是应卖方的要求，例如是为了尽快销售以阻止食品变质或者销售很快就不能销售

---

① 　ICN Special Program for Kyoto Annual Conference, Report on Abuse of Superior Bargaining Position, p. 15.

的商品，或者出于其他紧急情况，这种情况下低于成本的销售具有客观公正性。此外，食品安全期内向慈善机构捐赠食品的行为不构成不正当妨碍。"[1]以上规定说明，《反对限制竞争法》规制的滥用相对优势地位主要表现在大型超市或者连锁店要求提供生活用品（Lebenmittel）和食品的供货商"以低于成本的价格供应商品"的情况，其立法目的明显是保护中小企业。从《反对限制竞争法》1973 年通过第 20 条引入禁止滥用优势交易地位的规定到2008 年国际竞争网络 (ICN) 调查这个条款的执行情况，德国联邦卡特尔局共审理过 39 个这样的案子，但做出决定的案件只有 3 个。[2]

第一个案件的被告是 Praktiker 公司。Praktiker 在德国通过特许经营向独立被许可人提供商品。然而，Praktiker 自己还经营了一个叫 DIY 的企业，由此它自己也销售向独立被许可人提供的相同商品，这说明，Praktiker 通过双重渠道销售自己的产品。因为被许可人在特许经营期间必须从 Praktiker 手中购买其需要的大部分产品，他们对 Praktiker 有依赖性。这个案件的起因是，被许可人发现，Praktiker 向他们销售产品的价格超过 DIY 的销售价格以及 DIY 在广告中说明的价格，而且这个价格差异没有客观的公正性。此外，Praktiker 要求某些被许可人在协议期间百分之百从其手中购买产品，但这些被许可人没有从 Praktiker 得到任何好处，因此这些被许可人认为他们与仅从 Praktiker 手中购买 80% 产品的被许可人相比受到了歧视。德国联邦卡特尔局的观点是，特许经营应当对市场竞争起到积极的作用，而本案的特许权人仅给自己寻求好处，特别是通过两个渠道销售产品，即一方面通过 DIY 为其零售产品，另一方面又通过被许可人批发产品，由此使被许可人成为 DIY 的竞

---

[1] German Act against Restraints of Competition (GWB), § 20（3）, updated in July 2014.

[2] ICN Special Program for Kyoto Annual Conference, Report on Abuse of Superior Bargaining Position, p.31. 这个数据不包括依该条款在法院提起的民事诉讼，也不包括德国联邦卡特尔局 2008 以后执行《反对限制竞争法》第 20 条的案件。

争对手，使他们由此受到不公平的待遇。联邦卡特尔局于 2006 年对 Praktiker 发布了禁令，指出它不公平地损害了这些被许可人的利益。[①]

第二个案件涉及品牌汽车"欧宝"（Adam Opel AG），联邦卡特尔局认定它损害了与欧宝汽车修理相关的软件市场的竞争。欧宝向其汽车修理商推荐了三个被称为 DMS（Dealer Management Systems）的软件，这些软件可以帮助汽车修理商与欧宝汽车生产商进行数据交换，由此掌握欧宝汽车零配件的使用顺序以及修理工序，这对欧宝汽车的修理至关重要。由于欧宝公司向欧宝汽车修理商仅仅推荐了三个 DMS 软件，而拒绝向其他软件公司开放与欧宝汽车修理相关的信息交换系统，其结果就是被拒绝的 DMS 软件企业不能参与或者被迫退出与欧宝汽车修理相关的经营活动。德国联邦卡特尔局认为，欧宝的拒绝交易行为不仅构成对其他 DMS 软件商的妨碍和歧视，而且违反了欧盟委员会发布的汽车业集体豁免条例。[②] 在这个案件中，因为欧宝公司是关键性信息的唯一提供者，它被视为拥有优势交易地位。欧宝公司同意向其他软件商提供这方面的兼容信息后，联邦卡特尔局于 2006 年终止了对该案的调查。[③]

第三个案件是 2001 年对 RMS（Radio Marketing Service）广播电台作出的禁止性决定。RMS 是德国唯一有能力跨地区或在全国范围内转播各州广播电台发布的广告的电台，但它拒绝转播亚琛地区两个广播电台为两个客户发布的广告。德国联邦卡特尔局认为，与对待其他州广播电台的态度相比，RMS 对亚琛地区两个广播电台采取了不公平的待遇。RMS 不服联邦卡特尔

---

① ICN Special Program for Kyoto Annual Conference, Report on Abuse of Superior Bargaining Position, p.62.

② Supplementary guidelines on vertical restraints in agreements for the sale and repair of motor vehicles and for the distribution of spare parts for motor vehicles (OJ C 138/5, 28.5.2010).

③ ICN Special Program for Kyoto Annual Conference, Report on Abuse of Superior Bargaining Position, p. 63.

局的决定，遂向联邦卡特尔局所在地的杜塞尔多夫高等法院提起行政诉讼，州高等法院维持了联邦卡特尔局的决定。[①]

从上述三个案件可以看出，尽管《反对限制竞争法》1973 年引入禁止滥用相对优势地位的规定主要是保护与大超市或者连锁店进行交易的中小供货商，但联邦卡特尔局在 30 多年间作出决定的三个案子都不是关于超市或者大型连锁店的交易。另外，尽管这三个案件被认定存在相对优势交易地位，但是它们也可以被认定存在市场支配地位。例如在涉及 Praktiker 公司的案件中，Praktiker 也许在同类企业中规模不算大，但对那些与其订立了特许经营协议的企业来说，因为那些企业必须从 Praktiker 手中购买产品，即其采购产品的渠道被锁定，它们对 Praktiker 具有经济上的依赖性，Praktiker 从而在这个相关市场上占支配地位。第二个案件中的欧宝汽车公司也是这样的情况。尽管欧宝品牌汽车在汽车业不占市场支配地位，但是因为汽车售后维修通常需要有资质的技工基于特定品牌汽车的技术信息才能完成，而品牌汽车生产商是相关维修技术信息的唯一供应源。这种情况下，掌握着软件兼容信息的欧宝公司在这个案件的相关市场自然占支配地位。第三个案件中的 RMS 广播电台更容易被分析为占市场支配地位，因为它在德国是唯一有能力进行跨地区或在全国范围为各州广播电台转播商业广告的电台。如果它对亚琛地区的广播电台采取歧视性待遇，这不仅是滥用相对优势地位，而且明显也滥用市场支配地位。

总的来说，因为德国《反对限制竞争法》第 20 条与第 19 条有着密切的关系，联邦卡特尔局适用第 20 条的前提条件是滥用相对优势地位的行为损害了市场竞争，而市场竞争总是发生在一定范围的市场条件下，那么从界定相关市场的角度看，违反第 20 条的行为也可以分析为滥用市场支配地位。

---

①　ICN Special Program for Kyoto Annual Conference, Report on Abuse of Superior Bargaining Position, p. 63.

（二）日本法中的相对优势地位

日本《禁止私人垄断和确保公平交易法》第19条规定，"企业不得实施不公平的交易方法"，这里的不公平交易方法包括滥用相对优势地位的行为。根据该法第2条第9项第5款的规定，滥用优势地位是指利用交易上的优势地位，违反正常的商业习惯，不当实施下列行为之一者：(1) 对经常性交易之相对人（包括新的经常性交易相对人），令其购买与该交易无关之商品或者服务；(2) 对经常性交易之相对人，令其提供金钱、服务或者其他经济利益；(3) 拒绝受领相对人提出与交易相关商品之给付，或令相对人取回已受领给付之交易相关商品，或对相对人减少或者迟延支付价金，或行使、制定或变更于交易相对人不利的交易条件。

上述条款也是主要针对大超市或者大型连锁店对其供货商行使的不公平交易行为，如长期要求供货商对其提供的产品予以折扣、低价供货、超市开张或店铺清扫时要求供货商派人参加等等[1]，但也有涉及金融业或者便利店特许经营的案件，如日本公平交易委员会2009年6月22日针对日本7-Eleven便利店业主发布的禁令。7-Eleven是日本规模最大的连锁便利店加盟体系。根据加盟协议，不易长期保存的生鲜商品超过一定期限得予以报废，加盟店不得折价促销以减少因产品过期而导致的损害，违规者得被解除加盟协议。此外，这些废弃商品的价款得计入权利金[2]考虑到便利店加盟协议为期15年，加盟店得依赖加盟业主推荐的厂商供货，且接受加盟业主的营业指导，日本公平交易委员会认定7-Eleven连锁便利店业主对其加盟店拥有相对优势地位。在这个案件中，由于加盟店不能通过降价促销减少因商品过

---

[1] Masako Wakui and Thomas K. Cheng, "Regulating Abuse of Superior Bargaining Position under the Japanese Competition Law: An Anomaly or A Necessity?" *Journal of Antitrust Enforcement*, 2015, p.5.

[2] 权利金是指加盟店使用总部的商标以及享用商誉所需支付的费用。

期而引起的损失，公平交易委员会认定这个加盟业主存在滥用相对优势地位的行为，违反《禁止私人垄断法》第 19 条关于不得实施不公平交易方法之规定。7- Eleven 公司于 2009 年 8 月 5 日接受了这个禁令。[①]

　　因为《禁止私人垄断法》关于相对优势地位的规定比较抽象，日本公平交易委员会处理案件似乎有很大的自由裁量权，有些案件的处理受到了学界和企业界的很多批评。例如在 7-Eleven 一案中，加盟业主禁止加盟店通过折价促销的方式处理快过期的食品，这一方面是要维护连锁便利店标准化经营的商业模式，这种模式肯定会限制加盟店的自主权，另一方面也是维护便利连锁店在消费者心目中的形象，因为它不会通过降价打折销售快过期的食品。[②] 然而，这些在 7-Eleven 加盟业主看来正当的行为被公平交易委员会视为滥用优势地位，企业从而认为它们难以判断什么情况下会出现滥用相对优势地位的问题。[③] 为了应对社会上的批评，日本公平交易委员会 2010 年 11 月 30 日发布了《关于反垄断法中滥用优势交易地位的指南》。[④] 根据指南，优势地位仅需交易当事人一方对另一方具有相对优势即可，即不以当事人拥有压倒性之市场占有率为必要条件。指南还指出了认定相对优势地位的标准，即当事人一方如果不能与另一方维持经常性的交易关系，便会给自己

[①]　PLC-Cease and Desist Order against Seven-Eleven Japan, http://uk.practicallaw.com/3-386-8770.

[②]　Toshiaki Takigawa, "Regulating Abuse of Bargaining Position through the Competition Law: Japanese Regulation in Comparison with the EU's Exploitative Abuse Regulation", p. 8, ACOLA Tokyo Conference, May 21-23, 2015, http://ascola-tokyo-conference-2015.meiji. jp/pdf/ConferencePapers/General%20Session%203/Toshiaki%20Takigawa_SuperiBargAbuse_Ascola_May2015.pdf.

[③]　Jiro Tamura, "Recent Trends Regarding Abuse of Superior Bargaining" Position, http://awa2012.concurrences.com/business/article/recent-trends-regarding-abuse-of.

[④]　Japan Fair Trade Commission, "Guidelines Concerning Abuse of a Superior Bargaining Position under the Antimonopoly Act", November 30, 2010, http://www.jftc.go.jp/en/legislation_gls/imonopoly_guidelines.files/101130GL.pdf.

的经营活动带来很大的困难，由此不得不接受对方当事人提出的不利交易条件，这种情况下两个当事人之间就存在相对优势地位的关系。① 指南还提出了认定相对优势地位的考虑因素，这包括（1）交易相对人的依赖程度，这里需考虑当事人针对个别人与其整体的销售额；（2）优势地位交易人的市场地位，如市场占有率和市场排名；（3）获得可替代的交易相对人的可能性，这里需考虑转向其他企业和拓展与其他企业的交易数额、与优势地位交易人的投资关系，如长期积累的市场资讯与产销技术等；（4）与优势地位交易人需要维持交易关系的特殊原因，如交易数额、优势地位交易人未来的发展、商品的重要程度、交易相对人需通过该交易确保信用的额度、双方经营规模的差异等等。② 为了说明公平交易委员会处理案件所考虑的具体因素，指南还列举了公平交易委员会过去处理过的 4 个案件，包括 2009 年 6 月 22 日对 7-Eleven 便利店业主的决定。这 4 个案件的共性是，一方当事人为与另一方当事人建立交易关系而进行了投资，由此产生了对另一方当事人在经济上的依赖，由此也难以转向与其他经营者进行交易，由此也就有必要与优势地位的交易对手维持交易关系。③

禁止滥用优势地位的规定现在在日本很重要，是因为 2009 年修订后的《禁止私人垄断法》规定，不公平交易行为包括滥用相对优势地位的行为如果 10 年期间再次发生，违法者得被征收罚款，罚款金额为违法期间市场销售额的 1%。④ 修订后的《禁止私人垄断法》自 2010 年生效以来，日本公平

---

① Japan Fair Trade Commission, "Guidelines Concerning Abuse of A Superior Bargaining Position under the Antimonopoly Act", November 30, 2010, p.5.

② Japan Fair Trade Commission, "Guidelines Concerning Abuse of A Superior Bargaining Position under the Antimonopoly Act", November 30, 2010, pp.5-9.

③ Japan Fair Trade Commission, "Guidelines Concerning Abuse of A Superior Bargaining Position under the Antimonopoly Act", November 30, 2010, pp.7-9.

④ Chapter V Unfair Trade Practices: Japan Fair Trade Commission http://www.jftc.go.jp/en/legislation_gls/amended_ama09/amended_ama15_05.html.

交易委员会大约处理了 5 个滥用相对优势地位的案件[①]，这说明该法禁止滥用相对优势地位的规定不再是一个没有牙齿的老虎。这 5 个案件均与大型超市相关，而且供货商没有可替代的交易对手，也即零售商具相对优势地位，供货商是弱方当事人。[②] 这些案件中滥用优势地位的行为各自表现在以下方面。

（1）2011 年 7 月对 Sanyo-Marunaka 公司发布的禁令和罚款决定中指出，该公司要求供货商派人参加超市活动并要求提供资助[③]，要求供货商取回售不出的商品、降低价格并要求购买与该交易无关的商品。

（2）2011 年 12 月对 Toys "R" Us-Japan 公司发布的禁令和罚款决定中指出，该公司要求供货商取回售不出的商品，并要求把商品价格降低到其他供货商对该商品进行打折销售的水平。

（3）2012 年 2 月对 EDION 公司发布的禁令和罚款决定中指出，该公司要求某几个供货商派人参加超市活动。

（4）2013 年 7 月对 RALSE 公司发布的禁令和罚款决定中指出，该公司要求供货商派员参加超市活动，并要求单方面提供资助。[④]

[①] Sanyo-Marunaka Co Ltd, Japan Fair Trade Commission (JFTC) Cease and desist order and Surcharge payment order, 22 June 2011; Toys "R" Us-Japan, Ltd, JFTC Cease and desist order and Surcharge payment order, 13 December 2011 ; Edion Corporation, JFTC Cease and desist order and Surcharge payment order, 16 February 2012; Ralse Company, JFTC Cease and desist order and Surcharge payment order, 3 July 2013; Direx Corporation, JFTC Cease and desist order and Surcharge payment order, 5 June 2014. 转引自 Masako Wakui and Thomas K. Cheng, "Regulating Abuse of Superior Bargaining Position under the Japanese Competition Law: An Anomaly or A Necessity?" *Journal of Antitrust Enforcement*, 2015, P.2（n 1）。

[②] Masako Wakui and Thomas K. Cheng, "Regulating Abuse of Superior Bargaining Position under the Japanese Competition Law: An Anomaly or A Necessity?" *Journal of Antitrust Enforcement*, 2015, p.4.

[③] 这种资助不是供货商为自己将来的回报进行的投资，而是应零售商的要求不得不拿出的经费，见 Jiro Tamura, "Recent Trends Regarding Abuse of Superior Bargaining Position", http://awa2012.concurrences.com/business/article/recent-trends-regarding-abuse-of。

[④] Sayako Takizawa and Koki Arai, "Abuse of Superior Bargaining Position: the Japanese Experience", *Journal of European Competition Law & Practice*（2014）5（8）:562.

（5）2014 年 6 月对 Direx 公司发布的禁令和罚款决定中指出，该公司要求供货商资助清仓销售，并规定了供货商销售商品的折扣率，3 年半期间的折扣总金额至少达到 4000 万日元，此外还要求供货商为店铺一次失火提供资助，资助金额依供货商因火灾没有销售出去的商品的价值确定，48 位供货商共计资助 1100 万日元。

日本公平交易委员会在上述案件的决定中还指出，占相对优势地位的零售商要求供货商为其提供的资助、人员服务以及其他经济利益与供货商由此得到的好处不成比例，要求供货商降价销售或者取回售不出去的产品等行为既没有事先与供货商达成协议，事后也没有就供货商由此受到的损失进行赔偿。①

因为在这些案件的决定中，公平交易委员会没有解释这些被指控的行为为什么不公平，或者为什么被视为滥用，或者虽然有解释，但其解释是依据当事人一方或者依据执法官员的主观判断，因此有学者认为，被指控的行为只要对供货商不利，或者供货商不喜欢，日本公平交易委员会就可能把它们视为滥用优势地位。例如在 7-Eleven 一案中，加盟协议明确规定，"不易长期保存的生鲜商品超过一定期限得予以报废，加盟店不得折价促销以减少因产品过期而导致的损害"。这即是说，如果被许可人不同意这样的条件，可以不加入这个便利连锁店。但是因为公平交易委员会发布的《关于反垄断法中滥用优势交易地位的指南》指出，"只要对方当事人接受不利交易条件是出于恐惧，即如果不接受这些条件会失去以后的交易机会，占相对优势交易地位企业的行为就会构成滥用"。② 这种情况下，7-Eleven 加盟业主自然被认

---

① Masako Wakui and Thomas K. Cheng, "Regulating Abuse of Superior Bargaining Position under the Japanese Competition Law: An Anomaly or A Necessity?" *Journal of Antitrust Enforcement*, 2015, p. 10.

② Japan Fair Trade Commission, "Guidelines Concerning Abuse of A Superior Bargaining Position under the Antimonopoly Act", November 30, 2010, II-1.

定存在滥用行为。因此，日本很多学者指出，公平交易委员会在这些案件中是不公平地解释了"不公平交易"或者"滥用行为"。①

简言之，日本学界和企业界对公平交易委员会适用《禁止私人垄断法》处理滥用优势地位和不公平交易的问题存在很大的争议。最大的反对意见是，滥用优势地位的案件第一没有损害消费者的利益，第二没有损害市场竞争。例如，零售商要求供货商派人参加超市开张或者清仓拍卖，这对消费者不仅没有损害，一定程度上还有好处，因此这些案件不应当适用《禁止私人垄断法》，因为这与该法提高消费者社会福利的目标不相符。另一方面，公平交易委员会处理这些案件不考虑市场势力，不考虑相关市场是否存在支配地位，也不考虑这些滥用行为是否对市场竞争有着不利的影响。相反，公平交易委员会处理这些案件时只关注合同当事人之间的关系，即一方是否较另一方有着优势地位，有着优势地位的经营者是否损害了另一方的利益，而不是由此是否排除或者限制了市场竞争。然而，既然《禁止私人垄断法》的目的是保护公平和自由竞争，与市场竞争无关的问题就应当通过竞争法之外的其他法律进行规制，例如通过合同法或者专门与零售业相关的法规。② 有些学者还指出，竞争执法机关处理的案件应当与保护竞争和提高消费者的社会福利相关。如果它也处理合同当事人之间的侵权行为，那势必会减少它处理一般竞争法案件所需要的执法资源。因此，公平交易委员会应尽量减少调查和审理涉及滥用优势地位的案件，专门保护中小企业的案件应主要通过法院

① Toshiaki Takigawa, "Regulating Abuse of Bargaining Position through the Competition Law: Japanese Regulation in Comparison with the EU's Exploitative Abuse Regulation", pp.16-17, ACOLA Tokyo Conference, May 21-23, 2015, http://ascola-tokyo-conference-2015.meiji.jp/pdf/ConferencePapers/General%20Session%203/Toshiaki%20Takigawa_SuperiBargAbuse_Ascola_May2015.pdf.

② 转引自 Masako Wakui and Thomas K. Cheng, "Regulating Abuse of Superior Bargaining Position under the Japanese Competition Law: An Anomaly or A Necessity?" *Journal of Antitrust Enforcement*, 2015, pp. 16-18。

或者其他途径来解决。[①]

三　"相对优势地位"规制在国际上的多样化

如果针对滥用"相对优势地位"的行为制定法律或者法律条款，我们有必要调查和研究国际上相关立法的情况。

（一）国际上的研究概况

迄今国际上关于"相对优势地位"的一个重要研究是国际竞争网络组织对 32 个司法辖区进行的调查。[②] 这个研究成果即 2008 年日本京都召开的 ICN 第七届年会发布的《关于滥用相对优势地位的报告》[③]。

在被调查的 32 个司法辖区中，奥地利、法国、德国、意大利、日本、韩国和斯洛伐克 7 个司法辖区在其现行立法中有禁止滥用相对优势地位的规定。其中，德国、日本和韩国 3 个司法辖区通过反垄断法作出了规定，其他 4 个司法辖区通过其他法律制度作出了规定，如奥地利通过农村地区供货商保护法、法国通过商法典第 L. 442-6 条关于侵权责任的规定、意大利通过私人民事救济、斯洛伐克通过政府对零售连锁店的管制等

---

① Toshiaki Takigawa, "Regulating Abuse of Bargaining Position through the Competition Law: Japanese Regulation in Comparison with the EU's Exploitative Abuse Regulation", p.13, ACOLA Tokyo Conference, May 21-23, 2015, http://ascola-tokyo-conference-2015.meiji. jp/pdf/ConferencePapers/General%20Session%203/Toshiaki%20Takigawa_SuperiBargAbuse_ Ascola_May2015.pdf.

② 这 32 个司法辖区包括奥地利、巴巴多斯、比利时、巴西、加拿大、智利、克罗地亚、塞浦路斯、捷克、埃及、欧盟、法国、德国、印度尼西亚、意大利、牙买加、日本、泽西、韩国、拉脱维亚、新西兰、挪威、巴基斯坦、俄罗斯、塞尔维亚、新加坡、斯洛伐克、瑞士、中国台湾、土耳其、英国、美国。见 ICN Special Program for Kyoto Annual Conference, Report on Abuse of Superior Bargaining Position, p.6., http://www. internationalcompetitionnetwork.org/uploads/library/doc386.pdf。这些司法辖区对 ICN 调查的回复见网址 http://www.icn-kyoto.org/documents/abuse.html。

③ ICN Special Program for Kyoto Annual Conference, Report on Abuse of Superior Bargaining Position.

等。[①] 此外，印度尼西亚和拉脱维亚也在考虑制定这方面的法律制度。[②]

在接受调查的 32 个司法辖区中，大约 24 个司法辖区没有禁止滥用相对优势地位的专门法规。但是，这些国家或者地区即便没有禁止滥用优势地位的专门法规，它们一般也有一种或者几种法律措施来规制这样的行为。此外，即便德国、日本、法国等几个国家或者地区对滥用优势地位的行为作出了专门的禁止性规定，它们一般也还有其他的法律措施来处理这方面的问题，例如反垄断法、民法或者专门处理供货商和零售商之间争议的法律法规。

另一个值得关注的立法动向是，欧盟委员会 2013 年 1 月 31 日发布了一个《食品与非食品连锁店供应商和零售商 B2B 之间不正当交易行为的绿皮书》，其中就 B2B 不公平交易行为的概念、表现形式、规制不公平交易行为在成员国以及欧盟层面的法律框架、相关法律制度的实施状况等很多问题进行了分析，并就以上问题向欧盟社会各界广泛征求意见。[③] 这个绿皮书的背景是，随着农产品价格近年来大幅度攀升，消费者投放在食品上的费用也大幅上涨，如欧盟市场 2008 年的食品价格较 2007 年上涨了 3%。[④] 由于缺乏市场透明度，很多社会组织非常关注食品供应方面的不公平交易和限制竞争问题。为此，欧盟委员会开始组织研究欧盟内部的食品供应链，包括农副产品的供应、加工、零售等各个环节，并在 2010 年建立了高层专家平台，重

[①]　ICN Special Program for Kyoto Annual Conference, Report on Abuse of Superior Bargaining Position, pp.8-9.

[②]　ICN Special Program for Kyoto Annual Conference, Report on Abuse of Superior Bargaining Position, pp.9-10.

[③]　European Commission, Green Paper on Unfair Trading Practices in the Business-to-Business Food and non-Food Supply Chain in Europe, 31.1.2013, http://www.ab.gov.tr/files/ardb/evt/greenpaper_january_2013.pdf.

[④]　Green Paper on Unfair Trading Practices in the Business-to-Business Food and non-Food Supply Chain in Europe，pp. 3-4.

点分析和研究食品供应中零售商和供应商之间的不公平交易，目的是为解决这些问题提供答案，以便建立更有效、更持续发展和更包容的欧盟内部大市场。此外，欧盟很多组织机构对零售商和供货商之间 B2B 不公平交易行为进行了深入研究，如欧盟竞争网络 2012 年发表了《欧洲竞争执法机构在食品行业的执法和监管活动的报告》①，欧盟内部市场局（DG Internal Market）2014 年发表了《规制零售业供应链 B2B 不公平交易行为法律框架研究》②，等等。尽管这些研究难以在欧盟层面以及为欧盟成员国解决零售商和供货商之间的不公平交易找出统一的答案，但是这些研究成果为我们提供了相关的信息，特别是有助于我们了解欧盟及其成员国解决零售商和供货商之间不公平交易的法律措施。这些研究成果的一个基本观点是，供货商和零售商之间的不公平交易不仅仅限于食品行业，化妆品、卫生用品、家具、纺织品等等很多其他的行业也都存在这样的问题。滥用相对优势交易地位或者实施不公平交易也不仅仅发生在零售商方面，供货商方面也会存在这样的问题。然而，因为生鲜产品如食品、蔬菜或者奶制品不能长期存放，这些产品的供货商在与零售商的交易中往往处于弱方当事人的地位，而且因为这些产品与消费者的关系非常密切，所以应当受到立法者的特别关注。根据这些研究成果，与国际竞争网络发表的《关于滥用相对优势地位的报告》一样，欧盟成员国解决供货商和零售商 B2B 不公平交易行为的法律措施主要是：（1）适用反垄断法；（2）适用民商法；（3）制定专门解决供货商和零售商之间不公平交易的法规。

---

① ECN Subgroup Food, ECN Activities In the Food Sector Report on Competition Law Enforcement and Market Monitoring Activities by European Competition Authorities in the Food Sector, May 2012, http://ec.europa.eu/competition/ecn/food_report_en.pdf.

② European Commission, DG Internal Market , Study on the Legal Framework Covering Business-to-Business Unfair Trading Practices in the Retail Supply Chain, Final Report 26 February 2014, http://ec.europa.eu/internal_market/retail/docs/140711-study-utp-legal-framework_en.pdf.

（二）反垄断法解决滥用相对优势地位

国际上大部分国家和地区都会运用反垄断法解决一部分滥用相对优势地位的问题。根据国际竞争网络 2008 年发布的研究报告，32 个被调查的司法辖区有 24 个司法辖区没有关于滥用"相对优势地位"的特殊规定。其中除了 12 个司法辖区因为没有"相对优势地位"的法律概念而没有接受某些问题的进一步调查外 ①，其余 12 个接受进一步调查的司法辖区有 11 个司法辖区依据反垄断法禁止滥用市场支配地位的规定来处理滥用相对优势地位的问题。② 这些国家或者地区在调查问卷中明确指出，它们适用禁止滥用市场支配地位的规定来处理滥用相对优势地位的问题，是因为行为人违反了禁止滥用市场支配地位的规定，即行为人首先具有市场支配地位或者重大的市场势力。③ 如加拿大的答复是，"如果滥用优势地位是在行使买方势力，这可以适用加拿大竞争法。买方势力本身并不违反加拿大竞争法，它是依据加拿大竞争法分析各种限制竞争包括企业并购、卡特尔行为或者滥用市场支配地位行为中的一个概念"。④ 俄罗斯的答复是，"优势交易地位仅限于有着重大市场势力的企业，即仅当企业占市场支配地位，它才具有优越的市场地位，从而才可能滥用这个地位，在纵向交易关系中剥削其客户或者供货商"。因此，《俄罗斯保护竞争法》第 10 条第 3 款禁止滥用相对优势地位仅适用于市场上占支配地位的企业。⑤ 欧盟的答复是，"滥用优势交易地位原则上是由

---

① 这 12 个司法辖区包括巴巴多斯、比利时、塞浦路斯、捷克、埃及、泽西、巴基斯坦、新加坡、瑞士、土耳其、英国和美国。

② 这 11 个司法辖区巴西、加拿大、智利、克罗地亚、欧盟、印度尼西亚、牙买加、挪威、俄罗斯、塞尔维亚和中国台湾。

③ ICN Special Program for Kyoto Annual Conference, Report on Abuse of Superior Bargaining Position, p.10.

④ ICN Special Program for Kyoto Annual Conference, Report on Abuse of Superior Bargaining Position, p.10.

⑤ ICN Special Program for Kyoto Annual Conference, Report on Abuse of Superior Bargaining Position, p.11.

一般竞争法禁止滥用市场支配地位的规定处理。根据欧盟法，一个滥用行为仅当行为人占市场支配地位才能构成违法。分析单边行为的时候，行为人是否占市场支配地位是一个过滤器"。①

欧盟竞争法就解决零售商和供货商之间限制竞争的问题已经作出了很多规定，例如就零售商和供货商之间争议最大的超市入场费或者"通道费"问题。通道费是指生产商为使零售商能够经销其产品和获得销售商提供的某些服务，在销售合同期限开始之时向零售商支付的一个固定费用。② 欧盟委员会 2010 年发布的《纵向限制指南》就零售商是否应当向供货商收取通道费，考虑到了两种对立的观点：一种是"效率学派"，即认为通道费一定程度上可以促进市场竞争；另一种是"市场势力学派"，即认为通道费是零售商在行使其市场势力。毫无疑问，前者是零售商们赞许的观点，后者是供货商们赞许的观点。指南指出，作为零售商对供货商的一种限制，通道费的收取对经济发展和市场竞争自然有不利的影响。第一，在零售商收取高额通道费的情况下，供货商一般只会向一家或者向数目有限的零售商供货，其结果就是其他零售商得不到销售产品的机会。这即是说，收取通道费就如同供货商与零售商订立了独家购买协议一样，大大限制了零售业市场的竞争。第二，因为只有市场份额较大的零售商才有能力与供货商讨价还价和索取通道费，而且大零售商通过收取通道费可以降低其销售成本，其结果就会扩大它的市场份额，抬高其他零售企业进入市场的成本。第三，收取高额通道费还会减少中小供货商进入市场销售产品的机会，从而可能影响供货商所在市场的竞争。第四，零售商收取通道费可以获得高额利润，其结果就会减少它在零售

---

① ICN Special Program for Kyoto Annual Conference, Report on Abuse of Superior Bargaining Position, p. 11.

② Commission Notice Guidelines on Vertical Restraints,（203）,http://ec.europa.eu/competition/antitrust/legislation/guidelines_vertical_en.pdf.

业市场开展价格竞争的动力，而零售业市场减少竞争的结果通常就是零售业市场的高度集中。

然而从另一角度看，零售商索取通道费对提高其经济效率也至关重要。通道费在很多情况下是针对新产品上市而收取的费用。因为零售商往往没有足够的信息来判断新产品是否适销，因为产品在不适销的情况下会长期占用零售商的货架，进而影响零售商的经济利益，这种情况下，零售商要求供货商支付入场费就是一个解决信息不对称的出路。这即是说，供货商支付入场费实际上是他们竞争进入零售商"通道"的一种办法。通过供货商支付入场费，零售商可以得到一个信号，即相关产品是适销的产品，否则供货商不会为它们支付通道费。此外，通道费还可以避免供货商搭便车的行为。因为在供货商不支付通道费可以享受零售商促销服务的情况下，鉴于零售商和供货商之间的信息不对称，零售商的促销成本可能有相当部分投入到不适销的产品中，这对零售商不公平。这种情况下，零售商索取通道费不仅可以阻止供货商的搭便车行为，而且也将自己经销不适销产品的风险转移给了供货商。[①]

上述分析说明，与其他纵向限制一样，零售商向供货商收取通道费既有推动竞争的好处，也有限制竞争的不利影响。因此，处理这样的案件需要经济分析，决定性的因素是零售商在相关市场的地位。如果零售商在相关市场有很大的份额，通道费的收取很大程度上会封锁市场，这不仅表现为大批中小零售商可能被排挤出市场，而且会加大潜在竞争者进入零售市场的成本。因此，政府应当控制大型超市的规模，即零售业应当发展成为多个大企业相互竞争、相互制约的竞争性市场结构。另一方面，零售商向供货商收取一定的通道费也有促进竞争的好处，因此欧盟委员会在其关于纵向协议的豁免条例中规定，在零售商和供货商的市场份额均不超过30%的情况下，零售商向

[①]　Commission Notice Guidelines on Vertical Restraints，（203–208），http://ec.europa.eu/competition/antitrust/legislation/guidelines_vertical_en.pdf.

供货商收取通道费的行为可以得到豁免。[1]

这里必须指出的是，反垄断法禁止滥用市场支配地位的规定可以解决一部分滥用相对优势地位的问题，但它不能解决滥用优势地位的所有问题，因为很多滥用相对优势地位就是合同双方的不公平交易。正如前面分析日本公平交易委员会处理的几个案子可以看出，以推动公平自由竞争为使命的反垄断执法如果解决合同当事人之间的不公平交易，可能存在逻辑不合理和理论不通的问题。因此，欧盟竞争网络的研究报告指出，"不公平的交易行为不属于欧盟竞争法和大多数欧盟成员国的竞争法所规制的范围"。[2]

（三）民商法解决滥用相对优势地位问题

在零售商和供货商之间的关系上，很多滥用相对优势地位的行为就是合同当事人之间的不公平交易，例如：（1）含糊不清的合同条款，这为优势地位的当事人向弱方当事人强加不公平的责任提供了可能；（2）没有书面合同，与含糊不清的合同条款一样，这也可以为优势地位当事人向弱方当事人强加不公平的责任提供可能；（3）有可能发生重大变化的合同条款，如规定应付金额要扣除产品的推销费、单方面折扣费或者产品挂牌费等等，这些条款看似公平，但是如果没有事先协商一致，可能会给弱方当事人带来不公平的后果；（4）不公平配置商业风险，如日本公平交易委员会处理的 Direx 公司一案，超市失火要求供货商承担失火商品的全部损失；（5）不公平使用弱方当事人的商业秘密，如销售商将供货商的商业秘密用于开发自己的竞争性产品；（6）不公平地结束合同关系；等等。[3] 鉴于民法的基本原则是公平、平等和

---

[1] Commission Notice Guidelines on Vertical Restraints, papa. 203, http://ec.europa.eu/competition/antitrust/legislation/guidelines_vertical_en.pdf.

[2] ECN Subgroup Food, ECN Activities in the Food Sector Report on Competition Law Enforcement and Market Monitoring Activities by European Competition Authorities in the Food Sector, May 2012, http://ec.europa.eu/competition/ecn/food_report_en.pdf.

[3] Green Paper on Unfair Trading Practices in the Business-to-Business Food and non-Food Supply Chain in Europe, pp. 17-20.

诚实信用，上述很多问题可以通过适用民法特别是适用合同法和侵权行为法得到解决。

国际竞争网络 2008 年发布的《关于滥用相对优势地位的报告》指出，在被调查的 32 个司法辖区，大多数国家或者地区可以适用合同法、侵权法甚至通过消费者保护法来解决这方面的问题。[①] 例如在新西兰，滥用相对优势交易地位的问题可以通过反对胁迫或者反对不合理交易行为的衡平法来解决。[②] 挪威至今仍然适用 1918 年颁布的合同法来保护处于弱方地位的合同当事人，即如果合同条款不合理或者履行合同导致与公认的商业道德相冲突，这样的合同无效或者得予以修改。因为滥用优势交易地位的行为往往是合同不合理或者合同条款与善意经营的原则相冲突，当事人之间的这些争议得适用合同法。[③] 在意大利，在合同当事人双方地位不平等的情况下，如果一方不合理地剥削另一方，例如收取过高的价格或者拒绝交易，根据意大利民法典，这些行为得视为不公平的合同交易从而可以得到一般的民事救济。[④] 巴西、智利、捷克等很多国家也有着相似的规定，即通过民法来保护弱方当事人免受优势地位交易对手的不公平待遇。[⑤]

有些国家如德国和日本尽管在反垄断法中作出了禁止滥用相对优势交易地位的规定，但它们的民法特别是合同法毫无疑问在解决滥用相对优势地位的问题上起着重要的作用。例如，德国民法典可适用于所有的合同行

[①] 这 9 个司法辖区包括比利时、巴西、智利、克罗地亚、捷克、意大利、新西兰、挪威、巴基斯坦。

[②] ICN Special Program for Kyoto Annual Conference, Report on Abuse of Superior Bargaining Position, p.13.

[③] ICN Special Program for Kyoto Annual Conference, Report on Abuse of Superior Bargaining Position, p.13.

[④] ICN Special Program for Kyoto Annual Conference, Report on Abuse of Superior Bargaining Position, p.13.

[⑤] ICN Special Program for Kyoto Annual Conference, Report on Abuse of Superior Bargaining Position, p.13.

为，而且可以规范各种各样的合同条款。德国民法典第 305 条至第 310 条是关于格式合同或者格式条款的规定，其中第 308 条和第 309 条可适用于合同当事人之间的不公平交易，例如不公平地转移商业风险的行为，或者合同中缺乏明确规定的情况。此外，德国民法典第 242 条关于诚实信用原则的规定以及第 311 条第 2 款关于缔约过失责任的规定，也可以解决某些不公平交易的问题，例如不公平地使用一方当事人的信息或者不公平地终止合同关系，等等。[①]

需要指出的是，尽管民商法特别是合同法或者侵权责任法为解决某些滥用相对优势交易地位的行为提供了可能，然而在实践中，因为处于弱方当事人地位的经营者对处于优势地位的经营者在经济上有着极大的依赖性，即它们不可能在市场上找到可以替代优势地位交易对手的其他企业，从而对这些处于优势地位的交易对手有着"恐惧"的心理，即既不敢中断与它们的交易关系，也不敢把不公平交易行为诉诸法律，甚至不敢向社会公开它们遭遇的不公平待遇。不过，在这种情况下，这些规范不公平交易行为的法律条款对弱方当事人可以起到自律的作用，即有助于他们在心理上防范优势地位交易对手的不公平交易行为。

（四）不公平交易行为的特殊规定

如果立法者认为某个领域有必要保护弱方当事人的特殊利益，这可以通过制定特别法的方式来解决。随着欧盟委员会 2008 年以来非常关注食品供应链零售商和供货商之间 B2B 的不公平交易，欧盟有些成员国便在这个方面制定了专门法规。例如，捷克 2009 年发布了《农产品和食品销售中滥用重大

---

① European Commission, DG Internal Market , Study on the Legal Framework Covering Business-to-Business Unfair Trading Practices in the Retail Supply Chain, Final Report 26 February 2014, p. 170, http://ec.europa.eu/internal_market/retail/docs/140711-study-utp-legal-framework_en.pdf.

市场力的规定》，其目的就是禁止食品和农产品领域滥用市场优势地位的行为。[①] 根据这个规定，重大市场力是指营业额超过 50 亿捷克克朗的零售商。尽管这个法规的名称是禁止滥用重大市场力，但其主要目的是规制滥用相对优势地位的行为，而且只是针对农产品和食品供应中存在的问题。因为这个法规是保护农产品和食品的供货企业，这些企业并不必然就是小企业。根据该法第 3 条第 1 款，从这部法规得到保护的供货商需要满足两个前提条件：第一是根据市场的情况，供货方对购买方在经济上有依赖性；第二是购买方具有相对优势地位，即有能力单方面从交易中获得不公平的好处。然而，因为这个法规只是单纯保护某些供货商的利益，而且这些供货商并不一定是小企业，它在实践中的效果不是太好。从 2009 年生效到 2014 年初，作为这部法律执法机构的捷克保护竞争局仅调查过 2 个案子，而且没有一个案件作出决定。[②] 考虑到社会上对这个法规的反应不是很好，捷克保护竞争局 2014 年提出要征求社会的意见，有意废除这部法律。[③]

英国 2013 年颁布了《杂货店行为裁决法》[④]，目的是监督和实施 2010 年颁布的《杂货店供货规则》。[⑤] 这个《杂货店供货规则》仅适用于在英国年营业额超过 10 亿英镑的最大的 10 家超市连锁店，且对它们与其供货商之间

[①]　Act. No. 395/2009 Coll. on Significant Market Power in the Sale of Agricultural and Food Products and Abuse of thereof, See European Commission, DG Internal Market , Study on the Legal Framework Covering Business-to-Business Unfair Trading Practices in the Retail Supply Chain, Final Report 26 February 2014, pp. 55-56, http://ec.europa.eu/internal_market/retail/docs/140711-study-utp-legal-framework_en.pdf.

[②]　European Commission, DG Internal Market , Study on the Legal Framework Covering Business-to-Business Unfair Trading Practices in the Retail Supply Chain, Final Report 26 February 2014, pp. 55-56, http://ec.europa.eu/internal_market/retail/docs/140711-study-utp-legal-framework_en.pdf.

[③]　Study on the Legal Framework Covering Business-to-Business Unfair Trading Practices in the Retail Supply Chain, p. 152.

[④]　Grocery Code Adjudicator Act 2013.

[⑤]　Grocery Supply Code of Practice 2010.

的交易关系作出了很多约束性的规定，例如保证与供货商订立书面协议；保证与供货商订立全面的协议；向供货商通告其依据《杂货店供货实务规则》应尽的义务，包括告知其主要的客户；与供货商的交易必须公平、合法和善意，不得胁迫供货商以致它们处于不稳定的状态；没有协议特别规定，不得变更合同条款；变更供货协议或变更供货程序均得做出合理解释；不得延迟付款；除非协议规定，不得要求供货商支付额外的产品推广费；不得因销售萎缩要求供货商支付费用；除非有协议规定，不得要求供货商为产品损耗支付费用；除非因为新产品推销，不得要求供货商支付产品推销费；除非协议明确规定且做到恪守谨慎与诚信，不得要求供货商为其失误而赔偿损失；不得要求供货商从第三方采购商品、服务或者财物，除非第三方的价格比供货商的采购价格更便宜；除非出于推销之目的，不得要求供货商为店铺中较好的位置而付费；不得要求供货商为自己的产品做推销或者做过度推销；除非供货商违反合同或因其控制产品的其他情况，不得要求供货商为消费者投诉而付款；除非有商业上的理由和经合理通告，才能与供货商解除协议。① 上述规则不仅是10家大超市与其供货商之间公平交易的基本原则，从而成为其培训职工守法经营和企业合规的重要内容，而且每年须就上述内容提交一个年度报告。② 英国《杂货店供货规则》是出于市场势力的考虑而制定的，因此其执法机构是英国竞争委员会。《杂货店行为裁决法》2013年生效后，英国竞争委员会把执法权交给了杂货店行为仲裁庭（Grocery Code Adjudicator），这个仲裁机构不仅有权调查案件，有权对违法者发布劝告令，有权向社会公开这方面的信息，而且有权向违法者征收罚

---

① Study on the Legal Framework Covering Business-to-Business Unfair Trading Practices in the Retail Supply Chain, p. 237.

② Study on the Legal Framework Covering Business-to-Business Unfair Trading Practices in the Retail Supply Chain, p. 237.

款。① 然而，因为《杂货店供货规则》和《杂货店行为裁决法》仅适用于 10 家最大的超市，其他超市或者连锁店与其供货商之间的关系仍适用英国竞争法和合同法。②

四　规制相对优势地位的几点思考

修订《反不正当竞争法》带来"相关优势地位"的大讨论给我国法学界特别是竞争法学界带来了研究新问题的机会。因为这是一个新问题，我们有必要比较研究其他国家的相关立法，取长补短，目的是发展和完善我国的法律制度。这里首先应当认识的问题是，滥用相对优势地位的行为主要是在竞争不充分的市场条件下出现的，也即竞争受到了限制，而不是一方经营者不公平攫取另一方竞争优势的问题，这种情况下，"相对优势地位"如果规定在反不正当竞争法中，这在理论上有问题，逻辑上不很合理。特别是修订《反不正当竞争法》的一个重要理由是解决与反垄断法以及与其他法律之间存在的交叉和重复，如果这次修订增加一个禁止滥用相对优势地位的条款，那可能违背这次修订反不正当竞争法的初衷。

有些国家如德国、日本和韩国在其反垄断法中作出了禁止滥用相对优势地位的规定，但是这些规定在理论上或者实践中存在一些问题。依据德国的《反对限制竞争法》，执法机关处理滥用相对优势地位的案件需要考虑市场竞争，市场竞争必然发生在一定的相关市场，这种情况下，滥用相对优势地位的案件可以通过滥用市场支配地位的条款得到解决。另一个问题是，《反对限制竞争法》第 20 条只是为与大超市或者连锁店进行交易的中小供货商

---

① Study on the Legal Framework Covering Business-to-Business Unfair Trading Practices in the Retail Supply Chain, p. 238.

② Study on the Legal Framework Covering Business-to-Business Unfair Trading Practices in the Retail Supply Chain, pp. 235-239.

提供了特殊的保护。然而，因为其他领域的中小企业同样会遭遇滥用相对优势地位的问题，这种情况下，这个对个别领域中小供货商的特殊保护是否通过专门法规处理更合理？日本2009年修订的《禁止私人垄断法》重视滥用相对优势地位的问题。然而，目前的几个案例因为明显与市场竞争没有关系，这些案件交由反垄断执法机关处理在理论上不合逻辑。另一方面，这些案件认定的滥用行为本身并不违法，例如超市业主要求供货商取回售不掉的产品或者要求派人参加超市开张或者清仓等行为。这种情况下，公平交易委员会就相对优势地位当事人作出的不利决定可能会给这些企业订立合同增加很多不可预测性。①

　　根据世界各国的立法，滥用相对优势地位至少可以有三种规制方法，第一种是针对与市场竞争关系密切的问题，通过反垄断法中禁止滥用市场支配地位的规定予以解决。第二种是针对明显不影响市场竞争的不公平交易行为，可以通过合同法或者侵权法来解决，例如我国《合同法》第52条规定，一方以欺诈、胁迫的手段订立的合同无效；第54条规定，订立时显失公平的合同，当事人一方有权请求人民法院或者仲裁机构变更或者撤销合同。立法者在这里应有的一个理念是，市场能够解决的问题，就应当留给市场去解决。如果认为滥用优势地位不能通过合同法得到合理解决，或者认为政府就应当通过禁止性规定进行干预，这里的问题是优势地位企业仍有可能通过调整合同的方法规避禁止滥用优势地位的规定。例如，如果规定大型超市不得要求供货商派人参加超市开业或者清仓活动，优势地位的零售商仍可能想出办法要求供货商承担这些活动所必要的经费，因为这些活动毕竟与供货商的产品销售有关系。第三种选择是，如果某个领域确有必要保护某些经营者的特殊利益，那就有必要制定特别法来解决某些不公平交易问题。这样的立

---

① Sayako Takizawa and Koki Arai, "Abuse of Superior Bargaining Position: the Japanese Experience", *Journal of European Competition Law & Practice*（2014）5（8），p. 561.

法之所以必要，是因为在存在相对优势地位的情况下，弱方当事人因惧怕失去其唯一的交易机会，即便优势地位交易对手明显存在不公平交易行为，他们也不敢把这些行为诉诸司法机关。这种情况下，如果法律能够明确对优势地位企业作出约束性规定，例如英国 2013 年《杂货店行为裁决法》的规定，这就有助于保护弱方当事人的利益。我国商务部、国家发展和改革委员会、公安部、国家税务总局和国家工商行政管理总局 5 部委 2006 年也曾发布过《零售商供应商公平交易管理办法》。这个办法的第 6 条规定，零售商不得滥用优势地位从事不公平交易行为；第 7 条规定，零售商不得从事妨碍公平竞争的行为。此外，这个办法还对零售商和供货商之间的很多交易，例如供货商派人员到零售场所提供服务、零售商退货、促销服务费、延迟付款等作出了规定。

　　然而，即便有很多方法可以用来规制滥用优势交易地位，实践中可能还是会有很多该管管不好或者管不到的情况。这一方面因为"相对优势地位"在市场交易中普遍存在，例如大型超市与其供货商、著名品牌生产商与其零售商、汽车品牌生产商与其零配件生产商或者售后服务商、便利店或者快餐店业主与其被许可人等等，都有相对优势地位的存在；另一方面，"滥用优势地位"概念本身还存在很多不确定的因素。例如，什么样的合同当事人拥有"优势地位"，什么样的合同条款可被视为"滥用"？对于不确定性比较多的案件，如果政府干预过度，例如日本公平交易委员会在几个涉及滥用优势地位案件中的执法，这种执法的目的和效果不仅会受到社会质疑，而且也会加大企业之间进行合同谈判特别是与中小企业进行合同谈判的成本。如果有人认为，证明相对优势地位是一个比较容易的问题，这样的规定便于保护在市场交易中处于不利地位的经营者，然而，对于执法机关来说，专门针对弱方当事人进行保护可能也有很多难处：第一，如果认定违法行为的门槛比较低，由此可能导致大量合同纠纷进入相关政府部门，从而需要政府投入很多执法资源；第二，执法机关认定违法行为应当解释"滥用"行为的存在，因为纵向协议当事人之间的利益和风险往往是相互的，解释"滥用"行为有时成本比较大；第三，政府执法机关应将有限资源投入与消费者和社会公共利益相关的案件，从而有必要减少处理合同当事人之间的争议。此外，还需要正视的一个问题是，任何法律制度都不可能全面解决供货商和零售商之间的不公平交易，这不仅因为任何法律制度都有其一定的局限性，而且随着经济和技术的发展，不公平交易千姿百态，现行法律制度总会一定程度上存在着滞后性。

再论反不正当竞争法与其相邻法的关系 *

摘要 反不正当竞争立法的目的是调整和解决市场上各种不正当竞争的行为。因为市场经济体制下还有其他法律制度也可以调整不正当的市场竞争行为，反不正当竞争法与其他很多法律制度就存在着密切的关系，特别是与民法、知识产权法和反垄断法存在着密切关系。尽管不正当竞争案件的审理做到适用法律百分之百的准确有时候存在难度，《反不正当竞争法》的修订中还是很有必要考虑这部法律与其相邻法在立法宗旨以及维护市场秩序方面的不同功能和作用，由此才能理顺反不正当竞争法与其相邻法之间的关系。

2004 年我曾在《国际贸易》杂志发表过《反不正当竞争法与相邻法的关系》一文，发表那篇论文的初衷是针对我国反垄断法起草过程中的一些争论进行分析。有人提出，反垄断法草案第 1 条"为制止垄断，维护公平竞争，保护经营者、消费者的合法权益和社会公共利益，保障社会主义市场经济健康发展，制定本法"中的"公平"二字应当去掉，理由是反垄断法如果仅仅维护公平竞争，那不能将其与反不正当竞争法区别开来。我的观点是，反垄断法第 1 条不应当去掉"公平"二字，而是应当增加"自由"二字，因为反垄断法不仅维护公平竞争，反对不正当竞争，其更重要的任务是维护自由竞

---

* 本文发表在《竞争政策研究》2017 年第 4 期。

争，反对限制竞争。近几年来，随着反不正当竞争法的修订，如何理顺反不正当竞争法与其相邻法的关系成为一个比 10 多年前讨论得更为热烈的话题，因为修订《反不正当竞争法》一个极为重要的任务是，理顺这部法律与其相邻法的关系，以保持法律制度之间的协调性。[①] 然而，根据国家工商行政管理总局向国务院报送的《反不正当竞争法（修订草案送审稿）》（简称《修订草案送审稿》）以及国务院向全国人大常委会提交的《反不正当竞争法（修订草案）》（简称《修订草案》），我认为这些草案仍然存在着反不正当竞争法与其相邻法之间的关系不清晰的问题。因此，很有兴趣与同行再次讨论反不正当竞争法与其相邻法之间的关系。

一　反不正当竞争法与民法的关系

反不正当竞争法与民法的关系可追溯到法国法院 1850 年依其民法典第 1382 条对不正当竞争案件所作的判决。因为法国法院在这个判决中首次使用了"不正当竞争"这一概念，法国民法典由此被视为反不正当竞争法的母法。时至今日，法国法院对不正当竞争行为基本还是依据法国民法典第 1382 条和第 1383 条关于不法行为的总则性条款进行判决的。[②] 德国 1896 年颁布的反不正当竞争法作为世界上最早制定的专门制止不正当竞争行为的法律，与民法也有着非常密切的关系。这部法律最初只是规定一些对市场竞争特别有害的行为，如误导性广告、诋毁竞争对手、假冒商标、窃取商业秘密等。在这种情况下，法院对该法没有规定的不正当竞争行为就适用德国民法典第 826 条和第 823 条第 1 款关于侵权行为的规定。1909 年修订后的德国反不正当竞争法增加了总则性条款，但是法院关于不正当竞争行为的判决仍有适用民法

[①]　见国家工商行政管理总局张茅局长 2017 年 2 月 22 日在第十二届全国人大常委会第二十六次会议上关于《中华人民共和国反不正当竞争法（修订草案）》的说明。

[②]　Volker Emmerich, Das Recht des unlauteren Wettbewerbs, 5. Auflage 1998, S. 4.

典中禁止侵权行为规定的情况。与适用总则性条款的情况相比，适用民法侵权行为法的主要是一些不存在竞争关系的案件，如抵制交易以及淡化商标的案件。即便对于一些以竞争为目的的行为，法院也不是绝对排除适用民法。法院在很多案件中都会考虑，当适用不正当竞争法某一规则不恰当的时候，适用民法中相关规则是否比较恰当。例如在时效的规定上，根据反不正当竞争法第21条停止侵害请求权和损害赔偿请求权，自请求权人知悉有关行为以及有关义务人之时起6个月内消灭诉讼时效。然而，德国民法典第852条规定的诉讼时效则是3年。如果一个反不正当竞争行为同时也符合了民法典中侵权行为的构成要件，例如一个诋毁竞争对手的行为既满足反不正当竞争法第14条的构成要件，也符合民法典第824条的构成要件，在这种情况下，法院可能会认为，该案件不应当由于行为人的违法行为具有竞争目的就可以适用一个期限较短的诉讼时效。由此看出，德国反不正当竞争法至今与民法还有着密切的联系。

我国反不正当竞争法与民法也有着非常密切的关系。第一，反不正当竞争法和民法一样，都是调整平等当事人的关系。因此，反不正当竞争法和民法中的其他制度一样，应当适用《民法通则》第4条规定的"民事活动应当遵循自愿、公平、等价有偿、诚实信用的原则"。第二，不正当竞争主要表现为行为人不正当地攫取他人竞争优势的行为，很多行为是明显的民事侵权行为，特别是侵犯他人的知识产权。因此，这些行为除了适用反不正当竞争法，也可以适用民法中的侵权行为法。特别是对那些反不正当竞争法没有作出规定的行为，如淡化商标的行为，这种行为不是出于竞争的目的，但是损害了权利人的利益，因此可以通过民法中侵权行为的规定来处理。第三，反不正当竞争法与民法的密切关系还表现在民法对某些不正当竞争行为的受害者可以提供更大的保护。例如我国《民法通则》第120条规定，法人的名称权、名誉权、荣誉权受到侵害的，有权要求停止侵害，恢复名誉，消除影响，赔礼道歉，并可以要求赔偿损失。这个规定对企业名称权的保护程度显然大于《反不正当竞争法》第5条第3款，因为后者提供的保护只是为了避免引起消费者对商品来源的混淆。第四，我国现行《反不正当竞争法》除了第20条，几乎没有民事责任的规定。这种情况下，我国关于不正当竞争行为的民事责任得依据民法的规定，特别是关于诉讼时效的规定。根据《民法通则》第135条，向人民法院请求保护民事权利的诉讼时效为2年，法律另有规定的除外。

上述虽然说明了反不正当竞争法与民法的密切关系，但我们也不能把反不正当竞争法简单地视为民法。因为从功能上看，反不正当竞争法已不再是民法上的侵权行为法，单纯保护竞争者的合法权益，而是以保护消费者权益为中心，成为为调整国家、企业和消费者之间的利益而规范经营者市场竞争行为的法律制度。事实上，从20世纪60年代起，随着世界各国掀起了消费者保护运动，很多国家如瑞典设立了市场法院，把涉及市场竞争和消费者保护的案件统一由市场法院审理。另外，从我国的执法机关看，反不正当竞争法就更不能被视为民法。因为我国反不正当竞争执法的主要执法机关是国家工商行政管理总局下属的公平交易局，这个机构对不正当竞争案件的查处是行政查处，这就使不正当竞争法具有公法的色彩，体现了国家的公权力。

然而，即便我国反不正当竞争法在很大程度上体现了国家通过公权力维护市场竞争秩序的目的，但是这部法律在本质上还是具有私法的性质，即调整平等当事人之间的关系。因此，人民法院毫无疑问也是实施这部法律的一个极其重要的机构。特别是一些复杂案件，受害人可能首先会想到损害赔偿，因此他们非常可能通过民事诉讼将这些案件的审理交给人民法院。正是由于反不正当竞争法明显具有私法的性质，全国人大常委会审议的《修订草案》中有些条款就存在比较大的争议。例如，第3条第2款规定，"国务院建立反不正当竞争工作协调机制,研究决定反不正当竞争重大政策,协调处理维护竞争秩序的重大问题"。第 15 条规定，"对经营者违反本法第二条规定，且本法第二章第六条至第十四条和有关法律、行政法规未作明确规定，严重破坏竞争秩序、确需查处的市场交易行为，由国务院工商行政管理部门或者国务院工商行政管理部门会同国务院有关部门研究提出应当认定为不正当竞争行为的意见，报国务院决定"。这里的争议至少可以产生于下面两个方面：一是根据这两条规定，似乎反不正当竞争法的执法机关只是或者主要是工商管理部门，这与我国反不正当竞争执法的实际情况不符；二是由此否定了这部法律在很大程度上具有私法的性质。如果一部具私法性质的法律需要在国务院系统建立工作协调机制，那么其他类似的法律制度是否应当予以效仿？

二　反不正当竞争法与知识产权法的关系

反不正当竞争法与知识产权法有着密切的关系，这首先可以通过我国《反不正当竞争法》1993 年 10 月的颁布得以说明。1992 年初，中美两国政府签署了关于保护知识产权的谅解备忘录。在这个备忘录中，我国政府不仅提出要根据《保护工业产权巴黎公约》的规定保护知识产权，制止不正当竞争行为，而且承诺将在 1993 年 7 月 1 日前按照备忘录规定的保护水平向立法机关提交法律草案，并尽最大努力于 1994 年 1 月 1 日前通过并且实施该法律。[①]这个"花絮"不仅说明了我国《反不正当竞争法》的颁布是我国经济融入世

---

① 《中华人民共和国政府与美利坚合众国政府关于保护知识产权的谅解备忘录》第 4 条规定：(1) 为确保根据保护工业产权巴黎公约第十条之二的规定有效地防止不正当竞争，中国政府将制止他人未经商业秘密所有人同意以违反诚实商业惯例的方式披露、获取或使用其商业秘密，包括第三方在知道或理应知道其获得这种信息的过程中有此种行为的情况下获得、使用或披露商业秘密；(2) 只要符合保护条件，商业秘密的保护应持续下去；(3) 中国政府主管部门将于 1993 年 7 月 1 日前向立法机关提交提供本条规定保护水平的议案，并将尽最大努力于 1994 年 1 月 1 日前使该议案通过并实施。见网址 http://www.law-lib.com/law/law_view.asp?id=77150。

界经济的必然结果，也说明了我国《反不正当竞争法》的颁布是保护知识产权的需要。

我国现行《反不正当竞争法》有很多涉及保护知识产权的内容，例如现行法第5条规定的假冒他人注册商标和擅自使用知名商品特有的名称、包装、装潢等行为，第10条规定的侵犯商业秘密的行为等。这即是说，《反不正当竞争法》在很大程度上也具有了专利法、商标法、著作权法等法律制度保护知识产权的功能。从这个意义上说，反不正当竞争法可以被视为知识产权法。反过来说，专利法、著作权法以及商标法等法律制度的出发点都是保护知识产权权利人的专有权，制止未经权利人许可而违法使用专有权的行为。因此，知识产权法在保护合法权利人的同时，必然也起着保护公平竞争和维护竞争秩序的作用。在这个意义上，知识产权法也可以被视为反不正当竞争法。

但是，如果有人认为，现在完全没有必要讨论反不正当竞争法和知识产权法的关系，因为反不正当竞争法本身就是知识产权法。这种观点可能就有点绝对。我的观点是，反不正当竞争法和知识产权法虽然有着极为密切的关系，功能上有相似之处，但它们二者毕竟是两种不同的法律制度，其差异主要表现为不同的立法宗旨。即一方面，反不正当竞争法以制止不正当竞争行为和保护公平竞争为己任，因此，除了制止知识产权领域的侵权行为，它还对其他不正当竞争行为做出了禁止性的规定，例如商业贿赂、虚假广告、欺骗性有奖销售等等。有些学者为了说明反不正当竞争法就是知识产权法，甚至主张将商业贿赂行为从现行反不正当竞争法中移植出去。这种主张显然没有搞清楚反不正当竞争法与知识产权法有着不同的立法目的。虽然有些国家把商业贿赂行为从反不正当竞争法中删除出去，例如在德国，但是我认为，即便商业贿赂行为通过刑法作出了专门的规定，但是很少有人认为商业贿赂行为就不能规定在反不正当竞争法中，这是因为商业贿赂不仅是典型的不正当竞争行为，而且还是危害十分严重的不正当竞争行为。

另一方面，知识产权法作为保护知识产权的专门法律制度，它得明确受法律保护的智力成果和不受法律保护的智力成果之间的界限。例如，专利法必须规定取得专利权的条件和程序，商标法必须规定注册商标的条件和程序，著作权法必须规定著作权的保护期以及著作权的归属等问题。正是因为这两种法律制度有着不同的立法目的，当一个市场竞争行为出现了两种法律可以同时适用的情况时，应当分清适用法律的先后顺序。一般来说，受知识产权法包括商标法、专利（包括发明专利、实用新型专利以及设计外观专利）法以及著作权法保护的专有权利受到侵犯的案件，应当优先适用这些知识产权法，而不是优先适用反不正当竞争法。如2017年5月31日《南方日报》报道的一个侵犯计算机软件著作权的典型案例，即深圳市某电子有限公司法定代表人罗某出资40万元委托他人仿制网卡芯片，方法是通过反向工程技术，提取正版9700USB网卡芯片的数据信息，然后通过销售仿制品获取暴利。这是侵犯知识产权的案件，当然也是一个不正当竞争的案件。因为在这个案件中，权利人拥有集成电路布图设计登记证书、芯片ROM固体软件程序著作权以及使用该芯片制成的网卡的驱动程序著作权三种权利，这个案件适用了著作权法，而且违法者被追究了刑事责任。① 这即是说，在知识产权受到侵犯的情况下，通过知识产权法可以得到保护的权利不应当由于反不正当竞争法的适用而被扩大或者被缩小。

然而，一个发明如果没有申请专利，或者虽然申请了专利但是还没有得到批准，或者在这个专利已经过期的情况下，人们对这个发明一般是可以自由地进行仿造。反不正当竞争法不能制止这些仿造行为的理由是，它不可能修正受到知识产权保护的专有权在形式上或实质上的要件，而且也不可能提

---

① 《侵犯知识产权典型案例："反向"研发芯片被判刑三年》，《南方日报》2017年5月31日。

高它们受知识产权法所保护的期限。与此相似，反不正当竞争法也不能阻止
人们发表或者使用一个不受著作权法保护的作品，包括不受著作权法保护的
集成电路布局的设计。然而，当这个仿制行为构成不正当竞争的时候，例如
经营者有意混淆产品来源的时候，人们还是可以适用反不正当竞争法来制止
这种仿制。例如，知名商品特有的包装和装潢，即便其权利人没有申请专利，
或者虽然申请了专利但还没有得到批准，这些包装或者装潢的设计就可以通
过适用反不正当竞争法予以保护。有些不正当竞争行为虽然不存在混淆产品
来源的问题，例如擅自使用他人的知名商标作为自己企业的字号，其目的是
通过傍名牌来抬高自己企业的声誉。这种行为即便不构成侵犯商标权，仍然
可以通过反不正当竞争法认定为违法的行为，例如《反不正当竞争法（修订
草案）》第6条第4款中的规定。从这个意义上说，反不正当竞争法对知识
产权保护起了重要的补充性作用。

正是因为反不正当竞争法和知识产权法是两种立法目的不同的法律制
度，尽管它们有密切的联系，我国立法者在修订反不正当竞争法的过程中
还是很注重避免或者减少它与现行知识产权法明显存在重复的地方。例如，
《修订草案》第6条规定的"假冒行为"中取消了现行《反不正当竞争法》
第5条规定的"假冒他人的注册商标"。这不是说假冒商标的行为不是不正
当竞争行为，而是因为这种行为明显地侵犯了商标权，而且在我国《商标
法》对这种行为已经明确地作出了禁止性规定的情况下，这种案件就应当通
过知识产权法来进行调整和解决。

三 反不正当竞争法与反垄断法的关系

这次修订《反不正当竞争法》的一个重要目的是理顺《反不正当竞争
法》与《反垄断法》的关系，因为现行法中第6条的公用企业限制竞争、第
7条的行政垄断、第11条的倾销性销售、第12条的搭售和第15条的串通招

投标等行为均涉及排除限制竞争的问题，而且这些行为现在都可以通过我国2008年8月生效的《反垄断法》予以调整和解决。然而令人困惑的是，《修订草案送审稿》和《修订草案》都存在的问题是，它们一方面按照《反不正当竞争法》修订的目的，删除了一些涉及反垄断法的规定，另一方面却又增加或者保留了某些明显涉及反垄断的内容，例如《修订草案送审稿》关于禁止滥用相对优势地位的规定 ①，以及《修订草案》关于禁止搭售行为的规定 ②。因此，我们在这里还有讨论《反不正当竞争法》与《反垄断法》两者之间关系的必要。

《反不正当竞争法》与《反垄断法》同属于竞争法的范畴，二者自然有一个相似之处，即它们都是出于规范市场竞争秩序的目的。因为它们立法的目的都是维护市场竞争秩序，有些国家或地区甚至把这两种法律进行合并立法，如匈牙利1996年修订的《禁止垄断和禁止不正当竞争行为法》以及中国台湾地区1991年颁布的"公平交易法"。另一方面，作为规范市场竞争秩序和保护竞争的法律制度，二者也有着相同的经济政策，即都是要禁止企业以不合理的手段谋取经济利益，损害其他经营者和消费者的合法权益。因为都是禁止经营者以不合理、不公平的手段谋取经济利益，这两个法律也有很多

---

① 《中华人民共和国反不正当竞争法（修订草案送审稿）》第6条规定，"经营者不得利用相对优势地位，实施下列不公平交易行为：
（一）没有正当理由，限定交易相对方的交易对象；
（二）没有正当理由，限定交易相对方购买其指定的商品；
（三）没有正当理由，限定交易相对方与其他经营者的交易条件；
（四）滥收费用或者不合理地要求交易相对方提供其他经济利益；
（五）附加其他不合理的交易条件。
本法所称的相对优势地位，是指在具体交易过程中，交易一方在资金、技术、市场准入、销售渠道、原材料采购等方面处于优势地位，交易相对方对该经营者具有依赖性，难以转向其他经营者"。

② 《中华人民共和国反不正当竞争法（修订草案）》第11条规定，"经营者销售商品，不得违背购买者的意愿搭售商品，不得附加其他不合理的条件"。

交叉之处。如我国《反垄断法》第17条禁止滥用市场支配地位行为的前面都是一个"不公平"或者"没有正当理由"的前缀。因为这些行为不公平或者不正当，而且它们也是市场竞争行为，把它们称为"不正当竞争行为"在理论上没有错。其实，即便在竞争理论高度发达和法律十分严谨的德国，反不正当竞争法和反对限制竞争法也存在交叉适用的情况①，德国联邦法院甚至在1999年还对一个限制竞争的案件适用了反不正当竞争法。②尽管联邦法院的这个判决受到了德国很多法学家的批判，如依蒙嘎（U.Immenga）教授指出，虽然判定一个行为"不合理"（Unbilligkeitsurteil）和判定这个行为不正当（Unlauterkeitsurteil）是一样的，从而不能说这个案件不能适用反不正当竞争法，但这种案件优先适用反不正当竞争法会损害反对限制竞争法的立法目的。③我们在这里虽然不能评价说德国法院的这些判决是否一定正确，但是至少可以认为，反不正当竞争法和反垄断法在保护竞争和维护市场竞争秩序方面起着相互补充的作用。

然而，正如依蒙嘎教授指出的，尽管不合理的行为也可以被称为不正当的行为，但也不可随意将一个限制竞争行为适用反不正当竞争法。这是因为反不正当竞争法和反垄断法二者有着不同的立法目，将限制竞争行为适用反不正当竞争法一方面会存在逻辑的问题，另一方面也会弱化反垄断法或者损害反对限制竞争法的立法目的。简言之，反不正当竞争法主要是反对经营者出于竞争之目的，违反市场交易中的诚实信用原则和公认的商业道德，即通过不正当的手段攫取他人的竞争优势。因此，反不正当竞争法首先保护的是受到不正当竞争行为损害的善意经营者的利益，目的是维护公平竞争的市场

---

① BGHZ 82,375,395ff. Brillen-Selbstabgabestellen;OLG Koeln WRP 1985, 511, 512 Heizungsmodernisierungen durch Unternehmen der Oeffentlichen Hand.

② BGH GRUR 1999, 256, 257 1000，-DM Umwelt-Bonus.

③ Immenga, *NJW* 1995, 1921, 1922. Sehen S.34; Nordemann(Hrsg.) *Wettbewerbs-und Markenrecht*, 9Aufl. 2002, S. 34.

秩序。从这个意义上说，反不正当竞争法追求的价值理念是公平竞争。而反垄断法则是从维护市场的竞争性出发，要保证市场上有足够的竞争者，或者要使市场上的企业能够感受到市场竞争的压力，目的是使消费者或者交易对手在市场上能够有选择商品或者服务的权利。根据反垄断法的理论，仅当市场上出现垄断或者垄断趋势的时候，政府方可干预市场，干预的目的是降低市场集中度，调整市场结构。简言之，反垄断法追求的价值理念是自由竞争，它认为自由竞争从微观的角度看可以降低产品的价格，改善质量；从宏观的角度看可以优化配置资源和提高消费者的社会福利。

正是出于不同理念和不同立法目的，反不正当竞争法主要关注企业在市场上相互竞争的行为，目的是制止不正当竞争；反垄断法则是关注企业排除限制竞争的行为，目的是防止市场形成垄断的局面，或者禁止占市场支配地位的企业实施各种滥用其市场势力的行为。一个违反反垄断法的行为，如竞争者之间商定商品或者服务的价格，因为这个行为没有损害任何竞争者的利益，从而不会违反反不正当竞争法。另一方面，不正当竞争行为如假冒商标或者窃取商业秘密的行为因为不会影响市场结构，不会减少市场上竞争者的数目，反垄断法也不会把它们视为违法的行为。当然，反垄断法也是对企业市场行为的规制，特别是禁止滥用市场支配地位，如禁止搭售或者禁止价格歧视等。然而，反垄断法制止这种行为不是因为它们不公平或者不正当（这些行为当然也是不公平或者不正当的），而是因为这些行为会增强行为人已经取得的市场势力，从而会进一步恶化市场的竞争条件。因此，反垄断法关于企业市场行为的规则一般只是针对那些拥有市场支配地位的大企业。

基于反不正当竞争法和反垄断法有着不同立法目的的考虑，当前全国人大常委会讨论的《修订草案》第 11 条就明显存在着问题。因为根据这个规定，如果经营者在销售商品时违背了购买者的意愿搭售商品，或者附加其他不合理的条件，这样的行为是违法的，这就把市场本身可以轻而易举解决的问题强制性地置于执法者的面前。其实，在市场营销中，企业可能会出于多种动机实施搭售行为。例如，卖方把鞋子和鞋带一起出售不仅可以节约销售时间，而且对消费者也是有利的；供货商出售高科技的机器设备或者其他产品时往往要求买方一并购买其所需的零部件或者辅助材料，这一般有利于产品的安全使用，或者有助于提高产品的使用寿命。然而，市场上也有一些搭售行为可能存在严重限制竞争的问题。例如，国家工商行政管理总局在利乐公司滥用市场支配地位一案的决定中指出，利乐公司凭借其在液体食品无菌包装设备市场和相关技术服务市场拥有的支配地位，通过搭售行为推销利乐公司的包装材料，本质是将其在前两个市场的竞争优势不公平地辐射到包装材料市场，由此不合理地强化了利乐公司在包材市场的支配地位，不公平地限制了包材市场的竞争。这个案例说明，认定一个搭售行为的违法性时，除了考虑搭售品与被搭售品是否可以分开销售、搭售是否具有封锁市场的效应、搭售是否存在客观公正性等各种因素，尤其还必须考虑行为人的市场地位。如果在行为人的市场份额不大，消费者或者交易对手在市场上明显具有选择权的情况下，这个搭售行为对市场竞争就没有损害。在这种情况下，特别是在我国《反垄断法》明确规定了搭售行为的情况下，《反不正当竞争法》禁止搭售行为的规定不仅在法学理论上存在着歧义和逻辑的问题，而且因为这里的禁止性规定不是以行为人的市场支配地位作为认定违法行为的前提条件，这就势必和《反垄断法》产生一个很大的矛盾，有损于我国法律的稳定性和当事人对法律后果的可预期性。

此外，我在这里还想对《修订草案送审稿》第 6 条关于禁止滥用"相对优势地位"的规定作一点评论。[①] 我的基本观点是，市场交易中一方较另

---

① 见王晓晔《论滥用"相对优势地位"的法律规制》，《现代法学》2016 年第 5 期。

一方在经济上占相对优势地位是一个普遍存在的现象，例如大型超市与其供货商、著名品牌生产商与其零售商、汽车品牌生产商与其零配件生产商或者售后服务商、便利店或者快餐店业主与其被许可人等等。如果法律禁止滥用相对优势地位，那至少需要对"相对优势地位"和"滥用相对优势地位"作出法律解释。当前世界各国禁止滥用相对优势地位的立法主要有反垄断法、民法以及针对个别行业的政府监管。鉴于"相对优势地位"和"滥用相对优势地位"存在很多不确定的因素，期待一部反不正当竞争法对其进行全面规制的难度非常大。其实，即便在德国法、日本法以及韩国法中有关于"相对优势地位"的规定，它们也都是规定在反垄断法中，而不是规定在反不正当竞争法中。[①] 这是因为"相对优势地位"在很多情况下与反垄断法中的"市场支配地位"一样，是指市场上缺乏竞争的情况，即处于弱势地位的经营者除了具"相对优势地位"的交易对手，它找不到具有可替代性的其他交易对手。此外，还应当考虑的一个问题是，相对优势地位尽管在日本法和德国法中有规定，但这不是国际主流的做法，因为大多数国家认为，一个行为如果对市场竞争的影响不大，这个行为应当主要通过合同法进行调整和解决。如果有人认为，这样的规定便于保护市场交易中处于不利地位的经营者，然而，对于执法机关来说，专门针对弱方当事人进行保护可能也有很多难处：第一，如果认定违法行为的门槛比较低，由此可能导致大量合同纠纷进入相关政府部门，从而需要政府投入很多执法资源；第二，执法机关认定违法行为应当解释"滥用"行为的存在，因为纵向协议当事人之间的利益和风险往往是相互的，解释"滥用"行为有时成本比较大；第三，政府执法机关应将有限资源投入到与消费者和社会公共利益相关的案件，从而有必要减少处理合同当事人之间的争议。此外，还需要正视的一个问题是，任何法律制度都

---

① 见德国《反对限制竞争法》第 20 条的规定。

不可能全面解决供货商和零售商之间的不公平交易，这不仅因为任何法律制度都有一定的局限性，而且随着经济和技术的发展，不公平交易的表现千姿百态，现行法律制度总会一定程度上存在着滞后性。

四　结束语

上述分析说明，尽管反不正当竞争法有其特殊的调整对象，即调整和解决市场上各种不正当竞争的行为，但是因为市场经济体制下还有其他法律制度也可以调整不正当的市场竞争行为，反不正当竞争法与其他很多法律制度就存在着密切的关联关系，特别是与民法、知识产权法和反垄断法在法律适用中存在着交叉的可能性。例如，经营活动中诋毁竞争对手的行为是不正当竞争行为，但是这种行为也可以认为是民法上的侵权行为。但在另一方面，《反不正当竞争法》与其相邻法毕竟在立法的宗旨或者目的上存在着差异，在维护市场秩序方面有着不同的功能和作用。这些法律制度之间的相似和差异之处不仅体现它们各自的属性，而且也是立法者在修订《反不正当竞争法》过程中必须考虑的问题，由此才能在修订中理顺这部法律与其相邻法律之间的关系。

技术标准、知识产权与反垄断法 *

摘要 技术标准一般是强制性的要求，对企业和市场具有重要作用。专利在技术标准化过程中起着核心作用，如何合理处置技术标准化中的专利，不仅关系知识产权的保护，也关系市场竞争。世界各国在这方面的立法趋势是，参与标准制定的专利权人必须披露其涉及标准的专利信息；当其专利成为标准，他得在公平合理条件下许可所有的潜在市场进入者使用其专利；当其不正当地拒绝许可或不以公平条件实施许可时，他的专利有可能被强制许可。我国是一个知识产权进口国，应当关注标准化过程中滥用知识产权的问题，防止权利人以技术标准化为手段，限制竞争，妨碍市场进入。

技术标准一般是指企业为一定产品生产或为进入市场而在涉及产品质量或者安全等方面须达到的一定技术要求。技术标准一般是强制性的要求，即在产品或者服务实现了技术标准化的条件下，达不到标准的产品或者服务一般不能进入市场。标准化为消费者带来的好处有目共睹，如不同厂家的同类产品可以相互兼容；标准化也给企业带来好处，如企业可以实现规模经济，降低价格，改善质量，提高市场竞争力。然而，另一方面，技术标准化也可能出现限制竞争的问题，例如妨碍创新和新的市场进入。

---

* 本文发表在《电子知识产权》2011 年第 4 期。

专利在技术标准化过程中起着核心作用。为了防止专利权人在标准化过程中滥用权利和不正当地限制竞争，很多国家规定了专利在技术标准化中的处置方式。如何合理处置技术标准化中的专利，不仅关系知识产权的保护，也关系市场竞争。我国《反垄断法》第 55 条规定："经营者依照有关知识产权的法律、行政法规规定行使知识产权的行为，不适用本法；但是，经营者滥用知识产权，排除、限制竞争的行为，适用本法。"2008 年修订后的《专利法》第 48 条第 2 项规定，"专利权人行使专利权的行为被依法认定为垄断行为，为消除或者减少该行为对竞争产生的不利影响的"，国务院专利行政部门根据具备实施条件的单位或个人申请，可给予实施发明专利或者实用新型专利的强制许可。这些法律条款说明，权利人滥用知识产权排除、限制竞争的行为要受到反垄断法的约束。然而，如何认定知识产权权利人"排除、限制竞争"的行为是在"滥用知识产权"？专利权在何种情况下可能被实施强制许可？这都是反垄断法实施中的重大问题。

实践中，专利被强制许可一般发生在专利成为标准或取得专利技术成为进入市场前提条件的情况下。这是因为技术标准体现的是社会公共利益，专利则是其所有权人的私权，这种情况下，权利人为谋取最大经济利益，就有可能利用其专利在标准化过程中或成为标准之后不公平地排除、限制竞争。因此，如何恰当处置标准化中的专利以及成为标准的专利，已成为与技术标准相关的社会各界普遍关注的热点问题。世界各国在这方面的立法趋势是，参与标准制定的专利权人必须披露其涉及标准的专利信息；当其专利成为标准，他得在公平合理条件下许可所有的潜在市场进入者使用其专利；当其不正当地拒绝许可或不以公平条件实施许可时，他的专利有可能被强制许可。

顺应国际潮流，我国相关政府部门也开始考虑这方面的立法工作。如国家标准化管理委员会 2009 年 11 月公开了《涉及专利的国家标准制修订管理规定（暂行）（征求意见稿）》，2010 年 1 月还发布了《国家标准涉及专利的处置规则（征求意见稿）》。这两个征求意见稿都关于涉及国家标准的专利处置，但是它们也可适用于行业标准和地方标准，从而充分体现了我国涉及专利的标准化立法趋势。根据《涉及专利的国家标准制修订管理规定（暂行）（征求意见稿）》，参与标准制定的专利权人有义务披露其涉及标准的专利信息；未披露信息的，可视为其免费许可；故意隐瞒其专利信息而给国家标准制定或者实施造成损失的，应承担相应的法律责任。为了推动技术标准化，避免和减少权利人在其专利技术成为标准之后随意抬高许可费的情况，这个征求意见稿作出了关于"专利许可声明"的规定，即标准化组织应及时与涉及标准的专利权人订立不可撤销的专利实施书面许可，并规定权利人可选择以下三种许可方式：（1）合理无歧视的免费许可；（2）在合理无歧视基础上，许可费应明显低于正常使用费；（3）不同意按照以上两种方式进行许可。当然，在第三种情况下，权利人的专利技术不得成为标准。需要指出的是，强制性国家标准原则上并不必然涉及专利。然而，强制性的国家标准一旦必须涉及专利，标准化组织就应提请相关部门和专利权人协商该专利的处置。一般来说，标准化组织与权利人就专利处置不能达成一致意见的情况下，相关专利就不应当成为技术标准。除了国家标准化委员会上述的立法工作，国家工商行政管理总局起草的《关于知识产权领域反垄断执法的指南》中就"标准制定和实施中的行使专利权的行为"也作出了说明。

中国政府在技术标准化中专利的处置方式明显借鉴了其他国家的经验。如美国联邦贸易委员会在 2008 年一案中指责 Rambus 在标准化过程中不披露其专利信息的行为是专利抢劫（"patent hold-up"），强调"标准化是一个取代竞争的过程。这个过程中任何不诚实或欺骗行为都会严重损害产业的竞争，提高价格，减少消费者选择"。在德国 2004 年关于 Standard Tight-Head

Drum 一案中，联邦法院的判决指出，市场支配地位企业授予许可的同时有权拒绝许可，但其拒绝的自由权利须受到限制，且这个拒绝须具极高的公正性。这即是说，权利人不得随意拒绝许可，也不得随意对交易对手采用不公平或者歧视性的交易条件。

我国当前仍主要是一个知识产权进口国，绝大多数的核心技术依赖于进口。这种情况下，我国应特别关注滥用知识产权的问题，防止权利人滥用知识产权排除和限制竞争，以保护我国技术进口企业的合法权益，维护国家利益。鉴于技术标准在市场竞争中的重要意义，我们还应当关注标准化过程中的滥用知识产权问题，防止权利人以技术标准化为手段，限制竞争，妨碍市场进入。因此，我国应尽快制定和完善与技术标准相关的法律制度。现在，我国相关政府机构积极开展与知识产权限制竞争相关的立法工作，这是澄清知识产权与竞争、竞争与技术标准化等很多重要问题的重要法律措施。当然，我国在这些立法过程中也要广泛征求相关部门、企业、行业协会等各种相关者的意见和看法。例如，国家标准化管理委员会在其《涉及专利的国家标准制修订管理规定（暂行）（征求意见稿）》关于"专利权许可声明"的第9条规定，专利权人可以选择"在合理无歧视的基础上，许可任何组织和个人实施该国家标准时实施其专利，但支付的数额应明显低于正常的许可使用费"。因为这个条款前面谈到许可的条件是"合理无歧视"，后面又谈到"应明显低于正常的许可使用费"，这样的规定不仅存在着矛盾，而且也会引发权利人对其知识产权能否得到公平补偿的担忧。事实上，当一个专利技术成为标准的时候，它往往具有垄断性。在这种情况下，正常的许可使用费一般就是标准化组织和权利人讨价还价的结果，这个价格就是市场价，市场价就是一个比较合理的价格。

总而言之，世界各国关于技术标准化的立法可能存在着差异，但它们基本都体现了这样一个原则，即参与制定技术标准的专利权人负有更大的法律责任，即必须在公平合理的条件下向所有的企业开放技术；另一方面，参与技术标准化的专利权人也由此存在着法律风险，即当他们拒绝许可或不以公平条件许可时，他们的知识产权极有可能被实施强制许可。

标准必要专利为什么会卷入反垄断[*]

——中国学者的观点

一 概述

近年来，随着信息和通信技术的发展，越来越多涉及知识产权的反垄断案件与技术标准相关，如德国法院审理的橘皮书案[①]、飞利浦诉索尼和爱立信案[②]、摩托罗拉诉苹果公司案[③]；美国法院审理的爱立信诉友讯系统公司案[④]、LaserDynamics诉广达电脑公司案[⑤]、VirnetX诉思科公司案[⑥]、微软诉摩托罗拉公司案[⑦]等。反垄断行政执法机构也有很多这方面的案例，如欧盟

---

[*] 本文是德国竞争法杂志 *ZWeR* 2017 年第 1 期中 "Why SEPs Have Been Involved in Antitrust Cases-From A Chinese Scholar's Perspective" 一文的中文稿。

[①] Federal Supreme Court (Bundesgerichtshof) May 6, 2009-Case No. KZR 39/06 (Orange Book Standard).

[②] District Court of Mannheim, Philips v. SonyEricsson, May 27, 2011, doc no. 7 O65/10.

[③] Court of Appeal in Karlsruhe, Motorola v. Apple, February 27, 2012, doc. No. 6 U 136/11.

[④] Ericsson Inc. v. D-Link Systems, Inc., Case No. 2013-1625 at 41 (Fed. Cir. Dec. 4, 2014), available at http://www.cafc.uscourts.gov/images/stories/opinions-orders/13-1625. Opinion.12-2-2014.1.PDF.

[⑤] Laser Dynamics, Inc. v. Quanta Computer Inc. 694 F.3d 51 (Fed. Cir. 2012).

[⑥] VirnetX, Inc. v. Cisco Systems, Inc., Case No. 20131489 (Fed. Cir. 16 Sep. 2014), available at http://www.cafc.uscourts.gov/images/stories/opinions-orders/13-1489.Opinion.9-12-2014.1.PDF.

[⑦] Microsoft Corp. v. Motorola, Inc., 2013 WL 2111217 (W.D. Wash. 25 Apr. 2013).

委员关于三星公司标准必要专利的决定 ①、关于摩托罗拉标准必要专利的决定 ②；美国联邦贸易委员会关于谷歌公司的决定 ③ 等。中国反垄断法自 2008 年生效以来，出现了两个与标准必要专利相关的大案，一个是国家发展和改革委员会 2015 年 2 月 9 日对美国高通公司作出罚款 60.88 亿元的决定，创下中国行政罚款的最高纪录，其理由就是高通公司凭借其标准必要专利滥用市场支配地位 ④；另一个是深圳市中院和广东省高院 2013 年 2 月和 10 月对华为技术有限公司（简称"华为公司"）诉美国交互数字公司（简称"IDC"）作出的一审和终审判决，这是中国法院审理的第一起涉及标准必要专利的反垄断诉讼案件。此外，商务部也审查过多起涉及标准必要专利的经营者集中，如 2012 年 5 月针对谷歌并购摩托罗拉移动 ⑤、2014 年 4 月针对微软并购诺基亚 ⑥ 和 2015 年 10 月针对诺基亚收购阿尔卡特朗讯股权 ⑦ 所作的附条件批准决定。这些案件说明，标准必要专利在中国已经成为知识产权与反垄断法交叉领域的热点问题。本文主要讨论标准必要专利与一般专利相比的特殊性，由此解析标准必要专利为什么在中国常常会陷入反垄断诉讼或者受到反垄断执法机关的调查。鉴于国际社会有人认为，标准必要专利案件

① Case At.39939 Samsung-Enforcement of UMTS Standard Essential, http://ec.europa.eu/competition/antitrust/cases/dec_docs/39939/39939_1501_5.pdf.

② Case At.39985-Motorola-Enforcement of GPRS Standard Essential Patents，http://ec.europa.eu/competition/antitrust/cases/dec_docs/39985/39985_928_16.pdf.

③ Statement in the Matter of Google Inc., FTC File No. 121-0120, January 3, 2013，http://www.ftc.gov/os/caselist/1210120/130103googlemotorolastmtofcomm.pdf.

④ 国家发展和改革委员会行政处罚决定书，发改办价监处罚〔2015〕1 号，http://jjs.ndrc.gov.cn/fjgld/201503/t20150302_666170.html。

⑤ 商务部公告 2012 年第 25 号，http://fldj.mofcom.gov.cn/article/ztxx/201205/20120508134324.shtml。

⑥ 商务部公告 2014 年第 24 号，http://fldj.mofcom.gov.cn/article/ztxx/201404/20140400542415.shtml。

⑦ 商务部公告 2015 年第 44 号，http://fldj.mofcom.gov.cn/article/ztxx/201510/20151001139743.shtml。

应当适用专利法，而不应当适用反垄断法，我们的观点是，滥用标准必要专利与一般竞争法中滥用市场支配地位的行为一样，很多情况下应当适用反垄断法。

二　标准必要专利涉及社会公共利益

1.技术标准化涉及社会公共利益

标准必要专利与技术标准化密切相关，是技术标准化的产物。技术标准化则是科技发展和生产社会化的必然要求。即随着某些行业特别是电子、通信、信息等行业的技术越来越复杂，生产企业越来越多，生产协作越来越广泛，一个产品往往涉及几十、几百甚至上千万个企业，这种复杂的生产组合客观上要求生产企业在技术上保持高度的统一性和协调一致，为此就需要制定和执行各种各样的技术标准，目的是使技术产品生产的相关企业和企业内部的各个生产环节能够有机地进行合作和协调。

技术标准化的好处有目共睹。第一，技术标准化可以解决不同生产企业产品的兼容和互联互通问题，这对涉及网络传输的信息技术部门非常重要。例如，从北京往美国芝加哥打电话，如果中美两国在通信领域没有实现互联互通，如果两国的技术产品互不兼容，这个电话是打不成的。第二，技术标准化可以增加技术产品的用户数量，其结果不仅可以扩大企业的生产规模，降低生产成本，而且因为相同的技术产品或者零配件可以由很多不同的企业进行生产，这也有助于扩大消费者的选择，推动企业之间的竞争和创新。第三，技术标准化选用的技术一般都是标准化时期水平最高的技术，从而有助于提高产品的质量和安全性。第四，从前面谈到的北京和美国芝加哥之间的电话通信可以看出，技术标准化可以减少因技术差异而产生的进出口障碍，从而对推动国际货物贸易和国际服务贸易至关重要。正是由于技术标准化对现代的经济和社会非常重要，它被公认为"推动现代经济的火车头"。[①]

　　毫无疑问，推动技术标准化最积极的行业是那些涉及产品兼容和互联互通的行业，特别是与信息技术和通信技术相关的行业。为了组织和制定技术标准，这些行业建立了很多标准化组织，如美国的电气和电子工程师协会（Institute of Electrical and Electronics Engineers，简称 IEEE）、欧洲电信标准化协会（European Telecommunications Standards Institute，简称 ETSI）、国际电信联盟（International Telecommunication Union，简称 ITU）、互联网工程任务组（Internet Engineering Task Force，简称 IETF）等。考虑到技术标准化会影响国家的经济和技术发展，影响产品的安全和政府采购，标准化组织制定一些重要的技术标准时往往会有政府组织一定程度的参与。以无线通信业为例，因为这个行业的技术标准会涉及国际电信联盟关于国际频谱资源的统一分配，从而需要各国政府之间的协调和合作，其结果就是全球几乎所有的国家和地区都采用了 CDMA、WCDMA、CDMA2000 等 3G 标准以及 LTE 等 4G 标准。此外，在实践中，有些技术规范虽然没有经过标准化组织的制定或者没有得到行业组织的认可，如果相关的技术产品得到了广大消费者的认可，作为市场选择，这些产品的技术规范可以被视为事实上的标准。

　　从上述分析可以看出，技术标准化不仅反映了参与标准制定的各种企业间的合作和协调，从而可被认为是标准化组织内部成员企业之间的合同关系，而且它还关系到很多人的切身利益，具有社会公共性。例如，它与技术

[①] "Antitrust Enforcement and Intellectual Property Rights: Promoting Innovation and Competition", Issued by the U.S. Department of Justice and the Federal Trade Commission, April 2007, available at http://www.ftc.gov/sites/default/files/documents/reports/antitrust-enforcement-and-intellectual-property-rights-promoting-innovation-and-competition-report.s.department-justice-and-federal-trade-commission/p040101promotinginnovationand competitionrpt0704.pdf, at 33.

标准实施人有着非常密切的关系，即他们只能依赖技术标准所接纳的专利技术，从而得对这种技术产品的生产进行投资；技术标准化也体现了最终消费者的利益，因为他们能够从技术标准化的高效率生产中得到好处；技术标准化同样也反映政府以及监管机构的利益，因为这会影响政府对技术产品的管制和政府采购。这即是说，技术标准化的目的或者核心问题就是"使社会更加有效地利用有限资源，并使所有的正在从事各种活动、进行各种交易以及处理各种工作的人们都能享受改进后的技术条件"①。这即是说，技术标准作为一种公共物品，它必然涉及社会公共利益。

2. 标准必要专利与一般专利在更大程度上涉及社会公共利益

标准必要专利即 SEPs（Standard Essential Patents），是指技术标准含有的必不可少和不可替代的专利，也即企业为生产技术标准化产品而不得不使用和不可规避的专利。然而，随着技术标准得到广泛的应用，例如在成为行业标准或者国家强制性标准的情况下，与技术标准相关的必要专利不可避免地将会产生两个后果。一是与标准必要专利开展竞争的技术因为没有被纳入标准而失去其价值，甚至变得完全没有价值。这也即是说，被纳入标准而成为标准必要专利的技术由此便排除了市场竞争，在相关技术市场成为垄断性的技术。二是标准必要专利既然成为垄断性的技术，标准化产品的生产商如果得不到必要专利的许可，其产品或者服务就达不到标准从而不能进入市场。这也即是说，取得标准必要专利的使用权就成为相关生产企业的一种强制性要求。这种情况下，如果标准必要专利权人拒绝实施许可，或者以不公平高价实施许可，这种"专利劫持"的后果与一般专利的拒绝许可或者超高价许可的后果就完全不同，因为这不仅严重影响交易相对人的利益，而且也会影响广大消费者的利益，影响下游市场产品的生产和销售，成为一个与社会公

---

① Maureen A. Breitenberg, "The ABC's of Standards Activities", NISTIR 7614, August 2009, p. 2, available at http://gsi.nist.gov/global/docs/pubs/NISTIR_7614.pdf.

共利益密切相关的问题。

正是因为技术标准的推广与社会公共利益密切相关，涉及标准必要专利的"专利劫持"会违背技术标准化的初衷，损害消费者的利益和社会公共利益，有些国家的市场竞争监管机构明确提出，涉及标准必要专利的案件必须考虑社会公共利益。例如，美国司法部和专利商标局 2013 年 1 月共同发布的《基于 FRAND 承诺救济标准必要专利的政策声明》指出，"美国国际贸易委员会对作过 FRAND 承诺的标准必要专利权人的排他性救济可能引发专利劫持，产生竞争损害，这样的救济与法定的社会公共利益不协调"。① 美国国际贸易委员会 2013 年 6 月 4 日曾向苹果公司发布过禁令，禁止其某些产品向美国进口，理由是它侵犯了三星公司的标准必要专利权。然而，美国贸易代表 2013 年 8 月 3 日代表奥巴马政府对这个禁令发布的否决书中指出，"美国国际贸易委员会凡在今后处理涉及标准必要专利的案件应当认真考虑社会公共利益，发布的禁令不得扭曲竞争，不得损害消费者的利益"。②

三 标准必要专利权人在其专利许可市场占支配地位

涉及标准必要专利的案件大多指控标准必要专利权人滥用其市场支配地位。例如，国家发展和改革委员会针对美国高通公司的行政处罚决定书和广东省高院对华为诉 IDC 的终审判决都认定被告存在滥用市场支配地位的行为。然而，要认定企业滥用市场支配地位，执法机关一般得认定该企业占市场支配地位；要认定企业占市场支配地位，执法机关一般得界定相关市

---

① U.S. DEP'T of Justice & U.S. Patent & Trademark Office, "Policy Statement on Remedies for Standards-Essential Patents Subject to Voluntaty F/RAND Commitments 3 (2013)", available at http://www.justice.gov/atr/public/guidelines/290994.pdf, at 6~7.

② T. Vann Pearce, Jr., et al, "White House Reins in ITC on Standard- Essential Patents", available at http://www.jdsupra.com/legalnews/white-house-reins-in-itc-on-standard-ess-06171/.

场。因为只有正确地界定相关市场，人们才能识别市场上的竞争者和潜在的竞争者，判定相关企业的市场份额和市场集中度，进而认定企业的市场地位及其市场行为对竞争的影响。

1. 技术标准可使单个必要专利构成独立的相关市场

就涉及标准必要专利的案件来说，由于被许可人所需求的必要专利具有唯一性和不可替代性，这种案件的相关技术市场上就只有涉案的必要专利。需要指出的是，由于技术的复杂性和多样性，一个技术标准的必要专利一般不可能为一个专利权人所拥有，也即一个技术标准往往有多个必要专利权人。鉴于一个标准的多个必要专利在功能上相互不可替代，一个企业如果要生产符合标准的技术产品，他就需要与这个标准的多个必要专利权人进行谈判，分别取得这些必要专利的使用权。这种情况下，一个标准的各个必要专利在谈判中都可能构成一个相关市场。[①] 中国法院在华为诉 IDC 一案的判决中对这个问题论述得非常明确，即对原告华为公司来说，取得 IDC 在 3G 无线通信标准的必要专利是其生产经营活动不可缺少的环节，而且由于市场上不存在 IDC 必要专利的替代品，IDC 在 3G 无线通信标准中每个必要专利的许可都可以构成一个相关市场。法院还指出，"即便一部智能手机或者一台计算机有着几百个标准，每个标准也许有着几百甚至几千个必要专利，鉴于每个标准必要专利对潜在被许可人来说都有着不可替代性，它们在具体案件中都有可能会构成一个相关市场"。[②] 国家发改委在其关于高通公司的行政处罚决定书中也指出，"无线通信技术标准作为高度复杂的技术方案，包括大量的标准必要专利。一项无线通信专利因被纳入 CDMA、WCDMA 和 LTE 技术标准而成为无线标准必要专利，该专利具有了唯一性和不可替代

---

① 在标准必要专利权人拥有多项必要专利的情况下，多项必要专利可被视为一组相关产品。在多个被许可人拥有必要专利的情况下，许可人和被许可人之间可能产生交叉许可。

② （2013）粤高法民三终字第 305 号。

性，排除了其他竞争性的专利。……因此，每一项无线标准必要专利许可均单独构成一个独立的相关产品市场"。为了进一步说明高通公司的每一项标准必要专利都可以构成一个独立的相关市场，国家发改委还考虑了"需求替代"和"供给替代"，指出"从需求替代分析，无线通信终端制造商生产特定的无线通信终端，纳入相关技术标准的每一项无线标准必要专利都不可或缺，都是必须要实施的技术专利，任何一项无线标准必要专利的缺失，都会导致无线通信终端不能完全符合相关技术标准，不能满足市场需求。从供给替代分析，每一项无线标准必要专利都具有唯一性，在被相关无线通信技术标准采纳并发布和实施后，不存在实际的或者潜在的替代性供给"。① 欧盟委员会在谷歌并购摩托罗拉移动的决定中也指出，"标准必要专利的特殊性在于，符合标准的产品必须使用这一标准下的必要专利。即标准必要专利的定义决定了每个必要专利都没有替代物，每个标准必要专利都可以构成一个单独的相关技术市场"。②

2. 标准必要专利权人可认定占市场支配地位

一旦界定了相关市场，反垄断执法机关就可以认定一个企业是否占市场支配地位。根据《反垄断法》第 17 条，市场支配地位是指"经营者在相关市场内具有能够控制商品价格、数量或者其他交易条件，或者能够阻碍、影响其他经营者进入相关市场能力的市场地位"。这说明，市场支配地位反映了一个企业与市场的关系，即拥有这种地位的企业不受竞争的制约，从而不必考虑竞争者或者交易对手就可以自由定价或者自由作出其他经营决策。国家发改委在关于高通公司的行政处罚决定书中，依据《反垄断法》第 18 条分析了高通公司在其标准必要专利许可市场占支配地位的理由：（1）高通公

---

① 国家发展和改革委员会行政处罚决定书，发改办价监处罚〔2015〕1 号。

② Case No COMP/M.6381-Google/Motorola Mobility, Commission decision of 13/02/2012, Para. 54, 61.

司在相关市场占 100% 的市场份额；（2）高通公司具有控制无线标准必要专利许可市场的能力；（3）无线通信终端制造商对高通公司的无线标准必要专利组合许可高度依赖；（4）其他经营者进入相关市场难度较大。① 这个分析是正确的。其实，由于标准化组织选择必要专利的过程排除了相关技术市场可能存在的竞争，标准必要专利成为生产企业选择不二的技术，标准必要专利权人在其必要专利许可市场自然就会占支配地位。出于理性和对反垄断法的认识，涉及标准必要专利的被告大多对执法机关关于其市场支配地位的认定没有提出异议，例如国家发改委审理的高通公司一案中，高通公司在调查过程中未提出证据证明它在无线标准必要专利许可市场不具有市场支配地位。②

然而，也有标准必要专利权人拒绝承认自己占市场支配地位。例如在华为诉 IDC 一案中，尽管 IDC 在 2G、3G 以及 4G 的主流标准中拥有大量的必要专利，但是因为这些必要专利数量上远不及这些标准中全部必要专利数量的一半，因此它依据《反垄断法》第19条③，提出自己不占市场支配地位。④ IDC 还提出，作为标准必要专利权人，它行使专利权必然会受到整个无线通信市场以及这个行业技术发展的影响，因此它不占市场支配地位，不具有排除限制竞争的能力。⑤ IDC 的观点明显是错误的，因为华为公司对 IDC 的需求不是而且也不可能是 WCDMA、CDMA2000 等 3G 标准的全部必要专利，而仅是 IDC 在这些标准中所拥有的必要专利。正如法院判决指出的，"本案 IDC 拥有全球（包括中国和美国）3G 通信领域 WCDMA、CDMA2000、

---

① 国家发展和改革委员会行政处罚决定书，发改办价监处罚〔2015〕1号。
② 国家发展和改革委员会行政处罚决定书，发改办价监处罚〔2015〕1号。
③ 《反垄断法》第19条，"一个经营者在相关市场的市场份额达到二分之一的"，可以推定该经营者具有市场支配地位。
④ （2011）深中法知民初字第 858 号。
⑤ （2011）深中法知民初字第 858 号。

TD-SCDMA 标准中的必要专利，基于 3G 标准中每一个必要专利的唯一性和不可替代性，IDC 在 3G 标准中的每一个必要专利许可市场拥有完全的份额，IDC 在相关市场内具有阻碍或影响其他经营者进入相关市场的能力"。[①]欧盟委员会在三星公司一案的决定中也表达了相同的观点，即"标准必要专利权人尽管并不必然享有支配地位，但在 UMTS 事实上成为欧洲经济区 3G标准的情况下，由于这个标准在欧洲经济区得到了广泛应用，由于手机生产商必须得采用这个标准，这种情况下，考虑到三星公司在 UMTS 标准必要专利许可市场占百分之百的份额，可以认定三星公司在其必要专利许可市场占支配地位"。[②]

其实，法院认定 IDC 在其必要专利许可市场占支配地位时还考虑到一个特殊情况，即 IDC 是一个技术公司，它不使用自己的专利技术生产无线终端产品。一般来说，技术产品的生产商在其生产的专利产品上多少都有一些专利技术。为了减少专利纠纷和诉讼，降低成本，这些生产商之间通常会达成专利交叉许可或者专利池。因为 IDC 仅是以专利许可作为经营模式，自己不从事产品生产活动，它的专利许可就可以不受无线通信设备生产商的制约。这就是说，在 3G 标准必要专利许可的下游市场从事无线通信设备生产的企业都得依赖 IDC 的单方许可，这从而就会加强 IDC 在其必要专利许可市场的支配地位。IDC 自己也承认，"世界上每一个蜂窝无线通信设备都运用了本公司的技术"[③]，这也进一步说明，IDC 在其必要专利许可市场占支配地位。

---

① （2013）粤高法民三终字第 306 号。

② EU Commission, Case At. 39939-Samsung Enforcement of UMTS Standard Essential Patents, 29/04/2014, Para. 45,46.

③ （2013）粤高法民三终字第 305 号。

四　标准必要专利权人承诺以 FRAND 条件实施许可

1. FRAND 许可是标准化组织与必要专利权人之间的协议

专利作为一种合法的专有权，其权利人一般享有两个基本的权利：一是权利人有权阻止任何第三方取得或者使用其专利；二是它有权自主地设置许可条件，特别是作为研发和创新的回报，它有权自主地确定其专利许可费。如中国《专利法》第 11 条规定，"发明和实用新型专利权被授予后，除本法另有规定的以外，任何单位或者个人未经专利权人许可，都不得实施其专利，即不得为生产经营目的制造、使用、许诺销售、销售、进口其专利产品，或者使用其专利方法以及使用、许诺销售、销售、进口依照该专利方法直接获得的产品"。《专利法》第 12 条规定，"任何单位或者个人实施他人专利的，应当与专利权人订立实施许可合同，向专利权人支付专利使用费"。TRIPS 协议作为世界贸易组织的重要文件，对此也有相关规定。[①]

然而，在标准必要专利的情况下，如果标准得到了广泛应用，例如成为行业标准甚至国际技术标准，这些专利便会产生一种"锁定效应"，即由于与该专利相竞争的技术在标准覆盖的范围内被排除，相关产品的生产必须得使用被纳入标准的必要专利，标准必要专利权人的身价就会大涨。在这种情况下，如果必要专利权人可以随意选择被许可人，随意对某些被许可人实施不利的许可条件，或者随意索取过高的专利许可费，其后果不仅会严重影响交易对手的经营活动，而且还严重限制甚至大幅度减少技术标准的商业利用，最终导致消费者不能在市场获得技术标准化的产品，这就会严重背离技术标准化的目的和初衷。为了防止必要专利权人滥用市场势力，标准化组织一般会在必要专利纳入标准之前，要求权利人承诺以公平、合理和无歧视的条件将其必要

---

① 见 TRIPS 协议第 28 条。

专利许可给所有制造、使用或者销售相关产品的人，这种承诺被称为 FRAND 承诺或 RAND 承诺。[①] 例如，欧洲电信标准协会 2008 年发布的知识产权政策规定，"一个与特定标准相关的必要知识产权纳入标准的时候，欧洲电信标准协会总干事会立即要求权利人在三个月内以书面方式作出一个不可撤销的承诺，即对其取得的知识产权要以公平、合理和无歧视的条件实施许可"。[②]

　　FRAND 承诺可被视为标准化组织与标准必要专利权人之间的一个合同。对标准化组织来说，它要求必要专利权人作出 FRAND 承诺一方面是自己的社会责任，因为它不应当容忍标准必要专利权人因其身价大涨而索取过高的许可费；另一方面，这也是权衡标准化组织内部各种成员利益的结果。鉴于任何一个专利权人都不可能拥有一个标准的全部专利，标准化组织的成员肯定是既有标准必要专利的许可人，又有标准必要专利的被许可人，而且它还不断地接受组织外部的企业成为新的成员。这种情况下，标准化组织的知识产权政策势必得同时反映许可人和被许可人两个方面的利益，即一方面 FRAND 承诺应保证必要专利权人就其知识产权能够得到一个公平合理的许可费，目的是维护专利权人的创新活动和积极参与技术标准化的动力[③]；另一方面，FRAND 承诺要求必要专利权人履行以公平、合理和无歧视条件实施许可的义务，阻止其向被许可人索取过高的专利许可费，劫持被许可人。

---

①　"Antitrust Enforcement and Intellectual Property Rights: Promoting Innovation and Competition", Issued by the U.S. Department of Justice and the Federal Trade Commission, April 2007, available at http://www.ftc.gov/sites/default/files/documents/reports/antitrust-enforcement-and-intellectual-property-rights-promoting-innovation-and-competition-report.s.department-justice-and-federal-trade-commission/p040101promotinginnovationand competitionrpt0704.pdf.

②　See ETSI Intellectual Property Rights Policy, §6.1, pp. 34 - 35, available at http://www.etsi. org/WebSite/document/Legal/ETSI_IPR-Policy.pdf.

③　Rajendra K. Bera, "Standard-Essential Patents (SEPs) and 'Fair, reasonable and Non-discriminatory' (FRAND) Licensing", available at http://papers.ssrn.com/sol3/papers. cfm?abstract_id=2557390.

对于标准必要专利权人来说，他们之所以同意作出这样的承诺，至少存在以下两方面的原因：第一，因为专利技术之间存在激烈的竞争，如果不能被接受成为标准必要专利，他们的专利技术在技术标准化后可能大大降低价值，甚至完全失去价值，这即是说，市场竞争迫使这些专利权人不得不限制其自主权；第二，接受承诺是其专利技术成为标准必要专利的前提条件，而标准必要专利可以给专利权人带来巨大的好处。对生产企业来说，这有助于扩大产品的销售机会；对技术公司来说，这有助于增加专利许可的机会，这些都有利于必要专利权人开拓其产品和技术市场，从而可以在其专有权的有效期间获取更多的经济收益。

但是，FRAND 承诺对于标准必要专利权人来说毕竟是一种很大的约束，即它们不能随心所欲地对潜在被许可人索取过高的许可费，不得无正当理由拒绝向他人许可，也不得在许可中实施不合理的差别待遇或者附加不合理的交易条件。这即是说，FRAND 承诺要求必要专利权人不得滥用因其专利技术被纳入标准而产生的市场势力，即不得凭借这个市场势力获取不正当的经济利益。这正如欧盟竞争总局局长 Alexander Italianer 指出的：“标准必要专利可以产生市场势力，专利权人在标准化协议中作出 FRAND 承诺就非常重要，它阻止知识产权权利人在一个行业被锁定于标准之后，通过拒绝专利许可、索取过高的许可费或者索取歧视性的许可费，而使标准难以得到实施。”[①] 美国第七巡回法院波斯纳法官也说过，“FRAND 承诺的目的是将必要专利许可费限制在专利本身的价值范围，这个价值有别于专利成为标准必要专利后产生的额外价值，即劫持了的价值”。[②]

---

① See Alexander Italianer, "Innovation and Competition", 21 Sep. 2012, at 6 available at http://ec.europa.eu/competition/speeches/text/sp2012_05_en.pdf.

② Apple, Inc. v. Motorola, Inc., 869 F. Supp. 2d 901, 913 (N.D. Il . 22 June 2012), appeal pending, Nos. 2012-1548, 2012-1549 (Fed. Cir.).

2. FRAND 许可在中国的实践

鉴于标准必要专利与一般专利相比的特殊性，2008 年 7 月 8 日中国最高人民法院在其《关于朝阳兴诺公司按照建设部颁发的行业标准〈复合载体夯扩桩设计规程〉设计、施工而实施标准中专利的行业是否构成侵犯专利权问题的函》中，也指出了标准必要专利权人依据专利法享有的专有权应当受到限制。它指出，"鉴于目前中国标准制定机关尚未建立有关标准中专利信息的公开披露及使用制度的实际情况，专利权人参与了标准的制定或者经其同意，将专利纳入国家、行业或者地方标准的，视为专利权人许可他人在实施标准的同时实施该专利，他人有关实施行为不属于专利法第 11 条所规定的侵犯专利权的行为。专利权人可以要求实施人支付一定的使用费，但其数额应明显低于正常许可使用费"。[①] 最高人民法院的这个意见虽然就标准必要专利来说还有很多没有解决的问题，它提出的"标准必要专利权人要求实施人支付的使用费应当明显低于正常许可使用费"的观点也受到不少人的质疑，但这个意见毕竟提出了最高人民法院解决必要专利侵权案件的一般原则，即标准必要专利权人不得凭借其专利被纳入标准而收取过高的许可费。

在华为诉 IDC 一案中，深圳市中院和广东省高院也是依据 FRAND 原则，确定了 IDC 应当向华为公司索取的标准必要专利的许可费。法院重点分析了 FRAND 许可费中的"无歧视"原则，即 IDC 作为必要专利权人，对条件相同的交易对手应当收取基本相同的许可费或者许可费率。判决指出，"如果标准必要专利权人给予某一被许可人比较低的许可费率，而给予另一被许可人比较高的许可费率，后者通过对比就有理由认为其受到了歧视待遇，标准必要专利权人从而也就违反了无歧视许可的承诺"。[②] 法院在该案中还比较了 IDC 与 RIM、LG、英特尔、北京新岸线移动、HTC 等很多企业

---

① 见 http://www.iprlawyers.com/ipr_Html/08_03/2009-2/25/20090225101357490.html。
② （2013）粤高法民三终字第 305 号。

的交易情况，主要比较了 IDC 授权苹果公司和三星公司的许可费。① 鉴于 IDC 授权苹果公司和授权三星公司的许可费率也存在巨大差别，特别是考虑到 IDC 授权三星公司的许可费率是在法律诉讼的背景下达成的，授权苹果公司的许可费率是在双方平等、自愿和协商的条件下达成的，法院重点比较了 IDC 与苹果公司之间的专利许可费。② 据悉，2007 年至 2014 年的 7 年间，IDC 对苹果公司的全球授权仅收取 5600 万美元的许可费，考虑到苹果公司在这 7 年的销售收入至少为 3000 亿美元，法院推算出 IDC 许可苹果公司的专利许可费率约为 0.0187%。③ 与此相比，IDC 在 2012 年向华为公司提出的许可条件是，2009 年至 2016 年 7 年间凡涉及 2G、3G 和 4G 的技术产品均按其销售额提成 2% 的许可费率。④ 考虑到一般工业品的利润率约为 3%，如果华为公司接受 IDC 提出的许可条件，单就 IDC 的许可费就几乎掏空了华为公司的全部利润，法院认定 IDC 向华为公司提出的许可费率太不公平。于是，通过比较 IDC 向苹果公司收取的许可费率，法院判定它向华为公司收取的许可费率不应超过 0.019%。⑤

3. FRAND 许可也是一个反垄断问题

上述分析说明，尽管 FRAND 承诺是标准化组织与标准必要专利权人之间的一个协议，但其本质是出于标准必要专利与一般专利相比的特殊性。即随着必要专利权人在其专利许可市场占支配地位，它有可能会滥用其市场支配地位，从而就成为市场竞争中各种相关机构所关注的对象。这个逻辑与反垄断法规制占市场支配地位的企业一样，即因为这种企业仅在有限程度上

---

① （2013）粤高法民三终字第 305 号。

② （2013）粤高法民三终字第 305 号。

③ （2013）粤高法民三终字第 305 号。

④ 张玲、温锦资：《深圳发布〈知识产权保护状况白皮书〉华为诉 IDC 案成经典》，http://news.eastday.com/eastday/13news/auto/news/china/u7ai1314419_K4.html。

⑤ 台湾科技产业资讯室：《中国广东高院判决华为与 IDC 标准必要专利金 0.019%》，http://iknow.stpi.narl.org.tw/Post/Read.aspx?PostID=9585。

受到竞争的制约，甚至完全不受竞争的制约，从而有可能实施在有效竞争市场条件下不可能实施的行为，例如收取过高的专利许可费，拒绝交易，搭售或者附加其他不合理的交易条件，或者对条件相同的交易对手在交易价格上实行差别待遇等等。[①] 这也即是说，FRAND 承诺本质上就是要求标准必要专利权人放弃在一般情况下可以享有的特权。如果它不能履行承诺，其后果是得依据反垄断法被诉诸法院或者相关的行政执法机关。

　　国内外有人对此持有不同的观点，即认为 FRAND 许可费是一个合同法的问题。FRAND 承诺的确是标准必要专利权人与标准化组织之间的协议，而且不可否认，国际上的确有依据合同法判定 FRAND 许可费的案件，如美国西雅图华盛顿地区法院 2013 年 4 月判决的微软诉摩托罗拉案。[②] 主审法官 Robart 指出，法院确定 RAND 许可费的目的是确定摩托罗拉是否违反其向标准化组织所作的 RAND 承诺，因此这是一个合同法案件。[③] 然而，我们认为，如果把确定标准必要专利 FRAND 或 RAND 许可费视为一个合同法案件，这在理论上存在很多令人困惑之处。第一，尽管标准化组织要求必要专利权人承诺以 FRAND 条件许可其必要专利，但是这个协议没有规定必要专利权人不履行其 FRAND 承诺时，标准化组织应当采取的法律措施。第二，标准化组织尽管要求必要专利权人按照 RAND 条件实施许可，但是协议中没有规定何谓 RAND 许可费。实际上，标准化组织根本不可能就某个标准必要专利确定一个公平合理的许可费，因为它既不可能对一个技术产品中也许包含几百个标准和每个标准也许包含几千项专利进行质量评估，也不

---

① 　比较《反垄断法》第 17 条。

② 　Microsoft Corp. v. Motorola, Inc., No. C10-1823JLR, 2013 WL 2111217(W.D. Wash. Apr. 25, 2013).

③ 　Microsoft, 2013 WL 4053225, at ★3 (stating that the court determined "a RAND rate and range to assist the finder-of-fact in determining whether or not Motorola had breached its RAND commitments").

可能在这成千上万个必要专利之间合理地分配许可费。这即是说，即便必要专利权人向标准化组织做出了 FRAND 承诺，这个承诺也是理论上的，实践中缺乏可操作性。[①] 第三，就必要专利权人和潜在被许可人之间的关系来说，尽管前者向标准化组织做出的 RAND 承诺应当惠及后者，但从大陆法系的观点看，如果它们之间没有通过谈判就专利许可费达成一个协议，双方就不存在一个关于许可费的合同。[②] 例如，在德国法院审理的摩托罗拉诉微软一案中，当摩托罗拉因不满美国法院所作出的对微软公司有利的判决从而到德国法院请求向微软公司发布侵权禁令时，德国法院并不认为争议双方就摩托罗拉的标准必要专利许可费存在着一个协议。[③] 在华为诉中兴一案中，欧洲法院和审理该案的德国法院也一致认为，双方当事人之间没有就 FRAND 许可费达成任何协议。[④]

需要指出的是，确定 FRAND 许可费尽管不应被视为一个合同法的案件，但这并不意味着这种案件与民法没有关系。恰恰相反，民事活动应遵循的"公平交易"和"诚实信用"等基本原则同样应当适用于标准必要专利的许可交易以及反垄断领域的其他案件。例如，《反垄断法》第 17 条禁止具有市场支配地位的经营者从事滥用市场支配地位的行为，这些滥用行为无不以"不公平"或者"没有正当理由"为前提条件。其实，反垄断法就是一部

---

① 在美国西雅图华盛顿地区法院审理的微软诉摩托罗拉一案，法院要求陪审团就摩托罗拉在 H. 264 标准和 802.11 标准的必要专利确定合理的许可费率，这说明必要专利权人和标准化组织之间的 FRAND 承诺作为合同是不明确的。See Order Granting Microsoft's Motion Dismissed Motorola's Claim for Injunctive Relief, Nov.29 2012, pp.7-8, available at http://www.wired.com/images_blogs/gadgetlab/2012/12/microsoft_v_motorola.pdf.

② 如中国《民法通则》第 85 条规定，"合同是当事人之间设立、变更、终止民事关系的协议"。

③ See Microsoft Corp. v. Motorola Inc., https://en.wikipedia.org/wiki/Microsoft_Corp._v._Motorola_Inc.

④ See Judgment of the Court (Fifth Chamber),16 July 2015, at 43★., available at http://curia.europa.eu/juris/document/document_print.jsf?doclang=EN&docid=165911.

公平交易法，很多反垄断行政机构甚至被称为"公平交易委员会"[①]。这说明，反垄断法和民法有着非常密切的关系，因为它们都是倡导和推动公平与正义。然而，尽管如此，违反 FRAND 承诺被视为违反反垄断法要比被视为违反合同法更恰当，因为作出这种承诺的专利权人毕竟在相关技术市场没有竞争对手，即相关市场消灭了竞争。在这种情况下，必要专利权人对被许可人实施的专利劫持无论理论上还是实际做法，与一般垄断者的排他行为是一样的，即这样的案件应当适用反垄断法。[②] 2015 年 8 月，微软公司在特拉华州联邦地方法院对 IDC 提起反托拉斯诉讼，理由是 IDC 对其 3G 和 4G 标准必要专利许可存在滥用行为，违反了《谢尔曼法》第 2 条。[③] IDC 向该法院提出了驳回微软公司这个诉讼的请求，理由是微软公司无权就标准必要专利许可提起反托拉斯诉讼。2016 年 4 月 13 日，特拉华州联邦地方法院 Andrews 法官驳回了 IDC 的请求，理由是这个案件可以作为反托拉斯案件进行审理。[④] 这个案件说明，美国法院并不一概认为涉及标准必要专利的案件不能适用反托拉斯法。

五 标准必要专利权人不得滥用禁令请求权

1. 禁令请求可能存在"专利劫持"动机

由于标准必要专利权人的侵权之诉或禁令之诉可能是出于"专利劫持"

---

① 如日本和韩国的公平交易委员会。

② See William H. Page, "Judging Monopolistic Pricing: F/RAND and Antitrust Injury", 22 *Tex. Intell. Prop. L.J.* 181 (2014), p. 133, available at http://scholarship.law.ufl.edu/facultypub/588.

③ Microsoft files antitrust suit against InterDigital in patent feud | Reuters，http://www.reuters.com/article/us-microsoft-interdigital-us-idUSKCN0QP2CU20150820.

④ Judge Andrews permits Microsoft's SEP-based antitrust claims against InterDigital to proceed (Microsoft v. InterDigital) | Essential Patent Blog, http://www.essentialpatentblog.com/2016/04/judge-andrews-permits-microsofts-sep-based-antitrust-claims-interdigital-proceed-microsoft-v-interdigital/.

的动机，有些市场竞争监管机构已经明确提出，涉及标准必要专利的案件必须考虑社会公共利益，因此要限制标准必要专利权人的侵权之诉或禁令之诉。例如在本文前面指出过的，美国司法部和专利商标局 2013 年 1 月共同发布的《基于 FRAND 承诺救济标准必要专利的政策声明》指出，"美国国际贸易委员会对作过 FRAND 承诺的标准必要专利权人的排他性救济可能引发专利劫持，产生竞争损害，这样的救济与法定的社会公共利益不协调"。①在华为诉 IDC 一案中，中国法院的判决指出，"IDC 不履行其公平、合理和无歧视的授权许可义务，无视华为公司在许可谈判过程中的诚意和善意，不仅不合理调整相关报价，反而在美国提起必要专利禁令之诉，表面上是在行使合法诉讼手段，实际上却意图通过诉讼手段威胁强迫华为公司接受过高的专利许可条件，逼迫华为公司就必要专利之外因素支付相应对价，故该行为不具有正当性，应予否定"。② 这说明，中国法院不仅认定 IDC 的禁令之诉违反了诚信原则，而且是在滥用市场支配地位，违反了中国反垄断法。

根据传统民法，财产权包括知识产权如果受到不法侵害，权利人有权到法院请求停止侵害或者要求损害赔偿。正是由于权利人有权请求停止侵害，各种财产权保护的客体才具有排他性。然而，由于知识产权是无形资产，这个领域"停止侵害"的请求权不会像一般财产权那样限于一个有限的范围，这种情况下，如果法律上不对知识产权所有权人"停止侵害"的权利设立限制，知识产权保护的范围就可能不合理地被扩大，投机者有可能会利用其知识产权谋取不正当的经济利益，或者不合理地排除和限制竞争，遏制创新。这特别表现在一些与技术标准化密切相关的产业中，如无线通信、半导体以

---

① U.S. DEP'T of Justice & U.S. Patent & Trademark Office, "Policy Statement on Remedies for Standards-Essential Patents Subject to Voluntary F/RAND Commitments 3 (2013)", available at http://www.justice.gov/atr/public/guidelines/290994.pdf, at 6-7.

② （2013）粤高法民三终字第 306 号。

及软件业，因为这些行业容易产生专利劫持，即必要专利权人一方面为了使自己的技术被纳入标准而向标准化组织承诺以 FRAND 条件许可其必要专利，另一方面在其专利技术成为标准必要专利后却拒绝向其他企业实施许可，或者向被许可人索取过高的许可费，甚至出现故意通过法律诉讼以获取高额许可费的"专利流氓"①。这种情况下，如果法律上一味坚持先获得许可然后实施专利的传统模式，即把禁令请求权或停止侵权的请求权视为标准必要专利权人的绝对权利，投机的专利权人为牟取不合理的高额许可费，就会请求法院对善意的潜在被许可人发布禁令或者请求损害赔偿，禁令请求权就会成为必要专利权人强迫潜在被许可人接受其不合理许可费的方式和手段。另一方面，这种情况下的潜在被许可人一般也会认为，与耗费巨大财力的侵权诉讼相比，支付不合理的高价许可费是一个经济上划得来的方法，禁令请求或者停止侵权请求从而就会成为一个扭曲许可谈判的手段，其结果就是必要专利权人不合理地抬高了专利许可费。欧盟委员会在其一个涉及标准必要专利的决定中指出，必要专利权人寻求禁令的行为可能导致两种后果，一是在技术标准化的产业中排除竞争对手，二是迫使被许可人接受不利的即在没有禁令时不可能同意的苛刻条件。②

2. 禁令请求与 FRAND 承诺可能存在冲突

必要专利权人不受限制的禁令请求权不仅可能导致许可人和被许可人双方的地位和利益严重失衡，而且理论上与必要专利权人的 FRAND 承诺也自相矛盾。尽管必要专利权人的 FRAND 承诺不等于本人的专利许可一定是依据 FRAND 条件，也不等于他提出的所谓 FRAND 条件一定会得到被许可

① 孙远钊：《专利诉讼"蟑螂"为患？——美国应对"专利蟑螂"的研究分析与动向》，《法治研究》2014 年第 1 期。

② EU Commission, Case At. 39939-Samsung Enforcement of UMTS Standard Essential Patents, 29/04/2014, Para. 62.

人的认可，但这个承诺至少可以使必要专利权人在道义上承担责任，即其必要专利的许可应符合公平、合理和无歧视的原则。然而，如果必要专利权人的禁令请求权成为绝对的权利，那就意味着不管其许可条件是否公平、合理和无歧视，被许可人都必须予以接受，否则就会出现专利侵权和被提起禁令之诉的问题，其结果必然是 FRAND 承诺流于形式，法院可以不考虑专利权人是否履行 FRAND 承诺而判令潜在被许可人停止使用被控侵权的必要专利，被控侵权人从而不得不接受高额许可费，或者被迫退出市场。

3. 中国法院的实践

中国目前没有法院判决可以说明标准必要专利权人提出禁令请求的前提条件，或者说明侵权人或者潜在被许可人对禁令之诉提起抗辩的前提条件。但是，最高人民法院在其 2016 年发布的《关于审理侵犯专利权纠纷案件应用法律若干问题的解释（二）》提出了一些观点。这个解释的第 24 条指出，"推荐性国家、行业或者地方标准明示所涉必要专利的信息，专利权人、被诉侵权人协商该专利的实施许可条件时，专利权人故意违反其在标准制定中承诺的公平、合理、无歧视的许可义务，导致无法达成专利实施许可合同，且被诉侵权人在协商中无明显过错的，对于权利人请求停止标准实施行为的主张，人民法院一般不予支持"。但是，这个条款存在很多不确定的因素，例如专利权人的"故意违反"和被诉请求人的"无明显过错"，这些明显需要透明度比较高的进一步解释。

另一方面需要指出的是，在华为诉 IDC 一案中，法院认定 IDC 寻求禁令的行为是滥用市场支配地位时，还强调了华为公司与 IDC 谈判的诚意和善意，即华为公司期待 IDC 能够按其 FRAND 承诺提出公平、合理和无歧视的许可条件。这说明，法院并不认为标准必要专利权人没有权利寻求禁令救济。其实，标准必要专利因为具有私权的性质，其权利人与一般专利权人一样，很多情况下可以寻求法律救济。例如，当被许可人处于破产境地，无力支付其应当支付的许可费；或者被许可人不受法院管辖，以致金钱救济不能得到执行；或者被许可人不能就其使用的专利提供一个公平合理的补偿，或者根本不愿意支付补偿；等等。[①] 这即是说，如果必要专利权人没有禁令请求权或者停止侵权的请求权，被许可人或者潜在被许可人也会基于投机的心理，损害必要专利权人的正当权益。例如，使用了专利却拒绝支付许可费，或者想方设法拖延与专利权人的许可费谈判，这些情况被称为"反向专利劫持"[②]。反向专利劫持不仅导致权利人就其创新和发明不能得到合理的回报，而且还会扼杀他们参与技术标准化活动的积极性，这对产业发展和消费者的社会福利是一种长期和严重的损害。这由此就产生了一个问题，即必要专利权人在什么条件下可以到法院请求禁令或者停止侵权。或者换言之，可以对必要专利权人的禁令请求提出抗辩的潜在被许可人应当处于什么样的"善意"状态？考虑到高科技行业出现了越来越多的涉及标准必要专利的争议，这是中国立法和实践中迫切需要解决的一个问题。

六　启迪和思考

标准必要专利权人虽然原则上可以与一般专利权人一样参与经济交往，依据合同自由原则订立合同，但是如果他们凭借其市场势力滥用交易自由或者合同自由，其滥用行为得被予以禁止。道理很简单：私法自由的前提条件是市场上有竞争。一些限制竞争行为在竞争性市场条件下是合法的，在垄断或者存在市场支配地位的条件下却失去其合法性。本文关于标准必要专利的分析说明，当知识产权和竞争法出现冲突的时候，竞争法往往有着优先适用

---

① EU Commission, Case At. 39939-Samsung Enforcement of UMTS Standard Essential Patents, 29/04/2014, Para. 67.

② Intellectual Property and Standard Setting—— Note by the United States——17-18 December 2014, available at http://www.oecd.org/officialdocuments/publicdisplaydocumentpdf/?cote=DAF/COMP/WD (2014)116&docLanguage=En, at 17.

的地位。因此，标准必要专利权人应当认识到，不当行使其专利权的行为可能遭致反垄断执法机关的调查或者反垄断私人诉讼，即行使专利权得考虑反垄断法。

由此我也想到中国《反垄断法》第55条的规定："经营者依照有关知识产权的法律、行政法规规定行使知识产权的行为，不适用本法；但是，经营者滥用知识产权，排除、限制竞争的行为，适用本法。"这里的问题是，知识产权权利人的滥用行为一定会违反知识产权法吗？以华为诉IDC一案为例，IDC要求华为公司支付高额许可费以及在华为公司未支付许可费而使用专利的情况下到法院请求禁令之行为，依据专利法并不违法①，但这些行为依据反垄断法则是滥用市场支配地位。这说明，《反垄断法》的上述规定在适用时存在问题。中国法院审理的华为诉IDC案和国家发展和改革委员会审理的高通公司案都提出了这个问题，因此，中国法学界有必要就《反垄断法》第55条关于知识产权的豁免展开讨论。

---

① 比较中国《专利法》第11条和第12条。

市场界定在反垄断并购审查中的地位和作用 *

内容提要 为了判断一个企业并购是否损害市场竞争，反垄断执法机关一般都需要界定相关市场。因为市场界定可以说明市场竞争的范围，说明企业的市场份额和市场集中度，说明市场进入障碍和潜在的竞争，并由此提供一个智慧和系统的分析工具，帮助执法机构收集和评估竞争影响的各种证据，界定相关市场不仅是并购竞争分析的第一步，而且是关键性的步骤。市场界定作为并购竞争分析的基本方法，它不否认各种经济学方法的作用和功能，特别是 UPP 测试和并购模拟在这方面都有重要的应用价值。但是，不管这些经济学方法多么重要，它们的应用都只是并购竞争分析中的证据，而不能替代并购竞争分析中的相关市场界定。

在反垄断执法中，为了判断企业并购是否损害市场竞争，或者一个协议是否违法或者是否存在滥用市场支配地位的行为，执法机关一般都需要界定相关市场。然而，美国司法部和联邦贸易委员会 2010 年修订的《横向并购指南》指出，"执法部门的分析不需要从市场界定开始。尽管评估客户可获得的竞争性替代品在分析中的某个时刻总是必要的，但执法部门使用一些评估

---

* 本文发表在《中外法学》2018 年第 5 期。本文写作中得到了湖南大学郑鹏程教授和香港岭南大学林平教授的帮助，特此鸣谢。

竞争效果的分析工具并不依赖市场界定"。[①] 这个说法似乎很大程度上降低了相关市场界定在反垄断执法中的地位和作用。本文从经营者集中的角度，讨论相关市场界定在反垄断审查中的重要性。本文的观点是，即便执法机关可以灵活地运用多种方法分析企业并购的竞争影响，但是相关市场界定是一个基础性和不可取代的重要工具。

一 企业并购与市场竞争

在市场上，企业并购或者经营者集中的事件经常发生。[②] 这不仅是因为企业通过这种方式可以除掉竞争对手，更重要的是可以提高自身的市场竞争力。这即是说，企业并购的主要原因是大小企业不同程度的内部增长可以使大企业在成本方面较小企业占更大的优势。从经济政策的角度看，规模经济和范围经济对社会都是有利的，因为这不仅节约了个别企业的成本，提高了它们的经济效益，而且也节约了社会成本，提高了社会的经济效益。

然而另一方面，由于企业并购可以推动经济集中，甚至导致个别企业垄断市场的局面，或者形成寡头垄断的市场结构，规模优势除了可为整体经济带来成本优势外，可能还存在着与整体经济不协调的劣势。因此，世界各国反垄断法一般都有控制经营者集中或者控制企业并购的规定。

依照参与并购企业在经济上的相互关系，企业并购可分为横向并购和非横向并购。横向并购是指生产相同或者相似产品的经营者并购成为一个竞争实体。横向并购的最大好处是有利于实现规模经济，降低单位产品的成本。但另一方面，横向并购对竞争的影响比较大，因为这种并购可以直接减

[①] Horizontal Merger Guidelines by Department of Justice and Federal Trade Commission on August 19, 2010, Section 4.

[②] 本文所称的"企业并购控制"和"经营者集中控制"在反垄断法中是一致的，英文一般称 Merger Control 或者 Merger Regulation。

少甚至消灭市场上的竞争者。当市场上竞争者数目过少，以致市场集中度过高的时候，市场有效竞争会受到威胁。因此，各国反垄断法一般对企业横向并购实施比较严格的控制。美国司法部和联邦贸易委员会 2010 年的《横向并购指南》指出，"本指南统一的思想是，并购不得产生、加强或者维护市场势力，或者推动行使市场势力"。"如果一项并购可能导致一个或者多个企业提高价格、降低产量、减少创新，或者因为减少了竞争约束或使消费者受到损害，这个并购就会加强市场势力。"这个指南尤其关注企业并购可能导致企业利益最大化的行为：如果并购因消除并购当事人之间的竞争而产生或加强市场势力，这种并购的反竞争效应被称为"单边效应"；如果并购因可能提高竞争者之间的协调、共谋以及相互依赖而产生或者加强市场势力，这种并购的反竞争效应可被称为"协同效应"。[①]

非横向并购包括纵向并购和混合并购。反垄断法比较关注纵向并购，即同一产品处于不同生产阶段的企业间的并购，典型表现的是工商联手。纵向并购的好处也很明显，即一方面可使供应方获得稳定的销售渠道，另一方面可使购买方获得稳定的原材料、半成品或者产品的来源，这些均有利于节约交易成本，提高企业的生产效率。然而，如果一个纵向并购覆盖的市场范围过大，从维护竞争性的市场结构看，这可能对市场竞争产生以下方面的不利影响：第一，未参与并购的企业因为不能进入因纵向并购而被关闭了的市场，从而参与交易的机会会减少；[②] 第二，潜在的市场进入者不仅得考虑其竞争者的经济实力，还得考虑与其竞争者联手的上下游企业的经济实力，这就会增加进入市场的障碍；第三，因为并购企业之间的原材料采购或者产品销售

---

① See Horizontal Merger Guidelines, supra note 1, Section 1.

② 如美国联邦最高法院 1962 年的布朗鞋一案判决指出，该并购不仅导致参与并购的企业因改善原材料和半成品的采购或者改善产品的销售渠道，它们与其竞争者相比获得不公平的竞争优势，而且由此还会推动其他企业间新的纵向并购。因此，法院对这个并购发布了禁令。See Brown Shoe Co. v. United States, 370 U.S. 294, 326 (1962).

的价格与未参与并购企业间的交易价格绝不相同，这事实上会产生歧视性的价格条件。但是，即便纵向并购对市场竞争有一定影响，由于这种并购不像横向并购那样会立即消灭竞争者，各国反垄断法对纵向并购的控制一般不像对横向并购那么严格。

以上关于企业并购的竞争分析说明，鉴于企业并购可能产生市场势力或者提高企业行使市场势力的可能性，反垄断法作为反对垄断和保护竞争的法律制度，就有必要将控制企业并购作为它的核心内容之一，目的是识别、预防以及救济那些具反竞争后果的并购。企业并购审查需要"识别"具有反竞争后果的并购，是因为大多数企业并购并不损害竞争。这即是说，企业并购审查赋予执法机关的权限和能力是，将那些不具反竞争后果的并购与问题较大从而需要认真分析和审查的并购区别开来。根据国际竞争网络的推荐意见，执法机关不应当干预限制竞争后果微不足道或者产生的限制竞争影响转瞬即逝的并购，而只是应当干预那些可能产生严重限制竞争的并购，而且这里的干预、禁止或者救济严重限制竞争的并购不是要进一步提高并购前的市场竞争水平，而仅是维护可能受到并购反竞争影响的市场竞争。① 为了使执法资源能够高效率地用于可能严重损害市场竞争的企业并购，反垄断执法机关应当就企业并购控制提出一个有效的分析框架。根据国际竞争网络的推荐意见，反垄断的并购控制应适用于可能会产生竞争损害的所有并购交易，即便特殊部门或者特殊行业有着例外或者豁免的规定，它们的适用范围应当很小，而且应当有着明确的限制。特别重要的是，并购控制的实体法应当建立在合理经济分析的基础上。为了分析并购是否可能严重损害竞争，执法机关不仅应当有一个法律程序，而且应当有一个适当和透明的证据标准。执法机关应根据案件的具体情况进行合理和灵活的竞争分析，竞争分析的核心内

---

① ICN Merger Working Group, " ICN Recommended Practices for Merger Analysis", p.2, available at http://www.internationalcompetitionnetwork.org/uploads/library/doc316.pdf .

容应当是比较相关市场在并购前后的竞争状况，评估并购前后的市场竞争条件，目的是防止并购后产生的反竞争问题。国际竞争网络的推荐意见还指出，执法机关应将并购审查考虑的各种因素系统化和条理化，目的是帮助涉案当事人更好地理解执法机关的审查结论，提高执法透明度，提高法律稳定性以及当事人对其并购交易法律后果的可预期性。[①]

二 并购竞争分析中的相关市场界定

前面指出，执法机关就并购交易进行竞争分析的核心问题是比较相关市场竞争条件在并购前后的变化，即评估并购是否产生或者加强市场势力，或者相关市场上是否可能出现价格上涨或者其他形式的反竞争问题。现在尽管有人提出可通过直接证据分析并购是否出现反竞争问题，但是根据世界各国反垄断司法辖区的执法实践，界定相关市场仍然是并购竞争分析的起点和关键步骤。

（一）美国反托拉斯执法

尽管美国 2010 年的《横向并购指南》指出"执法部门的分析不需要从市场界定开始"[②]，即提高了对直接证据以及其他分析工具的关注度，但这个指南仍然强调了界定市场在并购审查中的重要作用。这表现在以下两个方面。第一，《横向并购指南》指出，执法机关考察横向并购的潜在竞争关系时，相关市场界定起着两个作用：一是有助于识别产生竞争关注的商业领域和地域范围，因此执法机关在并购审查中一般都会界定一个或几个可能实质性减少竞争的相关市场；二是有助于执法机关识别市场参与者，并由此测度它们的市场份额和市场集中度。这即是说，通过界定市场来测度企业的市场

---

① ICN Merger Working Group, "ICN Recommended Practices for Merger Analysis", p.3, available at http://www.internationalcompetitionnetwork.org/uploads/library/doc316.pdf .

② See Horizontal Merger Guidelines, supra note 1, section 4.

份额和市场集中度，尽管这不是企业并购审查的最终目的，但这个分析有助于理解和认识并购的竞争影响。[①] 第二，《横向并购指南》指出，"正如市场界定能够给判断竞争效果提供信息一样，有关竞争效果的证据也能给市场界定提供信息。例如，如果能够证明提供同类产品的主要竞争者的数量减少，由此导致产品价格明显上升，这个证据本身就可以证明这些产品构成一个相关市场。这样的证据可以直接预测一项并购的竞争效果，由此可以减轻凭借市场界定及市场份额进行推断的作用"。[②] 指南还以举例方式指出，"如果市场界定的分析推导出不同的相关市场，且这些市场界定均具有合理的可信度，由此不同的市场份额可能推导出不同的竞争影响时，就更有必要考虑那些比较直接的可说明竞争影响的证据"。[③] 这说明，即便《横向并购指南》指出"执法部门使用的一些评估竞争效果的工具并不依赖市场界定"，但这不能说明界定相关市场不重要，更不能说明《横向并购指南》要取消相关市场界定这一竞争分析的重要工具，而是出于市场界定本身存在的不确定性问题，提出要整合竞争分析的多种方法。这即是说，美国司法部和联邦贸易委员会在并购的竞争分析中既注意界定市场，也注意使用直接证据以及其他的竞争分析工具，目的是更高效率地识别可能严重损害市场竞争的企业并购。

　　美国的反垄断执法是司法模式。[④] 即企业并购审查中是否需要界定相关市场，很多情况下是由司法机关而不是由反垄断行政执法机关说了算。因此，这里有必要讨论 2010 年《横向并购指南》发布之后，美国法院受理的反垄断并购案件。

---

①　See Horizontal Merger Guidelines, supra note 1, section 4.

②　Ibid.

③　Ibid.

④　参考王晓晔《王晓晔论反垄断法》，社会科学文献出版社，2010，第400~421页。

（1）马连尼诉美国联合航空公司案

美国联合航空公司与大陆航空公司于 2010 年 3 月宣布，它们将于 2010 年 10 月完成并购。马连尼（Malaney）代表 49 名消费者向加州北区联邦地区法院提起反垄断诉讼，请求法院禁止这两大航空公司之间实施并购。作为举证责任人，原告在诉状中提出该案涉及的三个相关市场。然而法院认为，原告没有就其提出的相关市场提供任何证据，遂驳回原告诉求。尽管法院做出该案判决的时候，美国司法部和联邦贸易委员会 2010 年的《横向并购指南》已经发布，而且法院注意到指南提出了执法机关不必要从界定相关市场开始的观点，但是法院的判决明确指出，"原告如果要证明被告违反《克莱顿法》第 7 条，并由此证明其禁令请求是合理的，他必须首先得证明相关市场的存在，然后证明并购在相关市场可能不合理地产生反竞争影响"。[①]

（2）联邦贸易委员会诉美国实验公司案

这个案件涉及美国第二大实验公司和第三大实验公司之间的并购，联邦贸易委员会作为原告界定了该案的相关市场。审理该案的加州中区联邦地区法院注意到了 2010 年《横向并购指南》中关于并购案件不一定界定相关市场的观点。但是，法院在判决中明确指出，正确界定相关市场不仅是并购分析的第一步，而且因为市场界定的范围必然与并购交易的反竞争后果相联系，它也是案件最终裁决的关键因素。由于联邦贸易委员会在该案没有合理地界定相关市场，法院驳回了原告对这个并购发布禁令的请求。[②]

（3）司法部诉布洛克税务咨询公司案

本案被告布洛克税务咨询公司是美国最大的报税服务商，它提供 DDIY 数字自助报税软件（Digital Do-It-Yourself）。2010 年 10 月 13 日，布洛克

---

① Malaney v. UAL Corp., No. 3:10-CV-02858-RS, 2010 WL 3790296 (N.D. Cal. Sept. 27, 2010).

② FTC v. Laboratory Corp. of America, No. SACV 10-1873 AG (MLGX), 2011 WL 3100372 (C.D. Cal. Mar. 11, 2011).

税务咨询公司与 2SS 控股公司签订了资产购买协议，2SS 旗下的 TaxACT 则是美国第三大 DDIY 软件供应商。2011 年 5 月 23 日，美国司法部请求哥伦比亚地区联邦法院对这个并购交易发布禁令，理由是该交易会严重损害美国正在发展中的 DDIY 市场竞争。司法部指出，DDIY 市场主要有三家企业,TurboTax 占 60% 的份额，布洛克税务咨询公司与 TaxACT 作为两个线上经营者合计占 30% 的份额，其他 8 个竞争者共计占 10% 的份额。尽管审案法院注意到了 2010 年《横向并购指南》提出的市场界定是不必要的观点，但它直言不讳地指出，"并购分析必须从界定相关市场开始"。"作为一个法律问题，市场界定是必要的。"① 在该案中，司法部作为原告不仅没有质疑相关市场的界定，而且还请求法院遵循布朗鞋等判例界定该案的相关市场。法院依据三家被告公司的内部文件以及其他证据，考虑到 TaxACT 将布洛克税务咨询公司和 TurboTax 视为它在 DDIY 领域的主要竞争对手 , 考虑到 TurboTax 对 TaxACT 和布洛克税务咨询公司的产品的营销、供应以及定价进行跟踪并由此确定其自己的产品价格与销售策略，还考虑到布洛克税务咨询公司的内部文件也显示它与 TaxACT、TurboTax 是营销 DDIY 的三大竞争对手，法院便认定 DDIY 与服务于纳税人报税的其他产品在技术、价格、便利性、时间投入、脑力劳动等方面有很大的不同，由此驳回了布洛克税务咨询公司提出的该案的相关产品市场应界定为服务于美国纳税人报税的全部产品的观点，并且拒绝接受它提出的多功能报税产品与 DDIY 具有合理替代性和需求交叉弹性的证据。这说明法院依据布朗鞋案的经验，在该案没有进行定量分析，而是依据司法部提供的证言与证据得出了 DDIY 构成该案相关产品市场的结论。②

　　上述这些案例说明，即便美国司法部和联邦贸易委员会其 2010 年的

---

① United States v. H&R Block, Inc., et al., 833 F. Supp. 2d 36, 50 (2011).

② Ibid.

《横向并购指南》提出反垄断执法分析不必要从界定相关市场开始，但是法院仍然强调相关市场界定是审理反垄断并购案件的起点和关键步骤。曾在联邦贸易委员会工作过的莫非（Kevin Murphy）教授指出，即便 2010 年的《横向并购指南》提出不必要界定相关市场，但事实上美国的反垄断行政执法机关必须得界定相关市场；因为它们如果不通过市场界定说明案件可能产生的反竞争影响，法院不会接受它们提出的反竞争事实，因此"相关市场界定是反托拉斯法不能废除的核心原则"。[①]

（二）欧盟竞争执法

欧盟委员会一贯强调界定相关市场的重要性。1997 年欧盟委员会发布的《关于欧盟竞争法界定相关市场的通告》指出，"市场界定是确认和界定企业间竞争边界的一个工具，它为委员会提供一个实施竞争政策的框架。市场界定的主要目的是通过系统的方法确定相关企业所面临的竞争约束。界定相关产品市场和相关地域市场的目的是确定相关企业实际上的竞争对手，这些竞争对手可以约束相关企业的行为，制约其实施限制竞争的行为。从这个角度出发，市场界定可使市场份额的计算具有可行性，成为评估支配地位或者为适用欧盟运行条约第 101 条提供有关市场势力的有用信息"。[②] 欧盟委员会 2004 年发布的《横向并购评估指南》还进一步论述了市场界定对并购案件竞争分析的重要意义。指南指出，"欧盟委员会评估企业并购通常采取的步骤是：（1）界定相关产品市场和相关地域市场；（2）进行并购的竞争分析"。"市场份额和市场集中度是说明市场结构的一个有效和最重要的标识，

[①]　See Ashley Fry, Matthew R. McGuire, and Catherine Schmierer, "Horizontal Market Power: The Evolving Law and Economics of Mergers and Cartels", *George Mason Law Review*, Vol. 18, No. 4, 2011, p. 825.

[②]　Commission Notice on the Definition of the Relevant Market for the Purposes of Community Competition Law, OJ C 372, 9.12.1997, para 2.

可以说明并购当事人及其竞争对手的竞争地位。"①

　　需指出的是，界定相关市场虽然在欧盟的企业并购分析中是一个必要的步骤，但不是说每个并购案件都必须精确地界定市场。一般情况下，欧盟委员会需要通过假定垄断者测试分析可替代品。如果由此得出的结论是并购不会产生或加强市场势力，该案件就不需要从深度和广度上对市场界定进行进一步的分析。例如在 1997 年的康柏（Compaq）并购天腾（Tandem）一案②中，康柏提供个人电脑服务，天腾提供银行间网络高能服务。欧盟委员会认为，这两种服务即便属同一市场，但是因为提供这些服务的企业很多，这两个企业并购后的市场份额也不大；另外，康柏服务器与天腾服务器实际上不存在竞争，因此这不是一个横向并购。鉴于无论从横向和纵向的角度看，这个并购都没有明显的反竞争后果，欧盟委员会认定这个并购与共同体大市场相协调。③ 欧盟委员会对 Nestlé/ San Pelligrino（1998）、Georg Fischer/ Disa（1998）、BP/ Huls（1998）、DowJones/ NBC−CNBC Europe（1998）、BASF/ Shell（1997）、Exxon/Mobil（1999）、Tetra Laval/Sidel（2001）等很多并购案件的审理都与 Compaq /Tandem 并购案一样，即虽然考虑到相关市场的界定，但因这些案件明显没有严重的限制竞争问题，从而没有对相关市场界定进行深度讨论，也没有对相关市场得出明确的结论。④

　　相反，如果界定市场对认定一项并购是否产生或加强市场支配地位的分析至关重要，欧盟委员会就会认真考虑界定市场的各种因素。特别是当欧盟委员会准备禁止一项并购时，它就会对相关市场做出比较精确的界定。根

---

① Commission Guidelines on the Assessment of Horizontal Mergers under the Council Regulation on the Control of Concentrations between Undertakings, OJ 2004/C 31/03, paras. 5, 10, 14.

② Commission Decision, Case No IV/M.963−COMPAQ/TANDEM (1997).

③ 转引自〔西〕瓦罗纳等著《欧盟企业合并控制制度：法律、经济与实践》，叶军、解琳译，法律出版社，2009，第 81 页。

④ 同上注。

据《关于欧盟竞争法界定相关市场的通告》，欧盟委员会界定相关市场需要考虑需求替代、供给替代和潜在的竞争，其中分析的重点是需求替代。欧盟委员会主要使用假定垄断者测试法（即 SSNIP），即假定相关产品在被考察的地域范围出现一个幅度不大但持久性的涨价，消费者由此可能会转向购买其他产品或者转向其他地域购买替代品，这些相关产品和相关地域就构成一个相关市场。在必要情况下，欧盟委员会也使用其他技术方法来界定相关市场。[①] 例如在 Arsenal/DSP[②]、OMV/MOL[③] 两个并购案中，欧盟委员会使用了价格相关性分析；在 INEOS/Kerling 并购案[④] 中使用了临界损失分析；在 Lufthansa/SN Airholding 并购案[⑤] 中使用了自然实验法；等等。此外，与美国 2010 年的《横向并购指南》一样，欧盟委员会 2004 年发布的《横向并购评估指南》也提出了并购分析可以考虑直接证据，例如在并购当事人的产品存在高度可替代性的情况下，这些产品并购前的高利润率就可以推定并购可能导致产品涨价。在这种情况下，欧盟委员会可能使用"分流比"（diversion ratio）来评估产品的可替代性。[⑥]

在经合组织（OECD）2012 年关于相关市场界定的圆桌会议上，欧盟委员会提交的书面报告援引了欧盟委员会前竞争事务委员 Monti 先生的如下表述，"市场界定是竞争政策的基石，但它不是竞争政策的整个大厦；市场界定是竞争评估的工具，但它不能取代竞争评估"。[⑦] 欧盟委员会的报告还指

---

① See OECD Policy Roundtables, Market Definition 2012, contribution by the European Union, available at www. oecd.org/daf/ competition/ Marketdefinition2012.pdf, p.336.

② Case No COMP/M.5153-Arsenal/DSP (2009).

③ Case No COMP/M.4799- OMV/MOL (2008).

④ Case No COMP/M.4734-INEOS/Kerling (2008)

⑤ Case No COMP/M.5335-Lufthansa/SN Airholding (2009)。

⑥ Commission Guidelines, Supra note 18, paras 28, 29.

⑦ OECD Policy Roundtables, supra note 22, p.340, citing speech by Mario Monti, "Market Definition as A Cornerstone of EU Competition Policy", Workshop on Market Definition, Helsinki Fair Centre, 5 October 2001.

出，"市场界定和计算市场份额的重要性取决于具体案情。它们是关于市场结构和市场竞争态势的一个必要和最重要的说明。欧盟的实践表明，欧盟对类似 UPP 或者并购模拟等新的经济学方法持开放的态度，但其前提条件是它们可以改善竞争评估。这些经济学工具是对传统分析方法的补充，但不能取代相关市场的界定"。①

（三）中国反垄断执法

国务院反垄断委员会 2009 年发布的《关于相关市场界定的指南》指出，"任何竞争行为（包括具有或可能具有排除、限制竞争效果的行为）均发生在一定市场范围内"。"科学合理地界定相关市场，对识别竞争者和潜在竞争者、判定经营者市场份额和市场集中度、认定经营者的市场地位、分析经营者的行为对市场竞争的影响、判断经营者行为是否违法以及在违法情况下需承担的法律责任等关键问题，具有重要的作用。因此，相关市场的界定通常是对竞争行为进行分析的起点，是反垄断执法工作的重要步骤。"这说明，相关市场界定对我国的反垄断执法也有着特别重要的意义。

相关市场界定在企业并购审理中的重要性尤其表现在并购控制的实体法中。我国《反垄断法》第 27 条规定，审查经营者集中应考虑下列因素：（1）参与集中的经营者在相关市场的市场份额及其对市场的控制力;（2）相关市场的市场集中度;（3）经营者集中对市场进入、技术进步的影响;（4）经营者集中对消费者和其他有关经营者的影响;（5）经营者集中对国民经济发展的影响;（6）国务院反垄断执法机构认为应当考虑的影响市场竞争的其他因素。毫无疑问，考虑前面 4 个因素时都需要界定相关市场。例如，考虑参与集中的经营者在相关市场的份额和相关市场的集中度时，如果没有市场界定，市场份额和市场集中度是不可能计算的;考虑集中对市场进入以及对消

---

① OECD Policy Roundtables, supra note 22, p. 340.

费者和其他经营者的影响时，如果没有市场界定，这些影响的范围可能无边无际。这说明，没有相关市场界定，我国《反垄断法》第 27 条就没有可操作性。

为了增强《反垄断法》第 27 条的可操作性，商务部于 2011 年还发布了《关于评估经营者集中竞争影响的暂行规定》[①]（简称《暂行规定》)。《暂行规定》的第 4 条指出，"评估经营者集中对竞争产生不利影响的可能性时，首先考察集中是否产生或加强了某一经营者单独排除、限制竞争的能力、动机及其可能性。当集中所涉及的相关市场中有少数几家经营者时，还应考察集中是否产生或加强了相关经营者共同排除、限制竞争的能力、动机及其可能性。当参与集中的经营者不属于同一相关市场的实际或潜在竞争者时，重点考察集中在上下游市场或关联市场是否具有或可能具有排除、限制竞争效果"。第 5 条强调了市场份额对并购分析的重要意义，"市场份额直接反映了相关市场结构、经营者及其竞争者在相关市场中的地位。判断参与集中的经营者是否取得或增加市场控制力时，综合考虑下列因素:(1)参与集中的经营者在相关市场的市场份额，以及相关市场的竞争状况;(2)参与集中的经营者产品或服务的替代程度;(3)集中所涉相关市场内未参与集中的经营者的生产能力，以及其产品或服务与参与集中经营者产品或服务的替代程度;(4)参与集中的经营者控制销售市场或者原材料采购市场的能力;(5)参与集中的经营者商品购买方转换供应商的能力;(6)参与集中的经营者的财力和技术条件;(7)参与集中的经营者的下游客户的购买能力;(8)应当考虑的其他因素"。第 6 条阐述了市场集中度和行业集中度对并购分析的重要意义，"市场集中度是评估经营者集中竞争影响时应考虑的重要因素之一。通常情况下，相关市场的市场集中度越高，集中后市场集中度的增量越大，集

[①]　商务部公告 2011 年第 55 号，见商务部网站 http://www.mofcom.gov.cn/article/b/c/201109/20110907723440.shtml。

中产生排除、限制竞争效果的可能性越大"。第7条论述了市场进入对集中的竞争影响，即"经营者集中可能提高相关市场的进入壁垒，集中后经营者可行使其通过集中而取得或增强的市场控制力，通过控制生产要素、销售渠道、技术优势、关键设施等方式，使其他经营者进入相关市场更加困难。评估经营者集中竞争影响时，可考察潜在竞争者进入的抵消效果。如果集中所涉及的相关市场进入非常容易，未参与集中的经营者能够对集中交易方的排除、限制竞争行为作出反应，并发挥遏制作用。判断市场进入的难易程度，需全面考虑进入的可能性、及时性和充分性"。毫无疑问，上述几个方面的分析都得以界定市场为起点。这说明，界定相关市场即便不是商务部并购审查的全部工作，也绝对是其第一步和最重要的工作。

自我国反垄断法生效10年来，执法机关审结的并购案件超过了2200件，其中禁止2件，附条件批准的37件。[①] 这些被禁止和附条件批准的集中决定都在执法机关的网站进行了公告，它们反映了我国反垄断法在经营者集中控制领域的新发展，也反映了执法机关审理并购案件的步骤和分析思路。以附条件批准的集中决定为例，公布了的决定中一般都有6项内容：（1）立案和审查程序；（2）案件基本情况；（3）相关市场；（4）竞争分析；（5）附加限制性条件的商谈；（6）审查决定。这些内容中的核心部分显然是第（3）项和第（4）项，即相关市场界定和竞争分析。然而，因为只有界定了相关市场，执法机关才能进入案件的竞争分析，由此可说明相关市场界定是执法机关审理经营者集中案件的决定性步骤。例如在2016年附条件批准的百威英博收购南非米勒一案，执法机关界定了相关市场之后，认定这个并购可能产生以下限制竞争的影响：（1）进一步提高百威英博在相关市场的控制力；（2）降低中国啤酒市场两个领先企业之间的竞争强度；（3）提高相关市场进入壁垒；

---

① 参考徐乐夫《互联网行业之于反垄断的诸多问题需要理论支持》，法制网，http://www.legaldaily.com.cn/zt/content/2018-08/03/content_7609994.htm。

（4）损害下游经销商的利益。执法机关由此就进入案件审理的下一步，即附加限制性条件的商谈；然后根据当事人提交的救济方案能否解决执法机关对该案的竞争关注，案件审理就进入最后一步，即作出审查决定。[①] 反垄断执法机关 2014 年禁止马士基、地中海航运和达飞三家欧洲集装箱班轮运输公司建立紧密性联营一案（简称"P3 网络案"）也是这样的分析思路。与百威英博收购南非米勒案的不同之处是，公告中关于附加限制性条件的第 5 项指出，交易方提交的最终救济方案因缺少相应的法律依据和可信服的证据支持，不能解决执法机关的竞争关注。这种情况下，执法机关在该案的审查决定中指出，"禁止此项经营者集中"。[②] 执法机关的这些公告说明，界定相关市场在我国的经营者集中审查中有着极为重要的地位，即通过市场界定可以测度并购当事人的市场份额和市场集中度，由此就提供了并购竞争分析的总体框架。上述这些案件还说明，我国反垄断执法在经营者集中领域已经积累了比较丰富的经验。在 P3 网络案中，执法机关分析了多个商品市场和地域市场，并根据该案对我国的竞争影响，将亚洲—欧洲航线集装箱班轮运输服务市场认定为该的相关市场。由于我国反垄断执法机关在该案确定的地域市场是亚欧航线，这个市场与其他反垄断司法辖区界定的市场有差别，商务部遂对这个并购（紧密性联营）做出了与美国和欧盟执法机关大相径庭的决定。[③] 欧洲竞争法专家 Säcker 教授对这个决定做出了积极的评价，他说这个禁令是正确的，因为这和美国、欧盟等竞争执法机构的做法一样，即当本国

[①]　商务部公告 2016 年第 38 号《关于附加限制性条件批准百威英博啤酒集团收购英国南非米勒酿酒公司股权案经营者集中反垄断审查决定的公告》，http://www.mofcom.gov.cn/article/b/g/201610/20161001542533.shtml。

[②]　商务部公告 2014 年第 46 号《关于禁止马士基、地中海航运、达飞设立网络中心经营者集中反垄断审查决定的公告》，http://www.mofcom.gov.cn/article/b/c/201406/20140600628730.shtml。

[③]　《中国商务部发禁令，马士基等全球三大航运巨头宣布终止结盟》，凤凰财经，http://finance.ifeng.com/a/20140618/12564142_0.shtml。

市场竞争受到境外限制竞争的不利影响时，执法机关有权对这些限制竞争采取措施。[1] Säcker 教授之所以评价我国反垄断执法机关的决定是正确的，其前提条件是执法机关界定的相关市场是正确的，因为只有正确地界定相关市场，执法机关才能进行合理的竞争分析和做出正确的决定。

三　企业并购竞争分析的几个计量经济学方法

前面指出过，美国 2010 年的《横向并购指南》提出了"执法部门的分析不需要从市场界定开始，……执法部门使用一些评估竞争效果的分析工具并不依赖市场界定"。[2] 这些观点反映了反垄断经济学 20 多年来在相关市场界定方面的理论发展，即考虑到相关市场界定不可避免存在着主观性、复杂性、不确定性等缺陷，20 世纪 90 年代以来，经济学界开始寻找相关市场界定的替代方法，希望通过经济学方法特别是计量经济学方法简化并购审查中的竞争评估。理论上较为成熟且为某些反垄断执法机关采用的方法主要有 UPP 测试法（upward pricing pressure）和并购模拟法（merger simulation），它们主要应用于市场上存在相似产品的情况下，即在参与并购的企业生产同类产品的情况下，并购可能出现的单边效应。这些方法一般涉及分流比（diversion ratios），即在产品 A 与产品 B 的生产企业发生并购的情况下，产品 A 涨价后失去的销量会流向产品 B 的情况。[3]

（一）UPP 测试法

UPP 测试法是测试涨价压力的简称，它由美国加州大学的法瑞尔（Joseph Farrell）与夏皮罗（Carl Shapiro）两位经济学教授提出，这两位教授

---

[1]　Franz Jürgen Säcker, "Chinesisches Aus für eine Reederei-Allianz", WuW 11(2014), 1031.

[2]　Horizontal Merger Guidelines, supra note 1, section 4.

[3]　See Carl Shapiro, "The 2010 Horizontal Merger Guidelines: From Hedgehog to Fox in Forty Years", *Antitrust Law Journal*, Vol. 77, No. 1, 2010, pp.49-107.

还分别在美国联邦贸易委员会和美国司法部反垄断局担任过首席经济学家。

UPP 测试法主要是考察并购后企业涨价的可能性或者动机，其原理比较简单，即在 A 和 B 并购前，如果 A 涨价，其部分客户会转向 B 以及其他生产同类产品的企业，由此 A 就没有兴趣涨价；然而，A 和 B 的并购则可能改变这种局面，即因为 A 的涨价会导致其部分市场销量由 B 获得，B 获得的这部分利润则可以使 A 受益。这说明，A 与 B 并购后的提价可能性取决于两个因素：第一，A 的价格上涨后转向产品 B 的需求有多大；第二，产品 B 在产品 A 的价格上涨后所能增加的利润。涨价压力可以通过下述公式表示：$UPP_b = D_{AB}(p_B - c_B)$，$D_{AB}$ 表示产品 A 涨价时其客户向产品 B 的转移率，$p_B - c_B$ 表示 B 的利润，即 B 的价格与其边际成本之间的差额。[①] 这个公式说明，如果执法机关可以获取 A 产品的转移率（即分流比）与 B 产品的利润率，那就可以通过测试并购后企业是否存在涨价压力而直接预测并购的竞争效果。正是考虑到 UPP 测试可以直接认定某些企业并购的竞争效果，不仅法瑞尔与夏皮罗两位经济学家对 UPP 测试法予以高度的评价，认为这是测度或评估并购可能导致单边效应的一种"极简单且极具实用价值"的方法[②]，美国司法部和联邦贸易委员会 2010 年联合发布的《横向并购指南》由此也指出，某些情况下的经营者集中可以不依赖市场界定。[③]

然而，UPP 测试法也有着明显的局限性：第一，涨价压力测试仅能应用于差异性产品之间存在价格竞争的市场；第二，这种方法只能说明并购后是否存在市场竞争问题，而无法进一步获取并购后市场竞争的精确信息，例如，即便存在着涨价压力，但是不能精确地预测涨价幅度；第三，有学者认

---

① 转引自〔德〕丹尼尔·茨曼《从"结构 - 行为 - 绩效范式"到"涨价压力测试"：竞争法与经济学简史》，载王晓晔主编《反垄断法中的相关市场界定》，社会科学文献出版社，2014，第 12 页。

② Carl Shapiro, supra note 37, p. 49, 77.

③ Horizontal Merger Guidelines, supra note 1, Section 4.

为，UPP 测试法可能就并购竞争分析得出错误的结论，因为在分流比大于零和产品存在利润率的情况下，UPP 测试总会得出涨价压力的预测。举例说，一个行业有 10 个不同产品的生产商，每个生产商的市场份额为 10%，这些生产商之间的分流比就是一个相同的正数。假如 10 个生产商之中有两个生产商并购后其市场份额会达到 20%，假如它们存在利润率，这个 UPP 测试将会反映一个正数的分流比，由此说明这个并购存在反竞争效果。然而，根据传统的分析法即考虑并购后的 HHI 指数，这个并购应当处于安全港之内。这个假设的案子说明，通过 UPP 测试法预测并购的反竞争影响，可能会导致过低的干预门槛，即可能会干预有利于提高效率的企业并购。[1] 简言之，世界各国反垄断执法机关应用 UPP 测试法进行并购审查的案件目前还不是很多，其可靠性还未经实践证实。有学者认为，UPP 测试法可作为一个"快轨审查机制"推进那些没有反竞争影响的案件尽快获得批准。如果发现一个并购交易存在涨价压力，那么案件就需作进一步的分析，即执法机关不能仅依据涨价压力禁止一个并购。[2] 这说明，UPP 测试法充其量仅可以作为并购竞争分析的一个工具，但是不能作为相关市场界定的替代方法。[3]

（二）并购模拟

并购模拟也是应用计量经济学分析并购竞争影响的一种方法，它是使用不同产品之间的分流比预测并购后企业价格增长的情况。[4] 并购模拟的主要方法是应用寡头市场竞争模型，例如伯川德模型从需求方和供给方的角度评估决定市场结构特征的一些参数，由此通过量化模拟出并购对价格、产

---

[1] OECD Policy Roundtables, supra note 22, p.400.

[2] 〔德〕丹尼尔·茨曼：《从"结构－行为－绩效范式"到"涨价压力测试"：竞争法与经济学简史》，第12~13 页。

[3] Dennis W. Carlton, "Revising the Horizontal Merger Guidelines", *The Journal of Law and Economics*, Vol. 6, No. 3, 2010, pp. 619, 624.

[4] See Oliver Budzinski and Isabel Ruhmer, "Merger Simulation in Competition Policy: A Survey", *The Journal of Competition Law & Economics*, Vol. 6, No. 2, 2010, p.277.

量及企业间实施共谋行为的影响，为判断企业并购是否严重限制竞争提供证据。[①] 并购模拟需要建立多个需求弹性模型，以说明市场上价格与销量之间的关系。合理的需求弹性模型应满足一定条件，基本条件是自身价格弹性为负数，因为产品的销量随其价格上涨而减少；交叉价格弹性为正数，因为一种品牌产品的涨价会导致市场上其他品牌需求量的增加。并购模拟与涨价压力分析包括 UPP 测试法有一定的关系，例如都会考虑分流比，但它们之间有很多不同之处：第一，涨价压力分析是预测并购能否导致价格上涨，并购模拟则可以预测价格上涨的幅度；第二，涨价压力的分析基础是未参与并购的企业不会随着企业并购而调整它们的价格，并购模拟分析则需要把未参与并购的企业对并购的反应考虑进来；第三，并购模拟分析的方法比涨价压力的分析更为灵活，例如除了考虑并购后企业的价格和产量外，它还可以考虑并购对市场竞争的其他影响，除了考虑差异化产品之间的价格竞争，通过古诺模型它还可以分析同质产品之间的数量竞争等。[②]

因为并购模拟可以为并购案件的竞争分析提供证据，帮助执法机关确认并购对产品价格可能产生的影响，它作为评估竞争影响的一个工具，其价值不容否认。有些经济学家对并购模拟分析法做出了高度的评价，理由是它可以评估应用其他并购分析法不能评估的竞争影响，从而将美国《横向并购指南》提出的单边效应分析发展了一大步。[③] 不过，也有经济学家和律师指出，并购模拟分析同样存在诸多缺陷：第一，一个完整的并购模拟需要有全方位的数据，但事实上反垄断案件很难得到模拟分析所需的相关数据[④]；第二，

---

① 陈璐：《横向并购反竞争效应的实证研究评述》，《西北大学学报》（哲学社会科学版）2015 年第 3 期，第 73~74 页。

② OECD Policy Roundtables, supra note 22, pp. 72-74.

③ Roy J. Epstein & Daniel L. Rubinfeld, "Merger Simulation: A Simplified Approach with New Applications", *Antitrust Law Journal*, Vol. 69, No. 3, 2002, pp. 883-919.

④ Carl Shapiro, "Mergers with Differentiated Products", *Antitrust*, Vol. 10, Spring 1996, pp. 23, 25.

这种方法太依赖数据，因此不可能把握市场的动态和发展，不能全面反映现实的情况，其结果和 UPP 测试法一样，非常可能夸大并购对市场竞争的不利影响，导致一些可能促进竞争的并购会遭致反垄断调查[①]；第三，使用不同的模型会出现不同的后果。并购模拟不仅对数据的要求很严格，需要进行复杂的计算，而且得依赖经济学的各种需求模型预测价格或者数量的变化，其结果就是对使用的模型或者函数很敏感。有学者指出并购模拟在实际操作中的问题，即使用不同的模型可以得出不同的需求评估（demand estimates），不同的需求评估则会导致并购后的市场出现重大的不同后果。[②] 这即是说，实践中非常可能出现的问题是，一个反垄断案件的控辩双方会各自根据自己的需求，在并购模拟分析中选择对自己最有利的需求评估办法，由此就得出一个并购对市场竞争可能有着完全不同的影响。考虑到参与同一案件的经济学家们可能对并购的竞争影响有着完全不同的看法，这样的分析后果对并购模拟的非专业人士来说更是说不清和道不明，其结果就是执法的透明度不够。[③] 因此，有学者指出，如果不通过界定相关市场，而仅仅通过这些经济学方法来评估企业并购后的单边效应或者协调效应，其结果就是"理论上很巧妙，实践中却是有害的"。[④]

（三）经济学方法的总体评价

上述关于 UPP 测试法和并购模拟分析法的讨论说明，通过定量分析来

---

① James F. Rill, "Product Differentiation: Practicing What They Preach: One Lawyer's View of Econometric Models in Differentiated Products Mergers", *George Mason Law Review*, Vol. 5, No.3, 1997, p. 399.

② Christopher R. Knittel and Konstantinos Metaxoglou, "Challenges in Merger Simulation Analysis", *American Economic Review*, Vol. 101, No. 3, 2011, pp.56-59.

③ Joseph Farrell & Carl Shapiro, "Antitrust Evaluation of Horizontal Mergers: An Economic Alternative to Market Definition", *The B.E. Journal of Theoretical Economics*, Vol. 10, No.1, 2010, pp.1-35.

④ James F. Rill, supra note 49, pp.393, 402.

预测企业并购的竞争影响不是像某些经济学家们想象得那么简单。概括地说，这些经济学方法应用在并购竞争分析中至少存在以下方面的问题。

1. 经济数据难以获取

经验表明，通过各种经济学方法分析并购的竞争影响虽有可取之处，但是因为精确的计量经济分析所需要的数据通常难以获得，应用这些分析方法的机会就比较有限。以 UPP 测试为例，尽管有些经济学家认为这种方法非常简单，然而真实的情况是，这种测试法所需要的差异性产品之间的转移率（分流比）和相关企业的利润率以及边际成本等数据的获取不仅非常困难，而且这些数据非常可能在相关企业之间产生分歧。因此有人认为，在 UPP 测试或者并购模拟分析中获取数据和计算数据的难度可能比相关市场界定和计算市场份额的难度更大，问题更复杂。[①]

2. 不能全面分析并购的竞争影响

即便可以获得必要的数据，但是这些方法绝不是对每个案件都有效率。以 UPP 测试法为例，这个方法仅可在并购审查的第一阶段协助考虑潜在的反竞争影响。如果认为这个方法可以解决并购竞争分析的所有问题，这种想法如同使用市场份额评估市场势力一样，是不充分和不全面的。特别需要考虑的问题是，这些方法只是考虑具差异性产品的并购竞争影响，而没有考虑产品供应商方面的潜在竞争。其实，在并购的竞争分析中，人们不仅需要从消费者的角度考虑需求替代，还需要考虑新的市场进入以及市场上现有产品扩张的可能性。如果要考虑市场进入和市场扩张，那就得界定相关市场。这说明，经济学方面的数据不能用来评估并购竞争影响的所有方面。其实，不管是理论上还是在实践中，没有任何经济学理论或者模型没有缺陷。经济学理论的最大缺陷是，理论模型可能发展得很先进，在实践中作为证据时却存

---

① Dennis W. Carlton, supra note 43, pp. 619, 625.

在问题。[①] 例如，计算利润率的经济模型在确定或者测度利润率时可能会受到几代经济学家都已经遇到的挑战。由于经济学方法不可避免地存在着缺陷，这些方法充其量只能作为评估并购竞争影响的各种因素中的一个因素，或者只能适用于特殊的案件或者特殊的竞争模式，而不具有评估并购竞争影响的普遍价值。

3. 不透明带来法律不稳定性

在传统上通过界定市场评估市场势力的情况下，企业如果想避免遭遇反垄断审查或者诉讼，理论上应使其市场份额不要超过一定的标准，也即经营者应当能够感受到市场竞争的压力。然而，如果执法机关评估并购所使用的工具是 UPP 测试法或者并购模拟分析法，相关企业得被要求提供其产品的价格、边际成本以及分流比，但是这些数据作为企业自我评估的信息可能具有保密性。另一方面，即便执法机关获得了计量经济分析所要求的数据，由于运用数据进行竞争分析的疑难问题很多，反垄断诉讼就往往会成为经济学家之间的争论和对抗，律师和法官可能就成为审案的边缘人物，案件的不确定性大增。[②] 这即是说，比较界定市场和测度市场份额的传统方法，这些计量经济学方法带来的法律不确定性很大，案件审理的透明度不高。然而，执法的透明度对企业非常重要，如果执法机关的并购竞争分析没有透明度，则会大大加重企业并购的成本和风险。

四　结论

从美国 1948 年的哥伦比亚钢铁公司案[③] 起算，界定相关市场的理论和

---

① OECD Policy Roundtables, supra note 22, p. 399.

② John E. Lopatka, "Market Definition?" *Review of Industrial Organization*, Vol. 39, No.1-2, 2011, pp. 69, 88.

③ United States v. Columbia Steel Co., 334 U.S. 495 (1948).

实践已经有了 70 多年的历史。世界各国反垄断司法辖区普遍认识到，界定相关市场是并购案件竞争分析的一个必要和关键性的步骤。国际竞争网络发布的《并购指南手册》强调，"识别竞争范围的起点是从消费者的角度识别可以相互替代的产品"，"市场界定可以说明竞争的范围，由此提供一个智慧和系统的工具，以便收集和评估竞争约束的各种证据"。[①] 国际竞争网络发布的《并购分析推荐意见》也强调，"执法机关一般应在一个具经济影响的市场内评估并购竞争影响"，"市场份额和测度市场集中度可提供一个有用的指南，这有助于识别并购是否产生反竞争的问题，以及是否需要进行深度分析"。[②] 这说明，市场界定是对案件竞争分析的起点，不是终点，但这个分析过程就是对一个并购竞争影响的认识过程。

市场界定作为并购竞争分析的基本方法，它不否认各种经济学方法的作用和功能。这一方面因为市场界定和市场份额的认定有其局限性，如果市场界定不科学、不正确，由此计算的市场份额就会不准确。市场份额和市场集中度的局限性是执法机关、律师和企业界普遍认识到的问题，因此人们的共识是并购竞争评估不能止于市场份额。另一方面，经济学方法如 UPP 测试和并购模拟有其一定的适用价值，特别是在参与并购企业生产相似产品且有充分证据说明市场发展的情况下，这些方法有助于执法机关分析并购是否损害竞争。然而，不管这些经济学理论和方法多么重要，它们都不可能替代竞争分析中相关市场的界定，即执法机关应当恰当地评估各种需求替代和供给替代，全面评估与市场界定相关的各种证据。这也即是说，各种经济学方法的应用应被视为全面评估市场竞争影响的证据，这些方法如果能够在并购的竞争评估中具有实用价值，其前提条件应当是在执法机关合理界定的市场框

[①]　ICN Merger Guidelines Workbook, Prepared for the Fifth Annual ICN Conference 15 (April 2006), http://www.internationalcompetitionnetwork.org/ uploads/library/doc321.pdf, pp. 16–17 .

[②]　ICN Merger Working Group, supra note 5, p. 4.

架内进行分析。①

最后指出的一个问题是，市场界定作为并购竞争分析的第一步，对跨国并购尤其重要。全球现在有 100 多个竞争执法机关可以处理跨国并购案件，因此参与跨国并购的企业必须考虑其交易可能受到哪些反垄断司法辖区的审查，这些执法机关干预并购的门槛是什么，它们的实质性审查标准如何，等等。如果一个并购交易在不同的反垄断司法辖区有着不同的竞争分析，这自然会加大并购的成本和风险。② 如果各国反垄断执法机关一致采取界定市场的方法，它们的并购竞争分析不会产生太大的冲突，这对执法机关来说，有助于提高执法的透明度；对企业来说，有助于提高它们对跨国并购法律后果的可预期性，降低并购成本。德国联邦卡特尔局向经合组织市场界定圆桌会议提交的报告指出，"现在评估竞争影响的方法很灵活，既可采用新的框架进行评估，也可对特殊案件采用多种工具和方法进行评估。但是，如果为了采用其他分析工具而全面放弃相关市场的界定，那就走得太远，背离了建设性改革的方向"。③ 这说明，世界各国反垄断执法机关对并购交易的竞争分析可以灵活地采用多种方法，但市场界定仍然是一个基本的工具。有学者

---

① 我国商务部 2017 年第 77 号《关于附加限制性条件批准马士基航运公司收购汉堡南美船务集团股权案经营者集中反垄断审查决定的公告》指出，该案审理中运用了综合涨价压力指数（GUPPI）对集中后的马士基航运涨价的可能性进行过量化评估；此外还运用并购模拟计算出集中后马士基航运冷藏集装箱班轮运输服务的涨价幅度可能达到 10% 以上，从而认定这个集中可能产生排除限制竞争的效果。但是，商务部审理该案即便运用了综合涨价压力指数和并购模拟测试，这些计量经济学方法并没有取代该案的相关市场界定。见 http://fldj.mofcom.gov.cn/article/ztxx/201711/20171102667566.shtml。

② 企业界以及有些反垄断执法机关对并购竞争分析引入经济学方法的忧虑主要有以下几点：一是担忧执法机关由此从界定市场的传统走得太远；二是担忧经济学方法可能不合理地将没有反竞争问题的并购置于被审查的地位；三是担忧执法机关为获取经济数据会给并购当事人强加很多举证责任。See The Report by Business Advisory Committee (BLAC) to the OECD, in OECD Policy Roundtables, supra note 22, pp. 395-405.

③ OECD Policy Roundtables, supra note 22, p. 245.

就此还明确指出，那些认为反垄断并购分析可以放弃市场界定的建议是不明智的，如果不进行市场界定，反垄断执法机关和法院可能会做出更多的错误决定。[①]

[①]　James A. Keyte, Kenneth B. Schwartz, "'Tally-Ho!': UPP and the 2010 Horizontal Merger Guidelines",77 *Antitrust Law Journal*, Vol. 77, No. 2, 2011, pp.587, 613.

论相关市场界定在滥用行为案件中的地位和作用 *

摘要　界定相关市场作为测度市场份额和间接认定市场支配地位的基础，在涉及滥用行为案件的竞争分析中起着全方位的功能。尽管界定市场不可避免地存在着不确定性和不够精准的问题，但是通过直接证据认定市场势力在实践中的问题更大。除了测度市场份额和认定市场支配地位，界定市场在滥用行为认定过程中也是一个必不可少的前提条件。因此，界定市场在滥用行为案件的竞争分析中不仅是第一步，而且是关键一步。为了科学地界定市场和合理地进行竞争分析，滥用行为案件的市场界定应当特别关注"玻璃纸谬误"、双边市场以及创新市场等各种问题。

在反垄断执法中，为了判断一个企业并购是否损害市场竞争，或者一个限制竞争协议是否违法或者是否存在滥用市场支配地位的行为，执法机关一般都需要界定相关市场。然而，美国司法部和联邦贸易委员会 2010 年修订的《横向并购指南》指出，"执法部门的分析不需要从市场界定开始。尽管评估客户可获得的竞争性替代品在分析中的某个时刻总是必要的，但执法部门使用一些评估竞争效果的分析工具并不依赖市场界定"。[①] 这个说法似乎很大

＊　本文发表在《现代法学》2018 年第 3 期。

① See Horizontal Merger Guidelines by Department of Justice and Federal Trade Commission on August 19, 2010, Section 4.

程度上降低了相关市场界定在反垄断案件竞争分析中的地位和作用。本文从滥用行为案件的角度，讨论相关市场界定在反垄断审查中的重要性。本文的观点是，即便执法机关可以灵活运用多种经济学方法分析是否存在市场势力，但是相关市场界定在这种案件的竞争分析中是一个不可取代的重要工具。

一 界定市场是识别市场势力的起点

反垄断法作为反对垄断和保护竞争的法律制度，很大程度上反映了产业组织学派关于市场结构—市场行为—市场绩效三者之间相互联系的一种观点，即市场结构可影响企业的市场行为，市场行为可影响市场绩效。因此，反垄断法本质上注重市场结构，特别是关注市场势力。基于这样的经济理论，世界各国反垄断法的实体法大多有禁止滥用市场支配地位或者禁止滥用市场势力的规定。如美国《谢尔曼法》第 2 条规定，"任何人的垄断或谋求垄断，或与他人联合或者共谋以图实现对州际或与外国间商业或贸易任何部分的垄断，均得被视为犯有重罪"。[①]《欧盟运行条约》第 102 条规定，"一个或者几个在内部市场或该市场重大部分占支配地位的企业如果滥用这个地位，由此可能影响成员国之间的贸易，得被视为与内部市场不相容而予以禁止"。为使这个禁止性规定具有可操作性，第 102 条列举了 4 种滥用行为：（1）直接或间接强迫接受不公平的购买或者销售价格，或者其他交易条件；（2）限制生产、销售或者开发新技术，损害消费者的利益；（3）就相同交易采用不相同的交易条件，从而使某些交易对手处于不利的竞争地位；（4）订立合同时强迫对方购买从性质或者交易习惯上与合同标的无关的商品或者服务。[②] 我国

---

① 参见商务部反垄断局编《世界主要国家和地区反垄断法律汇编》（上册），中国商务出版社，2013，第 180 页。

② 参见商务部反垄断局编《世界主要国家和地区反垄断法律汇编》（上册），中国商务出版社，2013，第 343 页。

《反垄断法》第17条也规定，禁止具有市场支配地位的经营者从事下列滥用市场支配地位的行为：（1）以不公平的高价销售商品或者以不公平的低价购买商品；（2）没有正当理由，以低于成本的价格销售商品；（3）没有正当理由，拒绝与交易相对人进行交易；（4）没有正当理由，限定交易相对人只能与其进行交易或者只能与其指定的经营者进行交易；（5）没有正当理由搭售商品，或者在交易时附加其他不合理的交易条件；（6）没有正当理由，对条件相同的交易相对人在交易价格等交易条件上实行差别待遇；（7）国务院反垄断执法机构认定的其他滥用市场支配地位的行为。

上述法规的一个关键性概念是"市场支配地位"。市场支配地位是一种经济现象。欧盟委员会在其1972年大陆罐一案的判决中指出，"一个企业如果有能力独立地进行经济决策，即决策时不必考虑竞争者、买方和供货方的情况，它就是一个处市场支配地位的企业。如果一个企业通过与市场份额相关的因素如技术秘密、取得原材料和资金的渠道以及其他重大优势如商标权，能够决定相关市场一个重大部分的价格，或者能够控制生产和销售，它就拥有市场支配地位。市场支配地位不是说这个企业必然剥夺市场上全体参与者的经营自由，而是强大到总体上可保证这个企业市场行为的独立性，即便它对市场不同部分有着强度不同的影响"。① 我国《反垄断法》第17条第2款也有相似规定，即"市场支配地位是指经营者在相关市场内具有能够控制商品的价格、数量或者其他交易条件，或者能够阻碍、影响其他经营者进入相关市场能力的市场地位"。美国反托拉斯法通常不使用"市场支配地位"，而是使用垄断势力（monopoly power）或者市场势力（market power）。鉴于垄断势力被理解为在相关市场能够"控制价格或者排除竞争"

---

① Europemballage Corporation and Continental Can v. Commission, Case 6/72 [1973] ECR 215,249.

的经济势力^①，它与德国法或欧盟法中的"市场支配地位"是一致的。国际竞争网络（ICN）根据世界反垄断司法辖区关于"单边行为"即禁止滥用市场支配地位的立法概况，将"市场支配地位"和"重大市场势力"视为两个可相互替代的概念，而且它们的主要表现一是出于盈利之目的进行涨价的能力；二是将涨价维持在相当长时间的能力。^②

　　但是，市场势力或者市场支配地位都是一个相对的概念。很明显，一定经济规模的企业如果被置于一个竞争比较充分的市场上，它不具有市场势力；如果被置于一个其份额占百分之百的狭小市场上，它对这个市场可能有绝对的支配权。在这两种极端情况之间，还存在各种各样不同程度的市场力量。这说明，在禁止滥用市场支配地位的案件中，相关市场界定是认定和评估市场支配地位的关键，因为只有界定了相关市场，人们才能识别市场上的竞争者，才能测度相关企业的市场份额，进而才能分析它们的市场行为对市场竞争的影响。因为市场界定对于识别市场势力非常重要，原告能否正确地界定相关市场，往往就成为他们能否胜诉的关键性一步。这里以美国第三巡回法院 1997 年判决的 Queen City 诉 Domino 一案为例说明。该案源于两个比萨店之间的争议，Queen City 诉 Domino 与经其特许的比萨店订立了独家供货协议，即要求被特许的经营者必须从 Domino 购买比萨饼配料，其结果就是 Queen City 不能向 Domino 特许的比萨店销售比萨饼配料，Queen City 因此指控 Domino 从事垄断行为，违反了《谢尔曼法》第 2 条。但是，法院并不认可 Queen City 界定的相关产品市场，理由是这个市场的范围太窄，仅为 "Domino 特许经营的比萨店所使用比萨饼配料"。法院的观点是，Domino 虽

---

① Concord Boat Corp. v. Brunswick Corp., 207 F. 3d 1039, 1060 (8th Cir. 2000); Intergraph Corp. v. Intel Corp., 195 F.3d 1346, 1353 (Fed. Cir. 1999).

② ICN Unilateral Conduct Working Group, Dominance/Substantial Market Power Analysis Pursuant to Unilateral Conduct Laws, Recommended Practices, available at www.internationalcompetitionnetwork.org/uploads/library/doc317.pdf.

然垄断了经其特许经营的比萨店所使用的比萨饼配料，但是没有能力垄断那些性能和用途上具有合理替代性的其他比萨饼配料。换言之，不带 Domino 字号的比萨店仍可向其他供货商购买比萨饼配料。① 法院的判决指出，"Queen City 没能根据合理的可替代规则和需求交叉弹性规则说明本案的相关市场。或者说，Queen City 界定的相关市场明显没有包括所有的替代品。尽管我们同情 Queen City，但是因为它界定的相关市场没有充足的理由，本院不得不驳回原告"。判决还指出，"评价合理的可替代性，除了考虑产品的价格、用途及其质量等各种因素外，一种产品与另一产品之间的需求交叉弹性可以说明合理的可替代性"。② 鉴于这个判决在考虑市场界定的各种因素时提及"需求交叉弹性"，它在美国反托拉斯史上是一个涉及市场界定的重大案件。

这个案例说明，界定市场本质上是考虑相关产品或者服务的可替代物。简言之，如果某些产品或者服务对消费者和用户具有可替代性，它们属同一相关市场。这正如美国最高法院在时代花絮一案判决中指出的，"任何产品都有替代品，但是任何案件的相关市场都不能无边无际。因此，必须划出一个价格合理变动的范围，即排除那些仅有为数不多的买方转向购买的产品。用技术术语来说，即找出为数不多的具需求交叉弹性的产品"。③ 这个判决说明，界定市场的关键是，当消费者面对企业行使其市场势力的时候，是否有可能转向购买其他具可替代性的产品。美国第九巡回法院在一个判决中还形象地解释了相关市场界定，即"相关市场是某些销售商产品的聚合，你可以把它们统一视为一个垄断者，或者视为一个假想的卡特尔，即它们拥有市场势力以对付产品的买方"。④ 我国国务院反垄断委员会《关于相关市场界

---

① Queen City Pizza, Inc. v. Domino's Pizza, Inc., 124 F.3d 430,440 (3d Cir. 1997).

② Queen City Pizza, Inc. v. Domino's Pizza, Inc., 124 F.3d 430 (3d. Cir. 1997).

③ Times-Picayune v. United States, 345 U.S. 594 (1953).

④ Rebel Oil v. Atl. Richfield Co., 51 F. 3d 1421, 1434 (9th Cir. 1995).

定的指南》指出，"在反垄断执法实践中，相关市场范围的大小主要取决于商品（地域）的可替代程度。在市场竞争中对经营者行为构成直接和有效竞争约束的，是市场里存在需求者认为具有较强替代关系的商品或能够提供这些商品的地域，因此，界定相关市场主要从需求者角度进行需求替代分析。当供给替代对经营者行为产生的竞争约束类似于需求替代时，也应考虑供给替代"。① 简言之，界定相关市场就是把相互竞争的产品与没有竞争关系的产品区分开来，由此也反映了竞争发生的两个主要维度：一是相关产品市场，目的是识别与相关产品相竞争的产品；二是相关地域市场，即识别相关产品开展竞争的地理范围。

二 界定市场是识别滥用行为的起点

在世界各国的反垄断法包括我国《反垄断法》的第17条中，法律上禁止的滥用行为例如不公平的高价、低于成本的定价、拒绝交易、搭售或者价格歧视等，这些行为本身并不是一定违法。即它们的违法性主要取决于两个因素：一是行为人拥有市场势力或者市场支配地位；二是行为的不合理性。在这种情况下，为了证明滥用行为的存在，诉讼中的原告或者反垄断执法机关必须得证明被告拥有市场支配地位；而要证明市场支配地位，原告需要界定相关市场。这说明，在涉及单边行为或者滥用行为的案件中，界定市场不仅仅是为了评估是否存在市场支配地位，而且由此还可以进一步评估是否存在滥用行为。根据世界各国的反垄断立法和实践，分析滥用行为即便不是完全依靠市场界定，但是市场界定明显可以为这个分析提供一个系统和清晰的框架。这也即是说，如果没有相关市场界定，认定滥用行为是不可能的。

---

① 国务院反垄断委员会《关于相关市场界定的指南》第4条。

（一）测度市场份额是认定滥用行为的起点

前面指出过，世界各国反垄断法一般都非常关注市场结构。尽管人们一般认为市场势力或者市场支配地位就是一种可以把产品价格长期提高到竞争性价格之上的能力，但是反垄断执法机关认定市场支配地位时非常注重市场结构。例如，德国《反对限制竞争法》规定:（1）一家企业就某种商品或者服务至少占 40% 的市场份额，可推断其占市场支配地位;（2）3 家或者 3 家以下企业共同占 1/2 的市场份额，5 家或者 5 家以下企业共同占 2/3 的市场份额，如果它们之间不存在实质性的竞争，并且市场上不存在比它们更重要的企业，则可推断这些企业共同占市场支配地位。① 美国法院虽然将垄断势力解释为控制价格和排除竞争的经济实力，但是关于经济实力的推断也是建立在市场份额的基础上的。例如，美国第三巡回法院在其 2005 年涉及 Dentsply 一案的判决中指出，市场势力体现为"市场份额应超过 55%"②。欧盟竞争法没有类似德国《反对限制竞争法》关于市场支配地位的推断，但是欧盟委员会和欧洲法院都非常重视市场份额标准。在 1979 年 Hoffmann-La Roche 一案中，欧盟委员会和欧洲法院都是依据被告在欧洲的各种维生素市场占 80% 以上的份额，认定该公司占市场支配地位的。法院判决指出，"尽管市场份额的意义在不同的市场上有差别，但人们应当承认，除了特殊情况，特别高的市场份额毫无疑问就是市场支配地位的有力证据。如果企业在市场上长期占据很高的份额，它由此就会在生产和销售规模上处于强势，这种强势使之成为一个显赫的市场参与者，其市场行为可在一个较长时期不受他人的制约，这种强势就是市场支配地位。然而，市场份额很小的企业不可能短期内满足占市场支配地位企业能够满足的市场需求"。③ 欧盟委员会 2009 年发

---

① German Act against Restraints of Competition, updated in July 2014, §8.

② United States v. Dentsply International, Inc. 399 F.3d 181, 187 (3d Cir. 2005).

③ EuGH, 13.2.1979 "Hoffmann-La Roche/Vitamine" Slg.1979, 461, 521 Rn.41.

布的《适用〈欧盟运行条约〉第 102 条查处市场支配地位企业滥用性排他行为的执法重点指南》也指出，"低市场份额一般是缺乏实质性市场势力的重要标志。委员会的经验是，如果企业在相关市场的份额低于 40%，它不太可能具有市场支配地位。但在特殊情形下，尽管市场份额低于 40%，如果竞争对手对其行为无法实施有效的约束，例如在竞争对手面临严重产能限制的情况下，这也应引起委员会的关注"。[①] 我国反垄断法在认定市场支配地位方面，明显采用了市场结构标准。这不仅表现为该法第 18 条将市场份额作为认定市场地位的第一因素，还尤其表现为第 19 条依据市场份额提出了三个可进行反驳的关于市场支配地位的推断。这些推断与德国《反对限制竞争法》的规定一样，不具有民法意义上的法定效力，但这可以表明，当企业的市场份额达到一定标准，它们的排他性行为就可能成为反垄断执法机关干预的对象。这即是说，市场份额超过一定门槛的企业可能被视为具有市场支配地位，其后果就是得承担"不得扭曲市场竞争的特殊责任"[②]。

反垄断法依据市场份额推断市场支配地位，这是因为市场行为对市场竞争的影响往往与行为人是否拥有市场势力有着比较密切的关系。例如，市场份额 50% 与市场份额 90% 的企业相比，它们实施的搭售行为无论对竞争对手还是对消费者，其影响都有很大的区别。有时候，市场份额不足 50% 的企业虽然也有相当大的市场势力，但是一般来说，企业的市场份额越大，它们限制竞争的能力就越强，限制竞争的后果就越严重。正是因为占市场支配地位的企业限制竞争的后果比较严重，有些反垄断执法机关甚至认为，这些企业的掠夺性定价、拒绝交易、价格歧视、搭售等排他性行为在具体案件中

[①]　Guidance on the Commission's enforcement priorities in applying Article 82 of the EC Treaty to abusive exclusionary conduct by dominant undertakings, para 14.

[②]　Nederlandsche Banden-Industrie Michelin NV v. Commission, Case322/81[1983] ECR3461.

没有进一步分析其反竞争效果的必要。[①] 反垄断法由此就产生了一种推断，占市场支配地位的企业如果实施排他性行为，这些行为非常可能是反竞争的。[②] 反过来也可以推断，对于不占市场支配地位的企业来说，鉴于买方或者消费者在市场上还有很大的选择权，它们的排他性行为一般不会产生严重的反竞争后果。这即是市场结构－市场行为－市场绩效的分析方法。今天，人们虽然普遍认为，市场份额仅是认定滥用行为的因素之一，但占主导地位的观点是，市场份额不仅是关于市场结构的重要信息，而且也是关于滥用行为的重要信息。国际竞争网络发布的《依据单边行为法进行市场支配地位／重大市场势力分析的推荐意见》（简称《推荐意见》）也指出，"市场份额一般用作评估市场势力的起点，它是说明企业过去是否成功的一个有用信息。在大多数市场上，市场份额可以说明市场势力；如果具有市场势力，它还可

---

① 例如，欧盟法院在其 1979 年的 Hoffmann-La Roche 一案判决中指出，忠诚折扣应被视为本身违法，从而不需要进一步审查其竞争影响。See Hoffmann-La Roche v. Commission (85/76) EU:C:1979:36, para.89. 欧盟委员会在其 2009 年关于英特尔公司滥用市场支配地位的决定中指出，英特尔在计算机芯片 CPU 市场排除竞争对手的行为违法，因为这种行为损害市场竞争，减少消费者选择，损害市场创新。See Commission Publishes Decision Concerning Intel's Abuse of Dominant Position, MEMO/09/400, Brussels, 21 September 2009. 欧盟普通法院在其 2014 年关于英特尔诉欧盟委员会的判决中仍坚持欧盟委员会的观点，驳回原告。See Intel v. Commission (T-286/09) EU:T:2014:547. 英特尔一案的新动向是，欧洲法院在其 2017 年关于英特尔诉欧盟委员会一案的判决中推翻了欧盟委员会的决定和欧盟普通法院的判决，并提出以下三个观点：（1）评价占市场支配地位企业的排他行为包括忠诚折扣是否损害竞争，应依合理原则进行分析；（2）滥用市场支配地位的案件应在原告（包括反垄断执法机关和私人原告）和被告之间平衡举证责任，即程序上被告有权通过举证对其被指控的滥用行为进行抗辩，程序上原告有义务审查被告提出的证据；（3）《欧盟运行条约》第 102 条的目的是保护有助于提高效率的竞争。欧盟法院认为，英特尔公司实施的忠诚折扣是否损害市场竞争，这应当审查涉及事实的和经济分析的相关证据。该案被回送至欧洲普通法院进行进一步审查。本案虽尚未做出最终判决，但因欧洲法院的判决明确提出分析占市场支配地位企业的排他行为应从过去"本身违法原则"改为"合理原则"，这个案件对欧盟竞争法具有里程碑的意义。See Intel v. Commission (C-413/14 P) EU: C:2017:632.

② OECD Policy Roundtables, Market Definition 2012, p.74.

以说明市场势力有多大。市场份额是说明市场结构的首要标识，可以说明不同企业在市场竞争中的重要程度"。《推荐意见》还指出，"分析市场势力的时候，仅当合理界定了产品市场和地域市场的条件下，计算的市场份额才是有用的。计算市场份额应基于可靠的数据和信息来源，而且应当基于合理的推断"。"计算市场份额不仅应考虑相关市场的特点，而且应当考虑相关市场的条件。"[①]

国际竞争网络在上述《推荐意见》中还讨论了各国反垄断法根据市场份额门槛建立的"安全港"，例如我国反垄断法规定的"一个经营者在相关市场的市场份额达到二分之一的"可推断经营者具有市场支配地位。《推荐意见》指出，"执法机关可使用市场份额标准建立安全港，即低于门槛的市场份额不存在支配地位或者重大市场势力。超过安全港的市场份额是支配地位的必要条件，但不是充分条件。市场份额超过门槛的企业是否拥有支配地位，还应当通过其他条件进行进一步的分析"。[②] 现在各国反垄断法关于市场支配地位的安全港有不同的份额标准。美国司法部反垄断局指出，尽管有些法院认为市场份额不足 50% 的被告拥有垄断势力，但是司法部不会关注这种案件；在实践中，被告的市场份额必须在超过 50% 的情况下才可能拥有垄断势力。[③] 学术界关于建立市场支配地位的"安全港"有两种不同的看法。一种是赞成这种做法，理由是这有助于提高法律稳定性，即安全港之下的企业不必担心被指控为滥用市场支配地位，反垄断执法机关也不必关注市场份额不是很大的企业，从而可以把执法资源用于更重要的案件。另一种是反对这种做法，理由是市场界定如果不正确，测度的市场份额就会不准确，其结

①　ICN Unilateral Conduct Working Group, Dominance/Substantial Market Power Analysis Pursuant to Unilateral Conduct Laws.

②　Id.

③　U.S. Dep't of Justice, Competition and Monopoly: Single-Firm Conduct under Section 2 of the Sherman Act (2008), p. 3.

果就是一些反竞争行为得不到反垄断制裁。此外还有一个问题是，市场份额大的企业不一定就是垄断势力；相反，市场份额不大的企业不能保证其单边行为不会损害市场竞争，这种情况下，"安全港"可能会保护某些反竞争的行为。① 尽管有不同的观点，国际社会占主导地位的观点仍然是，安全港的建立是必要的：一方面，即便安全港内例如一个市场份额不足50%的企业的单边行为构成滥用行为，这样的案例也并不多见；另一方面，即便一个市场份额不足50%的企业存在滥用行为，这样的案件一般不会是大案要案，在这种情况下，处理这种案件的成本可能会超过这些案件存在的竞争损害。② 这即是说，因为认定市场支配地位几乎是所有反垄断执法机关审理滥用行为案件的前提条件，界定市场就是识别滥用行为的一个关键步骤。

（二）市场份额的深度分析是识别滥用行为的另一个关键

市场份额虽然是企业市场地位的指示器，但不一定能够完全正确地说明企业的市场竞争地位。因此，执法机关评估被调查企业的市场地位时，还应当考虑其他很多因素，特别是潜在市场竞争和抵消性的买方势力。

1. 潜在的市场竞争

潜在的竞争不是现实中的竞争，而是将来可能发生的竞争。潜在竞争主要表现在两个方面，一是新的市场进入，二是现实中竞争对手的市场扩张。因此，在潜在竞争存在的条件下，高市场份额不能真正说明企业的市场地位。例如，美国第九巡回法院在其1993年的一个判决中指出，尽管被告在一个地方性保龄球游戏市场占有100%的份额，但因原告既未提供证据说明该市场存在很高的进入障碍，也未提供证据说明被告能够长期维持其垄断地位，因此驳回原告指控被告谋求垄断的诉讼。法院还指出，"高市场份额

---

① U.S. Dep't of Justice, Competition and Monopoly: Single-Firm Conduct under Section 2 of the Sherman Act (2008), p. 4.

② Id.

虽然一般可以证明垄断势力，但在进入障碍很低的市场上以及被告没有能力控制价格或者排除竞争的情况下，它不具这样的证明力"。① 这个案例说明，市场竞争是一个动态的过程，市场份额仅是对企业过去竞争力的说明，而不能说明企业今后的市场地位。例如，在竞争对手掌握重要知识产权的情况下，市场份额很大的企业也许很快会在市场上占次要地位。

出于上述考虑，国际竞争网络在其《依据单边行为法进行市场支配地位／重大市场势力分析的推荐意见》中强调，"分析支配地位／重大市场势力包括但不能止于评估市场份额。至少市场的进入和扩张等可能影响市场势力行使时间的因素应当进行评估"。"对于被认定占支配地位的企业来说，关于市场进入的分析应提供相关市场潜在竞争者的重要信息，并由此提供作为市场势力期限的信息；关于市场扩张的分析，应当提供市场上开展活动的经营者进行扩张的潜在影响。执法机关不仅应评估市场进入或扩张在理论上的可行性，尤其应当评估潜在竞争能否事实上成为在位垄断企业的竞争约束。"《推荐意见》还指出，评估市场进入或者扩张的"可行性"是这个分析的重要部分。如果市场进入或者扩张能够使相关企业获利，这就有发生的可能。执法机关应考虑事实上或者潜在竞争者为进入市场或者市场扩张的各种因素，例如规模经济、范围经济、稀缺自然资源的投入、技术能力、在位垄断者的声誉、在位垄断者的投资、现存合同的期限、进入市场的政府管制、进入市场需支付的重大成本、进入市场后不能回收的沉没成本等等。② 除了进入的可行性，《推荐意见》还提出应评估进入或扩张的"及时性"，即评估它们能否及时发生，以便能够对在位垄断者构成竞争约束。如果各种障碍严重阻碍市场进入或者市场扩张，在位垄断者就不会受到进入或者扩张的制约。

---

① Los Angeles Land Co. v. Brunswick Corp., 6 F. 3d 1422(9th Cir. 1993).

② ICN Unilateral Conduct Working Group, Dominance/Substantial Market Power Analysis Pursuant to Unilateral Conduct Laws.

此外，执法者还应当考虑进入或者扩张的"充分性"，即能否达到足以有能力约束占支配地位企业的程度。如果进入或者扩张发生在局部、小规模或者个别有商机的市场，这样的市场进入或者扩张就没有约束力。[①] 因此，《推荐意见》的结论是，"如果事实上的或者潜在竞争者进入市场或者进行扩张的障碍很低，高市场份额不应当被视为市场势力；相反，如果存在进入或者扩张的重大障碍，具支配地位或者重大市场势力的企业就缺乏竞争约束，或者这个竞争约束会受到限制"。[②]

2. 抵消性的买方力量

在现实经济生活中，即便拥有高市场份额的企业，有时候也不得不考虑那些有能力和它们讨价还价的大客户，这便是抵消性的买方力量。抵消性的买方力量可能源于客户的经济规模或者重大的商业价值，此外还可能源于客户的某种能力，例如可能会快速转向其他具竞争关系的供货商，或者能够吸引新的企业进入市场，由此影响占市场支配地位企业的竞争力。如果买方的抵消性力量足够强大，这个力量可以阻止企业为盈利进行提价的动机。然而一般来说，买方势力不能等同于一个有效的竞争约束，因为一般来说，可能只有小部分客户可以得到具市场势力的供货商的特殊保护。[③]

总而言之，市场份额虽然可以为市场支配地位的评估提供非常重要的信息，但在很多情况下，因为市场份额不能充分说明市场支配地位或者垄断势力，执法机关有必要进一步分析市场进入、市场扩张、买方势力、规模经济、范围经济、网络效应、上下游市场的纵向整合等很多因素。然而，这些因素的分析不能脱离对相关市场的界定。例如，如果没有市场界定，人们就不可

---

①　ICN Unilateral Conduct Working Group, Dominance/Substantial Market Power Analysis Pursuant to Unilateral Conduct Laws.

②　Id.

③　Guidance on the Commission's enforcement priorities in applying Article 82 of the EC Treaty to abusive exclusionary conduct by dominant undertakings, Para 18.

能分析市场的进入和扩张，也不可能分析抵消性的买方势力。这说明，市场界定不仅是测度市场份额的基础，而且也是深度分析市场支配地位的基础。

三　界定市场可否通过直接证据？

在反垄断执法中，界定相关市场因为是测度市场份额和认定市场支配地位的必要步骤，因此，这是一个法律问题。然而另一方面，相关市场界定的目的是测度相关企业是否具有将其产品价格长期维持在竞争性价格之上的能力，因此这也是一个经济和技术问题。当然，相关市场界定还有其他很多复杂的问题，例如人的主观性。下面以欧洲法院 1978 年的联合商标诉欧盟委员会一案为例说明。

欧洲法院 1978 年判决的联合商标案是一个涉及相关市场界定的重要案例。法院在判决中提出界定市场需要考虑产品的"高度可替代性"，这就说明了界定市场的经济学原理。联合商标公司是全球最大的香蕉供应商，它的子公司大陆 BV 因在欧洲市场实施了过高的定价和价格歧视行为而遭到欧共体委员会的处罚。联合商标公司不服委员会的处罚决定，遂向欧洲初审法院提出申诉，指控欧共体委员会界定的相关市场不合理。联合商标公司的观点是，香蕉与其他新鲜水果具有合理的可替代性，应处同一相关市场。欧盟委员会和法院的一致观点是，香蕉无籽、柔软、易剥开，可满足孩子、老人、病人的经常性需求，且一年四季都有销售；其他水果则因为受季节性影响较大，虽然一定程度上可代替香蕉，但这个可替代性是有限的，香蕉因此应被视为独立的相关产品市场。[①] 这个案子表面上看似简单，但可以说明分析产品的可替代性可能会有各种各样的理由，遇到各种各样的问题。例如，有时候得不到需要的数据；有时候虽然有数据，但数据不可信、不完善或者存

[①]　United Brands Co and United Brands Continental BV v. Commission, Case 27/76 [1978] ECR 207, 225.

在缺陷。此外，同一个数据可能会做出多种解释。这说明，界定相关市场是一件比较困难的事情，最大的问题是界定市场存在着不确定性。①

鉴于通过界定市场间接评估垄断势力或者市场支配地位在实践中有难度，人们常常提出是否可通过竞争损害的直接证据来证明垄断势力或者市场支配地位。美国司法部 2008 年发布的研究报告《竞争与垄断：谢尔曼法第 2 条意义上的单边行为》就讨论了这个问题，即是否可通过企业的高利润率、价格－边际成本以及需求弹性等直接证据来证明企业拥有垄断势力。② 但是，这个报告指出，高利润率不一定能够反映企业行使垄断势力，因为会计成本一般只是依据会计规则，而很少反映企业的真实成本，例如折旧、资产重置成本以及使用资产的机会成本等等。报告也提出是否可通过价格与短期边际成本之间的差异，即通过勒纳指数认定企业存在短期市场势力。报告的结论是，人们至今都不知道，多大幅度超过短期边际成本的价格才可能被视为涉及垄断势力。这即是说，即便产品的价格超过短期边际成本，并可以由此说明企业有很高的价格－成本利润率，这也不能简单视为企业拥有垄断势力。报告还讨论了产品的需求弹性是否可以说明垄断势力。报告指出，没有市场势力的企业肯定存在大的需求弹性；然而，在差异性产品的生产商实现利润最大化的情况下，他们面对的需求弹性也很小。这不仅说明垄断性产品和差异化产品面对的弹性需求是一样的，而且也说明弹性需求不能真正说明垄断

---

① Judge Nils Wahl, "The Relevant Market Definition under the European Union Competition Law", OECD Market Definition 2012, pp. 407-409.

② U.S. Dep't of Justice, Competition and Monopoly: Single-Firm Conduct under Section 2 of the Sherman Act (2008). 这个报告作为美国司法部反托拉斯局审理和分析单边行为案件的相关政策，2009 年 11 月被撤销，理由是这个报告处理单边行为案件的态度过度谨慎，过度相信市场有自我调节的能力，从而给反垄断执法机关设置了太多的障碍。但是，报告中的一些经济学分析仍然具有借鉴意义。See Department of Justice, "Justice Department Withdraws Report on Antitrust Monopoly Law", available at: https://www.justice.gov/opa/pr/justice-department-withdraws-report-antitrust-monopoly-law.

势力的存在。因此，这个研究报告的结论是，"一言以蔽之，公司的利润率、边际成本或者需求弹性等直接证据都不能就垄断势力的认定提供一个准确或者可信赖的方法"。①

美国有些法院的判决指出，原告可通过被告索取了过高价格、限制生产数量或者存在很高市场进入障碍等直接证据，证明被告拥有市场势力。例如第三巡回法院在其 2007 年 Broadcom Corp. v. Qualcomm Inc. 一案的判决中指出，"垄断势力的存在也许可通过超高定价和限制数量得到证明"。② 美国第六巡回法院在其 1999 年 Re/Max International, Inc. v. Realty One Inc. 一案的判决中也指出，"如果原告有直接证据可以说明被告事实上可以自由定价和排除竞争，那就不应当要求提供间接证据来证明被告的垄断势力，例如证明被告在相关市场拥有很高的市场份额"。③ 然而，尽管这些法院提出了可通过直接证据证明存在市场势力的观点，但是迄今没有任何一个美国法院仅仅依据企业可自主定价或者限制产量等直接证据，就作出企业拥有市场势力的判决。④ 事实上，美国法院在涉及市场势力的所有案件中，都会考虑相关企业的市场份额。例如第三巡回法院 2005 年在涉及 Dentsply 一案的判决中指出，证明市场势力的"市场份额应当超过55%"⑤；第十巡回法院1989年在 Exxon Corp. v. Berwick Bay Real Estates Partners 一案的判决中指出，"被告如果在相关市场的份额不足70%，垄断难以认定"⑥。一个更早的案例是第二巡回法院 1945 年判决的美国铝公司案，法院的判决指出，"90% 的市场份额足可认定垄断，60% 或者 64% 的份额能否构成垄断值得怀疑，33% 的市场份额

---

① Department of Justice, Competition And Monopoly: Single-Firm Conduct Under Section 2 of The Sherman Act（2008）.

② Broadcom Corp. v. Qualcomm Inc., 501 F.3d 297, 307 n.3 (3d Cir. 2007).

③ Re/Max International, Inc. v. Realty One Inc., 173 F.3d 995, 1018 (6th Cir. 1999).

④ OECD Policy Roundtables, Market Definition 2012, p. 324.

⑤ United States v. Dentsply International, Inc. 399 F.3d 181, 187 (3d Cir. 2005).

⑥ Exxon Corp. v. Berwick Bay Real Estates Partners, 748 F.2d 683, 694 n.18 (10th Cir. 1989).

则肯定不能构成垄断"。①

　　欧盟也有人提出使用直接证据证明市场支配地位的问题。欧盟委员会竞争局下的竞争政策经济咨询组曾在 2005 年提建议说，"如果行为的后果可以证明产生了连续性和可以证实的重大竞争损害，这本身就是市场支配地位的证据。认定支配地位的传统方法是求助于市场结构方面的信息，但这不过代表了认定支配地位最重要的方式，即由此说明企业行使市场势力以及对其他市场参与者实施滥用行为的能力。如果行为的后果可以证明，仅当公司拥有市场支配地位才可能有的滥用行为，那就没有必要进一步证明支配地位的存在；然而，如果没有独立的证据可以证明支配地位，存在滥用行为的证据就应当有相当高水准的证据力"。② 这个观点听起来很有道理。但是，因为证明市场势力的直接证据可能多种多样，而且不同的经济学家可能有不同的理论，因此有专家认为，如果放弃界定相关市场来认定市场支配地位，使用直接证据的方法将会导致极大的法律不稳定性。③ 鉴于上述考虑，欧盟委员会审理滥用行为的案件一直都是使用二步程序法，即第一步界定相关市场和认定市场支配地位，第二步评估限制竞争行为的影响。

　　上述讨论说明，使用直接证据判断企业是否拥有垄断势力或者市场支配地位，这种做法表面上很诱人，但实践中的应用很少，或者说几乎没有这样的案例。使用直接证据的出发点是，企业的定价或者经营决策可以不受竞争对手的影响，这个企业就拥有市场支配地位。然而与分析市场绩效的标准一样，人们在实践中不可能精确测算产品的边际成本，从而也不可能准确地测算产品的定价是否合理。因为不是企业的市场行为决定企业的市场地位，而是企业的市场地位决定企业的市场行为，在美国和欧盟的反垄断司法实践

---

① United States v. Aluminum Co. of America, 148 F.2d 416, 424 (2d Cir. 1945).

② OECD Policy Roundtables, Market Definition 2012, p. 76.

③ OECD Policy Roundtables, Market Definition 2012, p. 76.

中，市场行为虽然对认定企业的市场地位有重要的参考价值，但不能作为认定企业市场地位的决定性因素。总而言之，除了个别情况可以不界定相关市场，例如政府管制的行业因为存在进入障碍，人们一般不需要界定市场即可认定市场支配地位或者垄断势力。但在一般情况下，市场界定在涉及滥用行为的案件中都是一个重要而且极有价值的过滤器。[①]

四　界定相关市场的几个疑难问题

反垄断执法中的市场界定一般需考虑产品市场和地域市场。界定产品市场的时候，人们一般需要从买方的角度考虑那些从价格、性能以及用途等方面相互具合理替代性的产品，即目标产品与其他产品之间的需求弹性。在企业并购案件中，执法机关主要采取假定垄断者测试法即 SSNIP 测试。即在产品销售条件保持不变的情况下，假定垄断者持久地（一般一年）小幅（5%~10%）提高目标产品价格如果仍有利可图，目标产品就可构成相关产品市场；如果这个涨价导致需求者转向具紧密替代关系的其他产品，即在假定垄断者这个涨价行为无利可图的情况下，需要把替代产品增加到相关产品市场。界定相关地域市场也是相同原理。然而，在滥用市场支配地位案件中使用 SSNIP 测试法界定相关市场时，需要注意以下几个问题。

（一）"玻璃纸谬误"

美国联邦最高法院 1956 年判决的杜邦玻璃纸案是一个关于相关市场界定的影响很大的案件。[②] 司法部作为原告指出，玻璃纸与其他包装材料在外观、价格等方面有差别，相互间没有足够大的可替代性，玻璃纸与其他包装材料不属同一相关产品市场。在这种情况下，因为杜邦公司生产的玻璃纸在玻璃纸市场上的份额超过 70%，司法部认为杜邦公司占市场支配地位。法院

---

① OECD Policy Roundtables, Market Definition 2012, p. 79.

② United States v. E. I. du Pont de Nemours & Co., 351 U.S. 377(1956).

的观点是，"每个生产商都是特定产品的唯一生产者，它对相关市场的控制力取决于买方能否获得替代品，即玻璃纸与其他包装材料之间是否存在需求交叉弹性"。[①] 法院还指出，合理替代性是界定市场最精准的标准，衡量合理替代性一般应考虑产品的价格、用途和性能三个因素。然而，因为法院认为，玻璃纸与其他柔性包装材料有足够大的需求交叉弹性，故认定该案的相关产品市场是柔性包装材料，因为杜邦公司在这个市场的份额不足20%，因此认定杜邦公司不占市场支配地位，从而也不存在滥用市场势力的行为。

美国最高法院关于杜邦公司案的判决受到学术界和实务界的很多批评。批评者认为，法院没有考虑杜邦公司作为垄断性的企业，它的玻璃纸价格已经高于竞争性价格，法院却以这个垄断性价格作为界定市场的基础性价格寻找玻璃纸的密切替代品，结果就是杜邦公司如果进一步涨价，其涨价行为就不具有盈利性。因为法院在该案使用了杜邦公司的垄断性价格测算玻璃纸与其他柔性包装材料之间的需求交叉弹性，并以此作为杜邦公司不具有市场势力的证据，人们把美国最高法院在这个案件中所犯的错误称为"玻璃纸谬误"。[②] "玻璃纸谬误"给人们的启示是，界定市场考虑需求交叉弹性时不能以现存市场势力的垄断性价格为基础。这也即是说，在市场垄断的情况下，假想的垄断者测试可能会不合理地扩大相关市场的范围，即不合理地提高目标产品的交叉需求弹性，结果就是不合理地降低垄断者的市场份额。美国联邦最高法院在其1992年关于Eastman Kodak一案的判决中也指出，"产品的涨价如果受买方转向其他产品的限制，这不足以证明该产品在相关市场没有垄断势力，因为该产品的生产商可能已经在索取垄断价格"。[③] 这也即

---

① United States v. E. I. du Pont de Nemours & Co., 351 U.S. 377,395 (1956).

② ABA Section of Antitrust Law, *Market Power Handbook: Law and Economic Foundations*, Second Edition (2012), p. 73.

③ Eastman Kodak Co.v.Image Technical Services,504 U.S.451(1992).

杜邦公司案的经验告诉我们，如果玻璃纸价格进一步上涨，消费者会购买其他柔性包装材料，但这不能说明杜邦公司没有垄断玻璃纸，而是因为杜邦公司审时度势，已经将其产品制定了一个利润最大化的价格。

欧盟委员会的《界定相关市场的通告》也指出，"一般来说，特别在合并案件的分析中，需要考虑的价格是市场现价。然而，如果市场现价是在没有充分竞争的条件下订立的，情况就不是这样。特别是在调查滥用市场支配地位的案件时，必须将现价可能已经大幅度提高的这一事实考虑进去"。[1]我国国务院反垄断委员会发布的《关于相关市场界定的指南》也指出，"原则上，在使用假定垄断者测试界定相关市场时，选取的基准价格应为充分竞争的当前市场价格。但在滥用市场支配地位、共谋行为和已经存在共谋行为的经营者集中案件中，当前价格明显偏离竞争价格，选择当前价格作为基准价格会使相关市场界定的结果不合理。在此情况下，应该对当前价格进行调整，使用更具有竞争性的价格"。[2]

（二）双边市场的相关市场界定

双边市场是指通过交易平台使两边的终端用户形成互动，并通过适当定价使他们都能参与经济活动的一类市场，例如电子商务平台、互联网搜索引擎、即时通信等新兴互联网服务都明显具有双边市场的特征。[3]与传统的单边市场相比，双边市场具有以下经济特征。（1）由于存在较强的互补性和间接的网络效应，平台一边的客户规模往往与另一边客户规模成正比。例如在电子商务平台，一边的供货商数量对另一边购买者的数量存在正向效应。（2）为实现利润最大化，平台经营者对两边用户的成本分摊和价格结

---

[1]　Commission Notice on the Definition of Relevant Market for the Purposes of Community Competition Law (97/C 372/03), para 19.

[2]　见国务院反垄断委员会《关于相关市场界定的指南》第 11 条。

[3]　Jean-Charles Rochet & Jean Tirole, "Two-Sided Market: An Overview (March 12, 2004)", available at http://web.mit.edu/14.271/www/rochet_tirole.pdf.

构不会遵循传统的成本定价规则。例如，互联网经营者一般对网络用户实行免费服务，但对广告商提供有偿服务，即不同客户端之间的成本分摊和利润获取是不均衡的，不均衡的程度主要取决于间接网络效应的量级和方向。（3）因为互联网用户可能同时参与多个平台，即便这些平台的一边不提供相同的服务，但因为平台的另一边都存在着"吸引眼球"的竞争，互联网平台的经营者除在平台一边受到竞争者的制约，在另一边还都受到消费者的制约。总而言之，由于双边市场的复杂性，由于双边市场两端相互存在间接的网络效应，特别是在双边市场存在免费服务的情况下，双边市场的相关市场界定在很多情况下不能简单运用界定单边市场的方法。①

例如在最高人民法院 2013 年判决的奇虎 360 诉腾讯一案中，广东省高院作为一审法院界定该案相关市场时，曾使用传统的垄断者测试法，理由是消费者对即时通信服务有很高的价格敏感度。但是，因为假定垄断者测试是以价格为中心，而被告腾讯公司提供的即时通信服务是免费的，因此假定垄断者测试用于界定即时通信服务市场是无的放矢。因此，最高人民法院的终审判决指出，作为界定相关市场的一种分析思路，假定垄断者测试虽具有普遍的适用性，但在一个即时通信服务长期免费的商业模式下，用户具有极高的价格敏感度，改变免费策略转而收取哪怕较小数额的费用都可能导致用户的大量流失。这种情况下，采取基于相对价格上涨的假定垄断者测试很可能将不具替代关系的商品纳入市场，其结果就是界定的市场过宽。因此，这个案件不适宜采用假定垄断者测试法。②

界定双边市场的相关市场时，尽管平台两端相互间存在着交叉网络外部性，但在具体案件中，双边市场的两边不一定都需要界定市场。究竟应当界定哪一边的市场，取决于具体案情。在北京市一中院 2009 年关于唐山人人

---

① OECD Policy Roundtables, Market Definition 2012, pp. 54-55.
② 最高人民法院民事判决书（2013）民三终字第 4 号。

诉百度一案的判决中，法院将该案相关产品市场界定为搜索引擎服务市场。然而，该案涉及一个在线广告商与百度之间的争议，搜索引擎服务的用户与百度的在线广告商之间没有直接交易，即便百度提高在线广告费或者增加广告商的数量，都不会明显影响这些搜索用户的数量和搜索时间。这种情况下，百度在该案中是否占市场支配地位，应考虑它在其平台另一端提供的在线广告服务，并可通过定性分析或者 SSNIP 测试，分析这个相关产品市场仅指线上广告服务，还是应当包括线上和线下的广告服务。[①] 这个案件也说明，尽管涉及双边市场的市场界定比较复杂，但在很多情况下还是有必要采取一般的竞争分析法。[②]

（三）创新市场的相关市场界定

现在媒体、电信、生物技术、医药技术等领域的技术发展非常快，一个重要表现是，过去很多在形式上相互独立的功能现在被整合到一个产品，其结果就是不同产业的企业相互进入对方市场，由此导致现有企业的市场竞争压力越来越大。这种发展和变化不仅增加了新的产品和服务，而且也导致相关市场的边界越来越不清楚。由于技术的发展和变化非常快，由于这种情况下市场竞争的决定性因素不再是价格，而是市场上引出不曾有过的产品和服务，人们也把这种竞争称为颠覆性的竞争。

颠覆性的创新或竞争特别表现在互联网行业，即一些企业虽然依赖某些技术优势可能会迅速占领市场且拥有市场支配地位，但是这种依靠高新技术形成的市场垄断具有很大的不稳定性，因为一旦一项创新性的技术或者产品问世，在位企业的市场垄断地位就会被取代。人们用摩尔定律（Moore's law）来说明互联网技术的创新速度。即根据这个定律，计算机芯片性能每

---

① 参见 Armstrong, M., Wright, J., "Two-Sided Markets, Competitive Bottlenecks and Exclusive Contracts", *Economic Theory*, 2007, 32(2): 353-380。

② OECD Policy Roundtables, Market Definition 2012, p.243.

隔 18 个月就会提高一倍，价格下降 50%。摩尔定律从互联网硬件的角度说明了互联网行业快速发展和持续更新的内在动力，即因为受高新技术和快速创新的影响，互联网行业的一些垄断性企业即便市场份额很大，甚至达到100%，这种垄断地位也往往不是持久性的，因为这个垄断不仅是技术创新的结果，而且也是新一轮更为激烈的技术竞争的开始。

最高人民法院 2013 年关于奇虎 360 诉腾讯一案的判决也提出了互联网市场存在颠覆性创新的趋势。判决书指出，"在市场进入比较容易，或者高市场份额源于经营者更高的市场效率或者提供了更优异的产品，或者市场外产品对经营者形成较强的竞争约束等情况下，高的市场份额并不能直接推断出市场支配地位的存在。特别是互联网环境下的竞争存在高度动态的特征，相关市场的边界远不如传统领域那样清晰，在此情况下，更不能高估市场份额的指示作用，而应更多地关注市场进入、经营者的市场行为、对竞争的影响等有助于判断市场支配地位的具体事实和证据"。[①] 这说明，创新性很强的行业特别是互联网行业，单纯考虑相关企业在某个产品或者服务上的高市场份额也许不能实事求是地说明企业的市场势力。这即是说，互联网市场尽管存在网络外部性，市场上尽管存在"赢者通吃"的趋势，但是因为这种市场存在着竞争和创新的极大动力，反垄断法传统上通过市场份额推断市场势力的理论能否适用，可能有时候就存在问题。虽然理论上不管任何行业和任何企业，滥用市场支配地位排除限制竞争的行为都是违法的，必须予以禁止，即它们都不可能存在反垄断法的豁免；但在另一方面，新兴市场上的企业包括垄断企业因为受到市场需求的约束和市场进入的威胁，它们不仅在免费提供服务的情况下没有随意涨价的能力，而且即便在其产品价格高于边际成本的情况下，这些价格仍会低于没有效率的竞争者所

---

① 最高人民法院民事判决书（2013）民三终字第 4 号。

索取的价格。^① 这说明，在创新性和竞争性极强的行业，市场份额不一定能够说明市场势力。在这种情况下，识别企业是否拥有市场支配地位，应当更多地考虑市场竞争环境，特别是考虑市场上现实和潜在的竞争。

五　结论

以上分析说明，界定相关市场作为测度市场份额和间接认定市场支配地位的基础，它在滥用市场支配地位案件的竞争分析中具有全方位的功能和作用。尽管界定市场不可避免地存在着不确定性和不够精准的问题，但是通过直接证据，例如企业的高利润、价格－边际成本计算以及需求弹性等数据认定企业是否拥有市场势力，实践中存在的问题可能会更大。^② 除了测度市场份额和认定市场支配地位，因为市场支配地位是认定滥用行为的一个必不可少的前提条件，界定市场在认定滥用行为的过程中也是一个必不可少的前提条件。因此，界定相关市场在市场支配地位案件的竞争分析中不仅是第一步，而且也是最关键的一步，它渗透了这个领域竞争分析的方方面面。^③ 因为界定市场对测度市场份额和认定市场支配地位有着重大影响，为了科学地界定市场和合理地进行竞争分析，滥用行为案件的市场界定应当特别关注"玻璃纸谬误"、双边市场以及创新市场等各种问题。

---

① KOLASKY, W.J., (2002), "What is Competition?" mimeo, available at http://www.justice.gov/atr/public/speeches/200440.htm.

② 商务部 2017 年第 77 号《关于附加限制性条件批准马士基航运公司收购汉堡南美船务集团股权案经营者集中反垄断审查决定的公告》指出，该案审理中运用了综合涨价压力指数（GUPPI）对集中后的马士基航运涨价的可能性进行过量化评估；此外还运用并购模拟计算出集中后马士基航运冷藏集装箱班轮运输服务的涨价幅度可能达到 10% 以上，从而认定这个集中可能产生排除限制竞争的效果。但是，商务部审理该案即便运用了综合涨价压力指数和并购模拟测试，这些计量经济学方法也没有在这个案件的审理中取代相关市场的界定。见 http://fldj.mofcom.gov.cn/article/ztxx/201711/20171102667566.shtml。

③ OECD, Market Definition 2012, http://www.oecd.org/daf/competition/Marketdefinition2012.pdf.

竞争分析中的相关市场界定

——国家社科基金重大项目"垄断认定过程中的相关市场边界划分原则与技术研究"结项报告序言[*]

一 反垄断案件为什么需要界定相关市场

反垄断案件的审理需要界定相关市场，这最早发轫于美国联邦最高法院1948年判决的哥伦比亚钢铁公司案。此后，美国1953年的时代花絮案、1956年的杜邦公司玻璃纸案以及1962年的布朗鞋案等很多著名案例，推动市场界定的经济学理论和技术方法有了长足的发展。1968年以来，美国司法部以及其后来与联邦贸易委员会合作，陆续发布了1968年、1982年、1984年、1992年以及2010年的并购指南，这些指南的一个重要部分就是相关市场的界定。相关市场界定现在不仅是美国反托拉斯执法的一个重要步骤，而且因为受美国法的影响，其他国家和地区包括欧盟、日本、韩国等一百多个反垄

[*] 2012年底，我作为首席专家，通过竞争获得了国家社科基金重大招标项目"垄断认定过程中的相关市场边界划分原则与技术研究"（项目批准号12&ZD200），该课题已于2018年6月8日顺利结项。我感谢课题组全体成员的辛勤努力和奉献，特别感谢四位子课题负责人在课题研究过程中的艰辛付出。参加课题研究报告撰写的成员有王晓晔（首席）；郑鹏程（第一子课题负责人）；林平（第二子课题负责人）、乔岳、唐明哲、刘丰波；李青（第三子课题负责人）、韩伟、苏华、金美蓉、胡铁、张素伦、黄晓锦；王先林（第四子课题负责人）、李剑、侯利阳、徐炎、仲春、熊文聪、薛颖。

断司法辖区在其反垄断执法中都要考虑相关市场的界定。我国反垄断法也有相关市场的规定，国务院反垄断委员会 2009 年还发布了《关于相关市场界定的指南》，反垄断行政执法机关和人民法院在其很多反垄断案件的审理中，特别是在一些大案和要案如高通案、利乐公司案、奇虎 360 诉腾讯等案件的审理中，都界定了相关市场。

然而，美国司法部和联邦贸易委员会在其 2010 年修订的并购指南中提出，"执法部门的分析不需要从市场界定开始。尽管评估客户可获得的竞争性替代品在分析中的某个时刻总是必要的，但执法部门使用一些评估竞争效果的分析工具并不依赖市场界定"。这个说法似乎很大程度上降低了市场界定在反垄断执法中的地位和作用。本课题组在这方面探讨和研究了很多问题，例如，相关市场界定对于反垄断法的实施是否很重要；如果很重要，它的经济学理论和技术方法有哪些；这些技术方法界定相关市场的实用性如何；它们在具体行业和具体的反垄断案件中是如何被应用的；等等。

课题组的结论是，反垄断案件需要界定相关市场，这是基于反垄断法的特性。反垄断法是一部反对垄断和保护竞争的法律制度。鉴于在企业规模过大和不受竞争制约的情况下，企业往往会抬高产品价格，损害消费者的利益，反垄断案件的审理往往需要识别市场势力，即企业在其成本之上进行涨价的能力。由于企业的边际成本不可获知，即直接识别市场势力的方法不可行，实践中识别市场势力不得不采用间接的方法，即界定相关市场，测度企业的市场份额，进而解释市场份额是否可以说明企业具有市场势力。由此可知，界定相关市场作为反垄断案件竞争分析的第一步，它是分析涉案的市场竞争是否受到扭曲或者受到威胁的前提条件，这个步骤是反垄断案件进行竞争分析的关键性步骤。

界定市场的主要目的是识别市场势力，因此市场界定只是应用于私人限制竞争的案件，而一般不会应用于行政垄断案件。另一方面，一个市场行为如果本身违法，例如核心卡特尔，这样的案件也不需要界定市场。简言之，在反垄断各个领域包括经营者集中、滥用市场支配地位以及垄断协议等各种案件中，凡是有必要测度当事人的市场份额或者市场集中度，目的是测度是否可能产生或者增强市场势力，这些案件一般都需要界定相关市场。这即是说，界定市场有助于反垄断案件的竞争分析更清晰、更精准、更有说服力，从而也有助于提高反垄断执法的透明度和效率。

本课题的研究成果表明，尽管市场界定不可避免地存在着主观性和不确定性，尽管某些并购案件使用UPP、合并模拟等计量经济学方法测度市场势力的方法具有可行性，但是如果认为计量经济学方法可以全面替代相关市场的界定，这个结论是错误的。考虑到任何经济学理论或者模型都存在着一定的缺陷，这些经济学理论和方法在竞争分析中充其量只能作为界定相关市场的补充，而不能替代相关市场的界定。

二　界定相关市场的技术方法

1. 界定市场概述

相关市场界定是一个反垄断执法中产生的问题，它的法律属性十分凸显。但是，相关市场界定也是一个经济学问题，因为市场界定的目的是识别市场势力。由于产品的边际成本不可得，人们直接测度市场势力，即测度企业可以将其产品价格提高到边际成本之上的能力不可行，人们便不得不通过需求弹性、供给弹性、需求交叉弹性、剩余需求弹性等各种弹性的计算来测度市场势力。在实践中，人们主要使用剩余需求弹性来说明市场势力，即一个企业在市场上的提价行为是否可能导致同类产品其他生产企业的价格或者产出发生变化。也即一个较低的剩余需求弹性可以说明企业拥有市场势力，较高的剩余需求弹性则说明企业不具市场势力。

通过供给弹性、需求弹性等各种弹性来说明市场势力的时候，必须考虑相关市场的维度，特别是考虑相关产品市场和相关地域市场。界定产品市场一般得考虑经营者在市场上可以感受到的三种竞争压力，即需求替代、供给替代和潜在的竞争。因为需求替代对经营者的竞争影响最大，实践中比较容易取证，界定产品市场一般主要考虑需求替代。审理与知识产权相关的反垄断案件时，界定产品市场还需要考虑相关的技术市场，甚至研发市场。在涉及多元化产品的案件中，有时候需要考虑子市场、集群市场或者次级市场。相关地域市场是指相互竞争的产品所处的地域范围，这里一般考虑买方与卖方所在地的关联因素，例如产品价格、消费者喜好以及产品运输的限制性条件等等。

2. SSNIP 及其相关方法

美国司法部 1982 年并购指南提出的 SSNIP 假定垄断者测试法，是以剩余需求弹性理论为基础的市场界定法，这个方法的提出是界定市场技术方法的一次重大变革。SSNIP 测试法提出之前，欧美反垄断司法辖区一般使用需求替代、供给替代和交叉价格弹性等方法界定相关市场。这些方法的不足之处是，在缺乏考虑临界替代的情况下，界定市场可能存在比较大的主观随意性。SSNIP 测试的思路是，假定垄断者的涨价行为如果有利可图，这说明没有或仅有少量需求者会转向购买其他的替代品，假定垄断者的产品（或地域）从而可构成相关市场；如果涨价无利可图，这说明这个产品（或地域）未能覆盖具紧密替代关系的其他产品（或地域），从而应当相应地扩大相关市场的范围。因为 SSNIP 测试法考虑到了其他产品（或地域）进入相关市场的可能性，减少了界定市场可能存在的主观随意性，这个方法比较科学和合理，从而成为界定相关市场最重要的技术方法。但是，本课题的研究表明，SSNIP 测试法也存在很多问题，例如基础价格的选择问题，即一个价格如果不是竞争性的价格，界定的市场范围可能比较宽，即会出现"玻璃纸谬误"。此外，确定并购后企业的涨价幅度和潜在竞争性产品进入市场的时间也可能存在问题。以提价幅度为例，如果幅度过大，界定的市场范围可能比较宽；如果幅度过小，界定的市场则较窄。

因为 SSNIP 测试法存在一定问题，本课题还讨论了以 SSNIP 为基础的临界损失分析、临界弹性分析和剩余需求弹性分析等方法。临界损失是指，假定垄断者进行了 SSNIP 之后，其市场销售所能忍受的最大损失幅度。临界损失分析是将企业提价后的实际损失与其临界损失作比较：如果实际损失大于临界损失，这说明提价无利可图，从而可将其产品（或地域）界定为相关市场；如果实际损失小于临界损失，这说明假定垄断者面临着强竞争约束，从而不应将其产品和地域界定为一个相关市场。然而，临界损失分析也存在不足之处。例如，如果忽视假定垄断者提价时其差异化产品的内部转移，其结论可能会高估提价的损失；在产品边际成本很小的情况下，因为较小的边际成本会导致较大的边际利润率，由此计算的临界损失比较小，界定的市场范围比较宽，然而实际的情况是，较大的边际利润率可以说明很强的市场势力。

临界弹性是指假定垄断者进行 SSNIP 之后仍可获利的最大弹性值。临界弹性分析需要比较需求弹性和临界弹性：如果需求弹性大于临界弹性，假定垄断者的产品（或地域）不应被界定为相关市场；如果需求弹性小于临界弹性，假定垄断者的产品（或地域）应被界定为相关市场。临界弹性分析的操作比较简单，但这种方法需要了解产品的边际成本，否则计算的临界弹性会不准确。

剩余需求弹性是分析企业的剩余需求与其产品涨价之间的关系，即通过假定垄断者 SSNIP 之后其产品缺乏弹性时的剩余需求曲线来界定相关产品市场。实践中，剩余需求弹性分析可应用于同质化和差异化产品市场的情况。剩余需求弹性的分析比较简便，实践中应用比较广泛，对 SSNIP 测试法的推进起到了重要作用。但是，这种测试方法的不足之处是，其测试的结果往往与人们使用的模型有密切关系，从而需要使用其他的方法来验证市场界定的正确性。

3. SSNIP 之外的方法

鉴于 SSNIP 测试法和以 SSNIP 测试为基础的几种方法在应用中往往会受到数据或者假设条件的限制，本课题还研究了不需要 SSNIP 测试也可以大致界定市场的方法，这主要是价格检验法和产品流检验法（即 E-H 测试），它们的理论基础都是马歇尔的局部均衡论，即套利行为可以导致产品价格最终实现均衡。

价格检验法的原理是，如果某些产品价格具有高度的相关性，它们可能属同一相关市场。价格检验有多种方法，课题组主要探讨了价格相关性检验、格兰杰因果关系检验、协整检验和平稳性检验四种方法，前两种方法关注价格之间的短期关系，后两种方法关注价格之间的长期关系。与 SSNIP 测试法相比，价格检验法操作比较简单，需要的数据主要是产品价格和销售数量。但是，价格检验法的最大缺陷是，这些方法主要是界定因套利行为而导致产品价格发生联系的产品集或者区域，而不是反垄断意义上的市场。此外，不同产品的价格相关性有时候不是因为产品的可替代性，而是因为使用了相同的投入或者通货膨胀。因此，这些方法只能为界定市场提供辅助性的证据，而不能提供决定性的证据。

产品流检验法主要是考虑需求和供给两个因素，通过计算候选市场的外部流入比（LIFO）和内部流出比（LOFI）来界定相关地域市场。如果这两个指标均达到一定标准，即可将两个地域界定为同一市场。产品流检验法在美国的医院并购案中得到了广泛应用。但是，因为产品流检验法依赖 LIFO 和 LOFI 两个数据，而不是从竞争的角度分析地域间的相关性，从而可能高估或者低估所界定的地域市场范围。

4. 几种特殊市场的界定

本课题还研究了几种特殊市场条件下的相关市场界定，这包括自然实验法以及在价格歧视条件下、假冒／盗版条件下以及双边市场条件下的相关市场界定。

自然实验法是利用市场外生因素如自然事件、政府政策等所造成的需求冲击或供给冲击，检验不同产品或者不同销售地域是否属同一市场。这种方法一般将市场主体区分为受外生因素影响的实验组和未受影响的参照组，应用这个方法的主要问题是要防止出现不同产品价格的伪相关性。

在实践中，有些企业可能会针对不同的需求群体制定不同的销售价格，即存在价格歧视。本课题在这个方面的结论是，这种情况下的 SSNIP 测试应当进行调整，即受歧视者购买的产品（或地域）应界定为独立的相关市场。

假冒产品与正版产品可否属同一相关市场？本课题对这个问题的结论是，假冒／盗版产品如果对正牌产品构成足够大的竞争约束，它们应属同一相关市场；如果两者之间的需求弹性很小，则不属同一市场。

双边市场的特性是交叉网络效应，即一边的需求变化会引起另一边需求的变化，因此双边市场存在复杂的竞争约束。此外，涉及双边市场的商业模式往往存在免费产品，因此 SSNIP 测试法的应用应当进行变通。国际上的主流观点是，应当根据不同类型的双边市场采用界定市场的不同策略。现在国际上占主流地位的观点是，在间接网络效应和相关定价的影响较小的情况下，双边平台应被视为单边市场进行分析，即不需要考虑平台一边对另一边的影响。仅当双边交易平台在推动平台两边的参与者进行同步和单一交易的情况下，双边平台各边的竞争效应才应当合起来作为一个单一市场进行权衡。本课题的研究报告还指出，现在有些关于双边市场的讨论太过宽泛，因为单边市场的理论完全有能力界定双边市场的免费端或者广告端。例如，在涉及竞价排名的百度案中，界定的产品市场应当是广告市场；在涉及"二选一"的奇虎 360 诉腾讯案中，界定产品市场仅需考虑互联网消费者的需求替代。

三　相关市场界定在具体行业的应用

为提高本课题研究的实用价值，提高我国反垄断执法机构分析案件和解决问题的能力，我们还认真研究和探讨了部分传统行业和创新行业的相关市场的界定。

传统行业选择了航空运输、汽车、零售、饮料、乳制品、造纸、饲料和畜禽加工以及我国新电改方案下电力行业的市场界定。根据消费者的需求，这些行业可以分为多个子市场或者亚市场。例如，汽车业可分为乘用车、商用车、汽车零部件、汽车售后服务等子市场，饮料业可分为啤酒、烈酒、葡萄酒、碳酸饮料、非碳酸饮料、果子饮料、瓶装水，等等。课题组在这方面的研究主要参考了欧美反垄断司法辖区的著名案例，例如关于饮料业的瓶装水市场主要研究了欧盟的 Nestlé/Perrier 案，零售业市场主要研究了美国的 Staples 案和 Whole Foods Market 案，这些案例有助于反垄断执法机关掌握具体行业界定市场的技术方法。

课题组在创新行业选择了电信、电子支付、互联网、软件业和化学医药业。尽管任何行业都得与时俱进，具有创新性，由此可知创新行业与传统行业的区分是相对的，但是随着高科技发展，市场上出现了过去不曾有过的产品和服务，甚至出现了新的商业模式，由此可能导致界定市场的传统方法在新兴市场出现新的特征。鉴于互联网在我国经济和社会中的重要作用，我们关于创新行业的市场界定研究尤其注重互联网行业的市场界定，即这里的市场界定不仅关注双边或者多边市场的特征，而且还关注实体市场和虚拟市场之间的竞争关系。

本课题关于具体行业的研究完全立足于我国的国情。因此，除了研究这些行业界定市场的典型案例，我们还认真研究了这些行业在我国的发展状况和市场竞争状况，并且建议执法机构重视收集国内外在具体行业界定市场的技术方法，建立行业竞争信息的数据库，以便为日后类似案件的市场界定和竞争分析提供指引。

四　本课题成果的社会影响和评价

综上所述，本课题的研究报告是一个比较全面、系统和深入研究相关市场界定的跨法学和经济学的成果。在学术方面，这个成果填补了我国迄今在这个研究领域的一些空白。在法学方面，它深入研究了相关市场界定在美国、欧盟以及东亚国家包括在我国的产生和发展；清晰地论述了需要进行市场界定的反垄断案件类型，特别是深入探讨了它在经营者集中控制、滥用市场支配地位和垄断协议等各个方面的重要作用；它还深入探讨了界定市场的证据规则，包括举证责任、合格证据的标准、证据的来源以及各种证据的证明力。在经济学方面，它全面和系统地分析研究了界定市场迄今使用过的13种技术方法，研究了这些方法应用的市场环境和各自的局限性，比较了它们在不同市场条件下使用的机会和效果。

本课题的一个创新是分析了某些特殊市场条件下的市场界定，例如关于假冒和盗版情况下的市场界定，在国际上具有首创性。本课题除在相关市场界定方面对反垄断法学和经济学所做出的贡献外，它还有一个重要的创新和贡献是从14个行业的角度梳理了市场界定的典型案例，提高了成果的应用价值，从而有助于提高我国反垄断执法机关界定相关市场的能力和效率。

党的十九大报告指出，我国要加快完善社会主义市场经济体制，要建立竞争公平有序、企业优胜劣汰的市场机制。这就充分肯定了反垄断法在我国社会主义市场经济体制建设和法制建设中的基础性作用。鉴于合理界定市场是反垄断执法的第一步和关键性步骤，本课题成果的应用价值主要表现在以下方面：（1）有助于提高我国反垄断执法的稳定性和透明度；（2）有助于律师界和企业界了解执法机构竞争分析的步骤和方法，从而有助于提高他们对案件后果的可预见性；（3）鉴于我国反垄断执法时间不长，执法队伍还较年轻，执法机构的经济学专家为数不多，本课题研究不仅有助于推进中国反垄断立法的科学化，而且也有助于提高中国反垄断执法队伍的水平和效率。

尽管本课题的研究工作取得了一定成果，但是因为反垄断执法中的相关市场界定是一个涉及诸多学科、内容非常庞杂的理论和实践问题，加之课题组成员特别是我本人的知识水平有限，它不可避免地还存在着很多欠缺和问题。例如，在分析界定市场的技术方法方面，引用我国的反垄断案例不够，这是因为课题组成员未能有效参与我国反垄断执法中关于市场界定的讨论和评估。在具体行业的分析和研究方面，课题组关于这些行业市场竞争状况的研究深度不够，这主要因为有些行业组织对本课题的调研缺乏足够的理解和支持，课题组难以获取必要的信息。更重要的问题是，相关市场界定至今在反垄断领域的争议还很大，特别是界定市场的技术方法充满了不确定性。随着反垄断经济学的不断发展，还可能出现界定市场的其他技术方法。因此，即便课题组在这个领域做出了很大的努力，我们只能说初出茅庐，只是尝试着探讨了一些问题，得出了一些初步结论。特别是课题组绝大多数成员从事教学和科研工作，缺乏相关的执法实践，因此这个研究成果中的理论分析研究多于实践经验的总结。

学术研究未有穷期。反垄断法中的相关市场界定必将随着经济与科技的发展而不断地发展与变化，成为一个需要不断深入研究的常新的理论与实践课题。我们竭诚欢迎反垄断领域从事法学和经济学研究、教学和实务的同仁以及相关的政府部门和社会团体对这个成果提出批评与指正意见，以推动和促进本课题研究的进一步深化。

第三编

杂 文

《企业合并中的反垄断问题》自序 [*]

市场经济是竞争的经济。随着市场的竞争，不可避免地会产生经济集中。推动经济集中的因素有两个，一个是企业的内部增长，另一个是企业外部的扩大，即企业通过联合或者合并的手段，扩大生产和经营规模。在西方国家，一些大的企业联合被称为"康采恩"或者"托拉斯"。企业的联合或者合并对国家的经济发展有着极其重要的意义，因为它们可以优化企业的组织结构，实现规模经济，改善企业的经济效益，提高企业在市场上的竞争力。虽然不同的国家因为不同的社会和经济制度，企业的联合或者合并有着不同的动机和目的，但它们都体现了社会生产的一个普遍趋势，即生产的社会化。在现代化的生产和技术条件下，随着世界经济的国际化和全球化，企业的合并和联合在市场经济国家更是成为一股方兴未艾的潮流。然而，生产的集中会产生垄断，垄断企业不仅会操纵市场和价格，而且还可能导致生产和技术的停滞，出现腐朽的倾向。因此，为了保护竞争，维护优化配置资源的市场机制，绝大多数市场经济国家都颁布了反垄断法，对企业合并的规模进行限制。

在我国，随着经济体制改革的深化，以企业集团为标志的企业横向联合也有迅速的发展。有些集团已经形成了相当的规模，它们对推动我国经济和技术发展发挥了很大的作用。企业集团在我国的产生和发展不是偶然的，它

---

[*]　见王晓晔著《企业合并中的反垄断问题》，法律出版社，1996。

们是我国经济体制改革和企业逐步获得经营自主权的结果。由于企业集团的发展基本上不受所有制和以"条条""块块"为特征的旧的经济管理体制的限制，它们不仅有利于优化我国的企业规模和产业结构，而且还有助于打破行政垄断，建立和发展全国统一的大市场。但在另一方面，我们也不可忽视企业集团存在着的自发和不可避免的垄断趋势。特别是在我国现阶段市场机制远远不够完善的情况下，大企业集团可能会成为强大的市场势力，形成限制竞争的力量，从而影响我国市场经济体制的建立和市场竞争秩序。为了防患于未然，我们应当从推动和组建企业集团开始，就注意采取法律措施，一方面积极支持中小企业的联合，以推动规模经济；另一方面又要防止过大规模的企业联合，注意避免经济过度集中。在今后的几年内，随着我国加大改革国有企业的力度和从战略角度推进企业间的兼并活动，企业的联合和合并将会有长足的发展。这种情况下，如果我们对企业合并没有"度"的规定，势必会影响我国建立竞争性的市场经济秩序。

为了制定我国的企业合并控制法和反垄断法，本书比较研究了美国的反托拉斯法和德国的反对限制竞争法中控制企业合并的法律规定，这一方面是因为这两个国家的反垄断法对其他国家的法律制度有着重要的指导和借鉴意义，另一方面是因为这两个国家对控制企业合并的某些具体问题有着不同的解决办法，从而有利于我们进行比较研究，找出比较适合我国国情的答案。联邦德国的反对限制竞争法结构严谨，内容详尽，在反垄断法国际比较中处于领先地位，特别是对欧盟成员国、苏联以及东欧国家的反垄断法有着极大的影响。美国的反托拉斯法是世界各国反垄断法的"母法"，直到今天仍然对世界各国立法包括对德国反对限制竞争法的修订具有重大影响。自20世纪80年代以来，随着国际竞争形势的变化，美国的反垄断政策发生了深刻的变化。在实践中，美国政府对垂直合并和混和合并几乎不再干预，对横向合并也采取了比过去较为宽松的政策。毫无疑问，美国新的反垄断政策将对其他国家的反垄断法产生重大影响。

反垄断法在市场经济国家的法律体系中占有极其重要的地位。在美国，它被称为"自由企业的大宪章"。在德国，它被称为"经济宪法"。在日本，它被视为"经济法的核心"。传统的反垄断法在实体法上有三大支柱：禁止卡特尔、禁止滥用市场支配地位和控制企业并购。其中控制企业并购是反垄断的第一号问题，占有核心地位。我国作为一个社会主义市场经济国家，是否有必要制定反垄断法，是否有必要对企业并购实行控制，这自 1986 年我国政府实施推进企业横向联合的经济政策以来，就成为我国法学界和经济学界的一个热门话题。实际上，保护竞争是市场经济的一般规律，它反映了现代社会化大生产的要求。一个有效的竞争不仅对以生产资料私有制为基础的市场经济体制至关重要，而且对以生产资料公有制为基础的社会主义市场经济体制同样至关重要。因为没有竞争就不能建立市场，没有竞争就不能激发企业创新的动力和提高企业经营管理的积极性。从党的十四大以来，竞争的重要性在我国已经得到了彻底的认可，因为我国要建立社会主义市场经济体制，要使市场对社会资源的配置产生基础性作用，这就必须推动和保护竞争，以竞争作为提高企业效率和发展国民经济的根本手段。在这样的形势下，建立保护竞争和反对垄断的法律制度在我国势在必行。我们不仅需要规范和优化企业的市场竞争行为，而且还要规范竞争性的市场结构，建立有效竞争的市场模式。现在，我国法学界和经济学界已经在反垄断问题上基本达成共识，反垄断法已经成为我国近年内要出台的重要立法项目。鉴于企业合并对市场结构和市场竞争的重大意义，本书选择研究了"企业合并中的反垄断问题"。我殷切地希望，这本书能够对我国反垄断立法和对我国经济体制改革作出一点微薄的贡献。

1996年3月于北京

《竞争法研究》自序 *

本书是一部研究竞争法的论文集。竞争法广义上包括反垄断法和反不正当竞争法。本书所讲的是狭义竞争法，即反垄断法。

我国迄今尚未颁布反垄断法，许多政府部门和企业不了解反垄断法，致使我国现实经济活动中公然出现了行业价格自律、企业联合限价或者限产等严重限制竞争的现象。电信、电力、铁路等具有自然垄断或国家垄断性质的部门仍在滥用其市场优势地位，损害消费者的合法权益。此外，地方保护和部门封锁等不合理的行政性限制竞争行为也很严重。这种状况不符合我国建立社会主义市场经济体制的需要，也不适应我国加入世界贸易组织和扩大对外开放的形势。因此，我国应当大力加强对反垄断法的研究，尽快制定和完善我国的竞争法，以便实现我国法律制度的现代化和科学化。

本书辑入的 20 篇论文选自 1995 年以来我在反垄断法领域的研究成果。其中大部分论文，如《我国反垄断立法的作用、现状和问题》《依法规范行政性限制竞争行为》《反垄断法与国际经济贸易》等，原载于《中国社会科学》、《法学研究》、《外国法译评》和《国际贸易问题》等学术刊物；有些论文，如《论网络部门的反垄断法》《巨型合并对反垄断法的挑战》《欧共体法中的国家援助》等，则是刚写作完毕。《欧洲共同体竞争法及其新发展》

---

* 见王晓晔著《竞争法研究》，中国法制出版社，1999。

和《德国控制企业合并的立法与实践》，最初发表于 1993 年，这次根据欧共体和德国的现行法作了较大修改。这些论文涉及反垄断政策和反垄断法的许多基本理论问题，反映了德国、欧共体和美国等发达国家和地区的立法经验和司法实践，并对我国的反垄断立法提出了自己的观点和建议。可以说，这部论文集是我十年辛勤耕耘的理论结晶。希望它的出版能够为我国立法机关以及法律界和经济界从事竞争政策和竞争法研究的人士提供一些帮助，为我国反垄断法立法做一点贡献。

出版这部论文集，是我的夙愿，也是我的许多老师和朋友所期盼的事情。在这里，我要衷心感谢以各种形式对我的研究工作给予过热情鼓励和巨大帮助的许多良师益友，其中特别是我的导师、国际著名反垄断法专家、德国马普外国和国际私法研究所前所长梅斯特梅克教授（Ernst -Joachim Mestmäcker）；衷心感谢德国马普外国和国际私法研究所和德国马普外国与国际版权、专利和竞争法研究所对我研究工作的支持，使我有机会能去德国了解和研究各国竞争法的最新发展。最后，我还要对中国法制出版社社长祝立明先生、副总编辑宋进先生和编辑部主任王淑敏女士对本书出版所给予的鼎力相助表示最诚挚的感谢。学海无涯，个人才智有限，书中错误和疏漏之处，希望读者不吝赐教。

1999年8月于北京

《欧共体竞争法》序言 *

历史上曾有很长一段时间，美国在这个世界上是唯一有着严格的反限制竞争法（即反托拉斯法）的国家。自从 1958 年建立了欧洲经济共同体，这种情况发生了根本的变化。欧共体竞争法作为卡特尔法发展的一部分，说明这个法在世界上具有越来越大的现实意义。欧洲法在这个法的发展中起到了关键的作用。它是共同体市场发展的一个重要基石。从这个意义上说，竞争法同样也是世界贸易组织（WTO）继续发展的重要基石。欧共体竞争法虽然保留了成员国在竞争法方面的立法权限，但它仍然间接影响着这些国家的卡特尔立法。与欧共体进行贸易往来的第三国企业须得重视欧共体竞争法。此外，欧共体竞争法越来越成为双边以及多边贸易协定的内容。

王晓晔博士在她的科学论著中，特别是在本书中，为自己的祖国研究了这些发展。在这里她的功绩在于，使这个地球上的大国能够在自己的立法以及在与其他国家的关系中借鉴欧洲的经验。在反对限制竞争法领域进行比较的科学分析，正如王博士在这里所进行的，对于人们理解市场经济体制下的经济秩序是非常必要的。我很高兴能够借为本书作序的机会表达我对王博士的祝贺，并将作序视为我的荣誉。我殷切希望她的思想能够得到进一步的传

---

* 见王晓晔著《欧共体竞争法》，中国法制出版社，2001。

播，并产生长远的影响。

恩斯特-约阿希姆·梅斯特梅克教授

2001年3月7日于德国汉堡

《欧共体竞争法》自序 *

　　1998 年 6 月，我通过竞争得到了中国—欧盟高等教育合作项目的第二轮资助，开始了《欧共体竞争法》一书的撰写。我之所以选择欧共体竞争法作为研究课题，除了专业方面的原因，更重要的是因为欧共体竞争法在建立和发展共同体大市场的过程中发挥着基石作用。根据欧共体条约，欧共体实行开放和自由竞争的市场经济制度，欧共体竞争规则作为维护共同体市场秩序的根本手段，成为欧共体法律秩序的基本内容。这即是说，欧共体大市场所要实现的商品、人员、服务和资本的自由流动，不是通过共同体机构对成员国主权的干预实现的，而是通过共同体内部自由和开放的竞争。因此，尽管欧共体还有其他许多方面的政策，例如产业政策和环保政策，欧共体机构在适用竞争法时也得考虑这些其他方面的政策，但是，从欧共体条约的整个内容和共同体的整个制度来考虑，欧共体竞争政策与其他政策相比处于优先适用的地位。欧共体竞争法是当今世界上最有影响的反垄断法，这不仅因为这些规则对欧洲 15 个国家以及它们的企业有着约束力，而且，随着越来越多的中欧和东欧国家准备加入欧盟，这些规则对这些国家的反垄断立法也有重要的影响。

　　欧共体竞争法无疑对我国的竞争法也会产生重要的影响。我国经济体

---

　　* 　见王晓晔著《欧共体竞争法》，中国法制出版社，2001。

制改革的目标是建立社会主义市场经济体制，即要以市场机制和竞争机制作为配置资源和发展国民经济的根本手段。为了实现这个目标，我国不仅需要建立一个全国统一的大市场，而且需要为企业提供一个开放和自由竞争的市场环境。当前，我国即将加入世界贸易组织，这对我国企业来说既是一种机遇，也是一种挑战。为了抓住这个机遇，迎接这个挑战，我国应当尽快打破现实经济生活中形形色色的垄断，反对限制竞争，使企业在竞争中求得生存和发展，不断提高它们在市场上的竞争力。为此，我国应当尽快制定和完善规范市场竞争的法律制度，在当前特别应当尽快建立和完善我国的反垄断法律制度。

目前，竞争法研究在我国刚刚起步，这方面的论著甚少。本书的目的是通过对欧共体竞争法的研究，解决我国反垄断立法中的一些疑难问题，如市场的界定、市场支配地位企业的认定、滥用市场支配地位、限制竞争协议的经济分析、知识产权保护与反垄断、控制企业合并与经济全球化、竞争政策与产业政策的关系、公用企业的法律管制以及国家补贴等问题。本书关于这些问题的研究和分析不仅可以增进我国对欧共体法的了解，促进我国与欧盟以及欧盟成员国之间的学术交流，推动我国企业与欧共体企业之间的经贸关系，而且也有利于推动我国的反垄断立法，完善我国的竞争法，对于促进我国经济法的现代化和科学化有着重要的意义。

这部专著的书名为"欧共体竞争法"。我国许多人将欧共体与欧盟视为一回事，认为马斯特里赫特条约于1993年11月1日生效后，欧盟已经取代了欧共体，或者欧共体已经转化为欧盟。其实，这种说法是不准确的。根据马斯特里赫特条约，欧洲政治和经济货币联盟（简称"欧盟"）是建立在共同体、共同外交和安全政策、内政和司法三根支柱之上的。因此，欧共体仅是欧盟事务的一部分，而不是它的全部。而欧盟在其他两个方面的工作，目前还只是成员国政府之间的合作。由于统一内部大市场和建立经济货币联盟是欧共体的任务，这方面的法律制度就被称为欧共体法，而不是欧盟法。欧共体与欧盟的区别还表现在其他方面。特别是从法律的角度看，因为欧盟不是一个超国家性质的国际组织，同第三国包括与我国订立条约或者协定的不是欧盟，而是欧共体。

本书的写作得到了我的导师、国际著名反垄断法专家、德国马普协会外国和国际私法研究所前所长恩斯特－约阿希姆·梅斯特梅克（Ernst-Joachim Mestmäcker）教授的鼓励、支持和悉心指导。作为本项目的合作者，梅斯特梅克教授欣然为本书撰写了序言。德国马普协会外国与国际版权、专利和竞争法研究所，德国马普协会外国与国际社会法研究所以及德国马普协会外国和国际私法研究所对本书的写作也给予了大力支持，特别是为我提供了访问学者的机会，使我有条件能够及时了解欧共体竞争法的最新发展。德国时代基金会慷慨捐赠了大批科研书籍，为本书的写作提供了极大方便。作为中国—欧盟高等教育合作项目之一，本书的写作和出版还得到了欧共体委员会的资助，在此一并表示深厚和诚挚的谢意。最后，我还要衷心感谢中国法制出版社为本书出版给予的大力支持和帮助。由于个人才智有限，本书难免存在疏漏和不准确之处，敬请读者不吝赐教。

2001年4月于德国慕尼黑

《竞争法学》自序 *

欢迎你研读《竞争法学》。竞争法学在我国尚属一个年轻的法学领域，有些法律院校至今尚未开设竞争法课程，一些人甚至对它很陌生。然而，在当今的经济全球化时代，你听到的一些国际商业大案，几乎全部与市场竞争相关。也许你听到过美国司法部起诉微软，听到过欧盟委员会对微软公司征收 4.97 亿欧元的罚款，听到过欧盟委员会对美国通用电气和霍尼韦尔之间的合并发布的禁令，也许最近还听到过韩国三星公司因在国际市场参与固定 DRAM 芯片的价格被美国法院处以 3 亿美元的罚金。就是在我国的市场上，你也会时刻强烈地感受到市场竞争的躁动，因为任何企业对其产品或者服务的定价、定产、销售、广告以及售后服务等一系列经营活动，一方面是企业的自主行为，另一方面从动态的角度看则是企业间的市场竞争。

我国经济体制改革已经走过了 20 多年的历程。从 1992 年我国宣布实行社会主义市场经济体制，也已经过去了 10 多年。现在，我国的经济体制已基本转型为市场经济，即市场竞争机制在我国的资源配置中发挥着基础性作用，成为我国发展经济和推动社会福利的基本手段。然而，正如体育比赛中我们经常会看到一些违规行为一样，市场竞争中也有很多不正当竞争和限制竞争行为。前者如假冒、虚假广告或者商业贿赂，后者如企业联合限价、限

---

* 见王晓晔著《竞争法学》，社会科学文献出版社，2007。

产或者分割销售市场。因此，随着社会主义市场经济体制的确立，我国有必要建立一个维护市场竞争秩序的法律制度，为企业创立一个自由和公平竞争的法律环境。发达市场经济国家的经验和我国在计划经济体制下几十年的教训已经证明，市场竞争才能产生最合理的资源配置、最低的价格、最好的质量和最大的物质进步；相反，人为的垄断则不仅损害企业的经济效率，降低消费者的社会福利，还会遏制一个国家和民族的竞争精神，而竞争精神才是国家经济发展的真正动力。

我国当前正在制定反垄断法，也在修订反不正当竞争法。我国竞争法不完备的现状一方面给竞争法的学习和研究带来不便，但同时也给我国学者带来了机遇和挑战，因为这个领域有太多的问题值得研究，有太大的荒土地等待着我们的开发、探索和耕耘。然而，建立和发展我国的竞争法有赖于我国法学教育和一大批高素质法学人才的培养，而教科书在这方面则肩负着重要的历史使命。

本书作为中国社会科学院法学研究所法律硕士研究生的教材，在体例和内容上有以下特点。

一、全书分为三编。第一编作为绪编，它阐述了竞争法的概念、宗旨、立法模式、反不正当竞争法与反垄断法的关系以及竞争法的地位等一系列宏观问题；第二编和第三编则分别论述了反不正当竞争法和反垄断法。因此，本书中的"竞争法"一词与欧共体法或英国法中的"竞争法"含义不尽相同，它是指广义的"竞争法"，而欧共体法和英国法中的竞争法则仅指反垄断法。

二、本书写作采用了法律比较法。法律比较是法学研究的基本方法。特别是在我国这样一个经济体制转型的国家，直至20世纪80年代初，经济学界占主导地位的观点和流派仍将"竞争"视为资本主义的洪水猛兽。所以，要制定和发展我国的竞争法，我们不能不借鉴外国的法律制度，特别是发达市场经济国家的法律制度。本书主要比较了美国法、欧共体法和德国法，这不仅是因为作者可以驾驭这些司法辖区的文献资料，更重要的原因是这些法律制度对其他司法辖区有着非常重要的影响。竞争法作为规范市场竞争秩序的法律制度，是对生机勃勃的市场经济的反映，因此本书在外国法研究方面，尽可能地使用了最新和第一手的文献资料。及时地了解外国最新立法动态非常重要，这不仅因为我国企业在越来越大的程度上活跃于国际市场，而且这也有利于我国竞争立法的现代化。

三、本书注重经济分析。企业的任何一个市场竞争行为都是出于一定的经济动机，这些行为不仅影响企业的市场绩效，而且会影响整个市场，包括竞争者、交易对手和广大的消费者。本书作为竞争法的教科书，除了对各种不正当竞争行为和限制竞争行为从法学理论上进行阐述并介绍相关法律制度，而且还尽可能地从经济理论上予以阐述，并且援引一些著名案例加以解释，以期读者能够从法律和经济的视角学习和研究竞争法。

受教材的篇幅所限，本书在反垄断法部分仅论述了一些最基本的问题，而未能系统地论及以下内容：（1）反垄断的经济学理论；（2）知识产权领域的反垄断法；（3）被监管行业的反垄断问题；（4）反垄断法的域外适用；（5）反垄断领域的国际合作。上述内容我将在随后出版的反垄断法专著中作为专章予以论述。

自1988年到德国攻读博士学位，我在竞争法研究领域已经有18载。这期间我虽然先后出版了几本反垄断法的专著，发表了多篇论文，但是系统编写竞争法的教材还是第一次。尽管根据中国社会科学院法学研究所关于编写法律硕士研究生教材的要求，本书力求做到"高水准"和"适用性"、"知识性"和"研究性"相结合，但是由于个人能力和学识有限，本书难免存在各种疏漏和不妥之处，敬请读者不吝赐教。

2006年5月10日于美国芝加哥

《王晓晔论反垄断法》自序 *

中国法制出版社 1999 年出版的《竞争法研究》一书，是我的第一部论文自选集，选编了 1994 年留学归来至 1999 年 5 年期间发表的 20 篇论文。该书出版后，我又陆续发表了 100 多篇有关竞争法特别是反垄断法的文章，其中大部分是我承担中国社会科学院 A 类重大课题"经济全球化下中国竞争法发展"的研究成果。由于这些文章散见于众多刊物和报纸，许多读者反映查找和阅读甚为不便，希望我能够结集成书。为此，我选编了其中 45 篇论文，包括全国人大常委会两次法制讲座的讲稿，汇集为《王晓晔论反垄断法》一书，作为我的第二部论文自选集。本书按内容分为 10 个部分：反垄断法与社会主义市场经济、反垄断法与反不正当竞争法、垄断协议、滥用市场支配地位、反垄断法与知识产权、经营者集中控制、行政垄断、执法机关、中国反垄断立法评析和反垄断法与经济全球化。书后附《我的反垄断法研究之路》一文，是应约为纪念中国经济体制改革 30 周年而作，权充本书的后记和我的学术小传。

我在 1988 年赴德留学，走上了竞争法研究之路。如果说《竞争法研究》一书是我在这个领域第一个十年辛勤耕耘的果实，现在呈现在读者面前的这部论文集便是我在这一领域第二个十年潜心研究的收获。自 2001 年加入世

---

　　*　见王晓晔著《王晓晔论反垄断法》，社会科学文献出版社，2010。

界贸易组织以来，中国明显加快了以市场化为导向的经济体制改革的步伐，也加快了反垄断立法的进程。因此，与1999年出版的《竞争法研究》相比，《王晓晔论反垄断法》一书主要不是介绍和评析国外反垄断立法和司法实践，而是为我国反垄断法的出台呼号呐喊，分析我国反垄断法草案，评论我国2007年通过的反垄断法，其内容在广度和深度上均超过前书。这些成果不仅记录了我个人的学术生涯，反映了我研究竞争法的心路，而且也是中国竞争立法艰难历程的记录，反映了我国经济体制改革大潮中人们对市场经济、市场竞争、市场秩序等重大理论问题的看法以及各种不同观点的争论和交锋。

研究未有穷期。这部论文集对我是一个纪念，因为它刻印了我的一个个脚步；它对我又是一个新的激励，因此我还不会止步，还有很长的路要走。值此论文集付梓之际，我衷心地感谢中国社会科学院对我学术研究的慷慨资助，也衷心地感谢社会科学文献出版社对本书出版的鼎力相助！

2010年5月于北京

《反垄断法》自序 *

撰写一部反垄断法的教材是我多年的夙愿。2007年初我出版的《竞争法学》虽然包括了反垄断法的内容，但因篇幅所限，该书仅能论及反垄断法最基本的一些问题。《中华人民共和国反垄断法》颁布和实施后，法律出版社约我撰写一部供全国高等院校使用的反垄断法教材，我欣然答应，并为此目的赴德国马普知识产权和竞争法研究所搜集资料和了解世界各国反垄断法的最新发展。现在呈现在读者面前的《反垄断法》内容上有15章，它不仅对《竞争法学》一书的反垄断法部分进行了全面修订和补充，而且对反垄断立法和执法中的各种问题作了比较全面和深入的论述。《反垄断法》既是一部学术专著，也是一部法学教材，我殷切期望本书能为填补目前我国反垄断法教材的阙如略尽绵薄之力。

本书的写作着重把握了以下几点。

第一，密切关注经济全球化背景下世界各国反垄断法的发展趋势。在内容安排上，除论述反垄断的实体法和程序法外，还专章讨论了反垄断法的域外适用和反垄断执法中的国际合作。在写作方法上，采用了法律比较法，着重比较研究了美国反托拉斯法和欧盟竞争法两个世界上最重要的反垄断法，考察其历史发展和最新动态，从中揭示国外反垄断法的发展动向。

---

* 见王晓晔著《反垄断法》，法律出版社，2011。

第二，从中国反垄断立法、执法和研究的现实需要出发安排全书的内容结构。例如，在垄断协议方面，除论述横向协议和纵向协议，还专章研究了知识产权许可中的限制竞争；在执法机制方面，除论述反垄断执法模式、一元行政和多元行政等问题，还讨论了私人反垄断执法；在反垄断执法的国际合作方面，除论述双边合作和国际合作，还讨论了自由贸易区的竞争政策，研究了这方面的经典案例。从中国反垄断执法的现实出发，专章讨论了反垄断执法与行业监管的关系。在规制行政垄断方面，除了比较研究美国法和欧盟法，还专门研究了俄罗斯法。

第三，注重经济分析和案例研究。企业的任何竞争行为都是出于一定的经济动机，不仅影响企业自身的市场绩效，还影响包括其竞争对手、交易对手和消费者在内的整个市场，甚至影响宏观经济。因此，本书不仅从法学的角度分析各种限制竞争，而且还从经济学的角度去研究它们，以期读者了解反垄断的法律与经济。书中引用了许多国际著名的反垄断法案例，特别是美国和欧盟的案例，如 AT&T 公司案、GTE Sylvania 案、微软公司案、德国电信案等等，以诠释反垄断法的基本原则和规则。书中也分析了我国反垄断法实施以来的重要案例，特别是商务部反垄断局审批经营者集中的案例。

第四，注重使用最新资料。反垄断法作为规范市场竞争秩序的基本法，它是对生机勃勃的市场经济的反映。为了使读者及时了解国外相关的立法动态，推进我国反垄断立法和执法的现代化，本书尽可能地介绍了欧美反垄断立法的最新进展，如欧盟委员会 2009 年的《适用欧共体条约第 82 条查处市场支配地位企业滥用性排他行为的执法重点指南》、欧盟委员会 2010 年的《纵向协议第 330/2010 号条例》、美国司法部 2010 年的《横向并购指南》等。在行政垄断方面，作者从俄罗斯反垄断执法机关的英文网站查找了大量资料。本书还援用了国外最新案例和著名学者的最新研究成果，各种资料选用的截止时间为 2010 年 8 月底。

需要说明的是，随着欧盟《里斯本条约》于2009年12月1日生效和《建立欧共体条约》（Treaty Establishing the European Community）更名为《欧盟运行条约》（Treaty on the Functioning of the European Union），"欧共体竞争法"这一名称已被"欧盟竞争法"所取代。然而，本书论述的欧盟竞争法大多涉及《里斯本条约》生效前的欧盟理事会（也称"欧共体理事会"）和欧盟委员会（也称"欧共体委员会"）依据《欧共体条约》第81条和第82条发布的条例、决定或者通告，以及欧盟初审法院（现称为"欧盟一般法院"）和欧洲法院依据《欧共体条约》第81条和第82条所作的判决。为了反映历史，本书论及欧盟竞争法的法规和案例时，一般沿用"欧共体条约""欧共体委员会""欧共体法院""欧共体初审法院"等原有名称。

2008年8月1日开始施行的中国反垄断法是世界上最年轻的反垄断法之一。然而，由于中国有着世界上最广阔的市场，众多跨国公司在中国市场上参与竞争，中国反垄断法无疑与美国反托拉斯法和欧盟竞争法一样，已经成为世界上最具影响的反垄断法之一。这一方面意味着中国反垄断立法和执法面临着严峻的挑战，因为反垄断立法仍有很多亟待完善之处，反垄断执法队伍亟待提升其执法能力和执法水平；另一方面，这也意味着中国法律工作者在反垄断法领域有着重大机遇，因为这个领域有着太多的问题需要进行研究和探索，有着太大的处女地等待着开发和耕耘。

作为一部反垄断法的专著和教科书，本书是我20多年从事反垄断法研究的心得和体会，也是我反垄断法研究成果的汇集和总结。本书虽力求做到"高水准"和"适用性"、"研究性"和"知识性"相结合，但因学识和能力有限，书中定有疏漏和错误之处，敬请读者不吝赐教。

本书付梓之际，我衷心感谢我的导师、德国马普协会外国和国际私法研究所前所长Ernst-J. Mestmäcker教授，是他在20世纪80年代领我进入当时尚不为国人熟知的反垄断法领域。我也深深地感谢中国社会科学院学部委员、法学研究所前所长王家福教授，是他在我赴德留学时给予了大力支持，并始终热情关注和指导我的反垄断法研究。今年适逢王老的八秩华诞，谨以此书呈送他作为生日礼物。

本书出版得到法律出版社和责任编辑吴昉女士的鼎力支持，在此深表谢意。

2010年8月25日于德国慕尼黑

《二十世纪欧洲的法律与竞争：捍卫
普罗米修斯》中文版序言[*]

认识格伯尔教授是在 1999 年，但这是通过德国马普协会外国与国际版权、专利和竞争法研究所 Wolfgang Fikensher 教授的纪念文集。格伯尔教授献给这个文集的论文题目是"欧洲竞争法故事中的德国角色"。[①] 我虽然留学德国多年，但很少看到像格伯尔教授这样突出和集中地介绍德国秩序自由主义的著述，因此很快把它译为中文，以飨中国读者。[②] 近年来，因为相同的学术背景，我和格伯尔教授在柏林、北京、京都等地多次见面，一起讨论竞争法中的问题。每次见面，我都被他在竞争法领域尤其关于欧洲竞争法的渊博学识而折服。作为美国教授，他对欧洲竞争法的认识和研究水平大大超过许多欧洲学者。

格伯尔教授 1998 年出版的《二十世纪欧洲的法律与竞争：捍卫普罗米修斯》一书，是他多年潜心研究欧洲竞争法的集大成。在这本书中，他介绍了欧洲竞争法的背景和历史发展，追溯欧洲竞争法的渊源。他指出，尽管欧

---

[*] 见〔美〕戴维·J. 格伯尔著《二十世纪欧洲的法律与竞争：捍卫普罗米修斯》，冯克利、魏志梅译，中国社会科学出版社，2004。该书作为冯兴元等人主编的西方现代思想丛书之十五引入中国。该书英文名称是 David J. Gerber, *Law and Competition in Twenties Century Europe: Protecting Prometheus*, Clarendon Press Oxford, 1998。

① See David J. Gerber, "The European Competition Law Story: Some Germen Roles", in Festschrift für Wolfgang Fikentscher, 1998.

② 见《环球法律评论》2001 年冬季号，第 435~443 页。

洲有些国家仅仅把竞争政策和竞争法视为刺激经济复苏的手段，但是欧洲竞争法的思想和理论却根植于二战期间在德国倡导新自由主义的一个学派，即以欧肯（Eucken）和伯姆（Böhm）为代表的秩序自由主义学派，或称弗赖堡学派。这个学派的主要观点是，经济自由和自由竞争不仅是一个国家经济繁荣的基础，而且也是国家在政治上维护民主和自由的基础。因此，国家应当建立维护自由竞争的法律制度，并把这个制度提高到国家经济宪法的地位。德国秩序自由主义学派的主要功绩是，它在二战后的欧洲复活了经济自由主义，并使这个主义以完全崭新的面貌出现在国际社会。根据秩序自由主义的思想，市场是必要的，然而是不完善的。因此，国家需要建立维护自由竞争的市场秩序，一方面以提高企业的经济效益，另一方面以建立和维护一个和谐的社会秩序，即一个体现社会政策的市场经济秩序。德国1957年颁布的《反对限制竞争法》很大程度上就是德国秩序自由主义的产物。这个法律被视为德国社会市场经济秩序的支柱，对二战后德国的经济发展起了极其重要的作用。

德国秩序自由主义对欧共体竞争法的发展也起到关键的作用。欧共体竞争法的任务是排除成员国之间国际贸易的障碍，为建立欧洲统一大市场创造条件。在欧洲经济一体化的过程中，尽管德国秩序自由主义者没有像法国的舒曼（Robert Schuman）或者比利时的斯帕克（Paul-Henri Spaak）那样引人注目，他们关于建立欧洲统一竞争政策的思想理论却成为欧共体的基石。德国在竞争法领域的经验至今对欧洲起着指导性的作用。德国竞争法中发展的语言如"禁止滥用市场支配地位"已成为欧洲各国乃至世界各国竞争法的普遍用语。德国竞争法中一套严密、丰富甚至有些深奥的分析方法已成为世界各国竞争法的智力库。20世纪90年代以来，世界各国经济政策总的导向是私有化、反垄断和减少政府不合理的行政干预，越来越多的国家包括中国在制定竞争政策以及竞争法中曾寻求过德国的帮助。

　　格伯尔教授本人对中国竞争法的发展也给予了极大的关注。2002 年金秋之际，中国社会科学院法学研究所曾邀请他参加"竞争政策与经济发展"国际研讨会。他的论文是《从欧洲和美国的经验看中国反垄断法的制定》①。他比较了欧洲竞争法和美国反托拉斯法的背景、特点以及它们的发展趋势，结合中国的文化和法律传统，提出中国反垄断立法尤其应当借鉴欧洲法律的建议。我感觉，只有像他这样对大西洋两岸的法律有深刻理解的学者才能提出这样的忠告。而且，也只有像他这样有着博大胸怀的美国人，才会建议我们更多地学习欧洲的法律。我很高兴能够借为本书作序的机会再次表达我对他的感谢和敬意，并希望他继续关注中国的竞争立法，与中国学者建立和发展更为密切的学术联系。

2004年3月于北京

---

　　①　见《环球法律评论》2003 年春季号，第 38~43 页。

《全球竞争：法律、市场和全球化》中文版序言 *
——全球竞争中的中国竞争法

2010 年 4 月，我收到了戴维·格伯尔教授在牛津大学出版社出版的《全球竞争：法律、市场和全球化》一书。作为挚友，我衷心地为戴维的新作问世感到高兴。2004 年，戴维的《二十世纪欧洲的法律与竞争：捍卫普罗米修斯》一书的中文版由中国社会科学出版社出版，我荣幸地为该书撰写了序言。现在我很高兴有机会为戴维的新著撰写序言，一来表示祝贺，二来就该书的一些观点谈谈自己的感受。

我想，激励戴维撰写这部新著的可能主要是两个事实：一是全球竞争已成为影响世界各国经济与社会的重要因素，二是尽管全球化的竞争日趋激烈，世界各国却缺乏一个统一的竞争法制度。因此他认为，研究全球竞争法不仅仅是一个竞争法特有的问题，而且也是一个与全球经济治理密切相关的问题。① 戴维在其新著中的一个重要观点是，在全球竞争缺乏一个统一规范的情况下，世界主要经济体特别是美国反托拉斯法和欧盟竞争法因为有着域

---

*　见〔美〕戴维·J. 格贝尔著《全球竞争：法律、市场和全球化》，陈若鸿译，中国法制出版社，2012。该书作为"西方经济与社会科学精品丛书"之一引入中国。英文的名称是 David J. Gerber, *Global Competition: Law, Market, and Globalization,* Oxford 2010。这个序言的英文版发表在 *Competition Law on the Global Stage: David Gerber's Global Competition Law in Perspective*, Concurrences, 2014。

①　See David J. Gerber, *Global Competition*: *Law, Market, and Globalization*, p. 345.

外适用的效力，这些竞争法事实上已成为规范全球竞争的法律制度。戴维还注意到，鉴于中国和其他新兴国家在全球竞争中的地位越来越重要，这些国家的竞争法对全球竞争的影响也越来越大。由于不同法域竞争法的域外适用不可避免地会产生法律冲突和管辖权的冲突，由此降低了跨国公司对其市场行为法律后果的可预期性，提高了它们的经营成本和经营风险，他提出针对全球竞争应当有一个有效的法律制度，目的是推动全球的经济和政治发展。①

我同意戴维的上述观点。2002 年和 2003 年，作为商务部（多哈发展议程）贸易与竞争政策议题谈判专家咨询组组长，我对经济全球化下的竞争政策做过比较认真的研究，并在《中国社会科学》发表了《WTO 的竞争政策及其对中国的影响》。② 这篇文章还被翻译为英文在英文版 *Social Sciences in China* 上发表。③ 我在这篇文章中的主要观点是，中国政府应当在 WTO 竞争政策多边协议的谈判中采取积极的态度，这不仅因为多边协议有利于遏制跨国限制竞争对中国的不利影响，有利于中国企业走向国际市场，有利于中国竞争法的发展和完善，有利于中国建立独立的竞争执法机关，而且中国事实上也完全可以接受 WTO 竞争政策的核心原则，包括无歧视原则、透明度原则和程序公正原则。

然而，如果有人现在问我是否仍然考虑在 WTO 的框架下建立一个全球统一的竞争政策，我会觉得这个目标是不现实的。正如戴维在其新著中多次指出的，全球竞争不仅是一个经济的过程，而且也是政治的、社会的乃至文化的等各种要素的交融过程。这即是说，即便世界各国通过谈判在 WTO 框架下建立了一个全球统一的竞争政策，然而由于私人限制竞争往往与政府

---

① See David J. Gerber, *Global Competition*: *Law, Market, and Globalization*, Title page.

② Wang Xiaoye, "The WTO's Competition Policy and Its Impact on China", *Social Sciences in China (in Chinese)*, Issue 5/2003, pp. 49−60.

③ Wang Xiaoye, "WTO Competition Policy and Its Influence in China", *Social Sciences in China*, Spring 2004, pp.43−53.

的限制竞争相交融，而政府的限制竞争往往很难通过一部规范私人限制竞争的法律予以制约，这个全球统一的竞争政策就很难成为保护全球竞争秩序的法律武器。一个例子是北美自由贸易区协定（NAFTA）。尽管这个自由贸易区协定规定了竞争政策，它却没有能力解决 2002 年美国快递公司（UPS）指控加拿大政府限制竞争的案件。[①] 另一方面，跨国的私人限制一定程度上也是国家间政治的、经济的、文化的和法律的反映，全球统一的竞争政策事实上就很难解决全球竞争中的限制竞争问题。欧盟竞争法是竞争法领域一个成功的多边协议，这个法律也被视为欧洲大市场的基石。然而，欧洲竞争法的成功不仅因为欧洲建立了一个强有力的竞争执法机关——欧盟委员会，更重要的是欧洲的经济实现了一体化。而且，随着《里斯本条约》在 2009 年底的生效，欧盟的政治也逐步实现了一体化。显然，欧洲的故事不可能发生在整个地球上。鉴于世界各国有着不同的经济发展水平，有着不同的政治、社会、文化和法律，特别是很多发展中国家的产业政策往往优先于竞争政策，这就使人们在可见的未来看不到一个全球统一的竞争政策。这种情况下，尽管各国竞争法的域外适用不是解决跨国限制竞争的好办法，但目前还没有一个比这个办法更好的办法。这里我很同意戴维的观点：如果政治上缺乏把竞争视为一个"提高消费者社会福利"的过程的支持，那就不可能在法律上和机构上产生保护这个"过程"的支持。[②]

戴维的新著特别关注国内竞争法与跨国经济活动的互动，他还特别关注中国竞争法对全球经济和全球竞争的影响。我至今记得，2005 年和 2006 年我作为富布莱特学者访问芝加哥－肯特法学院期间，我和戴维常常在周三下午有一个大约两小时的讨论。我们的共识是，中国竞争法的产生和发展很

---

① United Parcel Service of America v. Government of Canada, available at http://www.state.gov/s/l/c3749.htm.

② See David J. Gerber, p. 337.

大程度上受到了跨国和全球竞争的影响。中国20世纪70年代末开始的经济体制改革，虽然其动力源于中国的内部，但它毫无疑问也受到了当时国际社会的影响，特别是苏联和东欧国家经济体制改革的影响。中国反垄断法的制定和颁布也是国际合作的成果，因为这部法律不仅借鉴了市场经济发达国家的经验，特别是德国反对限制竞争法、美国反托拉斯法和欧盟竞争法的经验，而且有许多外国的竞争法专家直接参与了这个立法。我记得2005年5月，国务院法制办曾邀请了十多位国际著名的反垄断专家，参与中国反垄断法草案的讨论，例如德国马普国际私法研究所的Jügen Basedow教授和德国马普知识产权和竞争法研究所的Josef Drexl教授。我记得当时的反垄断法草案把"拒绝进入网络"作为一种滥用市场支配地位的行为，规定"如果经营者不进入具有市场支配地位的经营者拥有的网络或者其他基础设施，就不可能与其开展竞争的，具有市场支配地位的经营者不得拒绝其他经营者以合理的价格条件进入其拥有的网络或者其他基础设施。但是，具有市场支配地位的经营者能够证明，由于技术、安全或者其他合理原因，进入该网络或者其他基础设施是不可能或者不合理的情形除外"。经过各国学者对这个条款的讨论，中国反垄断法草案最后删除了这个规定。

　　中国反垄断法生效之后的2011年7月，国家发展和改革委员会、商务部和国家工商行政管理总局作为中国反垄断执法机关，与美国司法部和联邦贸易委员会订立了谅解备忘录，目的是促进中美竞争执法机关相互通告涉及竞争立法和竞争执法的重要信息，相互交流执法经验以及在某些问题上的重要观点。[①] 2011年9月，国家工商行政管理总局还在北京举办了第二届金砖国家竞争大会，来自42个国家和地区的代表参加了这个大会。中国商务部和欧盟委员会2003年还签署了关于双方在建立竞争政策对话方面达成共识的

---

① 见《中美共同签署反托拉斯和反垄断合作谅解备忘录》，http://www.gov.cn/gzdt/2011-07/27/content_1914969.htm。

会谈纪要，这是中国与外方签署的第一份关于建立竞争政策对话的文件，其目的是提高双方对竞争政策、竞争法以及相关事务的理解和共识。中国政府在竞争法领域的国际合作说明，中国竞争法制定和实施受到了跨国和全球竞争的影响，特别是美国和欧洲的影响。

毫无疑问，中国反垄断法的颁布和实施也在影响着全球的经济发展和政治发展。这个影响尤其表现在中国反垄断法的第 2 条，它规定，"中华人民共和国境外的垄断行为，对境内市场竞争产生排除、限制影响的，适用本法"。中国反垄断法实施 3 年多来，商务部已经审查了 400 多起经营者集中的案件，其中很多涉及外国的市场。例如，在 2009 年日本松下公司并购日本三洋公司一案中，商务部将对这个经营者集中的救济措施扩及松下和三洋在日本的财产和股权。① 正是由于中国反垄断法具有域外适用的效力，随着中国经济的快速增长，商务部已成为全球影响最大的反垄断执法机关之一。

中国反垄断法生效和实施以来，国际上有学者对中国反垄断法表示了担忧，他们担心中国政府会把这个法律作为贸易保护的措施，只是用它来对付跨国公司。令人高兴的是，2011 年 11 月 9 日，央视午间《新闻 30 分》发布了来自国家发展和改革委员会的消息，即中国反垄断执法机关正在调查中国电信和中国联通涉嫌宽带接入领域的垄断问题。如果事实成立，这两家企业可能遭受数十亿元的巨额罚单。我为国家发改委的这个执法叫好，这不仅因为这是一起针对国有大企业的调查，这个调查足以说明，中国反垄断执法不是只盯着跨国公司；而且这个调查也说明，中国反垄断执法越来越成熟，执法机关的市场竞争意识越来越强，越来越把消费者的利益放在第一位，中国反垄断执法从而越来越有效力。

2011 年 10 月，我应戴维的邀请，出席了美国芝加哥－肯特法学院以"全

---

① 见商务部 2009 年第 82 号公告，http://fldj.mofcom.gov.cn/aarticle/ztxx/200910/20091006593175.html。

球竞争"为题主办的国际研讨会。我在会上指出，竞争法作为一种法律制度也许比较容易从一个国家移植到另一个国家，然而这个法律所固有的价值和理念却不那么容易从前者移植到后者。鉴于中国当前体制中的各种问题，中国反垄断执法还面临着各种严峻的挑战。然而，无论如何，鉴于国际竞争不仅是经济竞争，而且也是制度的竞争，包括法律制度的竞争；鉴于反垄断法所保护的竞争能够为消费者带来最低的价格、最好的质量和最大的物质进步，我相信中国反垄断执法的明天更美好。中国迄今的反垄断执法包括国家发展和改革委员会针对中国电信和中国联通的调查说明，中国竞争法与欧美竞争法的趋同性也很明显。例如，国家发改委在这个案子中也考虑被调查企业在宽带入网市场存在的"价格挤压"行为，因为其宽带批发价大大高于其宽带零售价，从而导致很多互联网服务商被迫退出市场。各国竞争法的趋同性是因为市场经济体制，即市场经济国家必须得以市场机制和竞争机制作为其配置资源的基础性手段，竞争执法必须得以保护市场竞争作为自己的"神圣职责"，而不应考虑被调查企业的所有制或者它们的国籍。

戴维认为，美国反托拉斯法几十年来一直引领世界各国的竞争法，随着中国在全球经济和全球竞争中发挥越来越大的作用，中国有可能挑战甚至改变美国的地位，人们不清楚的只是这个改变的程度。[1] 我不知道中国能否改变美国在世界各国竞争法中的地位，更不知道中国能否取代美国引领世界，但我至少希望，中国能够通过其保护竞争的法律制度产生几个类似于美国的"乔布斯"。

2011年11月于北京

---

[1]　See David J. Gerber, p. 236.

《韩国经济法》中文版序言 *

获悉韩国首尔国立大学权五乘教授的《韩国经济法》一书译为中文付梓出版，甚感欣慰，这是中韩法学交流中一件值得庆贺的事情。

权五乘教授是韩国著名的经济法学者，多年在大学从事经济法教学和研究工作，成就卓著，门生遍布韩国，《韩国经济法》一书是他多年潜心学术研究的总结，五次修订再版，在韩国法学界有重要影响。权教授对韩国的立法和司法也有重要影响，是韩国《垄断规制法》《约款规制法》等多部法律的主要起草人，2005 年至 2007 年任韩国公平交易委员会委员长，领导韩国公平交易委员会处理过一些具有国际影响的反垄断大案。权教授还活跃在竞争法国际学术舞台上，是国际著名的反垄断法专家，担任德国 *Zeitschrift für Wettbewerbsrecht*（《德国竞争法杂志》）学术编辑委员会委员。

权教授的《韩国经济法》一书内容上分三编。第一编是关于韩国经济法的概念、地位、作用以及韩国的经济体制和经济秩序。第二编是关于韩国垄断规制法全面、系统的论述。第三编介绍了与消费者权益保护相关的法律制度。全书结构严密，层次清晰，内容充实，论述精深，视野开阔，是研究韩国经济法的权威著作。中国读者需注意的是，权教授《韩国经济法》一书中"经济法"的概念与中国经济法学界的主流观点不同。在中国，经济法一

---

　　*　见〔韩〕权五乘著《韩国经济法》，崔吉子译，北京大学出版社，2009。

般被视为国家运用公权力，对社会经济生活进行干预、管理、调控的各种法律制度的总称，即除了市场秩序管理，宏观调控法也是经济法的重要内容。但根据权教授《韩国经济法》一书，韩国经济法显然不包括中央银行法、税法、财政法等具有规范宏观调控功能的法律制度。权教授认为，根据调整经济主体生产经营活动的机制，国家的经济秩序可基本分为市场经济与计划经济。因为市场经济本质上需要一个维护自由公平竞争的市场秩序，体现这个秩序的法律制度——垄断规制法在《韩国经济法》一书中就具有核心地位。

除了经济法总论和垄断规制法，权教授的《韩国经济法》一书把消费者保护法作为第三编，由此大大突出了消费者保护在韩国经济法中的地位。事实上，消费者保护与垄断规制法有着密切的关系，两者不仅有着共同的目的，即推动竞争和提高消费者福利，而且在推动竞争和提高消费者福利方面具有极强的互补性，即一方面，公平自由竞争是消费者保护的前提条件；另一方面，保护消费者，特别是保护消费者的选择权，是推动市场竞争的重要手段。正是因为消费者保护和竞争保护是一个问题的两方面，韩国公平交易委员会借鉴美国联邦贸易委员会的组织结构，设置了专门的消费者保护局，目的是保护消费者的主权。

权五乘教授对中国反垄断立法和实施给予了极大关注。他多次和我讲过，与美国和欧洲不同，韩国的垄断规制法不是在资本主义得到充分发展和为了防止市场过度垄断的情况下制定的，而是和当前的中国一样，是在市场经济不成熟和政府主导经济的政策在实践中遇到障碍和制约经济发展的情况下制定的。这种情况下，早于中国反垄断法20多年的韩国垄断规制法对中国无疑有着极大的借鉴意义。特别是在解决行政垄断、处理竞争政策和产业政策的关系等方面，韩国有着比中国更为成熟的经验。

权五乘教授是我的挚友。因为研究领域相同，且都有留学德国的背景，能够流畅地用德语交流，我们自2001年相识以来一直保持着密切的学术交

往，多次互邀对方学术访问，多次一起参加国际会议。我至今记得 2006 年
9 月在韩国公平交易委员会清州召开的国际会议上，权教授作为韩国公平交
易委员会的委员长致欢迎词时，特意提到美国芝加哥—肯特法学院的 David
Gerber 教授和我是他的好朋友，这使我很感动。今年还见过他两次。10 月他
来北京的行程尽管非常紧张，百忙中还挤时间邀我在朝鲜人开的海棠花餐厅
晤面。权教授邀我为他的《韩国经济法》中文版作序，我深感荣幸，并愿借
此机会表达对他的敬意、谢意和祝贺，希望他继续保持和发展与中国法学界
的联系，期待他在中韩法学交流方面做出更多的贡献。

本书译者崔吉子博士受业于权五乘教授，学成归来报效祖国，且殚精
竭虑地将其导师著作译成中文出版，这种精神值得赞扬。我殷切希望出国深
造的学子们能像崔吉子博士那样，将国外优秀的和具代表性的法学著述引进
国内，这对于把握国外法学的发展趋势，加强中外法学交流，促进中国法学
研究和法制建设，善莫大焉。

是为序。

2009年6月于北京

"德国法巡礼" 引言 *

《环球法律评论》2001 年冬季号给德国法研究开辟了一片沃土。

德国地处欧洲心脏，无论在过去还是在当今现实中，在欧洲乃至在整个世界，它都占有极其重要的地位。德意志民族在历史上不仅为人类贡献了伟大的哲学家、政治家、科学家、文学家和艺术家，而且也贡献了许多伟大的法学家，如自然法学派的普芬道夫（Samuel von Pufendorf, 1632—1694）和历史法学派的萨维尼（Friedrich Carl von Savigny，1779—1861）。在世界法律库中，德国法不仅因其历史悠久而著称，例如德国的《刑法典》《刑事诉讼法典》《民事诉讼法典》《法院组织法》等等均在德意志帝国创建初年制定 ①,1896 年颁布和 1900 年生效的德国《民法典》也是世界上诞生较早的法典，更为重要的是，德国的民法、刑法、行政法、社会法、环境保护法等等都是世界上最先进和最全面的法律，它们以其结构完备、规范严谨和法律概念清晰而堪称一流，成为许多国家法制的样板。例如，日本和希腊的民法典都以德国民法典为蓝本。

德国法属大陆法系。从历史上看，德国私法乃至整个法律体系普遍地受到了罗马法的强烈影响。罗马法是指古代罗马国家实施的法律。1100 年左右，

---

* 本文发表于《环球法律评论》2001 年冬季号。

① 德国《刑法典》颁布于 1871 年 5 月 15 日；《刑事诉讼法典》颁布于 1877 年 2 月 1 日；《民事诉讼法典》颁布于 1877 年 1 月 30 日。

意大利北部的学者开始研究公元 6 世纪查士丁尼皇帝在位时编纂的《民法大全》。13 世纪至 16 世纪，这些在奴隶制社会汇编而成的罗马法规则靠其"理性的强权"逐步传遍了整个欧洲大陆。这些理论完备且成文的罗马法制度得到了日耳曼人的承认和接受，并逐步取代了当时日耳曼部落的习惯法。到了 19 世纪，这些被继承下来的罗马法条文经过系统化，成为现行德国法的基础。直至今日，德国民法典和商法典仍然保留着当年立法时代的自由主义精神，合同自由原则占主导地位。

作为大陆法系，德国法的显著特点是成文法，即几乎所有的德国法律规则都是通过立法程序制定的。法官的职责只是忠实和不折不扣地适用法律。这种情况下，法院的判决除了它所涉及的案件，本身不能作为法律而发生效力。这种观点是和孟德斯鸠提出并为欧洲大陆普遍接受的立法、司法和行政三权分立的宪法理论相一致的。然而应当指出的是，法院判决在德国所起的作用虽然不及在英美国家的那样大，但也不能说上级法院的判决对下级法院完全没有影响。事实上，在法律规定不明确的情况下，绝大多数下级法院都依据上级法院的判决。特别是联邦最高法院定期公布的判决，它们是由德高望重的法官使用清晰的法律语言表达出来的，往往被下级法院视为法律规则。此外，作为例外，联邦宪法法院不仅有权部分行使国家的最高权力，有权将立法机关作出的具普遍约束力的法规宣布无效，而且也有权将普通法院的判决宣布为无效。这即是说，联邦宪法法院的判决具有造法的功能。

德国法除了有实体法和程序法之分，传统上还分为公法和私法。根据占主导地位的观点，公法规范个人与国家及国家机构之间的关系，或者规范政府行政机构之间的关系，如宪法、选举法、教会法、刑法、税法、社会法、法院组织法和诉讼法等。私法规范平等当事人之间的关系，如民法、商法、知识产权法等。这种分类虽然基于一定的原则，即公法主要体现国家的公权力，私法则主要体现当事人意思自治的原则，从而具有一定的合理性，但是，因为有许多法律部门特别如劳动法和经济法同时渗透着公法和私法的精神，这种分类已经受到了挑战。德国学者普遍认为，公法和私法的划分虽然对德国法产生了一定影响，特别是影响到民事法院和行政法院司法管辖权的划分，但是这种划分毕竟过于粗糙，导致许多法律制度处于公法和私法模棱两可的境地。① 鉴于此，现在德国法学界特别是教科书作者很少采用公法和私法的分类，而是根据各种法院、法典以及大学法学课程所分别涉及的法律主旨事项来划分法律部门，如民法、商法、劳动法和社会保障法、刑法和刑事诉讼法、司法组织和民事诉讼法、行政法和行政诉讼程序等等。②

任何一个国家的法律制度都与其政治发展有着密切的关系。鉴于两次世界大战的经验教训，德国《基本法》作为事实上的宪法，把公民的基本权利（Grundrecht）列为该法的第一部分。这些基本权利和《基本法》第20条提出的民主原则、社会的法治国家原则和联邦制国家的原则在德国法律制度中起着核心的作用，决定了德国全部法律制度的结构和方向。根据基本法，法治国家的首要任务是保护人性的自由发展和在法律面前人人平等，它包括对公民基本权利的保证、分权制以及对立法、行政和司法机关的法律约束等。这些原则已经渗透到德国各种法律的实体法和程序法中，例如刑法中的罪刑法定原则。根据这个原则，仅当一个行为实施之前法律已明确规定其可罚性时，该行为方可受到惩罚。随着这条原则同时被规定在基本法中，这个原则就上升成为德国宪法的内容。

在德国被分裂的40多年中，联邦德国和民主德国实行了不同的政治制度和经济制度，从而也有着不同的法律制度。1990年柏林墙倒塌后，民主德国加入了联邦德国。随着两德统一条约的实施，联邦德国的法律制度现在已经扩大适用到原民主德国的所有地区。到了1993年，德国东部地区已经建立

① 见〔德〕霍恩、科茨、莱塞《德国民商法导论》，中国大百科全书出版社，1996，第54页。
② 同上。

了与西部地区相同的法院组织机构，不仅包括负责审理刑事和民事案件的普遍法院，而且还包括劳工法院、行政法院、社会法院和财政法院。德国联邦宪法法院是一种特殊的法院，它不仅是联邦的最高法院，同时也是一个宪法机构，负责审理涉及宪法的诉讼。这说明，德国不仅有着严密的法律制度，而且有着高度专业化的司法组织。

德国是欧盟成员国。今天，欧洲各国的法律虽然在欧洲联盟的大旗下有着趋同化的倾向，即这些国家在许多方面的立法得以欧盟法为导向，但是我们仍然可以毫不夸张地说，德国法在许多方面对欧共体法和欧盟法的制定起着指导性的作用。为了认识德国法在欧盟法中的地位和作用，本期刊载了美国著名法学家 David J. Gerber 的文章《欧洲竞争法故事中的某些德国角色》。这篇文章不仅论述了德国和欧洲竞争法的历史，而且还有助于我们理解德国竞争法的本质以及德国的社会市场经济制度。

中国同德国一样，传统上也是大陆法国家。从明末清初以来，欧洲大陆国家的法律制度对中国法律制度的建立和发展有着重要的指导意义，其中以德国法为甚。近一百年来，德国法不仅在理论上，而且在许多具体法的框架方面，给中国的立法包括大陆和台湾的立法提供了许多帮助和有益的启示。特别是民国时期制定的民法典，十有六七取自德国。今天，我国处于社会主义法制建设的高潮时期，我们需要立足中国，面向世界，对外国法博采众长，兼收并蓄。然而，与英美法相比较，德国法所采用的系统化、抽象化和集约化的方式显然有着更强的竞争优势，更为国人乐意效仿。当然，借鉴德国法离不开研究德国法的中国学者。这期《环球法律评论》登载的就是他们的部分成果。我们殷切希望，更多的中国学者能够以比较法的方式砥砺学术，为东西方的法学交流，为中国法制的现代化和科学化作出更大的贡献。

华为理应胜诉 *

2011 年 2 月 22 日，美国伊利诺伊州北区联邦地方法院就华为公司起诉摩托罗拉和诺基亚西门子公司（简称"诺西"）一案发布了"初步禁令"，即禁止摩托罗拉向诺西转移华为公司的商业秘密，要求摩托罗拉和诺西采取必要措施确保这个禁令得到执行，包括摩托罗拉聘请有资质的第三方供应商对华为公司的商业秘密进行删除并确保无法恢复，诺西保留其维护摩托罗拉设备的服务记录以供华为公司审计。这个判决书明确指出，鉴于摩托罗拉和诺西可能会滥用华为公司的商业秘密，由此可能对华为公司造成不可挽回的损失，华为公司理应胜诉。

毫无疑问，华为公司在美国法院维权所取得的成功在中国企业界会产生重大影响，是中国企业在国际竞争中一个具有里程碑意义的事件。华为公司在美国法院的胜诉说明，在日益激烈的国际竞争中，中国企业不仅应当重视知识产权的开发，重视自主知识产权的保护，而且还可以将法院诉讼作为保护自己、牵制对手、声东击西和获取竞争优势的重要手段。可以想见，随着华为公司在美国法院的胜诉，诺西和摩托罗拉之间的并购会增加很多不确定的因素。

华为公司起诉摩托罗拉和诺西的背景是它们之间的并购交易。2010 年 7

———————————

* 本文发表在《科技日报》2011 年 3 月 2 日。

月，诺西宣布出资 12 亿美元收购摩托罗拉的无线网络业务，并且在 11 月向中国商务部递交了申报材料。在我看来，这个并购交易至少存在以下两方面的法律问题。一是限制竞争问题。因为这个并购的双方在 GSM 无线接入网市场都有经营活动，这个并购必然会减少一个竞争者，提高市场集中度。有媒体报道，并购后的诺西将控制北京移动 GSM 网络 100% 的份额，这种市场竞争格局不仅对中国电信运营商的设备维护、网络升级、扩容等方面产生严重的不利影响，而且也会增加其他经营者进入市场的难度。

这个并购交易的另一重大问题是华为公司与摩托罗拉和诺西之间的知识产权争议。这是因为华为公司与这一交易的双方有着特殊关系：摩托罗拉与华为公司有着为期 10 年的合作历史，而诺西则是华为公司的竞争对手。摩托罗拉自 2000 年开始与华为公司在无线网络接入及核心网络业务等领域展开密切合作，摩托罗拉以 OEM 方式向华为公司采购其自主研发的技术和产品并在国际市场上进行出售。从法院判决中可以看出，在这多年的 OEM 合作中，摩托罗拉获取了华为公司在生产、技术研发以及市场营销等方面大量的保密信息。在这种情况下，诺西和摩托罗拉之间的并购势必对华为公司造成一个巨大的威胁，即通过这个并购，诺西将会控制摩托罗拉曾与华为公司合作的业务、资产和人员，由此不公平地获取华为公司在这些相关领域的保密信息、商业秘密和知识产权。这也即是说，诺西通过并购摩托罗拉的无线网络业务，可以在与华为公司的市场竞争中获取不正当的竞争优势。正是基于这些考虑，美国地方法院发布禁令，禁止摩托罗拉向诺西转移华为公司的商业秘密。

这里需考虑的一个问题是，如果摩托罗拉和诺西真的遵守美国地方法院的禁令，它们之间的交易是没有办法实现的。对于摩托罗拉来说，法院要求它聘请有资质的第三方供应商对华为公司的商业秘密进行删除并确保无法恢复。鉴于华为公司与摩托罗拉在非常广阔的领域有过为期 10 年的合作，无数个管理人员、技术人员接触、传递、使用甚至存储了华为公司的保密信息，法院的这一要求对摩托罗拉来说几乎是一个不可能完成的任务。对诺西来说，法院要求其保留维护摩托罗拉设备的服务记录以供华为公司审计，正如法院判决的事实裁定部分指出的：诺西需要华为公司的保密信息向其收购自摩托罗拉的客户提供相同水平的维保服务。这说明，如果不使用华为公司的保密信息，诺西就不可能对这些 OEM 设备进行支持和维护，从而也不可能经营它通过并购从摩托罗拉手中获取的无线网络业务。退一步说，即便摩托罗拉和诺西不服美国地方法院这一有利于华为公司的判决，向联邦巡回法院提出上诉，或者摩托罗拉和华为公司将争议提交仲裁，这些程序都将耗费大量时间，甚至数年。这即是说，在争议双方得到上诉法院的判决或者仲裁裁决之前，美国地方法院的这个禁令是有效的，对摩托罗拉和诺西具有法律约束力。然而，众所周知，通信业是一个日新月异、飞速发展的行业。目前，摩托罗拉鉴于其无线网络业务的经营状况，急于出售这部分资产和业务是可以理解的。然而，如果诺西不能通过并购摩托罗拉使用涉及华为公司的知识产权和保密信息，诺西从摩托罗拉手中得到的这部分业务就没有很大的价值。这也即是说，鉴于摩托罗拉和华为公司存在 10 年的合作关系和摩托罗拉掌握华为公司很多保密信息的情况，如果诺西和摩托罗拉之间的并购交易得到实施，它们双方就不可能遵守美国法院的禁令；如果双方遵守法院的禁令，它们就不得不放弃这一并购交易。

当前，诺西和摩托罗拉之间的这一并购交易正在我国商务部反垄断局接受审查。我认为，商务部反垄断局不仅会考虑这个交易对中国电信市场竞争的不利影响，也会考虑这个交易所涉及的知识产权争议。根据美国法院的判决，因为诺西需要使用华为公司的保密信息对摩托罗拉的原客户提供服务，这个并购就存在着侵犯华为公司商业秘密。在这种情况下，商务部不可能不考虑这个并购侵犯华为公司知识产权和保密信息的极大可能性，否则，商务部的批准决定对华为公司就将是一个极大的不公平。诺西和摩托罗拉的并购申报非常可能存在的问题是，它们没有说明这个并购涉及华为公司的知识产权。这也即是说，这个并购申报中的信息可能是不全面的。对于一个不全面或者隐瞒重大事实的申报，商务部有理由延长审查期限，要求当事人补充材料，甚至有理由要求当事人修改交易计划，例如剥离涉及华为公司知识产权的业务，以避免和减少对华为公司的侵权行为。

其实，华为公司与摩托罗拉和诺西之间的知识产权争议，也是美国政府以"国家安全"为由拒绝华为公司收购摩托罗拉无线网络业务的结果。如前所述，华为公司和摩托罗拉存在 10 年的合作伙伴关系，摩托罗拉掌握了华为公司大量的保密信息。在这种情况下，摩托罗拉寻找并购方时，有理由首先接受华为公司的收购。然而，美国政府认为华为公司的收购计划存在"国家安全"的问题，拒绝华为公司的申请。美国还以"国家安全"为由，拒绝华为收购 3Com 公司部分股份以及收购北电部分资产的交易计划。2011 年初，美国外国投资委员会（CFIUS）还否决了华为公司以 200 万美元的金额收购3Leaf 公司部分资产的计划。我们可以这样认为，针对中国企业在美国收购涉及高科技的资产或者业务，美国国会和政府都会表示"严重关切"。在这种形势下，中国商务部在审查摩托罗拉和诺西的并购交易时，如何能够不考虑华为公司的知识产权？

当今世界各国的竞争在相当程度上是知识产权的竞争。美国政府重视对美国企业的知识产权保护，重视因知识产权引起的国家安全问题。我国借鉴其他国家的经验，也越来越重视知识产权保护和因知识产权而引起的国家安全问题。我国除在《反垄断法》第 31 条规定了外资并购中的国家安全审查外，国务院办公厅在 2011 年 2 月发布的《关于建立外国投资者并购境内企业安全审查制度的通知》也指出，外资并购对涉及国家安全的关键技术研发能力具有影响，应当进行国家安全审查。由此可以想见，针对诺西和摩托罗拉之间的并购交易，我国除需要进行反垄断审查和基于美国法院判决考虑其涉及的知识产权争议外，还应当进行国家安全审查。坦率地说，上述三个因素中的任何一个因素都可能导致这个并购交易流产或其内容发生重大变化。在这种情况下，诺西和摩托罗拉的确有必要考虑，它们是否还应当按其原交易计划继续往前走。

警惕境外机构将中国国有企业视为"单一经济体"*

摘要 随着"走出去"战略的实施，我国企业近年来海外并购的势头越来越强。然而，境外反垄断执法机构审理涉及我国国有企业的并购案时，常常将我国同行业的国有企业视为"单一经济体"(single entity)，这不仅给国有企业的海外并购带来风险，而且对它们的全球竞争有着长远的不利影响。我国政府和企业对此应采取相应对策。

随着"走出去"战略的实施，我国企业海外并购的势头很猛。为顺利实施海外并购，我国企业不仅应了解被并购的企业，而且应了解东道国相关的法律制度，反垄断法就是其中的一个重要法律。世界上大多数国家都有反垄断法，其重要内容之一是控制企业并购，目的是防止并购规模过大，导致市场垄断。例如，欧盟委员会 2006 年禁止中国国际海运集装箱（集团）公司并购荷兰的博格公司，其理由就是该并购将损害内部大市场的竞争。值得关注的是，欧盟委员会在审查涉及中国国有企业的并购案中，往往不是把该国有企业视为一个"单一经济体"，而是扩大考虑同行业中国的其他国有企业。这种做法增大了国有企业海外并购的风险，且对它们的全球竞争有着长远的不利影响。

---

* 本文发表在《中国社会科学报》2014 年 1 月 29 日。

1.欧盟委员会针对涉及国有企业的并购审查

根据欧盟法，如果并购不会严重损害内部大市场的竞争，并购可得到批准。考虑并购是否损害内部大市场的竞争时，欧盟委员会要考虑并购参与方的市场份额和市场销售额。测算这些数据时，欧盟委员会除考虑并购企业自身的情况，还要考虑其关联企业，例如它们的子公司和母公司。考虑到国有企业是受国家控制，欧盟委员会认定国有企业是否构成"单一经济体"的标准是，它们是否有权独立进行商业决策。在涉及法国、德国、意大利等欧盟成员国国有企业的一系列并购案中，欧盟委员会认为这些企业有权商业决策，从而可视为"单一经济体"。

然而，在涉及中国国有企业的并购案中，欧盟委员会则将同行业的中国国有企业视为"单一经济体"。在中国化工和荷兰 DSM 组建合营企业 DAI 的并购案中，欧盟委员会除计算了中国化工和 DAI 的市场份额，还计算了中国的华北制药、哈尔滨制药和国药集团等其他国有企业的份额。最后，考虑到这些企业即便在 SSPs 市场的共同份额也不过 30%~40%，欧盟委员会认定该交易没有反竞争的问题。2011 年，欧盟委员会至少对 5 起涉及中国国有企业的并购进行过反垄断审查，包括中国华能收购 Intergen、中石油与 Ineos 组建合营企业等。在这些案件的审查中，欧盟委员会都没有把参与并购的中国国有企业视为"单一经济体"，而是扩大考虑了同一行业中国的其他国有企业。

欧盟委员会对中国国有企业的看法是基于国资委在网上公开的信息，如指导和推进国有企业的改革和重组，推进国有企业的现代企业制度建设，完善公司治理结构，推动国有经济布局和结构的战略性调整，等等。在中国化工与 DSM 组建合营企业一案中，尽管中国化工提出，国资委的权力限于批准其经营活动的范围，且国有企业之间没有连锁经营的问题，但欧盟委员会坚持认为中国化工没有独立经营权。

2.同行国有企业作为"单一经济体"的负面影响

（1）如果中国同行国有企业被视为"单一经济体"，这些企业参与的跨国并购就容易受到反垄断法的干预。一个对欧盟市场具有影响的并购是否可得到批准，很大程度上取决于参与并购企业的规模。显而易见，中国化工作为"单一经济体"和同行中国国有企业共同作为"单一经济体"的后果是不一样的。在中国化工与 DSM 组建合营企业一案中，欧盟委员会只是考虑到中国国有企业全部的市场份额加起来也不够大，这才无条件批准了交易。如果它们的共同份额大到一定程度，该案可能就是另一种结果。

（2）如果同行国有企业被视为"单一经济体"，它们有可能遭遇不公平的法律后果。根据欧盟法，违反反垄断法的企业得被处上一营业年度市场销售额 10% 以下的罚款。如果同行国有企业被视为"单一经济体"，一家违反欧盟竞争法的国有企业就可能被按照同行所有国有企业的市场销售额征收罚款。中国现有一百多家央企和一千多家地方国企。随着实施"走出去"战略，这些企业难免在国外遭遇反垄断法的指控。2013 年，美国一个地方法院判决生产维生素的四家中国企业支付 1.6 亿美元的损害赔偿。如果该案发生在欧盟，因为欧盟委员会是将中国同行国有企业视为"单一经济体"，这些企业的经济损失可能会更大。

（3）同行中国国有企业被视为"单一经济体"的做法还会产生其他负面效应。2009 年，中国铝业集团出资 195 亿美元收购力拓的部分股权时，澳大利亚竞争和消费者委员会（ACCC）对中国铝业就采取了类似欧盟的审查办法，把中国铝业、中国政府和中国钢铁业的其他国有企业视为一个经济体。因此，我们不能不警惕其他反垄断执法机构可能效仿欧盟和澳大利亚的做法，将中国同行国有企业视为一个经济体。此外，欧盟委员会和 ACCC 的做法还会影响涉及中国国有企业的其他类型案件，即当一家国有企业在欧盟被罚款或被迫支付损害赔偿的情况下，中国其他国有企业有可能被要求承担连带责任。

3. 对策建议

（1）反垄断法域外适用涉及国际关系，处理国际关系的问题需要国际合作。因此，我国应通过反垄断执法机关与欧盟委员会竞争总司签署的《反垄断法领域合作的谅解备忘录》，与欧盟委员会沟通，要求对方不得歧视性对待中国国有企业。我国政府应向欧方说明中国的政策和法律，特别是《企业国有资产法》的规定，"国家出资企业对其动产、不动产和其他财产依照法律、行政法规以及企业章程享有占有、使用、收益和处分的权利。国家出资企业依法享有的经营自主权和其他合法权益受法律保护"。

（2）在我国反垄断执法中，除涉及社会公共利益的极个别情况，参与竞争的国有企业应与其他所有制的企业一样，适用我国反垄断法。这不仅体现我国依法治国，体现我国反垄断法的权威和地位，而且也是向国际社会表明，中国国有企业是独立法人，有经营自主权和决策权。例如，国家发改委对中国电信和中国联通涉嫌垄断的调查以及对茅台和五粮液的行政罚款，就是中国国有企业独立经营的有力证据。这些案件有助于改变国际社会对中国国有企业的看法，也有助于改善它们在海外竞争的境况。

（3）实施海外并购的国有企业应提高警惕，即在海外进行并购申报时，应准备更多、更充分和更广泛的信息。这些企业一方面应据理力争，说明自己是独立经营者，是单一经济体；另一方面也应防备不测，特别是应当准备同行其他国有企业的信息，以防它们的并购交易因为可能有更多审查内容而对交易造成不必要的延迟。

中国社会科学院法学研究所建所 50 周年感言 *
——中国经济法学的现状与未来

今年是中国社会科学院法学所建所 50 周年，也是中国经济体制改革 30 周年。我是 1984 年从中国人民大学毕业到法学所，亲身经历了法学所的发展历程，也亲身经历了中国法学发展的繁荣。我今天非常高兴有机会谈一谈中国经济法学发展建设的 30 年。主要谈以下几个方面。

第一，30 年来中国经济法学取得了巨大的成就。中国经济法学的成就离不开中国经济法的发展。我国从 1978 年实行对内改革和对外开放的经济政策以来，最早的立法就是经济法。1979 年颁布的《中外合资经营企业法》作为一部对外商投资监督管理的法律制度，其性质就是经济法。随着改革开放的不断深入，我国在经济法领域制定和颁布了大量的法律制度，如预算法、中国人民银行法、企业所得税法、个人所得税法、电信条例、电力法、铁路法、产品质量法、消费者权益保护法，等等。我国 1993 年颁布的反不正当竞争法和 2007 年颁布的反垄断法，也是重要的经济法。经济法的发展和繁荣离不开经济法领域法学工作者的努力。在他们的努力下，我国经济法领域出版了大量的学术专著、论文，经济法学已经成为我国法学专业的核心课程之一，经济法领域的博士和硕士研究生在国家经济法制建设中发挥了非常重要

*　本文是 2008 年在中国社会科学院法学研究所建所 50 周年大会上的讲话。

的作用。此外，中国经济法学者在国家的经济立法方面，特别是在宏观调控和市场管理方面也发挥了非常重要的作用。很多学者给中央政治局、全国人大常委会讲授过经济法，为国家立法提供了非常宝贵的咨询意见。

第二，30年的改革开放使我国经济法学者达成了很多共识。经济法的内容非常丰富，也非常广泛。经济法研究会最近成立了关于经济法理论、金融法、财政法、竞争法、企业法、房地产法、能源法的七个专业委员会，就说明了这个问题。尽管如此，改革开放30年以来，我国经济法学者关于经济法的一些基本问题也达成了共识，即我国经济法应当以市场为导向。我国经济法学界在过去的一个基本观点是：计划法应被视为经济法的龙头，因为企业的生产经营活动都是为了实现国家的经济计划。随着改革开放，特别是随着1993年我国宪法规定，国家实行社会主义市场经济，我国经济法学界现在的共识就是：社会主义市场经济需要国家这只看得见的手，在市场不完善或者市场不能解决问题的方面，需要国家对经济进行干预、调控和管理。经济法在本质上就是国家对社会经济生活进行干预、调控和管理的法律制度。经济法的本质决定了经济法的调整对象和经济法的内容。经济法包括企业组织法、市场管理法和宏观调控法。

经济法是规范国家对经济生活进行干预的法律制度，自然它在社会经济生活中就体现出国家的公权利益，它和民商法、行政法相比具有自己的独立性。经济法的本质决定了经济法的显著特征，比如社会公共性、政府主导性、经济政策性。出于社会公共利益的考虑，经济法在内容上是公法和私法的融合。

第三，经济法学在推动我国经济体制改革中发挥了重要作用。经济法是确立国家经济秩序的法律制度，毫无疑问地会对国家经济体制和经济发展产生重大影响。例如，因为市场本身的局限，如外部性，需要国家的宏观调控，目的是实现经济总量平衡，实现重大经济结构、产业结构的平衡，解决收入分配不公问题，实现环境保护等等。宏观调控虽然主要是依靠国家的货币政策、税收政策、财政政策等经济杠杆，但为了保证政府决策的科学性和正当性，应当防止决策者滥用权利。宏观调控法在组织宏观调控和宏观调控程序方面是国家宏观调控的一个重要保障。经济法学在市场管理方面也有着非常重要的作用。市场经济的本质是依靠市场竞争机制来配置资源，而市场本身不具备维护自由、公平竞争的机制，国家需要建立保护竞争的法律制度。我国 2007 年颁布并在 2008 年 8 月开始实施的《反垄断法》是一部非常重要的法律。这部法律不仅是我国经济体制改革的里程碑，也是一部对我国经济生活有着广泛影响的法律制度，它标志着我国配置资源的方式或手段已经基本上从国家行政走向市场机制。这一制度有利于提高我国的市场经济地位，而且这一法律对我国企业、消费者、政府部门都有重大的影响。《反垄断法》颁布之后，第一个反垄断诉讼案件就是反对行政垄断。这个案件虽然被法院驳回，但是这个案件对中国的经济生活、对政府部门有着非常大的影响。

第四，我想谈谈中国经济法学面临的挑战。经济法学界集中了一批思想非常活跃的学者，特别是一批思想活跃的年轻学者。现在很多人在反思中国经济法学几十年来的发展和历程，提出了中国经济法学研究中的一些问题。例如有人提出：经济法的基础理论和部门法存在"两张皮"的现象。这让我们思考，经济法基础理论的研究的目的是什么？有些法学院要求一些年轻的经济法理论研究的学者首先要研究一至两门经济法的部门法，在部门法的基础上再研究经济法的基础理论。我认为这种学以致用、理论联系实际的研究方法对经济法来说非常重要。总论方面，有人提出，经济法的一个重要特征是社会公共性，谁来代表社会公共利益？我们现实经济生活中有许多既得利益集团，借口社会公共利益大搞以权谋私。这种情况下，经济法应当如何给予救济，值得研究。在经济法的发展方面，还存在着各种各样的挑战。比方说刚刚颁布的反垄断法只有 57 个法律条款，这些条款并不能完全解决我们现在出现的一些限制竞争问题。今年可口可乐提出要并购汇源，反垄断执法机关能不能批准这一并购，为什么要批准这一并购？如果要禁止这一并购，为什么要禁止这一并购？现在反垄断委员会、国家工商总局、商务部、国家发改委还有最高人民法院都在积极制定《反垄断法》的指南和细则。我认为，中国反垄断法的颁布不是中国在反垄断立法方面的结果，而是刚刚开始的第一步。

在经济法学界现在还在讨论的一个问题是经济法学的研究模式或者研究内容。从传统上来说，我们经济法学界的主要模式是因为市场失灵需要国家干预，需要国家制定相关法律制度即经济法。但是，我国市场发育还非常不完善，特别是行政垄断问题非常严重，有法不依的情况非常普遍。很多情况下，人治大于法治，市场机制实际上很难发挥作用。这种情况下，有些经济法学者提出应当扬弃现有经济法的理论，应当专注于解决权利经济向市场法治经济转轨中的一些特殊问题。当然，我认为权力寻租这个问题不是经济法学一家能够解决的问题，也不是经济法学一家应当解决的问题。这个问题的解决需要深化经济体制改革与政治体制改革，特别还需要进一步改变国有企业产权制度以进一步实现政企分离，解决权力寻租，更需要的是我们法学界全体同仁的努力。这些问题的提出，说明中国经济法学者对我国现实经济生活有着深深的思考，对我国经济法的未来和发展有着深深的期盼。

作为中国社会科学院法学研究所的研究员，我衷心祝贺法学所建所50周年。借此机会我也想表达对法学所的感谢，感谢法学所给了我很多关爱，特别是给了我一个宽松和自由的学术环境。我衷心地祝愿法学所在中国法学研究领域成为一棵常青树，永远枝繁叶茂！永远年轻！

谢谢大家！

第四届钱端升法学研究成果奖获奖感言*

我非常高兴 2008 年获得钱端升法学研究成果二等奖之后，今年又获得这个奖项的一等奖。站在领奖台上，我很激动。我感到欣慰的是，我的法学研究成果得到了社会认可，两次钱端升奖以及其他多种奖项给了我荣誉。这些荣誉对我是鞭策，是激励，我将在学术研究的道路上继续前行，继续努力。

站在领奖台上，我首先想说的是，我为什么两次申请了钱端升法学研究成果奖。原因主要有两个。一是我喜欢参加评奖，认为评奖是一个社会评价和社会检验的过程。因为搞竞争法，我喜欢竞争，也喜欢自己的成果得到社会的检验和评价。二是，我申请钱端升奖，不仅因为钱端升先生是中国伟大的知识分子，是著名的政治学家、法学家和教育学家，在中国的民主法治进程中有很大影响，更重要的是我看重这个奖项的含金量：它的评审委员会由中国一流法学家组成，它有严格的评奖程序，它的公正性和权威性得到了学界的认可，它在国内外产生了广泛的社会影响和学术影响。在此，我衷心地感谢钱端升奖评审委员会给我的荣誉，也给了我一个社会评价的机会。

站在领奖台上，我想说几个感谢。我首先感谢我所处的社会和时代，特别是感谢邓小平先生。我是一个"老三届"，1966 年高中毕业。如果不是邓

* 本文是 2012 年 12 月 23 日在第四届钱端升法学研究成果奖颁奖典礼上的讲话。

小平 1977 年提出恢复高考，我不可能上大学；如果不是国家的改革开放，我更不可能出国留学，攻读博士学位。我是国内从事反垄断法领域最早的学者之一，又适逢中国的改革开放特别需要这方面的法律制度，天时地利使我有条件在法学研究中多出成果。我迄今出版了专著 18 部，其中个人独著 7 部，发表了论文 200 多篇，其中《法学研究》10 篇，《中国社会科学》5 篇，外文论文近 30 篇。回想我的学术历程，我是中国改革开放的受益者，我对今天的时代充满了感激之情。

回想我的学术生涯，我对引我走向反垄断法研究的德国导师 Ernst-J. Mestmäcker 教授充满了感激之情。Mestmäcker 教授作为德国经济法学界的泰斗，他不仅带我走进了 20 世纪 80 年代对很多中国人还是一个陌生的法学领域——反垄断法，而且始终热情地关注中国的改革开放，关心我的学术研究，关注我的学术成果。Mestmäcker 教授是我的导师，也是我的榜样。他今年 86 岁，仍然笔耕不辍，不断地发表论文，并且仍然活跃在欧洲竞争论坛上。与他相比，我总觉得自己的学术成就还不够，我还要努力。

回想我迄今的学术生涯，我对所有支持和鼓励我的老师、同学、同事和学生们心存感激。我尤其感激中国社会科学院法学所的王家福教授，他作为我的老领导和老前辈，提携后学，近 30 年来始终关注和支持我的学术研究。前几天到医院看望他，他还对我寄予厚望，要我再出成果，出好成果，这使我非常感动。

我还要感谢我的家人，特别是我年近 90 岁的老母亲，他们是我一生最坚强的后盾。

最后，我要感谢中国政法大学。我多次应邀到中国政法大学参加学术研讨，昨天还做了一个学术讲座。中国政法大学有我的同行和好朋友，他们和我志同道合，对我的学术研究给予了极大的支持和帮助。我要感谢中国政法大学为钱端升奖项的设立和运作做出的巨大努力。我认为这个研究奖项非常重要，它不仅有助于提升中国政法大学在国内外的学术地位和学术影响，更重要的是为中国法律工作者提供了一个最高的学术平台。我认为，一个学术研究奖的含金量很大程度上还取决于学术界的参与和认知程度，即存在一种"外部效应"：参与的学者愈多，社会认知度就愈高，奖项就愈有含金量。为此，我呼吁，我们大家以钱端升先生为楷模，为中国的民主法治、为中国法治的科学化和现代化而努力，多出成果，多出精品！

　　谢谢大家！

我的反垄断法研究之路

1988 年我得到了赴德国留学的机会，并在这一年将自己的法学研究领域从国际私法转向了竞争法。1999 年，我把自己 1994 年至 1999 年发表的 20 篇论文结集，在中国法制出版社出版了《竞争法研究》。2010 年，我在 1999 年以来发表的 100 多篇论文中选择了 45 篇，结集在社会科学文献出版社出版的《王晓晔论反垄断法》中。2014 年，我在 Edward Elgar 出版了英文论文集 *The Evolution of China's Anti-Monopoly Law*。今年底，我把 2011 年以来发表的论文汇集为"王晓晔论反垄断法（2011~2018）"。从 1988 年赴德留学起算，我从事竞争法研究已经有 30 年，而且是我进入随心所欲之年。为了给自己的 70 岁留个纪念，我把《王晓晔论反垄断法》一书的代后记"我的反垄断法研究之路"修改和扩展后放入本书。

　　其实，比较认真地回顾和总结我的反垄断法研究之路，最初不是我本人的想法，而是 Edward Elgar 先生 2010 年 12 月邀请我在他的出版社出版一部关于中国反垄断法的英文论文集时提出的要求。Elgar 先生说，"我们咨询过很多人，大家一致认为，鉴于您的卓越贡献，您是中国竞争法研究领域最有名的学者，在世界上享有很高的声誉。您知道，中国竞争法的发展已经引起了很多人的关注。我相信，您的研究成果是有兴趣了解中国法律制度的国际学者们的基本读物"。① 他还提出，作为这部英文论文集的一个特点，我应

---

① Edward Elgar 先生来信的原文是 "We conducted extensive consultations with our advisers and recongnise that you are regarded as leading scholar and renowned internationally in every country in the world for your contribution to the study of competition law in China.（转下页注）

当写一个比较详细的自传，谈谈自己的反垄断学术生涯，谈谈我在反垄断法研究中的经历和感受。他说，这个自传的长度可以达到 50 页至 60 页。实际的情况是，我在 *The Evolution of China's Anti-Monopoly Law* 的自传性序言有 30 页，谈到了自己如何走上反垄断法研究之路，如何参与了中国反垄断立法，也谈了我的学术成果和社会影响，包括主要学术观点和主要学术活动，最后是我在反垄断法研究生涯中必须要说的感谢。

一 我走上反垄断法研究之路

（一）三十而立上大学

我的祖籍是河北省怀安县，出生在河北省张家口市，在内蒙古自治区乌兰察布市商都县长大。1966 年我即将高中毕业之时，我国开始了史无前例的"文化大革命"，其后果之一是全国的大学、中学和小学一律停课"闹革命"。我这个属于"老三届"[①] 的高中毕业生自然失去了进大学深造的机会。

"文化大革命"期间，我先在农村插队三年，1971 年 5 月被抽调到工厂，后来在政府机关工作了几年。1978 年 2 月，当我有幸作为国家恢复高考后的第一批大学生进入内蒙古师范大学政教系当学生的时候，已到而立之年，并且有了两个孩子。[②] 1981 年下半年，就在大学毕业前夕，为了与考入北京当了硕士生的丈夫家庭团聚，我这个法学专业的门外汉经过两个月的突击，竟以优异成绩通过了法学理论、民法、国际私法和国际公法四门法学专业的考

（接上页注①）You will, I am sure, be aware that developments in Chinese competition law attract significant interest and we believe that your work will be essential reading for many scholars throughout the world keen to understand the Chinese legal system"。

① "老三届"一般指 1966 年、1967 年和 1968 年毕业的高中生和初中生，因为他们都要到农村接受"再教育"，从而也被称为"插队知青"。

② 1977 年 12 月我国进行了"文化大革命"以来全国范围的第一次高考，应试人数约 576 万人，录取比例 29:1。这次考试使全国 27 万知识青年改变了命运。

试，被中国人民大学法律系录取为当年全国招收的 13 名硕士研究生之一 ①，激动之情至今难以言表。

在中国人民大学法律系，我的专业方向是国际私法和国际经济法，指导老师是这个领域当时最有名气的刘丁教授，我的硕士论文题目是"国际合同的法律适用"。刘老师在我毕业前夕不幸因病去世，郭守康教授成为我的指导老师，1984 年 12 月我顺利地通过了硕士学位论文答辩。作为中国经济体制改革初期毕业的硕士研究生，面对百废待兴、就业选择很宽广的局面，我选择了国内从事学术研究的最高学术机构——中国社会科学院法学研究所。我在法学所的民法研究室工作，研究的领域是国际私法和涉外经济法，当时的室主任是王家福教授。我的这个经历看出，如果不是后来留学德国，我一生从事的学术研究可能与反垄断无缘。

（二）留学德国引我走上了反垄断研究之路

1988 年，在我即将进入不惑之年的时候，在德国马普学会外国与国际私法研究所的 Frank Münzel 教授的帮助下，我幸运地得到了赴德国汉堡留学和攻读法学博士学位的机会。更为幸运的是，在 Münzel 教授的引荐下，Ernst-Joachim Mestmäcker 教授同意做我的博士论文指导老师。

Mestmäcker 教授是德国法学界的泰斗，时任马普学会外国与国际私法研究所所长。他曾任 Bielefeld 大学校长、德国首届垄断委员会主席、马普学会副主席和欧共体委员会竞争政策与经济政策顾问等很多职务。Mestmäcker 教授的研究成果对德国、欧洲和国际反垄断法的发展有着重大的影响。② 他和 Ulrich Immenga 教授共同主编的 *Kommentar zum Deutschen Kartellrecht*（《德国卡特尔法评论》）和 *Kommentar zum Europäischen Kartellrecht*（《欧洲卡特

---

① 1978 年 3 月，中国人民大学各专业共计录取了 58 名硕士生。

② Ernst-Joachim Mestmäcker 教授的信息，可查阅 http://en.wikipedia.org/wiki/Ernst-Joachim_Mestm%C3%A4cker。

尔法评论》) 在德国和国际上影响都很大。由于撰写反垄断法领域的博士论文，我的学术生涯发生了转折性变化，即从研究国际私法转向一个对当时的中国人来说完全陌生的法学领域——反垄断法。我关注的问题随之也发生了转折性的变化，即从关注民商法问题中的涉外因素，转向关注市场经济、市场竞争和市场竞争秩序，并且开始密切关注中国的经济体制改革和政治体制改革。

1993 年 1 月，我在汉堡大学法律一系顺利通过了博士学位答辩，我的口头答辩题目是"欧共体反倾销法及其对中国出口贸易的影响"。[①] 同年 5 月，我的博士论文 *Monopole und Wettbewerb in der chinesischen Wirtschaft–Eine kartellrechtliche Untersuchung unter Beruecksichtigung der US-amerikanischen und deutschen Erfahrungen bei der Fusionskontrolle* (《中国经济中的垄断与竞争——以美国和德国反托拉斯法企业合并控制比较研究为视角》) 作为德国马普学会外国与国际私法研究丛书的第 35 卷，在德国的 J. C. B. Mohr 出版。我当时之所以选择这个题目作为自己博士论文的选题，目的是为中国寻求规制企业垄断和政府行政垄断的药剂和良方。Mestmäcker 教授对我论文的评级是 magna cum laude（优秀），并且做出了很高的评价。他说"作者对与市场竞争关系密切的法律问题和经济问题做出了非常准确的阐述和分析，并在此基础上对中国企业合并控制提出了立法建议。这个建议充分考虑了美国和德国的经验，也充分考虑了中国的特殊经济体制，特别是企业并购的方式和相关市场界定的方式"。今天看来，1988 年赴德国留学在我人生历程中是关键一步，因为这使我有机会走出国门，认识世界，了解发达市场经济国家的法律制度，并在中国法学界对反垄断法知之甚少的情况下，"超前"进行了这方面的学习和研究。

---

① 我以这个题目在中国和德国均发表了学术论文，见《欧共体的反倾销法与中国的对外贸易》，《法学研究》1993 年第 1 期；"Das EG–Antidumpingrecht und die Ausfuhren der VR China in die EG"，*Rabels Zeitschrift* 4/1993。

1994 年 8 月从德国回到北京后，我收到很多大学的加盟邀请。然而，他们看中的不是我所学的专业——反垄断法，而是我的海外留学经历。即使在我工作的法学研究所，也有很多人不理解我所学的专业，不知道反垄断法在中国的重要性。我至今清楚记得，有的领导告诫我，反垄断法的研究领域太小，研究反垄断法不符合中国国情。还有学者劝我改变研究方向，有人甚至建议我到农村至少住半年，看看中国是否需要反垄断法。但是，我坚持了研究反垄断法，并且相信总有一天，我的研究方向和研究内容会为国所用。

值得庆幸的是，就在我从德国归来的 1994 年，中国正式开始了反垄断立法活动。而且归国后不久，我就被邀请加入了这个立法团队。我至今还记得，当时接触的主要官员是国家经贸委的张德霖先生和国家工商总局的王学政先生。就是因为直接参与了中国反垄断立法，我了有机会把自己的才智和专业知识献给中国的反垄断事业。

二　我参与的中国反垄断立法

人们一般认为，中国反垄断立法始于 1994 年，因为在这一年，反垄断法被列入第八届全国人大常委会的立法规划，反垄断立法工作正式启动。[①]

反垄断立法大致经过三个阶段：第一阶段由国家相关部委起草法律草案；第二阶段由国务院法制办代表国务院审议法律草案；第三阶段由全国人大常委会代表国家最高立法机构审议、通过国务院提交的法律草案。我有幸作为学术界最早参与的学者，从始至终参与了这三个阶段的反垄断立法工作，从而有机会了解反垄断立法中各种观点的碰撞和不同思想的交锋，切身

---

① 准确地说，中国反垄断立法始于 1987 年。1987 年 8 月，国务院法制局成立了反垄断法起草小组，反垄断立法提到了国家立法议事日程。1988 年国务院法制局反垄断法起草小组起草了《反垄断和反不正当竞争条例草案》。1993 年 9 月第八届全国人大常委会第三次会议通过了《中华人民共和国反不正当竞争法》，这说明中国反垄断立法当时没有获得成功。

感受到反垄断立法在中国是一次思想大解放，反垄断法的颁布是中国经济体制改革的里程碑。

（一）国家部委起草反垄断法

根据国务院安排，国家经济贸易委员会（简称"国家经贸委"）和国家工商行政管理总局（简称"国家工商总局"）于 1994 年 5 月共同组建了"反垄断法起草小组"，具体负责这项工作的是国家经贸委法规司副司长张德霖和国家工商总局政策法规司司长王学政。1994 年 8 月留学归国后，我应张德霖副司长的邀请参与反垄断法起草工作，并且向起草小组提交过自己起草的法律草案。

反垄断法起草小组于 1997 年 7 月完成了《反垄断法（草案大纲）》第 1 稿，1998 年 11 月完成了第 2 稿。由于反垄断法是市场经济国家的法律制度，中国反垄断法起草过程一定程度上就是一个移植和借鉴外国法的过程。除了像我这样的在西方接受过自由竞争思想和研究过反垄断法的学者直接参与起草工作外，起草小组还采取了"走出去"和"请进来"的方式。即一方面，参与起草的官员出访欧洲、美国、澳大利亚、日本等竞争政策和竞争法发达的国家和地区，考察反垄断立法和执法情况。另一方面，起草小组将起草的反垄断法草案拿出来，征求外国专家和官员的意见。起草小组曾于 1998 年 11 月和 1999 年 12 月举办过两次国际研讨会，邀请 OECD 的竞争法专家和官员开会，听取他们对中国反垄断法草案的意见和建议。这些外国专家对中国反垄断立法非常热心，他们积极参与讨论并且提出了许多有价值的意见和建议。我就是 1998 年在上海召开的国际研讨会上，认识了澳大利亚 ACCC 的前主席 Allan Fels 教授。Allan 至今还密切关注中国反垄断法的实施和发展，至今还与中国学界和政府保持着密切联系。

2000 年 6 月，反垄断法起草小组第一次将《反垄断法（征求意见稿）》分送有关部门征求意见。2001 年底中国加入世界贸易组织后，反垄断立法的步伐明显加快。2002 年 7 月 25 日拟定的《反垄断法（征求意见稿）》，其结构和内容已经是今天中国反垄断法的雏形。

中国反垄断立法从一开始就有两个显著特点，一是德国法的色彩比较浓厚，例如关于市场支配地位的概念和市场支配地位的推断，2002 年的草案中还有过关于垄断协议申请豁免的规定 ①，这些都是来自德国法。二是重视行政垄断，即这个立法的一开始就将矛头指向了行政垄断。② 中国反垄断立法重视行政垄断，这一方面是出于国情，即行政垄断是中国发展市场经济的最大阻力；另一方面，这毫无疑问也是包括我自己在内的中国学者们大力呼吁的结果。也许是受我导师 Mestmäcker 教授的影响，我非常重视国有企业包括公用企业的垄断问题和行政垄断问题，并最早在国内发表了这方面的学术论文，如《规范公用企业的市场行为需要反垄断法》③、《依法规范行政性限制竞争行为》④ 和《欧共体竞争法中的国有企业》⑤ 等。可以想见，如果没有学术界的呼吁，如果没有参与立法的官员们对行政垄断危害性的深刻认识，中国反垄断法也许不会有禁止行政垄断的内容。

2003 年的"两会"之后，国务院进行了大规模的机构改革，撤销了国家对外贸易经济合作部和国家经贸委，增设了商务部，中国反垄断立法随之成为商务部一项重要的立法任务。商务部对这项立法非常重视。2003 年 10 月，商务部条法司组织了一次规模较大的反垄断法草案研讨会，并且邀请了几名

① 关于中国反垄断法草案的德国法色彩，参见美国律师公会反托拉斯法部、知识产权部和国际法部对中华人民共和国所拟议的反垄断法的共同建议，注释 3，见网址 http://www.americanbar.org/groups/antitrust_law/resources/comments_reports_amicus_briefs/2005_comments.html。

② 见中国网2001年12月13日消息：国家经贸委有关负责人8月6日透露，普遍关注的"行政性垄断"一词已被列入正在起草制定的《反垄断法（草案）》内容之中。http://www.china.com.cn/zhuanti2005/txt/2002-08/07/content_5184917.htm。

③ 见《法学研究》1997 年第 5 期。

④ 见《法学研究》1998 年第 3 期。

⑤ 见《外国法译评》1999 年第 3 期。

外国律师包括 Steve Harris 参加了会议。商务部部长还主持过反垄断立法研讨会。2006 年，我受马秀红副部长的邀请，为商务部几百名官员宣讲过反垄断法。2004 年 3 月，商务部向国务院提交了《中华人民共和国反垄断法（送审稿）》（简称《反垄断法（送审稿）》），并附上国家工商总局对这个送审稿的意见。国家工商总局除了对送审稿的个别条款提出修改意见外，还提出应当明确国家工商总局是反垄断法的主管机关。

（二）国务院法制办审议反垄断法草案

根据国家立法制度，国家部委起草的法律草案不能直接进入全国人大或全国人大常委会进行审议，而是应当先通过国务院法制办公室的审议。国务院法制办是协助国务院总理办理法制工作事项的办事机构，具体负责反垄断立法的是工交商事法制司。

2004 年下半年，国务院法制办开始组织审议商务部提交的《反垄断法（送审稿）》，并委托我推荐一个由法学家和经济学家 10 人组成的专家顾问组名单，参与反垄断法送审稿的讨论。参与讨论的还有商务部条法司、国家工商总局法制司以及国家发展和改革委员会法规司的官员。国务院法制办还向社会广泛征求意见，包括国务院各部门、部分地方人民政府和少数大型国有企业以及微软、英特尔等跨国公司。法制办曾邀请电信、电力、邮政、铁路等垄断性企业的领导参加会议，有些企业负责人提出反垄断法应对垄断行业予以豁免，但是这个意见未被采纳。法制办还曾邀请国内民商法学者参加反垄断立法的研讨，但他们当时对反垄断立法普遍不大感兴趣。他们不很支持反垄断立法的主要理由是，中国刚刚颁布的合同法引入了合同自由原则，反垄断法可能会损害这个原则。

国务院法制办在反垄断立法中非常重视国际社会的意见和建议。2005 年初，法制办要我推荐一些外国专家，以便征求他们对中国反垄断立法的意见。推荐的专家主要来自德国和美国，也推荐了一些与中国有着相同文化背景的日本和韩国的专家，此外考虑到转型中的中国经济体制，我还推荐过俄罗斯专家。法制办于 2005 年 5 月 23~24 日召开了关于中国反垄断法草案的外国专家研讨会，事先将《反垄断法（征求意见稿）》译成英文发给他们。这些专家非常认真，很多人逐条对草案进行了书面评论。我本人还收到过马普学会外国与国际私法研究所所长 Jügen Basedow 教授、OECD 竞争局局长 Bernard J. Philips 和国际律师协会（IBA）George Metaxas 先生转给我的书面评论。

国务院法制办在审议反垄断法草案过程中的国际交流对中国反垄断立法产生了比较大的影响，我印象最深的是对"核心设施"理论的讨论。2005 年 4 月 8 日的征求意见稿规定："如果经营者不进入具有市场支配地位的经营者拥有的网络或者其他核心设施，就不可能与其开展竞争的，具有市场支配地位的经营者不得拒绝其他经营者以合理的价格条件进入其拥有的网络或者其他核心设施。但是，具有市场支配地位的经营者能够证明，由于技术、安全或者其他合理原因，进入该网络或者其他核心设施是不可能或者不合理的情形除外。"这个条款是通过我的努力加上去的。"核心设施"理论源于美国最高法院 1912 年的一个案例。[①] 德国 1998 年第 4 次修订后的《反对限制竞争法》第 19 条第 4 款第 4 项也有类似规定。然而，在国务院法制办举办的这个国际研讨会上，有些美国专家对这个条款提出了强烈的反对意见。其理由是，反垄断法引入"核心设施"理论会妨碍经营者的投资和创新，进而损害竞争者和消费者。[②] 这个条款最终被取消。

外国专家还非常关注反垄断法草案中关于知识产权的规定。2005 年 4 月 8 日的征求意见稿第 56 条规定："经营者依照专利法、商标法、著作权法

---

① United States v. Terminal R. R. Ass's, 224 U.S. 383 (1912).

② See Joint Submission of the American Bar Association's Sections of Antitrust Law, Intellectual Property Law and International Law on the Proposed Anti-Monopoly Law of the People's Republic of China, 4 (c) of Executive Summary, available at http://www.americanbar.org/groups/antitrust_law/resources/comments_reports_amicus_briefs/2005_comments.html.

规定行使权利的正当行为，不适用本法；但是，滥用知识产权的行为违反本法规定的，依照本法处理。"我至今记得两位美国专家和我讨论过这个条款，他们希望我能够向立法机构提出建议，取消这个规定。他们的担心是，跨国公司在中国市场的竞争优势相当程度上源于知识产权，而中国反垄断法草案没有明确规定什么是滥用知识产权的行为，因此，跨国公司正当行使知识产权的行为就有可能被视为滥用知识产权。[①] 我理解这些外国专家的担忧。但是，基于以下两个理由，我坚持了中国反垄断法应当禁止滥用知识产权限制竞争的行为：一是欧美反垄断法的实践已经出现了滥用知识产权限制竞争的案件，如欧共体法院1996年的Magill案[②] 和2004年的IMS案[③]，以及德国联邦法院2004年的Spundfass案[④] 等等，这些案件说明，滥用知识产权限制竞争不是空穴来风，这样的立法具有合理性；二是中国反垄断法即便引入这样的规定，也并不意味着执法机关会立马处理这种案件，但是，如果中国反垄断法没有禁止滥用知识产权限制竞争的原则性规定，执法机关可能就没有法律依据处理这种案件，这将给中国反垄断执法带来长期和严重的不利影响。[⑤]

在国务院法制办审议反垄断法草案的期间，一个被广泛关注和激烈争论

---

① See Joint Submission of the American Bar Association's Sections of Antitrust Law, Intellectual Property Law and International Law on the Proposed Anti-Monopoly Law of the People's Republic of China，p.34, http://www.americanbar.org/groups/antitrust_law/resources/comments_reports_amicus_briefs/2005_comments.html.

② Cases C-241/91P&242/91P,1995 E.C.R.I 743 (C.J.).

③ IMS Health v. NDC Health, ECJ, Judgment of April 29, 2004, Case C-418/01.

④ BGH,Urt.v.13.7.2004-KZR 40/02,GRUR 2004, 966-Spundfass.

⑤ 随着中国反垄断法的实施，我的上述观点发生了变化。我在《标准必要专利反垄断诉讼问题研究》(《中国法学》2015年第6期）一文结合广东省高院关于华为诉IDC一案的判决指出，权利人依法行使知识产权的行为不能保证这种行为得到反垄断法的豁免，例如IDC要求华为公司支付高额许可费以及在华为公司未支付许可费而使用专利的情况下请求禁令之行为，依据专利法是合法的，但依反垄断法则可能是滥用市场支配地位。因此，法学界有必要就我国《反垄断法》第55条进行讨论。

的问题是中国反垄断法要不要禁止行政垄断。2005 年 11 月的征求意见稿删除了禁止"滥用行政权力排除、限制竞争"的规定。当时，我正在美国作富布莱特高级访问学者，听到这个消息非常震惊，深感中国反垄断立法的不易和艰辛。国务院法制办在其 2006 年向全国人大常委会提交的反垄断法草案中恢复了关于行政垄断的禁止性规定，这真是令人百感交集。反垄断立法中关于行政垄断规制的反反复复，一方面说明了立法机关内部对规制行政垄断问题存在着激烈的争议 ①；另一方面也说明，尽管存在着争议，反行政垄断的思想在中国的官方、企业界和学术界均占主流地位。

（三）全国人大常委会审议反垄断法草案

2006 年 6 月，国务院法制办向全国人大常委会提交了反垄断法草案。我作为专家间接参与了全国人大常委会法制工作委员会（简称"全国人大法工委"）组织的《反垄断法（草案）》审议工作。全国人大法工委在反垄断立法方面的主要职责是为全国人大常委会审议《反垄断法（草案）》服务，即对国务院法制办提交的草案进行调查研究，征求意见，提供有关资料，提出修改建议。2007 年 6~8 月我在德国马普所做访问学者期间，正值《反垄断法（草案）》在全国人大常委会进行"第二读"和"第三读"。我经常收到全国人大法工委咨询反垄断立法的电子邮件，例如界定相关市场的决定性因素、反垄断法的承诺制度、承诺与宽恕的关系、承诺的法律后果、处罚行业协会与处罚违法企业的关系，等等。

国务院法制办向全国人大常委会提交的《反垄断法（草案）》在第十

---

① 《反垄断法》第 5 章规定了"滥用行政权力排除、限制竞争"，但该法第 3 条列举的垄断行为却没有"滥用行政权力排除、限制竞争"，这显然存在逻辑问题。全国人大法律委员会主任委员杨景宇先生说，"行政机关不是经营者，也不从事经营活动。因此也就不存在反垄断法意义上的所谓'行政垄断'，'行政垄断'的提法是不科学、不准确的"。这表明有些官员不赞成"行政垄断"的提法。参见网址 http://news.ifeng.com/mainland/200803/0303_17_422040.shtml。

届全国人大常委会上进行过三次审议，这个程序被称为"三读"。《反垄断法》第11条①、第16条②和第46条第3款③都是在"三读"期间增加进来的。④ 2007年6月，正值世界拉面协会中国分会通过《中国面制品》杂志向全行业传递龙头企业上调价格的信息，方便面涨价的消息在市场上沸沸扬扬，审议《反垄断法（草案）》的全国人大常委会委员一致要求反垄断法明确禁止行业协会限制竞争的行为。反垄断法草案的"三读"中也取消了一些重要规定，如草案第44条规定："对本法规定的垄断行为，有关法律、行政法规规定应当由有关部门或者监管机构调查处理的，依照其规定。有关部门或者监管机构应当将调查处理结果通报国务院反垄断委员会。有关部门或者监管机构对本法规定的垄断行为未调查处理的，反垄断执法机构可以调查处理。反垄断执法机构调查处理时，应当征求有关部门或者监管机构的意见。"有些全国人大常委会委员认为，这个规定大大限制了反垄断法的管辖权，有损反垄断法的效力和权威，因此建议删除这个规定。

　　《反垄断法》最具中国特色的几个条款也是全国人大常委会在对草案"三读"过程中加上的⑤，这包括该法的第4条⑥、第5条⑦、第7

---

① 《反垄断法》第11条规定，"行业协会应当加强行业自律，引导本行业的经营者依法竞争，维护市场竞争秩序"。

② 《反垄断法》第16条规定，"行业协会不得组织本行业的经营者从事本章禁止的垄断行为"。

③ 《反垄断法》第46条第3款规定，"行业协会违反本法规定，组织本行业的经营者达成垄断协议的，反垄断法执法机构可以处五十万元以下的罚款；情节严重的，社会团体登记管理机构可以依法撤销登记"。

④ 参见全国人大法律委员会关于《中华人民共和国反垄断法（草案第三次审议稿）》修改意见的报告，见王晓晔主编《中华人民共和国反垄断法详解》，知识产权出版社，2008，第312页。

⑤ 见中央政府门户网站：《二审反垄断法草案新增六项规定促进公平有序》，http://www.gov.cn/jrzg/2007-06/26/content_661765.htm。

⑥ 《反垄断法》第4条规定，"国家制定和实施与社会主义市场经济相适应的竞争规则，完善宏观调控，……"

⑦ 《反垄断法》第5条规定，"经营者可以通过公平竞争、自愿联合，依法实施集中，扩大经营规模，提高市场竞争力"。

条 ① 和第31条 ②。我对上述几个条款均表示过反对，并向全国人大法工委负责立法的官员详细阐述了自己的观点。我认为，"加强和完善宏观调控""经营者可依法实施集中，扩大经营规模"等条款的内容本身均没有错，但它们不应放在反垄断法中，因为反垄断法不是宏观调控法，不是产业政策法，它体现的是国家竞争政策。我针对草案中关于国有企业的规定指出，国有企业应平等适用反垄断法，反垄断法对关系国计民生和实行垄断专营的国有企业不应当予以特殊保护。我还建议"垄断协议"一章增加总则性规定，取消"国务院反垄断执法机构认定的其他垄断协议"的措辞，因为这个规定的透明度比较差。我还建议取消草案中第15条为"保障对外贸易和对外经济合作中的正当利益"而对垄断协议予以豁免的规定，指出这个条款在实践中不可能产生效力，因为中国出口企业已经在美国遭遇了反托拉斯诉讼。我还认为，鉴于中国的广阔市场，一个企业占二分之一的市场份额、两个企业占三分之二的市场份额和三个企业占四分之三的市场份额作为市场支配地位的推定标准，在实践中可能过度宽松，不利于维护市场竞争。

　　我至今仍坚持上述观点。我认为，我的一些建议或观点没有被立法者所采纳，不是因为它们不正确，而是因为国家的立法过程一定程度上是不同观点相互妥协和协调的过程。全国人大常委会有些委员认为，反垄断法应体现中国社会主义初级阶段的经济和社会发展的特色，国家的竞争政策应与社会主义市场经济相适应，因此，从中国现阶段经济发展的实际情况出发，反垄断法既要防止经营者过度集中形成垄断，也要有利于国内企业

---

① 《反垄断法》第7条规定，"国有经济占控制地位的关系国民经济命脉和国家安全的行业以及依法实行专营专卖的行业，国家对其经营者的合法经营活动予以保护，……"

② 《反垄断法》第31条规定，"对外资并购境内企业或者以其他方式参与经营者集中，涉及国家安全的，除依照本法规定进行经营者集中审查外，还应当按照国家有关规定进行国家安全审查"。

通过依法兼并做大做强，发展规模经济，提高产业集中度，增强竞争力。这些观点也是正确的。的确，反垄断法作为中国经济体制变革的反映，它不可能不反映体制变革中的问题，中国反垄断法不可能是美国反托拉斯法或者欧盟竞争法的翻版，它必须有中国的元素，与中国当前所处的时代相适应。

（四）我为全国人大常委会委员做法制讲座

在中国反垄断法立法期间，我荣幸地两次为全国人大常委会委员做法制讲座。在中国，一个学者如果能够给中央政治局或者全国人大常委会委员做讲座，是一件很光荣的事情，也是国家对其学术水平的最高褒奖。

第一次讲座是 2002 年 6 月 29 日为第九届全国人大常委会做的第 27 次法制讲座，题目是"反垄断法律制度"，李鹏委员长主持。① 我在讲座中介绍了反垄断法对市场经济的作用、世界各国反垄断立法的概况、反垄断法的主要任务，最后提出了中国尽快颁布反垄断法的建议。李鹏委员长的"日记"谈到了这个讲座："下午 3 时，人大常委会第 28 次会议闭幕。会后，举行第27 次法制讲座，由中国社会科学院法学所研究员王晓晔教授讲授《反垄断法》法律制度。我认为，她对'西方反垄断，促进竞争，提高企业效益的作用'评价高了一点。"② 李鹏的人大日记记录了他任第八届全国人大常委会委员长期间所举办的 30 次法制讲座的情况。在他关于这 30 次法制讲座的记录中，唯独对我所做的讲座提出了一点不同看法，这一方面表明他对西方国家反垄断法的态度有所保留，另一方面说明他认真听了我的讲座，从而提出了不同意见。

---

① 见全国人大培训中心编《九届全国人大常委会法制讲座》，中国民主法制出版社，2003，第 589~607 页。

② 见李鹏著《立法与监督：李鹏人大日记》，新华出版社、中国民主法制出版社，2006，第 63 页。

　　我的第二次讲座是在 2005 年 10 月 27 日，这是第十届全国人大常委会第 17 次法制讲座，题目是"反垄断法是维护市场经济国家秩序的基本法律制度"，吴邦国委员长主持。① 因为两次讲座都是给全国人大常委会的委员们普及反垄断法基本知识，内容大同小异。然而，因为中国反垄断立法在 2005 年进入了一个新阶段，社会各界普遍关注这个法律的制定，我的讲座强调了反垄断立法应注意的几个问题，提出应当特别关注行政垄断，因为行政垄断妨碍中国建立"统一"、"开放"、"竞争"和"有序"的大市场，导致社会资源不能合理和有效地配置。我强调反垄断法作为一个竞争规则，应当贯彻普遍适用的原则，即除了例外的情况，它也应当适用于所谓"自然垄断"和"国家垄断"的行业。我还强调反垄断法应规制滥用知识产权限制竞争的行为，因为滥用知识产权也会扭曲竞争，妨碍企业创新。针对可能出现的多家政府机构实施反垄断法的情况，我强调反垄断执法应当有一个统一和高效运行的机构，应当具有较高的独立性和权威。为了提高全国人大常委会委员们对反垄断立法重要性的认识，我强调反垄断法的颁布标志中国基本建立起市场机制配置资源的经济制度，强调这个立法有助于国际社会承认中国的市场经济地位。

三　我的学术成果及社会影响

　　作为反垄断领域的一名学者，我的使命是通过自己的研究成果，影响和推动中国反垄断法的制定和实施，提高全社会的竞争意识，提高国家的竞争文化。为了完成这个使命，我申请过很多与反垄断法相关的研究课题，并且发表了很多相关的研究成果。

---

① 见全国人大培训中心编《十届全国人大常委会专题讲座》，中国民主法制出版社，2008，第 307~322 页。

（一）研究项目

自 20 世纪 90 年代，中国开始设立国家级和部级各种基金，以资助社会科学或自然科学领域的学术研究。从国家和政府部门获得研究课题，不仅可以使学者获得科学研究的经费，改善研究条件，而且也可以使他们的研究工作和研究成果得到国家和政府的更多重视。自 1998 年获得第一项国家社会科学基金的资助，迄今我独自承担或主持的国家级和省部级课题有十多项，包括国家社会科学基金项目"反垄断法比较研究"（1998 — 2002），中国—欧盟高教合作项目"欧共体竞争法研究"（1998 — 2000），国家自然科学基金应急项目"社会主义市场经济下反垄断对策研究"（1999 — 2000），国家司法部项目"反垄断法对跨国公司限制竞争行为的管制"（2002 — 2004），中国社会科学院 B 类重大课题"WTO 的竞争政策及其对中国立法的影响"（2002 — 2003），商务部项目"世贸组织新一轮谈判中贸易与竞争政策问题研究"（2003），中国社会科学院 A 类重大课题"经济全球化对中国竞争法的影响"（2004 — 2008），司法部重点项目"市场经济与反垄断法律问题 —— 知识产权的视角"（2006 — 2008），国家社科基金重点项目"反垄断立法疑难问题研究"（2007 — 2008）。从上述这些课题可以看出，自 20 世纪末开始，中国政府越来越重视反垄断法研究。

2010 年，我还通过招投标，获得了商务部项目"重点行业相关产品市场和地域市场界定研究"（2010 — 2011）。2012 年底，我还作为首席专家，以湖南大学教授的名义，通过招投标获得了国家社科基金重大项目"垄断认定过程中的相关市场边界划分原则与技术研究"（2013 — 2017）。这说明，近年来中国反垄断法的研究已经从一般问题或基本内容转向研究反垄断经济学或者技术性、专业性比较强的问题。

（二）学术成果

1984 年至 1987 年，我在国际私法和国际经济法领域发表过一些国内有影响的成果。^① 1988 年赴德国留学之后，我将精力几乎全部投入了竞争法研究，特别是投入了反垄断法研究。^②

1.个人独著

我迄今出版的专著有 21 部，其中独著 9 部，它们如下。

（1）《中国经济中的垄断与竞争》（*Monopole und Wettbewerb in der Chinesischen Wirtschaft*，J.C.B.Mohr1993）。这是我的博士论文，被列为德国马普外国和国际私法研究丛书第 35 卷^③，被《比较法国际百科全书》国际私法卷第 35 章（竞争法）列为基本参考书目之一^④。

（2）《企业合并中的反垄断问题》（法律出版社 1996 年）。这是国内第一部系统论述企业并购控制的专著，获第二届钱端升法学研究成果二等奖。

（3）《竞争法研究》（中国法制出版社 1999 年）。这是一部论文集，选编了我在 1995~1999 年发表的 20 篇论文。

（4）《欧共体竞争法》（中国法制出版社 2001 年）。这是我承担 1998 年中欧高等教育合作项目（EU-China High-Education Program）的成果，获第五届中国社会科学院优秀成果二等奖。

（5）《竞争法学》（社会科学文献出版社 2007 年）。这是一部系统论述竞

---

① 如《试论涉外民事关系中适用外国法的理论根据》，《法学研究》1984 年第 2 期；《论国际直接投资合同的适用法律问题》，《中国社会科学院研究生院学报》1985 年第 1 期；《论我国涉外经济合同适用法律的基本原则》，《法学研究》1985 年第 5 期；《联邦德国国际私法的现状与发展》，《法律学习与研究》1988 年第 1 期等。

② 我在经济法和社会法两个领域也有一些在国内外有影响的成果，例如在我主编的中国社会科学院研究生重点教材《经济法学》中，我撰写的内容占本书 60% 以上。我在社会法方面发表了很多德文论文，如 "Das Sozialversicherungsrecht der VR China im Wandel"，*ZIAS* 3/1996；"Die Soziale Krankenversicherung der VR China im Wandel"，*ZIAS* 4/2000。

③ See *Studien zum ausländischen und internationalen Privatrecht*，Max-Planck-Institut für ausländischen und internationalen Privatrecht.

④ See *International Encyclopedia of Comparative Law*，Vol.3，*Private International Law*，Chapter 35，Restrictions on Competition，p.129.

争法包括反不正当竞争法和反垄断法的研究生教材，2009 年获司法部全国法学优秀成果一等奖。

（6）《王晓晔论反垄断法》（社会科学文献出版社 2010 年）。这是一部论文集，选编了我在 2000~2009 年发表的 45 篇论文。

（7）《反垄断法》（法律出版社 2011 年）。这是我国第一部关于反垄断法的专著和教材，也是我研究反垄断法 20 多年来最重要的成果。

（8）《中国反垄断法的演进》（*The Evolution of China's Anti-Monopoly Law*），这是英国 Edward Elgar 出版社联合中国的社会科学文献出版社 2014 年出版的一部英文论文集，获得了国家社科基金中华学术外译项目资助，2017 年获第四届中国法学优秀成果二等奖。

（9）《王晓晔论反垄断法（2011~2018）》（社会科学文献出版社 2019 年）。

2. 学术论文

1984 年底进入中国社会科学院从事学术研究以来，我以中、英、德文发表的学术论文大约 300 篇，其中《中国社会科学》5 篇，《法学研究》10 篇；10 多篇德文论文发表在 *GRUR International*、*Rabels Zeitschrift*、*Asien*、*Zeitschrift für Wettbewerbsrecht (ZWeR)*、*Recht der Internationalen Wirtschaft (RIW)* 等刊物；近 30 篇英文论文发表在 *Washington University Global Studies Law Review*、*Antitrust Law Journal*、*Antitrust Bulletin* 等刊物，还有一些论文被译为日文和韩文。

3. 合著与主编

我主编的专著和论文集迄今有 10 多部。2005 年社会科学文献出版社出版的《经济法学》一书是法律硕士研究生的通用教材。2010 年修订后由中国社会科学出版社出版的《经济法学》是中国社会科学院研究生的重点教材，在中国法学界有重要影响。《中华人民共和国反垄断法详解》（知识产权出版社 2008 年）一书阐述了中国反垄断立法的背景、意义、内容、执法前景以及存在的问题，是政府部门、企业界、学术界以及律师学习和研究反垄断法的重要参考书。7 部会议论文集包括《反垄断法与市场经济》（法律出版社 1998 年）、《竞争法与经济发展》（社会科学文献出版社 2003 年）、《经济全球化下竞争法的新发展》（社会科学文献出版社 2005 年）、《反垄断立法热点问题》（社会科学文献出版社 2007 年）、《反垄断法实施中的重大问题》（社会科学文献出版社 2010 年）、《竞争执法能力建设》（社会科学文献出版社 2012 年）和《反垄断法中的相关市场界定》（社会科学文献出版社 2014 年），都是我组织的竞争法与竞争政策国际研讨会的成果汇集，其中很多是国际著名学者的论文。苏华博士、韩伟博士和我合著的 *Competition Law in China* 是《法律国际百科全书－竞争法》中国卷，它是国际社会了解中国反垄断法的重要英文参考资料。

4. 国内外评价

我的研究成果得到国内学术界的高度评价，并被广泛援用，我本人也被国内外学术界和媒体誉为"中国反垄断法第一人"。[①] 除了前面提及的获奖成果，我的论文《滥用知识产权限制竞争的法律问题》（《中国社会科学》2007 年第 4 期）获第四届钱端升法学研究成果一等奖。我的第二部论文集《王晓晔论反垄断法》出版后，学术界给予了很高的评价。王先林教授撰文指出，"该书作为作者勤奋和智慧的结晶，是新世纪头十年里我国反垄断法领域研究成果的集大成和经典之作，也是我国反垄断法不断成长的记录和见证，不仅代表了作者个人的学术成就，也代表了我国反垄断法研究的水平"。[②] 王健教授指出，"《王晓晔论反垄断法》一书，对反垄断法的理论和

---

① 见中国社会科学院科研局《法学动态》专访：《中国"反垄断法第一人"》，《法学动态》（成果版）2009 年第 10 期；人民代表报《人物周刊》2006 年 7 月 29 日采访：《反垄断法是公平之需》。

② 王先林：《本土意识与国际视野的完美结合——评〈王晓晔论反垄断法〉》，《中国社会科学报》2010 年 8 月 5 日书评版。

实践进行了全面、深入的研究，是我国反垄断法最近十年研究成果的杰出代表作。本书详细记载了中国反垄断立法进程中的重大理论问题和各种争论，并且密切关注了反垄断法的现实问题。这本著作还反映了一位学者的学术品格、道德良心和社会责任感"。①

我的研究成果在国际上也有一定影响。在我 2004 年申请美国富布莱特项目时，美国华盛顿大学（St. Louis）的 John Haley 教授在其推荐信中写道："她是一个出类拔萃的人，学识渊博。德国境外很少有人达到像她那样对德国和欧洲竞争法的深厚了解，她无疑在这个领域是中国的顶尖学者，而且是中国竞争法的重要推动力。"② 德国马普外国与国际知识产权和竞争法研究所所长 Josef Drexl 教授的评价是，"她在竞争法领域出版了大量著述。她的博士论文是关于中国竞争与垄断的最早研究成果。她的导师是德国二战后在竞争法领域的顶级学者 Ernst-Joachim Mestmäcker。她是推动中国颁布反垄断法的学术旗手，她是真正了解外国竞争法特别是欧洲竞争法的学者"。③

我的英文专著 *The Evolution Of China's Anti-Monopoly Law* 受到国际社会的广泛关注。Edward Elgar 出版社介绍这部作品时指出，"中国反垄断法是

---

① 王健:《反垄断法研究的经典之作——读〈王晓晔论反垄断法〉》,《法制日报》2010 年 8 月 4 日。

② John Haley 的英文原文是 "Dr. Wang is an extraordinary person. I do not know of anyone more deserving for a Fulbright research grant. Her scholarship is superb. Only a handful of scholars outside of Germany equal her understanding of German and European competition law. She is without question the leading scholar on the subject in China today and a moving force behind efforts to enact a strong Chinese competition law"。

③ Josef Drexl 的英文原文是 "Professor Wang has published extensively in the field of competition law. Her German doctoral thesis of 1993, which was supervised by one of the leading German competition law scholars after World War II, Ernst-Joachim Mestmäcker, is probably one of the first publications ever that looked at the problems of monopolies and competition in China… Professor Wang, to my understanding, is the academic driving force behind the adoption of a Chinese competition law. Professor Wang can be considered a true expert on foreign, especially European, competition law"。

世界上最年轻但也最有影响的反垄断法之一。本书的目的是为国际社会更好地理解中国反垄断法和中国经济体制改革提供帮助。它汇集了一位国际上最有影响的中国反垄断法学者的学术论文，这位学者是王晓晔教授"。[①] 美国反托拉斯法国际权威 Eleanor Fox 教授指出，"本书是国际社会了解中国反垄断立法的背景、目的、理论基础以及法律适用的必读之物。作者是中国反垄断法的国际权威，没有其他任何学者能够完成这样一部有思想、内容清晰且理论和实务兼具的论文集"。[②] 欧洲竞争法的泰斗 Ernst-Joachim Mestmäcker 教授指出，"中国经济体制的市场化转型是一个世界奇迹，反垄断法的制定和实施是产生这个奇迹的一个必要因素。如果没有学者为这部法律的制定提供法学和经济学的基础，如果没有学者了解市场竞争秩序并为之呼叫呐喊，中国不可能制定这部法律。王晓晔教授就是这样一位学者，她的学术生涯记载了她是一位在中国和世界负有盛名的竞争法学者。这本书展示了她的学术成就，也展示了她服务于中国反垄断立法的勇气、智慧和独立思想"。[③] 澳大利亚竞争和消费者委员会前主席 Allan Fels 教授在本书的序言中指出，"王晓晔教授是中国反垄断立法中最重要的学者。这本书提供了作者参与中国反垄断立法的亲身经历，是国际社会了解中国、了解中国的经济和法律制度，特别是了解中国反垄断法的一部极为重要的参考书。这本书的影响是长期的和持久的，因此我把它推荐给读者"。[④] 南京大学方小敏教授指出，"国际一流学术和专业出版社 Edward Elgar 出版的 *The Evolution of China's Anti-monopoly Law* 是我国反垄断法学和世界反垄断法学平等对话的一个重要标杆，代表了我国当前反垄断法研究的最高水平"。[⑤]

---

① 见 *The Evolution Of China's Anti-Monopoly Law* 封底。
② 见 *The Evolution Of China's Anti-Monopoly Law* 封底。
③ 见 *The Evolution Of China's Anti-Monopoly Law* 封底。
④ See Foreword by Allan Fels, *The Evolution Of China's Anti-Monopoly Law*, pp. vii–x.
⑤ 见方小敏《走向世界的中国反垄断法学研究》，《中国物价》2014 年第 9 期。

鉴于学术成果，我应邀兼任了国内外很多社会团体和学术团体的职务。在国内除兼任中国社会科学院国际法研究所竞争法中心主任，我还兼任了中国经济法研究会副会长兼竞争法专业委员会主任。反垄断立法期间，我担任国务院反垄断立法顾问和全国人大反垄断立法顾问。反垄断法生效后，我被聘为国务院反垄断委员会咨询专家组成员。2002~2003 年，在商务部参与WTO 新一轮多边贸易（多哈发展议程）谈判活动中，我被聘为 WTO 贸易与竞争议题谈判专家咨询组组长。除了一些大学的兼职教授，我还担任了中国科学院人文学院竞争法中心主任、上海交通大学竞争法律与政策研究中心名誉主任等。

在国际上，我参与了 Hiroshi Iyori 教授和 John Haley 教授组织的"APEC竞争政策和经济发展"国际合作项目。2003 年应邀参与了德国马普外国与国际知识产权和竞争法研究所在慕尼黑创立竞争法国际协会（ASCOLA）；2005 年在香港参与亚洲竞争论坛（ACF）的创立；2007 年被国际消费者联盟与信用社会（CUTS Centre for CIER）聘为国际咨询委员 ① ；2010 年被聘为美国反托拉斯学会（AAI）的国际咨询专家；2010 年被 *Antitrust & Competition Policy Blog* 评为反托拉斯法律与经济全球顶级（Best of the best）女教授之一 ② ；此外还应邀担任牛津大学出版社 *Journal of Antitrust Enforcement* 和德国 RWS 出版社 *Zeitschrift für Wettbewerbsrecht (ZWeR)* 两个竞争法期刊的编委委员。

四　我的主要学术观点

我研究的问题比较广泛，但是学术思想和观点比较集中、鲜明，直言不讳。

---

① http://www.cuts-ccier.org/Advisors_Index.htm.

② http://lawprofessors.typepad.com/antitrustprof_blog/2010/05/best-of-the-best-top-female-antitrust-economics-and-law-professors.html.

（一）反垄断法是中国市场经济体制的基本法律制度

要推动中国反垄断立法，首先需要解释中国为什么需要建立反垄断的法律制度。我一般从计划经济和市场经济两种体制配置资源的不同方式谈起。即企业的生产经营活动在计划经济条件下是依靠国家计划，在市场经济条件下是企业独立自主的活动。企业的独立经营活动得依靠市场价格进行协调，保护价格机制和保护市场自由竞争的法律制度对市场经济就至关重要。这即是说，市场经济是竞争的经济，市场经济必须与竞争相联系。另一方面，市场经济的经验已经表明，市场本身并不具备自由和公平竞争的机制，恰恰相反，处于竞争中的企业为了减少竞争压力和逃避竞争风险，它们总想通过某些手段谋求垄断地位以限制竞争。因此，要建立市场经济体制，要发挥市场机制在配置资源中的基础性作用，国家就必须建立保护竞争不受扭曲的法律制度，需要制定和实施反垄断法。因此，反垄断法反映了市场经济本身的规律，是市场经济本能和内在的要求。这个法律制度在市场经济国家的颁布和实施，有力地说明市场经济不是自由放任的经济，而是有秩序的经济制度。

为了说明反垄断法是市场经济体制的基本法律制度，我常常比较民法中的合同法和物权法。很多中国民法学者主张，所有权保护和合同自由是市场经济的两大基本原则，建立市场经济有合同法和物权法足矣！我的观点是，如果没有竞争自由，所谓的合同自由是空话和假话。我还提出，市场经济下的所有权保护不是绝对的，因为所有权制度应当成为激励人们奋发上进的机制。如果一种所有权成为垄断权，且由此导致社会效益低下，这种所有权不应当予以保护。美国历史上拆散过很多垄断企业，如美国法院1982年拆分了电信垄断企业AT&T，强迫它向竞争对手开放电信网络，这就是对私人所有权的限制。[①] 我十分赞成Mestmäcker教授的观点，"生产资料私人所有权不

[①]　United States v. AT&T,http://en.wikipedia.org/wiki/United_States_v._AT%26T.

足以建立市场经济体制，因为私人所有权会随着市场特别是随着市场竞争效力的变化而不断地改变其功能，例如垄断性的市场结构就会排除限制竞争，反对垄断和反对限制竞争的法律制度就是避免生产资料私人所有权导致经济和社会不良状态的重要手段"。① 因此，市场经济的基本法律制度除了所有权保护和合同自由制度，还必须包括一个竞争自由制度。而且，这三个法律制度不是相互独立的，它们作为市场主体应享有的基本权利也不是绝对的。人们通常感兴趣的问题是，出于建立和维护一个合理的经济制度，国家应当提供什么样的合同自由、私人所有权和竞争自由。具体到竞争自由这一问题，人们感兴趣的是如何才能保护竞争。

因为反垄断法的目的是保护市场竞争，市场经济是以市场竞争作为配置资源的根本手段，反垄断法在市场经济体制国家有着极为重要的地位。在美国，它被称为"自由企业的大宪章"；在德国，它被称为"经济宪法"。反垄断法在中国法律体系中的地位取决于中国经济体制改革的走向。如果中国经济体制改革是以"市场化"为导向，反垄断法在我国社会主义市场经济法律体系中就占有极重要的地位，是经济法的核心。这些观点见之于我的很多论文，如《社会主义市场经济下的反垄断法》（《中国社会科学》1996年第1期）、《经济体制改革与我国反垄断法》（《东方法学》2009年第3期）等。

中国反垄断法实施10多年来，它不可避免地还存在一些问题。例如，2011年国家发展和改革委员会对中国电信和中国联通一案的调查不了了之。我的看法是，反垄断法也许比较容易从西方移植到中国，它的价值和理念却不那么容易从前者移植到后者。这是因为法律移植不是一种物质的简单传递或者接受，而是一个复杂和持续时间很长的过程，是政治、经济、法律、文化、社会以及心理等各种因素的相互作用和交融。鉴于中国当前体制中的各

---

① 参见王晓晔主编《反垄断法与市场经济》，法律出版社，1998，第111页。

种问题，反垄断执法势必面临各种挑战。考虑到国际竞争不仅是经济竞争，而且也是制度包括法律制度的竞争，考虑到反垄断法所保护的竞争能够为消费者带来最低的价格、最好的质量和最大的物质进步，我坚信中国的反垄断执法明天更美好。

（二）反垄断法应规制企业合并

中国反垄断立法过程长达几十年，其重要原因之一是社会上对反垄断法的各种抵触。我记得1989年"中国企业评价中心"曾以市场销售额为标准，对中国和美国各自前100家工业企业作过比较，它的结论是："中国企业的规模太小，规模经济还没有实现，现在进行反垄断立法是不明智的。"① 就在反垄断法出台的前夕，还有人撰文指出，中国不应当制定反垄断法，而是应当制定"推动垄断法"。2009年9月，即在反垄断法生效一年多之后，我应邀给全国省部级领导干部讲授这部法律的时候，有几位部长级官员还和我辩论说，中国反垄断法的出台太早了。他们言下之意是，反垄断法规制企业并购，这不利于中国企业做大做强。针对这种情况，我宣讲反垄断法的一个重要内容是企业并购规制。

我认为，推动企业联合和发展企业集团对中国来说非常必要，因为这有助于推动规模经济，使企业间在技术、资金、设备、人员等方面实现优势互补。然而，因为市场经济是以市场机制和竞争机制配置资源，为了维护市场的竞争性，政府在推动企业联合或合并的同时必须注意防止企业规模过大的问题，即对合并进行控制，要求达到一定规模的合并进行事先申报。如果合理预见合并将会严重损害竞争，反垄断执法机构应予禁止。我强调，中国政府在某些行业成立总公司的做法不利于发挥市场机制，政府对企业的捆绑联合不利于提高中国企业的竞争力。我在1993年出版的德文博士论文和1996

---

① 中国企业评价中心：《1987年中国100家最大工业企业及9大行业评价》，《管理世界》1989年第2期，第103页。

年出版的《企业合并中的反垄断问题》，都是这方面的重要著述。代表性论文还有《我国反垄断立法的框架》（《法学研究》1996 年第 4 期）、《联邦德国对企业合并的控制》（《法学研究》1990 年第 3 期）、《美国对企业合并的控制及其新发展》（《中国法学》1990 年第 5 期）、《有效竞争——我国竞争政策和反垄断法的目标模式》（《法学家》1998 年第 2 期）、《〈中华人民共和国反垄断法〉经营者集中的评析》（《法学杂志》2008 年第 1 期）等。

（三）反垄断法必须禁止行政垄断

反垄断法是否应该禁止行政垄断，这在中国反垄断立法中是一个颇有争议的问题。有些学者认为，反垄断法不应当规制行政垄断，因为行政垄断是政府行为，政府行为应留给行政法去解决。[①] 我的观点是，行政垄断由反垄断法调整还是由行政法规制，这不过是形式问题，实质性的问题是，中国要不要反对和禁止行政垄断。我认为，中国处于从计划经济向市场经济的过渡阶段，现实经济生活中的限制竞争大多不是来自企业，而是来自政府，是行政性限制竞争。反垄断法应当从中国现实需要出发，既反对企业的限制竞争，也反对政府滥用行政权力的限制竞争行为。我承认，规制行政垄断是一项艰巨任务，因为这是在限制政府；我更不否认，禁止滥用行政权力限制竞争不是一部反垄断法能够解决的问题，中国还必须深化经济体制改革和进行政治体制改革。然而，反垄断法做出禁止政府部门滥用权力限制竞争的规定，有助于提高政府部门及其工作人员的反垄断意识，有利于明辨是与非、合法与非法的界限，从而可以减少行政垄断。没有规矩，不成方圆；没有禁止行政垄断的法律规定，中国就没有反对行政垄断的法律武器。我有很多论文阐述了这个思想，如《依法规范行政性限制竞争行为》（《法学研究》1998

---

① 参见薛克鹏《行政垄断不应由〈反垄断法〉调整》，《山西师大学报》（社科版）2001 年第 2 期，第 27~32 页；杨仕兵、许艳艳《对反垄断法中规范行政垄断的质疑》，《皖西学院学报》2002 年第 3 期。

年第3期)、《反垄断法中的政府行为》(《经济全球化下反垄断法的新发展》,社会科学文献出版社2005年)、《行政垄断问题的再思考》(《中国社会科学院研究生院学报》2009年第4期)等。

(四)反垄断法应适用于垄断行业

在反垄断立法过程中,电信、电力、邮政、铁路等行业凭借其所谓的"自然垄断"属性强烈要求从反垄断法中得到豁免。2000年的反垄断法草案对这些行业还有予以豁免的规定。由于学者们的强烈反对,反垄断法草案取消了对这些行业明确予以豁免的规定,但是留下了后遗症,即国务院2006年6月提交全国人大常委会的草案规定,对于反垄断法规定的垄断行为,"有关法律、行政法规规定应当由有关部门或者监管机构调查处理的,依照其规定"。[①]庆幸的是,反垄断法草案的这一条款在全国人大常委会"三读"过程中被取消了。如果这个条款生效,反垄断执法机构对被监管行业的限制竞争行为就没有管辖权。

我在很多场合呼吁,至少有两个理由可以说明被监管行业限制竞争案件的管辖权应交给反垄断执法机关。一是国内外经验表明,监管机构在处理被监管企业与其竞争对手或者消费者的争议中,往往站在被监管者的立场上。在中国被监管企业大多为国有垄断企业的情况下,监管者运用行政权力庇护在位垄断者的现象更是屡见不鲜。二是中国在电信、电力、邮政、铁路、石油、银行、保险、证券等对国计民生比较重要的行业都设立了主管部门或者监管机构,如果这些机构各自适用部门法处理限制竞争案件,不仅政出多门,降低反垄断执法效率,而且中国不可能建立一个统一的市场竞争秩序。我还

---

① 见《中华人民共和国反垄断法(草案)》(全国人大第一次审议稿)第44条。该草案第2条第2款还规定,"对本法规定的垄断行为,有关法律、行政法规另有规定的,依照其规定。"参见王晓晔主编《中华人民共和国反垄断法详解》,知识产权出版社,2008,第303页。

提出，电信、电力等行业因涉及技术问题，反垄断执法机构处理案件时应与监管机构进行合作。但是，无论如何，反垄断法不能排除反垄断执法机构对被监管行业的管辖权，因为这不仅损害反垄断执法的权威和地位，而且不利于国家的竞争政策。我有很多著述表达了上述观点，如《规范公用企业的市场行为需要反垄断法》（《法学研究》1997 年第 5 期）、《非公有制经济的市场准入与反垄断法》（《法学家》2005 年第 3 期）、《垄断行业改革的法律建议》（《学习时报》2007 年 1 月 29 日）、《反垄断执法机构与行业监管机构的关系》（《中国经济时报》2006 年 8 月 14 日）等。我很高兴这些意见得到了立法机构的认可。可以想见，如果按照国务院法制办提交全国人大常委会反垄断法草案的规定，中国今天的反垄断执法就不会涉及国有大企业，更不会出现对中国电信和中国联通涉嫌垄断进行调查的案件。[①]

（五）中国应建立统一、独立和权威的反垄断执法机构

反垄断立法不能绕开的一个问题是，反垄断法应该有个什么样的执法机构。反垄断法颁布之前，中国已有三家机构（国家发展和改革委员会、国家工商行政管理总局和商务部）执行与反垄断相关的法律。[②] 这种情况下，反垄断法由谁执行，就成为一个非常敏感的话题。有的学者为了不得罪人，对这个话题讳莫如深；有些政府官员出于本部门的利益，坚持自己所在的部门应有执法权；也有官员直接表态说，三家机构执法比一家机构好。

我在反垄断立法过程中始终强调，反垄断法应当有一个统一、独立和比较权威的执法机关，这个机关应当是一个直属于国务院的部级机构。理由至

---

① 见 2011 年 11 月 09 日 12:28 CCTV《新闻 30 分》视频：发改委调查中电信和联通宽带垄断问题，http://www.sina.com.cn/。

② 国家发展和改革委员会实施 1997 年颁布的《价格法》，该法第 14 条禁止经营者"相互串通，操纵市场价格"；工商行政管理部门实施 1993 年颁布的《反不正当竞争法》，该法禁止的行为包括政府部门滥用行政权力限制竞争；商务部实施六部委 2006 年发布的《关于外国投资者并购境内企业的规定》，其中规定了反垄断审查。

少有两条。第一，这由反垄断法的性质所决定。反垄断法调整的都是对市场竞争有重大影响的限制竞争行为，包括政府部门滥用权力限制竞争。如果反垄断执法机构没有足够大的权威性和独立性，它的裁决就容易受到不同政府部门的干预，也会受不断变化的产业政策的影响。我一直认为，中国反垄断立法的步伐迟缓，除了意识形态方面的原因，重要原因之一是执法机关的不确定性。中国经济领域的立法一般都是相关政府部门推动的，但在反垄断领域，由于它的行政执法权早就分割给三个政府部门，这就不仅使反垄断法执法的权威性和独立性受到了挑战，而且立法过程中没有强势的政府机构为推动它的出台而努力。

第二，多家执法的缺点。我认为，三足鼎立的行政执法不仅会造成执法资源的浪费，执法机关之间也不可避免地会产生纠纷或者不协调的情况。特别是作为执法机关的国家发展和改革委员会和国家工商行政管理总局，因为它们的执法任务中都有垄断协议和滥用市场支配地位，即便审理的案件中有"价格"与"非价格"之分，如果一个案件同时涉及"价格"和"非价格"问题，两个机构之间划分执法权可能比较困难。反垄断法颁布后，三家执法机构之间不协调的情况时有耳闻，这就说明了多家执法的问题。

《反垄断法》第9条规定，国务院设立反垄断委员会，负责领导、组织、协调反垄断工作。考虑到反垄断法没有统一的执法机关，设立国务院反垄断委员会很有必要。但是，鉴于国务院反垄断委员会的大多数委员是制定和执行国家产业政策的部委领导，很多委员对竞争政策认识不足，这个机构难以承担推进国家竞争政策的任务。我一向认为，改进反垄断执法的前景是将三家反垄断行政执法机构合并为一家，成立一个直属于国务院、独立和权威的部级机构。这方面的代表性论著有《我国反垄断执法机构的几个问题》(《东岳论丛》2007年第1期)、《我国反垄断行政执法机构多元化的难题》(《中国发展观察》2006年第9期)、《〈中华人民共和国反垄断法〉析评》(《法学研究》

2008 年第 4 期）等。

五 我的学术活动

反垄断法是一个根植于市场经济，发源于美国并在美国、欧洲、日本等西方国家和地区得到不断发展的法律制度。中国长期实行计划经济，在这种体制下，竞争可优化配置资源和提高经济效益的功能不仅得不到承认，相反"竞争"这个字眼也被带上了意识形态的色彩，被视为资本主义的洪水猛兽。为推动中国反垄断法的制定和推动竞争文化，中国法学界、思想界和理论界迫切需要面对面的学术交流和思想交锋。出于这个需求，我在反垄断领域的学术交流主要有以下几个方面。

（一）国内学术讲座

2001 年加入 WTO 后，中国反垄断立法的步伐明显加快了。特别是2004 年商务部向国务院法制办公室提交了反垄断法的草案后，中国反垄断立法进入一个加速发展的阶段，各种反垄断法的讲习班、研讨会如雨后春笋。我自己也收到了数不清的邀请，为各种机构做反垄断法讲座二百多场。

我应邀为国务院法制办公室、商务部、国家工商行政管理总局、最高人民检察院、国家法官学院等很多与反垄断立法和执法相关的机构做过讲座。2009 年应国务院反垄断委员会的邀请，为全国省部级领导干部培训班、全国厅局级领导干部培训班做过反垄断法讲座。我还应邀请为商务部系统、国家发改委系统的反垄断法培训做过多次讲座。

我在国内很多大学如中国人民大学、中国政法大学、上海交通大学、华东政法大学、西南政法大学等做过讲座。特别是在反垄断法教学和研究比较强的华东政法大学和上海交通大学，我经常做讲座。2012 年上海交通大学凯原法学院建院 10 周年庆祝活动之际，我应邀做了反垄断法系列讲座，受聘为上海交通大学竞争法中心名誉主任。我在很多社会团体也做过反垄断法讲座，包括中国世界贸易组织研究会、中华全国律协、北京律协、广东律协、中国专利保护协会、地方省市的经济法研究会，等等。我还在很多律师事务所、跨国公司和国有大企业做过反垄断法培训。国家发展和改革委员会价格监督检查与反垄断局 2011 年 11 月在央视《新闻 30 分》向社会公告了中国电信和中国联通涉嫌在宽带入网市场存在垄断行为一案后，我还应中国联通的邀请做过反垄断法讲座，这说明国有大企业开始重视反垄断法。

（二）组织国际研讨会

1997 年以来，我以中国社会科学院法学所和湖南大学的名义，共计举办过 7 次竞争法和竞争政策国际论坛，基本两年一次，会期两天。论坛的成果至少有以下几个方面。

第一，它是在中国法学界举办的最早的传播竞争理念和竞争文化的国际论坛。第一届是在 1997 年 11 月，与会者 50 多人，受邀的外国专家来自德国，这说明中国竞争法学界早期的国际学术联系主要是德国。第二届在 2002 年 9 月，与会者 70 多人，受邀的外国专家来自德国、日本、美国、韩国、泰国、印度尼西亚、委内瑞拉、新加坡等很多国家，这说明这个论坛已经从早期的双边会议变为多边。这个国际论坛在后来的规模都达百人以上，邀请的外国专家扩展到了 EU 和 OECD 等国际组织，国际影响越来越大。这个国际论坛不仅为国际社会提供了一个了解中国经济体制改革和中国竞争立法动态的平台，更重要的是为国内学者提供了一个了解竞争法国际动态的平台，增进了国内外竞争法学界的相互了解，加深了友谊，在国内聚集起一支竞争法的学术队伍。

第二，它为中国反垄断立法提供了外国专家和智库。这个竞争法国际论坛邀请过很多国际著名学者，如德国的 Josef Drexl, Ulrich Immenga, Ernst-J. Mestmäcker, Wernhard Möschel, Daniel Zimmer 等；美国的 Dorsey D. Ellis, Eleanor Fox, David J. Gerber, John O. Haley, William E. Kovacic 等；日本的

Hiroshi Iyori, Makoto Kurita，Mitsuo Matsushita, Masahiro Murakami，Toshiaki Takigawa 等；澳大利亚的 Allan Fels；法国的 Frédéric Jenny；韩国的 Ohseung Kwon；印度的 Pradeep Mehta 等。很多国际组织和反垄断执法机构的官员在这个论坛做过讲演，如德国联邦卡特尔局的 Dieter Wolf，Ulf Böge 和 Bernhard Heitzer；美国司法部和联邦贸易委员会的 William Kovacic，Willard K. Tom，Stuart M. Chemtob，J. Bruce McDonald，Nancy Goodman 等；日本公平交易委员会的 Toshiyuki Nanbu；欧盟竞争总司的 Kirtikumar Mehta，Cecilio Madero Vilarejo，Miek Van Der Wee；OECD 的 Bernard Philips 等。反垄断领域的著名律师和跨国公司的法律顾问也受到邀请，如 Steve Harris，Yee-Wah Chin，Eliot G. Disner，Ninette Dodoo，Adrian Emch，George Metaxas 等。有些外国专家如 Drexl, Fels, Harris, Kovacic, Kwon, Zimmer 等人还受全国人大法工委、国务院法制办、商务部等反垄断立法或执法机构的邀请，为中国反垄断立法、执法建言献策，成为中国反垄断立法的智库。

第三，这个论坛出版了 7 部论文集。这些论文集记载了国内外竞争法学者的最新研究成果，汇集了发达国家和地区以及中国反垄断立法和执法的经验，是中国反垄断执法机关、企业界、律师界和学术界学习和研究反垄断法的重要参考资料。鉴于有文字记载的学术成果可以长期保存下来，这个论坛在中国反垄断立法和推进反垄断执法的历史长河中有着比较深远的意义。

（三）我在境外做讲演

在中国反垄断立法中，特别是反垄断法颁布之后，中国反垄断法成为反垄断国际论坛研讨的热门话题。有些国际会议是专门针对中国法召开的，如 2008 年 10 月墨尔本大学竞争法中心举办的 "Unleashing the Tiger? Competition Law in China and Hong Kong"。有些国际论坛安排了中国法单元，如 Fordham Competition Law Institute 2011 年 9 月组织的国际反托拉斯法和政策第 38 届年会。这即是说，在大型的竞争法国际论坛中，人们都能看到中国反垄断执法官员和中国学者的身影。鉴于学术成果，我本人收到过很多国际论坛的邀请，出访过亚洲、欧洲、北美洲、南美洲、大洋洲的二十多个国家，先后在哈佛大学、华盛顿大学（圣路易斯）、纽约大学、哥伦比亚大学、首尔国立大学、东京大学、早稻田大学、神户大学、墨尔本大学、诺丁汉大学、格拉斯哥大学以及德国马普所、美国司法部、美国律师协会、国际律师协会、竞争法国际律协、英国皇家国际问题研究院、韩国公平交易委员会、日本公平交易委员会、越南经济研究院等政府机构、国际名校以及社会团体，做过上百次关于中国经济法和竞争法的英语、德语讲演，经历了许许多多难以忘怀的事情。

我忘不了自己第一次使用英语参加的竞争法国际论坛，那是 2000 年 9 月在加拿大维多利亚大学举办的"APEC 竞争政策与经济发展"研讨会。我对"APEC 竞争政策与经济发展"项目的主要贡献是在 *Washington University Global Studies Law Review* 发表的 "The Prospect of Antimonopoly Legislation in China" 和 "Issues Surrounding the Drafting of China's Anti-monopoly Law"。在国际社会当时对中国经济体制改革和反垄断立法不很了解的情况下，这两篇论文在国际上有着比较大的影响。我忘不了 2002 年 6 月应首尔国立大学权五乘教授的邀请，第一次在韩国出席为我安排的研讨会上，韩国听众给我的第一个问题：何谓"社会主义市场经济"。我也忘不了 2004 年 10 月在日本神户大学法学院举办的亚洲竞争法研讨会期间，除了大会交流，根岸哲教授为我还安排了一个晚上的研讨会。因为中、日、韩三国是近邻，我经常收到日本和韩国的公平交易委员会、大学以及律所的邀请，特别是来自首尔国立大学教授权五乘、早稻田大学教授土田和博及北海道大学教授稗贯俊文的邀请。香港理工大学 Mark Williams 教授发起的亚洲竞争论坛（ACF）也是我进行国际学术交流的重要场所。ACF 成立于 2005 年，我除了每年 12 月在香港参加一次亚洲竞争论坛，还参加了在越南、印度尼西亚、新加坡等东南亚国家组织的竞争法研讨会，与这些国家和地区的学者建立了密切联系。

我第一次访问美国是在 2004 年 10 月。2004 年 7 月，美国司法部反托拉斯局局长 Pate Hewitt 先生和联邦贸易委员会委员 Thomas Leary 先生一行访问了中国社会科学院法学研究所，目的是了解中国反垄断立法动态，Hewitt 先生还在法学所做了讲演。① 2004 年 8 月，Hewitt 先生邀请我访问美国司法部和联邦贸易委员会。这次访美期间，除了在反托拉斯局和美国律师协会 (ABA) 做讲演，我有幸走访了美国司法部反托拉斯局和联邦贸易委员会几乎与反托拉斯执法相关的每一个办公室，与很多执法官员包括时任联邦贸易委员会总顾问（General Counsel）的 William Kovacic 进行过交流。有好几个美国官员和我说过，他们知道我对德国法和欧盟法有研究，但也希望我多研究一点儿美国法。

墨尔本大学 2008 年 10 月 3 日组织的论坛 "Unleashing the Tiger? Competition Law in China and Hong Kong" 也令人难忘。这个研讨会召开的前两天，澳大利亚竞争和消费者委员会（ACCC）批准了必和必拓（BHP Biliton）以 1200 亿美元并购力拓（Rio Tinto）的计划。ACCC 主席 Graeme Samuel 指出："尽管国内外的利益相关人对这个并购存在着担忧，但 ACCC 认为，这个并购在所有的相关市场都不会严重损害竞争。"② 鉴于中国是必和必拓与力拓的大客户，这个并购明显对进口铁矿石的中国企业有着严重的不利影响，我在这个研讨会上直截了当地对这个并购提出反对意见，并在澳大利亚国家电视台（ABC）的随后采访中重申了我的观点。《星岛日报》和英文媒体如路透社均报道了我的讲话。我提出，从保护世界铁矿石市场的竞争出发，ACCC 批准

---

① 除了 Pate Hewitt 先生于 2004 年访问中国社会科学院法学所，他的继任、美国司法部反托拉斯局局长 Thomas O.Barnett 在 2006 年 9 月访问过中国社会科学院法学研究所，与我进行过反垄断法交流。

② See article "BHP-Rio takeover gets ACCC nod"，http://news.smh.com.au/business/bhprio-takeover-gets-accc-nod-20081001-4rsy.html.

"两拓"合并存在严重的问题；中国反垄断执法机构应拒绝批准这个并购，即便 ACCC 对这个合并开了绿灯。

因为留学德国的背景，我经常到德国做访问学者，多次在马普国际私法研究所、马普知识产权和竞争法研究所做关于中国反垄断法的讲座。我还参加过德国联邦卡特尔局 2005 年举办的 ICN 会议，多次应邀参加联邦卡特尔局两年一度的竞争法国际会议（IKK），联邦卡特尔局的 Ulf Böge 局长还邀请我在 2003 年的 IKK 大会做讲演。我还参加过波恩大学 Zimmer 教授 2010 年举办的 ASCOLA 会议，我的讲演题目是 "China's Anti-Monopoly Law: Agent of Competition Enhancement or Engine of Industrial Policy?" 2007 年我还参加了英国皇家国际问题研究院在 Chatham House 举办的竞争法年会，向大会介绍中国反垄断立法概况。这次会议给我留下了两个深刻的印象：一是和 William Kovacic 教授安排在同一单元，他关于反垄断法生命周期的精彩讲演让我感触颇深；二是 Chatham House 在伦敦的不起眼建筑被视为"国际事务的独立智库"而流芳于世。2012 年 9 月，我参加了牛津大学 Ariel Ezrachi 教授组织的"反托拉斯执法论坛"，并借这个机会在 Covington & Burling 律所的伦敦办事处、诺丁汉大学当代中国学院和格拉斯哥大学法学院就中国反垄断法的实施做过学术讲座。

（四）我做富布莱特学者

自 1984 年 12 月进入中国社会科学院法学所以来，我出访的国家和地区有 20 多个。2005 年 9 月至 2006 年 7 月，我有幸作为富布莱特项目的高级访问学者，在美国芝加哥－肯特法学院访学 10 个月。说"有幸"二字，是因为这个机会出乎意料：2004 年在我提出富布莱特项目申请的时候，将近 56 岁，而这个项目的申请者原则上年龄不得超过 50 岁。我感谢法学所，特别是感谢时任法学研究所所长的夏勇教授给了我申报富布莱特项目的机会，因为他们考虑到了我的专业、学术经历和英语水平，认为我的申请能够成功。我的专业是反垄断法，而世界上制定反垄断法最早的国家是美国，所以我一直希望能够得到在美国学习和学术交流的机会。当我得知申请富布莱特学者的难度比较大，特别是对申请人有年龄限制时，我放弃了这个想法。幸运的是，这次不仅法学所给了我申报的机会，中国社会科学院对我也是一路绿灯，而且我在申请人的面试中还获得了最高分！

作为富布莱特学者，我选择了芝加哥－肯特法学院作为东道主，而没有听取朋友们的建议选择常青藤大学。这不是说我不注重东道主的牌子，而是因为我更注重东道主提供的学术研究条件。芝加哥－肯特法学院为我们夫妇两人安排了40多平方米的办公室，专人帮助查找文献和复印资料，我们可以像法学院的正式教师一样享受免费早餐，这使我们有宾至如归的感觉。为了充分利用时间，我在白天做学术研究，撰写《竞争法》一书；晚上选择了公司法、知识产权法和反垄断法等自己感兴趣的课程，以提高自己的英语听力。美国大学上课的经历不仅使我有机会体会到美国以案例为主的授课方法，体会到美国学生们在课堂上的问题不断和思想十分活跃，而且我还深刻感受到美国教授们的敬业精神。讲授公司法的老师是一位律师，他每周四乘飞机从纽约到芝加哥，周五清晨回纽约，学校几乎不付酬劳，而且他的飞机票还是自付。讲授反托拉斯法的是芝加哥的一位大律师，每周两个晚上有课，他在课堂上一丝不苟，学期结束后还自掏腰包请学生吃饭。

作为富布莱特学者，我的最大收获当然是学术交流。在肯特法学院，和我交流最多的是 David Gerber 教授，他是学院的杰出教授，国际上很有名气。他安排每周三下午和我聊天两小时，一方面帮助他了解中国法，另一方面帮助我提高英语水平。他还安排我给他的学生上课，安排我认识芝加哥的反托拉斯法专家，甚至还在哈佛大学法学院为我安排了一次学术讲座。这期间我除在肯特法学院上课，还在芝加哥 DePaul 法学院、华盛顿大学法学院、纽约大学法学院、哥伦比亚大学亚洲法中心和哈佛大学亚洲法中心做过讲座。

很多机会是自己争取的。为了有机会访问纽约，我给哥伦比亚大学法学院的 Liebman 教授写信，请他帮助我安排一个讲座。他热情地接待了我，并且慷慨地为我们在哥伦比亚大学安排了四天住宿。我还向 Eleanor Fox 教授提出想在纽约大学法学院做个讲座。Fox 教授当时在欧洲讲学，她请 Harry First 教授为我安排了讲座，并且让我住在她家。Fox 教授在反垄断法领域是国际著名的学者，和我的交往并不多，但她不在家的情况下把我安排在家里住宿，这使我非常感动。华盛顿大学之行也让我终生难忘。John Haley 教授邀请我做讲座，慷慨地为我们安排了三天住宿，在我们的宾馆房间放置了一大束鲜花，并把我们在圣路易斯的三天活动安排得十分细致和周到。尤其让我难忘的是，我们的告别晚宴除安排法学院的老师们参加，还安排了十多位中国留学生参加。

作为富布莱特学者，我印象最深刻的学术交流是 2006 年 5 月 23 日在哈佛大学法学院做的讲演。这个研讨会是哈佛大学法学院东亚法学研究所和芝加哥 – 肯特法学院共同举办的，我是主讲人，哈佛大学法学院副院长 William Alford（安守廉）教授是主持人，参加圆桌讨论的有 Brandeis 大学的经济学教授 Gary Jefferson，芝加哥 – 肯特法学院教授 David Gerber 和 Sungjoon Cho。我介绍中国反垄断法草案，参加圆桌讨论的四位教授做点评和提问题，最后的环节是听众做点评和提问题。我看到网上对我的点评是，"王教授用流利的英语与其他教授以及听众讨论了中国反垄断法草案。她的主要观点是，中国反垄断立法说明中国经济体制改革是以市场为导向。尽管她承认反垄断法难以打破中国的行政垄断，但它还是维护中国市场竞争秩序的重要工具"。由于听众提出的问题多，讨论非常热烈，这个研讨会延长到 3 个半小时。我记得有位中国留学生当场对我说，我的讲演给中国社会科学院长了脸。安守廉教授兴奋地说，无论学识、语言还是气势，我是哈佛大学法学院迄今接待过的最棒的中国学者！Gerber 教授高兴地对我讲，因为这个在哈佛大学的经历，而且讲演的效果如此之好，我可以走向全世界！

在美国居住期间，我有两次出差，一次是 2005 年 10 月回国为第十届全国人大常委会做第 17 次法制讲座，另一次是 2006 年 4 月受国际律协邀请参加了在澳大利亚悉尼举办的反托拉斯法年会。国际律协考虑到丈夫陪同我在美国，慷慨地送了我们两人在芝加哥和悉尼之间的往返机票。为了在美国境内补回这些失去的时间，履行我对富布莱特基金会的承诺，我和先生在美国西部旅游了 10 多天，参观了旧金山、盐湖城、黄石公园等很多地方，这让我们在美国的学术交流之余也玩了个痛快。

六　鸣谢

我能够有今天的学术成就，除了自己的努力，更重要的因素是我的机遇、我所处的环境和我周围众多师友和学生们的鼎力相助。因此，结束这篇自序的时候，我想表达我的谢意。

我的学术生涯始于中国实施改革开放的 1978 年。我和千千万万个"老三届"一样，首先感谢中国改革开放的总设计师邓小平。邓小平不仅带领中国走出了"文化大革命"导致的深刻和广泛的政治、经济危机，而且重新开门办学，带领中国走出了"文化大革命"导致的深刻和广泛的教育危机。我个人从中国的经济体制改革和对外开放中获取了诸多好处，因为我不仅在学业荒废了 12 年之后重新得到进大学和深造的机会，而且在 1988 年还幸运地得到了赴德国留学和攻读博士学位的机会。随着中国反垄断法的制定和实施，我还有机会踏进许许多多国际著名的竞争法讲坛。一句话，没有邓小平当年在中国各个领域实施的改革开放，就没有千千万万个"老三届"的今天，也没有我的今天。

回想反垄断学术生涯的起点，我非常感谢德国马普学会外国与国际私法研究所的 Ernst-Jochim Mestmäcker 教授和 Frank Münzel 教授。Mestmäcker

教授是我博士论文的指导老师，他不仅指导了我的博士论文，而且始终关注和支持我的反垄断法研究工作，对我一生的学术研究有着重大影响。在他的帮助下，1998年我曾获得德国"时代基金会"的资助，购买了3万马克的外文书籍。Mestmäcker教授现已年过九旬，他的笔耕不辍的精神时时刻刻激励着我。Frank Münzel教授在德国是为数不多的"中国通"，他把一生中最好的时间都奉献给了德中法学交流。在他的帮助下1988年我获得了德国Gesellschaft"Internationale Studenten freunde"e.V. 为期三年的资助，这使我有机会在德国攻读法学博士学位。Münzel教授还对我的博士论文写作给予了慷慨的帮助。如果没有他无私的帮助，我不可能留学德国，更不可能在德国获取博士学位，他是我终生难忘的良师益友。

我的大部分科研成果是在德国马普所的图书馆完成的，我特别感谢三个马普所的所长，他们是马普外国与国际私法研究所所长Jügen Basedow教授、马普外国与国际知识产权和竞争法研究所所长Josef Drexl教授和马普外国与国际社会法研究所所长Bernd Baron von Maydell教授。三位所长多次邀请我到他们所在的马普研究所做访问学者，对我的反垄断法研究给予了大力支持。我一直认为，如果没有德国马普所为我的科研工作提供的那么好的便利条件，我也不可能取得今天的学术成就。

我还要感谢芝加哥-肯特法学院的David Gerber教授。在德国联邦卡特尔局1999年召开的竞争法国际大会(IKK)上，我认识了David，并且与他一直保持着密切的学术联系，2005年还选择David作为我的富布莱特项目的合作者。我不能忘记在芝加哥-肯特法学院的10个月访学期间，David在专业和英语方面给予我的巨大帮助，几乎在每个周三的下午我们都一起讨论中国和美国的反托拉斯法。David还热情地帮助我在芝加哥约见反托拉斯领域的著名学者和官员，2006年5月还帮助我在哈佛大学法学院举办了中国反垄断法研讨会。作为回报，我荣幸地为他的两部在国际上有很大影响的学术

专著 *Law and Competition in Twentieth Century Europe: Protecting Prometheus*（《二十世纪欧洲的法律与竞争：捍卫普罗米修斯》）和 *Global Competition: Law, Markets, and Globalization*（《全球竞争：法律、市场和全球化》）的中译本撰写了序言，用文字记述了我们之间的友谊。

我还要感谢澳大利亚竞争和消费者委员会的前主席 Allan Fels 教授。Allan 是我 1998 年认识的老朋友。当年他作为 OECD 的专家，参与了中国反垄断立法，我们至今保持着密切的学术联系。特别让我感动的是，Allan 始终热情地关注中国反垄断法的发展，至今还热心地为这部法律的有效实施建言献策。在他的提议和领导下，澳大利亚新西兰政府学院建立了中国竞争法研究中心（China Competition Research Centre），并且出版了电子版 *The China Competition Bulletin*[①]，成为国际社会了解中国反垄断立法和执法动态的重要平台。Allan 不仅关注中国的反垄断事业，而且对我个人的反垄断研究也予以了大力支持，倾注了极大的热情。就是在 Allan 的大力推动下，Edward Elgar 出版社于 2014 年出版了我的英文论文集。2018 年他还通过视频给我送来了生日问候，这使我倍感温暖。

在我从事反垄断学术研究的 30 年期间，我在国内外遇到了数不清的良师益友。在亚洲地区，我要特别提及韩国首尔国立大学的权五乘教授。因为留学德国的背景和相同的专业领域，我们经常互邀参加学术研讨会。权教授在 2006~2007 年担任韩国公平交易委员会委员长，在韩国竞争法学界的影响很大。在日本竞争法学界，我和早稻田大学的土田和博教授有着比较密切的学术交流。土田和博教授邀请我参加他主持的国际项目——反垄断法的域外适用，我在这方面发表的论文大多是这个课题的研究成果。土田和博教授在 2013 年还邀请我带两个研究生参加了早稻田大学举办的国际学术交流活动。

---

① http://www.anzsog.edu.au/research/publications/the-china-competition-bulletin.

关西大学的滝川明敏教授对我的帮助也非常大。滝川的英语非常流利，因此多次参加过我组织的竞争法国际论坛。在滝川教授的帮助下，2018年夏季我得到在关西大学进行3个半月学术交流的机会。我对北海道大学的稗贯俊文教授、关东大学的中川政直教授和横滨大学的铃木满教授也是心存感激，感激他们在中日竞争法学者之间传递的学术交流情谊。

我在欧、美和大洋洲也有数不清的朋友。在德国，我必须感谢的良师益友还有哥廷根大学的Ulrich Immenga教授、波恩大学的Daniel Zimmer教授以及马普知识产权和竞争法研究所的Adolf Dietz教授。在美国，我必须感谢的还有司法部反托拉斯局的Stuart Chemtob先生、AAI前主席Albert Foer先生、ABA的Steve Harris先生和Yee-Wah Chin女士。在澳大利亚，我还要感谢新南威尔士大学的Deborah Healey教授、墨尔本大学的Caron Beaton-Wells教授和Mark Williams教授。此外，我还要感谢英国Glasgow大学的Mark Furse教授和意大利Palermo大学的Enrico Camilleri教授。这些朋友们不仅关心中国反垄断法的制定和实施，而且对我本人的研究工作也以各种方式给予了支持和帮助。这里我尤其需要提及Adrian Emch先生和Wendy NG博士。他们两位不仅为宣传中国反垄断法及其实施在国际社会做出过很多努力，为发表"China Competition Bulletin"慷慨地付出了很多时间和精力，而且为出版我的英文论文集 *The Evolution of China's Anti-monopoly Law* 和发表我的英文论文给予了很大帮助。在资金方面，我特别感激德国的基金会，有的基金会十多年一直支持着我的学术研究，支持中德竞争法领域的学术交流。

我从事反垄断法研究的根基和土壤在中国。回想我的学术生涯，我对国内所有支持和鼓励我从事研究反垄断法的老师、同事和学生们心存感激。我特别感谢中国社会科学院法学研究所的王家福教授，是他接受我到法学所工作，支持我赴德留学，并且始终热情地关注和支持我的反垄断学术研究。我必须表达谢意的还有国内高等院校和研究机构以及反垄断执法机构的同行和朋友们，因为志同道合，他们对我的学术研究一直予以热情的支持和鼓励。我还感谢我的学生们，特别是博士生和博士后们，他们不仅为我组织的各种学术活动和主编的论文集付出过很多时间和精力，而且因为教学相长，与他们一道切磋和研讨竞争法不仅给我带来了快乐和幸福感，而且也是对我本人在学术研究中砥砺前行的巨大激励。

与一生的反垄断学术生涯相关，我感谢中国社会科学院法学研究所，感谢中国科学院研究生院人文学院，还特别感谢湖南大学法学院。2011年3月从中国社会科学院法学所退休后，中国科学院研究生院热情地邀请我在人文学院作特聘教授。自2012年7月，湖南大学热情地邀请我在法学院做特聘教授。这些特聘岗位给了我压力，但更重要的是给了我在反垄断学术大道上继续潜心研究的动力。在湖南大学期间，除了培养研究生，迄今我发表的中英文学术论文有57篇。特别值得提及的是，2012年底我以湖南大学教授的名义，通过竞争获得了国家社会科学基金重大项目"垄断认定过程中的相关市场边界划分原则与技术研究"，这是全国哲学社会科学规划办公室在反垄断法学和经济学领域设立的第一个重大课题。这个课题已经于2018年6月顺利结项。

回想一生的学术生涯，我尤其感谢家人，特别是我的母亲。1988年赴德国留学之际，两个孩子上中学。在我留学的6年期间，孩子们的生活和学习全靠母亲和丈夫。如果没有家人的关爱、鼓励和支持，我不可能到国外留学，不可能获取博士学位，更不可能取得今日的学术成就，我对他们的感激之情难以言表。亲爱的妈妈三年前离开了我，我永远怀念她，永远记着她为我付出的辛苦和给予我的爱。

2018年10月，我进入了"70后"。从1988年4月到德国留学起算，我在反垄断法学术领域已经耕耘了30多年。我深深体会到，我在反垄断领域取得的学术成就，根本上说是因为我的机遇，即处于国家经济体制从计划经济向市场经济变革的伟大时代，出于对自己专业的热爱，更是出于社会责任感，我将在反垄断法研究之路上继续走下去，为推进中国市场经济体制，为建立公平自由的市场竞争秩序，老骥伏枥，壮心不已。

2019年2月于北京潘家园

作者迄今的科研成果

一　独著

1. *Monopole und Wettbewerb in der chinesischen Wirtschaft*（《中国经济中的垄断与竞争》）J. C. B. Mohr 1993。

2.《企业合并中的反垄断问题》，法律出版社 1996 年。

3.《竞争法研究》，中国法制出版社 1999 年。

4.《欧共体竞争法》，中国法制出版社 2001 年。

5.《竞争法学》，社会科学文献出版社 2007 年。

6.《王晓晔论反垄断法》，社会科学文献出版社 2010 年。

7.《反垄断法》，法律出版社 2011 年。

8. *The Evolution Of China's Anti-Monopoly Law*（《中国反垄断法的演进》），Edward Elgar Publishing 2014。

9.《王晓晔论反垄断法（2011~2018）》，社会科学文献出版社 2019 年。

二　主编和合著

1. 主编《反垄断法与市场经济》，法律出版社 1998 年。

2. 主编《竞争法与经济发展》，社会科学文献出版社 2003 年。

3. 主编《经济全球化下竞争法的新发展》，社会科学文献出版社 2005 年。

4. 主编《经济法学》，社会科学文献出版社 2005 年，2010 年第二版。

5. 主编《经济法学》，中国社会科学出版社 2010 年。

6. 主编《反垄断立法热点问题》，社会科学文献出版社 2007 年。

7. 主编《中华人民共和国反垄断法详解》，知识产权出版社 2008 年。

8. 主编《经济法学科的新发展》，中国社会科学出版社 2008 年。

9. 主编《反垄断法实施中的重大问题》，社会科学文献出版社 2010 年。

10. 主编《竞争执法能力建设》，社会科学文献出版社 2012 年。

11. 主编《反垄断法中的相关市场界定》，社会科学文献出版社 2014 年。

12. 合著 *Competition Law in China*, Kluwer Law International，2012，2014（与苏华），2018（与韩伟、苏华）。

13. 主编《反垄断法中的相关市场界定及其技术方法》，法律出版社 2019 年。

三　中文论文

1984~1988 年

1. 试论涉外民事关系中适用外国法的理论根据

　　—《法学研究》1984 年第 2 期。

2. 国际仲裁中的法律适用问题

　　—《法制建设》1984 年第 6 期。

3. 论国际直接投资合同的适用法律问题

　　—《中国社会科学院研究生院学报》1985 年第 1 期。

4. 必须以法律手段保护消费者利益

　　—《中国法制报》1985 年 4 月 29 日。

5. 国际技术转让合同的适用法律问题

　　—《法学季刊》1985 年第 2 期。

6. 论我国涉外经济合同适用法律的基本原则

　　—《法学研究》1985 年第 5 期。

7. 刘丁：国际经济技术合作的若干法律问题

　　—《中国国际法年刊》1985 年。

8. 试论涉外经济合同的适用法律

　　—《法律学习与研究》1986 年第 1 期。

9. 国际经济仲裁中公平原则的适用

　　—《陕西律师》1987 年增刊。

10. 联邦德国国际私法的现状与发展

　　—《法律学习与研究》1988 年第 1 期。

1990~1999 年

11. 联邦德国对企业合并的控制

　　—《法学研究》1990 年第 3 期。

12. 美国对企业合并的控制及其新发展

　　—《中国法学》1990 年第 5 期。

13. 欧共体反倾销法与中国的对外贸易

　　—《法学研究》1993 年第 1 期。

14. 欧共体竞争法及其新发展

　　—《外国法译评》1993 年第 3 期。

15. 联邦德国企业合并的理论与实践

　　—《南京大学学报》1993 年第 2 期、第 3 期。

16. 研究西方竞争理论，建立中国竞争性的市场结构

　　—明策尔编《中德反垄断法的比较》，1994 年。

17. 反垄断国际统一立法的现状与前景

　　—《外国法译评》1995 年第 1 期。

18. 垄断是平等竞争的大敌

　　—《人民日报》1995 年 2 月 17 日。

19. 反垄断法与国际贸易

—《国际贸易问题》1995 年第 8 期。

20. 德国竞争法中的卡特尔制度

—《法学家》1995 年第 4 期。

21. 试论我国竞争性市场结构的模式和反垄断法

—《中德经济法研究所年刊》1995 年第 6 期。

22. 社会主义市场经济下的反垄断法

—《中国社会科学》1996 年第 1 期。

23. 我国反垄断立法的框架

—《法学研究》1996 年第 4 期。

24. 美国控制企业合并的立法与实践

—《商事法论集》第 1 卷，法律出版社，1997 年。

25. 竞争法与中国的社会主义市场经济

—科斯洛夫斯基／陈筠泉主编《经济秩序理论和伦理学》，中国社会
科学出版社，1997 年。

26. 规范公用企业的市场行为需要反垄断法

—《法学研究》1997 年第 5 期。

27. 欧洲社会保障制度改革

—《中国社会保险》1997 年第 7 期。

28. 建设市场精神文明，依法规范公用企业行为

—刘海年主编《依法治国与精神文明建设》，中国法制出版社,1997 年。

29. 瑞士《银行保密法》

—《国外法制信息》1997 年第 3 期。

30. 欧盟反倾销法与我国对欧盟的出口贸易

—《商事法论集》第 2 卷，法律出版社，1997 年。

31. 三举一得的瑞士养老保险

　　—《中国社会保险》1997 年第 10 期。

32. 关于规范我国公用企业反垄断立法的思考

　　—《工商行政管理》1997 年第 21 期。

33. 瑞士银行保密法和二战中受害犹太人的存款问题

　　—《对外学术交流情况》1997 年第 25 期。

34. 欧盟反倾销法与我国对欧盟的出口贸易

　　—《国际贸易问题》1998 年第 1 期、第 2 期。

35. 依法规范行政性限制竞争行为

　　-《法学研究》1998 年第 3 期。

36. 有效竞争——我国竞争政策和反垄断法的目标模式

　　—《法学家》1998 年第 2 期。

37. 依法规范行政性限制竞争行为

　　—《中国社会科学院学术动态》1998 年第 4 期。

38. 条块垄断——依法规范行政性限制竞争行为

　　—《国际贸易》1998 年第 4 期。

39. 反垄断法域外效力纷争——以第三国企业合并为例

　　—《国际贸易》1999 年第 2 期。

40. 反垄断法与行业价格自律

　　—《国际贸易》1999 年第 5 期。

41. 欧共体竞争法中的国有企业

　　—《外国法译评》1999 年第 3 期。

42. 巨型合并的反垄断问题

　　—《国际贸易》1999 年第 7 期。

43. 论电信业反垄断立法

　　—《国际贸易》1999 年第 8 期。

44. 关于低价倾销行为的法律思考

—《国际贸易》1999 年第 11 期。

45. 巨型跨国合并对反垄断法的挑战

—《法学研究》1999 年第 5 期。

46. 欧盟反倾销法及其对中国的影响

—《法学评论》1999 年第 3 期。

47. 行政性限制竞争危害大

—《改革内参》1999 年第 19 期。

48. 欧盟电信反垄断法及其对我国的启示

—《求是内部文稿》1999 年第 24 期。

2000~2010 年

49. 市场失灵时的国家干预——欧盟竞争法中的国家援助

—《国际贸易》2000 年第 3 期。

50. 欧共体企业合并控制法及其新发展

—杨紫烜主编《经济法研究》第 1 卷，北京大学出版社，2000 年。

51. 德国《反对限制竞争法》的第六次修订

—《德国研究》2000 年第 1 期。

52. 控制企业合并的法律规范

—《人民法院报》2000 年 1 月 29 日。

53. 谢尔曼法——抓住微软的"反垄断之手"

—《百姓信报》2000 年 2 月 8 日。

54. 专家论坛：不能再拖下去了

—《国际贸易消息》2000 年 4 月 13 日。

55. 从美国微软案看反垄断法

—《中国社会科学院院报》2000 年 4 月 25 日。

56. 戒律强势——欧共体竞争法中的滥用市场支配地位

　　—《国际贸易》2000 年第 5 期。

57. 美国司法部为什么指控微软

　　—《国际贸易》2000 年第 4 期。

58. 加入 WTO，中国的经济法要变

　　—《国际经贸消息》2000 年 6 月 1 日。

59. 反垄断悖论——美国政府为何会批准美国在线与时代华纳的合并?

　　—《国际贸易》2000 年第 2 期。

60. AOL-Time 合并与微软被拆不是悖论

　　—《财经界》2000 年第 3 期。

61. 论限制竞争性协议

　　—《中国工商管理研究》2000 年第 4 期。

62. 加快制定反垄断法

　　—《中国工商报》2000 年 6 月 13 日。

63. 制定反垄断法刻不容缓

　　—《法制日报》2000 年 4 月 23 日。

64. 欧共体企业合并控制

　　—《国际贸易》2000 年第 10 期。

65. 市场失灵时的国家干预

　　—《国际贸易》2000 年第 3 期。

66. 从微软案看中国反垄断立法

　　—《中国律师》2000 年第 9 期。

67. 当罚则罚——欧共体竞争法中的罚款规则

　　—《国际贸易》2001 年第 2 期。

68. 多元化目的——欧共体竞争法目的和任务评述

—《国际贸易》2001 年第 9 期。

69. 欧共体的竞争政策与产业政策

　　—《国际贸易》2001 年第 10 期。

70. 欧共体竞争法中的知识产权

　　—《环球法律评论》2001 年第 2 期。

71. 欧共体竞争法中的罚款规则

　　—《中国工商管理研究》2001 年第 3 期。

72. 加速制定反垄断法

　　—《中国社会科学院学报》2001 年 12 月 11 日。

73. 怎样打破行业垄断

　　—《中国市场经济报》2001 年 4 月 11 日。

74. 把脉地方保护主义

　　—《中国青年报》2001 年 4 月 2 日。

75. 反垄断法——体制改革的催化剂

　　—《工人日报》2001 年 4 月 20 日。

76. 美国反垄断法的域外适用

　　—《国际贸易》2002 年第 1 期。

77. 反垄断立法不能再拖

　　—《法制日报》2002 年 3 月 6 日。

78. 美国反托拉斯法及其新发展

　　—《国际贸易》2002 年第 3 期。

79. 美国反垄断法域外适用析评

　　—《安徽大学法学评论》2002 年第 2 期。

80. 我国反垄断立法还要等多久？

　　—《社会科学报》2002 年 8 月 8 日。

81. 加速制定反垄断法

—《法治参考》（法制日报）2002 年第 7 期。

82. 应尽快建立和完善反垄断法

—《中国社会科学院要报领导参阅》2002 年第 23 期。

83. 我国反垄断法的制定

—《法学杂志》2002 年第 5 期。

84. 反垄断法律制度

—《九届全国人大常委会法制讲座》，中国民主法制出版社，2003 年

85. 入世与中国反垄断法的制定

—《法学研究》2003 年第 2 期。

86. 知识产权保护与反垄断

—《中国社会科学院院报》2003 年 4 月 29 日

87. 知识产权保护中的反垄断问题——从思科诉华为案谈起

—《21 世纪经济导报》2003 年 3 月 18 日

88. 反垄断 VS 知识产权

—《社会科学报》2003 年 4 月 17 日。

89. 竞争政策对国际经贸活动的影响

—《国际贸易》2003 年第 6 期。

90. 中国反垄断立法中的几个问题

—《首都师范大学学报》（社会科学版）2003 年第 2 期。

91. WTO 竞争政策及其对中国的影响（与陶正华合著）

—《中国社会科学》2003 年第 5 期

92. 竞争政策领域的国际协调

—《国际贸易》2003 年第 7 期。

93. WTO 竞争政策议题及其对我国的影响

—《WTO 经济导刊》2003 年第 7 期。

94. 完善我国竞争法及竞争机制的思考

　　—《国际贸易》2003 年第 10 期。

95. 对比广告中的法律问题

　　—《国际贸易》2003 年第 11 期。

96. 知识产权中的限制竞争问题

　　—《中国科技成果》2003 年第 22 期。

97. 纵向限制竞争协议的经济分析

　　—《月旦民商法杂志》2004 年第 3 期。

98. 中国反垄断立法前景与评论

　　—《全球并购报告 2004》。

99. 知识产权滥用行为的反垄断法规制

　　—《法学》2004 年第 3 期。

100. 借鉴国外经验 完善我国竞争政策

　　—《中国社会科学院院报》2004 年 2 月 3 日。

101. 反垄断法中的相关市场

　　—《国际贸易》2004 年第 2 期。

102. 知识产权权力耗尽原则及其新发展

　　—《国际贸易》2004 年第 3 期。

103. WTO 竞争政策及其对我国的影响

　　—《学术动态》（中国社会科学院）2004 年 6 月 10 日。

104. 低价倾销行为的几点法律思考

　　—《价格理论与实践》2004 年第 6 期。

105. 重要补充——反不正当竞争法与相邻法的关系

　　—《国际贸易》2004 年第 7 期。

106. 中国反垄断立法的难题

　　—《法人》2004 年第 7 期。

107. 本身违法的卡特尔及法律后果

　　—《国际贸易》2004 年第 8 期。

108. 适用合理原则的卡特尔

　　–《国际贸易》2004 年第 9 期。

109. 竞争法的几个理论问题

　　—李昌麒主编《经济法论坛》第 2 卷，群众出版社，2004 年。

110. 反垄断法国际统一前景

　　—徐杰主编《经济法论丛》第 5 卷，群众出版社，2004 年。

111. 禁止滥用市场支配地位研究

　　—《月旦财经法杂志》2005 年第 1 期。

112. 公用企业滥用优势行为的法律管制

　　—《法学杂志》2005 年第 1 期。

113. 公用企业滥用优势地位行为的法律管制

　　—《新华文摘》2005 年第 9 期。

114. 支持非公有经济发展首在破除行政垄断

　　—《中国改革》2005 年第 6 期。

115. 反垄断法对跨国公司限制竞争行为的管制

　　—王晓晔编《经济全球化下反垄断法的新发展》，社会科学文献出版社，2005 年。

116. 反垄断法中的政府行为

　　—王晓晔编《经济全球化下反垄断法的新发展》，社会科学文献出版社，2005 年。

117. 竞争法中的自由竞争与公平竞争

130. 垄断行业改革的法律建议

　　—《学习时报》2007 年 1 月 29 日。

131. 我国反垄断执法机构的几个问题

　　—《东岳论丛》2007 年第 1 期。

132. 中国反垄断立法中的几个热点问题

　　—《中国法律》2007 年第 1 期。

133. 中国最新反垄断法草案存在的若干问题

　　—《上海交通大学学报》(哲学社会科学版) 2007 年 1 月。

134. 我国反垄断法草案中的最大问题

　　—《学习月刊》2007 年第 2 期。

135. 中国《反垄断法 (草案)》析评

　　—《青年法学》(名家讲坛) 2006 年冬季号。

136. 税制改革的重大进展

　　—《学习时报》2007 年 3 月 26 日。

137. 两税合并是完善我国市场经济体制的重大举措

　　—《中国社会科学院院报》2007 年 4 月 10 日。

138. 滥用知识产权限制竞争的法律问题

　　—《中国社会科学》2007 年第 4 期。

139. 知识产权强制许可中的反垄断法

　　—《现代法学》2007 年第 5 期。

140. 2006 年中国反垄断法评析

　　—《法治研究》2007 年第 5 期。

141. 反垄断法——经济体制改革的里程碑

　　—《法制日报》2007 年 9 月 2 日。

142. 重视反垄断法初期执法将遇到的严峻挑战

155. 反垄断法中的"社会公共利益"困局

　　—《改革内参》决策版 2008 年第 1 期。

156. 禁止滥用市场支配地位

　　—《中国商界》2008 年第 1 期。

157. 我国反垄断立法的宗旨

　　—《华东政法大学学报》2008 年第 2 期。

158. 中国反垄断法的制定与实施

　　—李林主编《中国法治发展报告蓝皮书 No.6》（2008），社会科学文献出版社，2008 年。

159.《中华人民共和国反垄断法》经营者集中的评析

　　—《法学杂志》2008 年第 1 期。

160. 我国反垄断法的域外适用

　　—《上海财经大学学报》（哲学社会科学版）2008 年第 1 期。

161. 滥用知识产权限制竞争的法律问题

　　—《中国商界》2008 年第 2 期。

162. 禁止滥用行政权力排除、限制竞争

　　—《中国商界》2008 年第 3 期。

163. 我国反垄断执法机构

　　—《中国商界》2008 年第 4 期。

164. 涉嫌垄断行为的调查

　　—《中国商界》2008 年第 5 期。

165. 违反反垄断法的法律责任

　　—《中国商界》2008 年第 6 期。

166. 反垄断法的域外效力

　　—《中国商界》2008 年第 7 期。

167. 我国反垄断执法难点及其解决思路

　　—《中国社会科学院要报—领导参阅》2008 年第 9 期。

168. 论反垄断法中的"社会公共利益"

　　—《中国社会科学院院报》2008 年 6 月 12 日。

169.《中华人民共和国反垄断法》评析

　　—《法学研究》2008 年第 4 期。

170. 反垄断法是社会主义市场经济的标志性法律制度

　　—《中国社会科学院院报》2008 年 8 月 19 日。

171. 我的反垄断法研究之路

　　—《中国社会科学院院报》2008 年 9 月 2 日。

172. 与技术标准相关的知识产权强制许可

　　—《当代法学》2008 年第 5 期。

173. 我国反垄断执法机构应拒绝批准"两拓"合并

　　—《中国经济时报》2008 年 11 月 5 日。

174. 剥削性滥用行为的反垄断管制

　　—《价格理论与实践》2008 年第 10 期。

175. 反垄断法是社会主义市场经济的标志性法律

　　—《中国社会科学院要报—领导参阅》2008 年第 30 期。

176. 我与中国反垄断立法

　　—中国法学会经济法学研究会编《海阔天高——中国经济法（学）的过去、现在和未来》，上海财经大学出版社，2008 年。

177. 反垄断法是维护社会主义市场经济秩序的基本法律制度

　　—《十届全国人大常委会法制讲座》，中国民主法制出版社，2008 年。

178. 经济体制改革与我国反垄断法

　　—《东方法学》2009 年第 3 期。

179. 反垄断法对两拓合并的影响

     —《中国周刊》2009 年 7 月 15 日。

180. 行政垄断问题的再思考

     —《中国社会科学院研究生院学报》2009 年第 4 期。

181. 反垄断法中相关市场的界定

     —《国际商报》2009 年 9 月 1 日。

182. 中国反垄断法关于垄断协议和行政垄断的管制

     —《竞争导刊》第 4 期（2009 年 12 月 2 日）。

183. 让《反垄断法》成为保护公平竞争的有力武器

     —《学习时报》2010 年 1 月 25 日。

184. 行政垄断问题再思考

     —日本关东学院大学法学研究所 *Jurisconsultus* 19 号（2010 年 1 月）。

2011~2018 年

185. 自由贸易区竞争政策的合作

     —《国际贸易》2011 年第 10 期。

186. 华为理应胜诉

     —《科技日报》2011 年 3 月 2 日。

187. 技术标准、知识产权与反垄断法

     —《电子知识产权》2011 年第 4 期。

188. 中国宽带入网竞争案的主要法律问题

     —《价格理论与实践》2011 年第 12 期。

189. 全球竞争中的中国竞争法

     —戴维·格伯尔《全球竞争：法律、市场和全球化》序言，中国法制出版社，2012 年。

190. 中国反垄断执法和依法治国

　　—中国世界贸易组织研究会竞争政策与法律专业委员会编《中国竞争法律与政策研究报告 2011 年》，法律出版社，2012 年。

　　191. 中国反垄断执法三年和依法治国

　　—《第八届东亚法哲学研讨会论文集：后继受时代的东亚法文化》，元照出版社，2012 年。

　　192. 反垄断法是维护公平自由竞争的利器

　　—《价格理论与实践》2013 年第 2 期。

　　193. 中国电信、中国联通涉嫌垄断案的再思考

　　—《交大法学》2013 年第 2 期。

　　194. 实施反垄断法重在整合执法机构和资源

　　—《中国社会科学报》2013 年 8 月 28 日。

　　195. SSNIP 测试法运用于互联网行业的思考（与张素伦合著）

　　—《法制日报》2013 年 9 月 18 日。

　　196. 反垄断法与构建和谐社会

　　—《中国物价》2013 年增刊。

　　197. 中国反垄断法的困境与展望

　　—《中国物价》2013 年增刊。

　　198. 我国《反垄断法》域外适用的理论与实践

　　—《价格理论与实践》2014 年第 2 期。

　　199. 我对华为诉 IDC 一案的看法——以相关市场界定为视角

　　—《人民司法》2014 年第 4 期。

　　200. 警惕境外竞争机构将中国同行国有企业视为"单一经济体"

　　—《中国社会科学报》2014 年 1 月 29 日。

　　201. 论反垄断法在被监管行业的适用

　　—《中国物价》2014 年第 9 期。

202. 高通专利许可费违背公平合理承诺

    ——《经济参考报》2014 年 7 月 31 日第 7 版。

203. 反垄断法中的垄断与限制竞争

    ——《中国价格监管与反垄断》2014 年第 9 期。

204. 我国反垄断法实施的成就与问题

    ——《中国工商管理研究》2014 年第 9 期。

205. 采访《〈反垄断法〉起草者：立法就是一场斗争》

    ——《瞭望东方周刊》2014 年第 41 期。

206. 妥善应对西方对我反垄断执法的责难与干涉（与朱忠良合著）

    ——《中国社会科学院要报》2014 年 11 月 6 日。

207. 妥善应对西方对我反垄断执法的责难与干涉（与朱忠良合著）

    ——《中国社会科学院要报领导参阅》2015 年第 5 期。

208. 标准必要专利反垄断诉讼问题研究

    ——《中国法学》2015 年第 6 期。

209. 论标准必要专利的特殊性

    ——《中国价格监管与反垄断》2015 年第 10 期。

210. 中国电信和中国联通宽带入网反垄断案的几个思考

    ——《通讯传播法研究》2015 年。

211. 涉及标准必要专利的经营者集中控制（与丁亚琦合著）

    ——《华东政法大学学报》2016 年第 6 期。

212. 论滥用"相对优势地位"的法律规制

    ——《现代法学》2016 年第 5 期。

213. 推动公平竞争审查大力遏制行政垄断

    ——王先林主编《竞争法律与政策评论》第 2 卷，上海交通大学出版社，2016 年。

214. 竞争政策为什么应成为国家基本经济政策

　　——《中国价格监管与反垄断》2016 年第 3 期。

215. 关于公平竞争审查制度的若干思考

　　——《经济法论丛》2017 年第 1 期。

216. 我国反垄断法中的经营者集中控制：成就与挑战

　　——《法学评论》2017 年第 2 期。

217. 国际卡特尔与我国反垄断法的域外适用（与吴倩兰合著）

　　——《比较法研究》2017 年第 3 期。

218. 标准必要专利为什么会卷入反垄断案件（与丁亚琦合著）

　　——《法学杂志》2017 年第 6 期。

219. 再论反不正当竞争法与其相邻法的关系

　　——《竞争政策研究》2017 年第 4 期。

220. 守住公平竞争的"前门"和"后面"

　　——《中国改革报》2018 年 2 月 26 日第 2 版。

221. 论相关市场界定在滥用行为案件中的地位和作用

　　——《现代法学》2018 年第 3 期。

222. 反垄断法的实施完善了我国市场经济体制

　　——《工商行政管理》2018 年第 16 期。

223. 中国反垄断执法 10 年：成就与挑战

　　——《政法论丛》2018 年第 5 期。

224. 市场界定在反垄断并购审查中的地位和作用

　　——《中外法学》2018 年第 5 期。

四　英文论文

1. *Necessity of and Conditions for an Anti-Monopoly Law in China*

——3 Working Paper on European Studies, 8 July, 2001.

2. *The Prospect of Antimonopoly Legislation in China*

　　——Washington University Global Studies Law Review, Vol.1, No.1& 2, 2002.

3. *Issues Surrounding the Drafting of China's Anti-monopoly law*

　　——Washington University Global Studies Law Review, Vol.3, No.1, 2004.

4. *WTO Competition Policy and its influence on China*

　　——Social Sciences China, Spring 2004.

5. *Anti-monopoly law vital*

　　——China Daily, August 22, 2004.

6. *The Impacts of the WTO competition Policy Negotiation in China*

　　——ZWeR, Heft 3/2004.

7. *China Report on Competition Policy*

　　——Kobe Law Journal, Vol. IV, June 2005, No 1.

8. *Unfair Competition and Anti-Competition*

　　——Masao Ogawa/Iwakazu Takahashi (ed.): Competition Law and Policy in Asia, Kyoto Gakuen University 2005.

9. *Topical Issues in China's Antimonopoly Legislation*

　　——China Law, No. 4/2007.

10. *Anti-Monopoly Law, A Tough Start*

　　——Caijing Annual Edition 2008: Forecasts and Strategies.

11. *China's New Antimonopoly Law: From Critical Perspective*

　　——Italian Intellectual Property Yearbook 2007.

12. *Highlights of China's New Antimonopoly Law*

　　——Antitrust Law Journal, Vo.75, Issue1, 2008.

13. *Anti-monopoly Law in the compulsory licensing of intellectual property*

—Social Sciences in China, No.1, 2008.

14. *The New Chinese Anti-Monopoly Law: A Survey of a Work in Progress*

—Antitrust Bulletin, Fall 2009.

15. *Competition Law for the Common Market*

—〔韩〕经世院 Emergence of Globalization and Blocs: Lawyers' Perspective，2008 年 12 月。

16. *Analysis and comment on the Anti-Monopoly Law of the People's Republic of China*

—Frontiers of Law in China, No. 3, 2009.

17. *China's Anti-Monopoly Law: Agent of Competition Enhancement or Engine of Industrial Policy?*

—Co-author Jessica Su, in Book "The Goals of Competition Law" edited by Daniel Zimmer, Edward Elgar 2012.

18. *China's Anti-Monopoly Law and the Reform of the Economic System*

—Competition Law in the BRICS Countries (edited by A. Emch, J. Regazzini & V. Rudomino), Kluwer Law International 2012.

19. *China's Competition Law in the Global Competition*

—Competition Law on the Global Stage, 2014, edited by N. Charbit & E. Ramundo.

20. *Reflections on the Antitrust Case against China Telecom and China Unicom*

—The Chinese Anti-Monopoly Law: The First Five Years (edited by A. Emch & D. Stallibrass), Kluwer Law International 2013.

21. *Enforcement under China's Anti-Monopoly Law: so far, so good?*

—Co-author Adrian Emch, in William E. Kovacic, An Antitrust Tribute,

Liber Amicorum Vol. I, edited by N. Charbit, E. Ramundo, A. Chehtova, A. Slater, Concurrences 1− 2013.

22. *China: The Competition Law System and the Country's Norm*

—Co−author Jessica Su, in: The Design of Competition Law Institutions, edited by E. Fox and M. Trebilcock, Oxford Uni. Press, 2013.

23. *Five years of implement of China's Antimonopoly Law- achievements and challenges*

—Co−author Adrian Emch, Journal of Antitrust Enforcement, Issue 2, 2013.

24. *Aggrieved companies should go to court*

—China Daily (Africa Weekly), September 5−11, 2014, p. 32.

—China Daily, September 29, 2014, p.16.

25. *Chapter on China*

—Competition Regimes Around the World−A Civil Society Report VOL−II, CUTS international 2014, available at http://www.cuts−ccier.org/CIRCOMP−II/pdf/Book/Asia_Pacific/8−China.pdf.

26. *Chinese Antitrust-a snapshot*

—Co−author Adrian Emch, Journal of Antitrust Enforcement, 2015 Supplement.

27. *Chinese merger control eight years on*

—Co−author Adrian Emch, European Competition Law Review, 2/2017.

28. *Why SEPs have been involved in Antitrust cases-From a Chinese Scholar's Perspective*

—ZWeR 1/2017.

29. *International Cartel and the Extraterritorial Application of China's Anti-*

monopoly Law

—Co-author Qianlan Wu, 日本国际经济法年报 , 第 26 号 ,2017 年。

30. *SEPs and Competition Law, from the Perspective of Huawei v IDC case*

—Co-author Yajie Gao, in：Competition Law and Intellectual Property in China, Edited by Ioannis Kokkoris/Spyros Maniatis/Xiaoye Wang, Oxford University Press, 2019

31. *Retrospect and Prospect of China's Anti-Monopoly Law*

—In Asian Competition Law, edited by Steven V. Uytsel/John O. Haley/ Shuya Hayashi, Edward Elgar 2019.

五　德文论文

1. *Wettbewerb und Wettbewerbsbeschraenkungen in der Volksrepublik China*

—GRUR Internatiianl, Heft 7/1992.

2. *Das EG-Antidumpingrecht und die Ausfuhren der VR China in die EG*

—Rabels Zeitschrift, Heft 4/1993.

3. *Das chinesische Preissystem im Verlauf der Wirtschaftsreform*

—Asien, Okt.1993.

4. *Gabriele Wali-Mohammadi: Chinesisch-Deusches Glossar zum Zivilrecht der VR China (Rezension)*

—Asien, April 1993.

5. *Wettbewerbstheorie und wettbewerbliche Marktform-eine Untersuchung zur Notwendigkeit eines chinesischen Antimonopolrechts*

—Vergleichendes Kartellrecht, F. Muenzel (Hrsg.), Hamburg 1994.

6. *Wettbewerbrecht und chinesische sozialistische Marktwirschaft*

—Sozialistische Marktwirtschaft, Soziale Marktwirtschaft, Peter Koslowski/

Yunquan Chen (Hrsg.), Physica–Verlag Heidelberg 1996.

7. *Das Sozialversicherungsrecht der VR China im Wandel*

—ZIAS，3/1996.

8. *Die Soziale Krankenversicherung der VR China im Wandel*

—ZIAS，4/2000.

9. *Die Reform der sozialen Krankenversicherung der VR China*

—Sozialrecht und Sozialpolitik–Deutschland und Europa, Festschrift fuer

Bernd Baron von Maydell, Boecken/Ruland/Steinmeyer (Hrsg.), Luchterhand

2002.

10. *Zur Kodifizierung des Chinesischen Antimonopolrecht*

—Zeitschrift fuer Chinesischen Recht, 2/2004.

11. *Zum neuesten Entwurf des Chinesischen Antimonyopolgesetztes*

—Zeitschrift fuer Chinesischen Recht, 2/2007.

12. *Erlaß und Ausführung des chinesischen Kartellgesetzes*

—Co–author Frank Münzel, Recht der Internationalen Wirtschaft,

7/2008.

六　其他语言论文（不完整统计）

1.〔日〕中国競争法

—王家福／加藤雅信编《现代中国法入门》，劲草书房，1997 年。

2.〔日〕中国反垄断立法的展望

—伊从宽等编《APEC 国家的竞争政策和经济发展》，中央大学出版

部，2002 年。

3.〔日〕中国独占禁止法立法作业の现状と问题点

—《国际商事法务》，Vol. 28，No.9，No.10 (2000)。

4.〔日〕中国の WTO 加盟と独占禁止法の制定

　　—《桐蔭法学》第 11 卷第 2 号，2005 年。

5.〔日〕中國反壟断法の施行 3 年三年と法治国家

　　—《新世代法政策学研究》第 17 号（北海道大学），2012 年。

6.〔葡〕*Competition Policy in Developing Countries: Agent of Competition En-hancement or Engine of Industrial Policy?*

　　—Direito e Desenvolvimento, um di á logo entre os Brics, edited by Mario G. Schapiro & David Trubek, 2012.

7.〔日〕中国反壟断法の域外適用——理論と実践

　　—《競争法の国際的執行》，日本经济法学会年报第 34 号，2013 年。

图书在版编目（CIP）数据

王晓晔论反垄断法：2011-2018 / 王晓晔著. -- 北
京：社会科学文献出版社，2019.10
ISBN 978-7-5201-4903-7

Ⅰ.①王…　Ⅱ.①王…　Ⅲ.①反垄断法-研究-中国
Ⅳ.①D922.294.4

中国版本图书馆 CIP 数据核字（2019）第 102199 号

王晓晔论反垄断法（2011~2018）

著　　者／王晓晔

出 版 人／谢寿光
组稿编辑／刘骁军
责任编辑／姚　敏
文稿编辑／张　娇

出　　版／社会科学文献出版社（010）59367161
　　　　　地址：北京市北三环中路甲29号院华龙大厦　邮编：100029
　　　　　网址：www.ssap.com.cn
发　　行／市场营销中心（010）59367081　59367083
印　　装／三河市龙林印务有限公司

规　　格／开　本：787mm×1092mm　1/16
　　　　　印　张：35.75　字　数：485千字
版　　次／2019年10月第1版　2019年10月第1次印刷
书　　号／ISBN 978-7-5201-4903-7
定　　价／158.00元